地势坤，君子以厚德载物。

春秋左传今注今译

春秋左传今注今译

中

王云五 — 主编
李宗侗 — 注译
叶庆炳 — 校订

中国友谊出版公司

卷十一　宣公上

宣公元年（公元前六〇八年）

经　元年春王正月，公即位[1]。

今注

1　此经无传。

今译

元年春王正月，鲁宣公即君位。

经　公子遂如齐逆女。

传　元年春王正月，公子遂如齐逆女，尊君命也[1]。

今注

1　公子遂如齐逆女，尊君命也：公子遂是卿，往齐国去迎接夫人，这是尊重国君的命令。

今译

元年春王正月，公子遂到齐国去，接齐国的女子，这是尊重国君的命令。

经　三月，遂以夫人妇姜至自齐。

传　三月，遂以夫人妇姜[1]至自齐，尊夫人也[2]。

今注

1　妇姜：称夫人为妇姜，因为上有姑存在。

2　至自齐，尊夫人也：从齐国来，这是因为尊重夫人。

今译

三月，公子遂与夫人姜氏从齐国来，这是因为尊重夫人。

经　夏，季孙行父如齐。

传　夏，季文子如齐，纳赂以请会[1]。

今注

1　纳赂以请会：因为宣公等于是篡位，所以季文子贿赂齐国，请求参加盟会，以后就不再说宣公篡位。

今译

夏，季孙行父到齐国去，纳贿赂以请求会盟。

经　晋放其大夫胥甲父于卫。

传　晋人讨不用命者，放胥甲父于卫[1]，而立胥克[2]，先辛奔齐[3]。

今注

1　放胥甲父于卫：胥甲父是晋国的下军佐。

2　胥克：是胥甲父的儿子。

3　先辛奔齐：先辛是胥甲父的属大夫，逃到齐国。

今译

晋国人讨不听命令者，就放逐胥甲父到卫国去，而立了他的儿子胥克，他的属大夫先辛就逃到齐国去。

经　公会齐侯于平州。

传　会于平州[1]，以定公位[2]。

今注

1　平州：在今山东省莱芜县西。

2　以定公位：为着定宣公的君位。

今译

宣公会齐侯在平州，以确定宣公的君位。

经　公子遂如齐。

传　东门襄仲如齐拜成[1]。

今注

1　如齐拜成：到齐国去谢准许宣公参会。

今译

东门襄仲就到齐国去，谢齐国准许宣公参加会盟。

经　六月，齐人取济西田。

传　六月，齐人取济西之田[1]，为立公故，以赂齐也。

今注

1　济西之田：济水西边的田地，本来是属于曹国的，僖公三十一年，晋文公将它分给鲁国。

今译

六月，齐国人占取鲁国济水西边的田地，因为齐国答应立鲁宣公，鲁国给他田地以表示贿赂。

经　秋，邾子来朝[1]。

今注

1　此经无传。

今译

秋天，邾国的君来鲁国朝见。

经 楚子、郑人侵陈，遂侵宋。晋赵盾帅师救陈。

经 宋公、陈侯、卫侯、曹伯会晋师于棐林，伐郑。

传 宋人之弑昭公也，晋荀林父以诸侯之师伐宋，宋及晋平，宋文公受盟于晋。又会诸侯于扈，将为鲁讨齐，皆取赂而还[1]。郑穆公曰："晋不足与也。"遂受盟于楚。陈共公之卒，楚人不礼焉[2]。陈灵公受盟于晋。秋，楚子侵陈，遂侵宋。晋赵盾帅师救陈宋，会于棐林[3]，以伐郑也。楚蒍贾救郑，遇于北林[4]，囚晋解扬[5]，晋人乃还。

今注

1 皆取赂而还：文公十五年同十七年两次盟扈，晋国皆受到贿赂后回国。

2 楚人不礼焉：陈共公死于鲁文公十三年，楚国人对他没有礼貌。

3 棐林：是郑地，在今河南省新郑县东二十五里。

4 北林：郑地，《水经注》说："林亭在郑北，南去新郑故城四十里，以南有林乡亭，故杜预据是为北林，最为密矣。"

5 解扬：是晋大夫。

今译

宋国人弑了他的君昭公，于是晋国的荀林父带诸侯的军队讨伐宋国。宋国就与晋国讲和，宋文公受盟誓于晋国。又会盟诸侯在扈这地方，将为鲁国讨伐齐国。伐宋讨齐，晋国全受到了贿赂，就走了。郑穆公说："晋国不值得与它和好。"就受楚国的盟誓。陈共公死的时候，楚国人对他不礼貌。他的儿子陈灵公就受晋国的盟誓。秋，楚王侵略陈国，随之侵略宋国。晋国赵盾率领军队救陈国与宋国，在棐林盟会，为的是讨伐郑国。楚国蒍贾救郑国，在北林这地方与晋国军队相遇，逮捕晋国大夫解扬，晋国军队就回国了。

经 冬，晋赵穿帅师侵崇。

传 晋欲求成于秦，赵穿曰："我侵崇[1]，秦急崇，必救之，吾以求成焉[2]。"冬，赵穿侵崇，秦弗与成[3]。

今注

1 崇：在今陕西省鄠县东五里。

2 吾以求成焉：我就可以要求和好。

3 秦弗与成：秦国不与晋国和好。

今译

晋国想与秦国和好，赵穿说："我要侵略崇国，秦国知崇国危急必定去救它，我就因此可以求和好。"冬天，赵穿侵略了崇国，秦国仍不与晋国和好。

经 晋人、宋人伐郑。

传 晋人伐郑，以报北林之役，于是晋侯侈[1]，赵宣子为政。骤谏而不入[2]，故不竞于楚。

今注

1 晋侯侈：晋侯很奢侈。

2 骤谏而不入：常常进谏而晋侯不听。

今译

晋国人伐郑国，以报北林战役的失败，于是晋侯奢侈，赵盾掌政权，屡次进谏而不听，所以不能与楚国竞争。

宣公二年（公元前六〇七年）

经 二年春王二月壬子，宋华元帅师及郑公子归生帅师战于大棘，宋师败绩，获宋华元。

传 二年春，郑公子归生受命于楚伐宋，宋华元、乐吕御之。二月壬子，占于大棘，宋师败绩，囚华元，获乐吕[1]，及甲车四百六十乘，俘二百五十人，馘百人。狂狡辂郑人[2]，郑人入于井，倒戟而出之，获狂狡。君子曰："失礼违命，宜其为禽也[3]。戎[4]，昭果毅以听之之谓礼[5]。杀敌为果，致果为毅[6]，易之戮也。"将战，华元杀羊食士，其御羊斟不与，及战，曰："畴昔之羊，子为政，今日之事，我为政。"与入郑师，故败。君子谓："羊斟非人也，以其私憾，败国殄民[7]，于是刑孰大焉？《诗》所谓'人之无良'者，其羊斟之谓乎！残民以逞！"宋人以兵车百乘、文马百驷，以赎华元于郑，半入，华元逃归[8]，立于门外，告而入，见叔牂，曰："子之马然也。"对曰："非马也，其人也。"既合而来奔[9]，宋城，华元为植，巡功，城者讴曰："睅其目，皤其腹，弃甲而复，于思于思[10]，弃甲复来[11]。"使其骖乘谓之曰："牛则有皮，犀兕尚多，弃甲则那[12]。"役人曰："从其有皮，丹漆若何[13]？"华元曰："去之！夫其口众我寡[14]。"

今注

1 乐吕：宋司空。

2 狂狡辂郑人：狂狡是宋人，他迎战郑人。

3 失礼违命，宜其为禽也：失掉礼节、违背命令，他被擒是相宜的。

4 戎：用兵之事。

5　昭果毅以听之之谓礼：上面宣布命令果敢，下面听从命令，这叫作礼。

6　杀敌为果，致果为毅：努力杀敌是果敢，能做到这样果敢就叫作毅。

7　以其私憾，败国殄民：拿他私人的怨恨败了国家而伤害人民。

8　半入，华元逃归：刚送去一半，华元就逃回来了。

9　既合而来奔：回答了这句话，就逃奔到鲁国来了。

10　于思于思：胡子很多。

11　弃甲复来：丢掉了兵器又逃回来了。

12　牛则有皮，犀兕尚多，弃甲则那：牛有很多皮，犀牛尚有很多，那么甲胄丢掉有什么关系。

13　从其有皮，丹漆若何：虽然有很多牛皮，但是漆甲胄的颜料怎么办？

14　去之！夫其口众我寡：躲开吧！他们的嘴太多，我们的嘴太少。

今译

二年春，郑国的公子归生受了楚国的命令，去伐宋国。宋国的华元、乐吕率军抵御。二月壬子，在大棘交战，宋师大败，元帅华元都被郑人囚住，乐吕也给郑人捉去。丢掉铁甲车四百六十乘；被俘虏的有二百五十人，被割去左耳的有一百人。有个大夫叫狂狡，正迎着郑人交战，一个郑人便跳入井中躲避他。狂狡想倒戟下去将他拉上来，这郑人却趁势反把狂狡捉去。君子道："失掉战争的规矩，违反杀敌的命令，应该把他捉去的。用兵之事，上面宣布命令果敢，下面听从命令，这才合礼。能杀敌便算勇敢，能尽量勇敢便算坚决，要不是这样，便该正法。"快要战斗的时候，华元杀了羊请兵士吃，为他赶车子的羊斟却没有吃到。等到作战的时候，羊斟道：“前日的羊，是你做主，今天的战事，却要由我做主了！”便故意把兵车赶进敌人中去，所以宋军大败。君子说：“羊斟真不是人啊，只因一些私恨，便败国殃民，照刑法上讲起来，罪恶没有比此再大的了。《诗经》上说：‘人没有好的。’这真是对羊斟说的吗？残害了宋国的人民，畅快他个人的心愿。”宋人便把兵车一百乘和装扮着纹的马四百匹，向郑国去赎回华元。哪知只送进一半时，华元却早已逃回来了。华元走到城门外面，竟站在门外告诉守门的自己的身份，方才进城。后来碰见了叔牂（羊斟）就说：“莫非是你的马弄得那么的吧？”回答说：“不关马的事，是人的问题。”叔牂回答了这句话，便逃到鲁国来了。后来宋国筑城，华元做了督工的监工，筑城头的唱道：“睁了眼珠子，凸出臭肚子，丢掉甲衣，却又回转来了。拖着一蓬蓬的胡子，丢掉甲衣，倒又转来了！”华元就差陪坐车子的人，向他们道：“牛身上有着皮呢！犀牛、野牛还多着呢！丢掉甲衣便怎么样？”筑城的人道：“就算有了皮，那上面的红漆怎么办呢？”华元道：“离开他们吧！他们的嘴多，我们嘴少呢！”

经 秦师伐晋。

经 夏，晋人、宋人、卫人、陈人侵郑。

传 秦师伐晋，以报崇也[1]，遂围焦[2]。夏，晋赵盾救焦。遂自阴地[3]，及诸侯之师侵郑，以报大棘之役。楚鬬椒[4]救郑，曰：“能欲诸侯而恶其难乎[5]？”遂次于郑，以待晋师。赵盾曰：“彼宗竞于楚，殆将毙矣[6]！姑益其疾[7]。”乃去之。

今注

1 以报崇也：崇之役在宣公元年。

2 焦：在今河南省陕县南。

3 阴地：据《方舆纪要》说，阴地城在河南卢氏县东北。

4 楚鬬椒：鬬椒是若敖的族人。他当时做楚国的令尹。

5 能欲诸侯而恶其难乎：能想得到诸侯而怕它的祸难吗？

6 彼宗竞于楚，殆将毙矣：他的族在楚国极强盛，大约将死亡。

7 姑益其疾：姑且再增加他的病状。

今译

秦国军队讨伐晋国，为的是报复崇的战役，就围了晋国的焦邑。夏，晋国赵盾率兵救焦。于是，从阴地同诸侯的军队侵犯郑国，以报大棘的战役。楚令尹鬬椒救郑国，他说："能够得到诸侯而怕它的祸难吗？"楚军就驻在郑国以等待晋军到来。赵盾说："他的宗族在楚国很有势力，他就将完了，姑且增加他的弊病吧。"就离开了郑国。

经 秋九月乙丑，晋赵盾弑其君夷皋。

传 晋灵公不君[1]，厚敛以雕墙[2]，从台上弹人，而观其辟丸也[3]。宰夫胹熊蹯不熟[4]，杀之，寘诸畚，使妇人载以过朝[5]。赵盾、士季见其手，问其故而患之。将谏，士季曰："谏而不入，则莫之继也，会请先。不入，则子继之。"三进，及溜，而后视之[6]，曰："吾知所过矣，将改之。"稽首而对[7]曰："人谁无过，过而能改，善莫大焉。《诗》曰：'靡不有初，鲜克有终[8]。'夫如是，则能补过者鲜矣。君能有终，则社稷之固也，岂惟群臣赖之[9]？又曰：'衮职有阙，惟仲山甫补之[10]。'能补过也。君能补过，衮不废矣。"犹不改，宣子骤谏[11]。公患之，使鉏麑贼之[12]。晨往，寝门辟矣[13]，盛服将朝[14]，尚早，坐而假寐[15]。麑退，叹而言曰："不忘恭敬，民之主也。贼民之主，不忠，弃君之命，不信。有一于此，不如死也。”触槐而死[16]。秋九月，晋侯饮赵盾酒，伏甲将攻之。其右提弥明[17]知之，趋登[18]曰：“臣侍君宴，过三爵，非礼也。”遂扶以下，公嗾夫獒[19]焉，明搏而杀之。盾曰：“弃人用犬，虽猛何为？”斗且出，提弥明死之。初，宣子田于首山[20]，舍于翳桑[21]，见灵辄[22]饿，问其病，曰：“不食三日矣。”食之，舍其半，问之，曰：“宦[23]三年矣，未知母之存否，今近焉[24]，请以遗之。”使尽之，而为之箪食与肉[25]，寘诸橐以与之[26]。既而与为公介[27]，倒戟以御公徒而免之[28]。问何故。对曰：“翳桑之饿人也。”问其名居，不告而退[29]，遂自亡也[30]。乙丑，赵穿[31]攻灵公于桃园[32]。宣子未出山而复[33]。太史书曰：“赵盾弑其君。”以示于朝，宣子曰：“不然。”对曰：“子为正卿，亡不越竟，反不讨贼[34]，非子而谁？”宣子曰：“呜呼，《诗》曰：‘我之怀矣，自诒伊戚[35]。’其我之谓矣。”孔子曰：“董狐[36]，古之良史也，书法不隐[37]。赵宣子，古之良大夫也，为法受恶[38]。惜也，越竟乃免[39]。”宣子使赵穿逆公子黑臀[40]于周而立之。壬申，朝于武宫[41]。

今注

1　不君：不守君道。

2　厚敛以雕墙：常常收敛人民的租税用以彩画宫中的墙壁。

3　从台上弹人，而观其辟丸也：在宫中的台上用弹丸射人，看人们能不能躲避。

4　宰夫胹熊蹯不熟：做饭的煮熊掌不熟。

5　寘诸畚，使妇人载以过朝：搁到畚箕里使女子拿着他经过朝廷。

6　三进，及溜，而后视之：等到士季三次往前进到房檐以下，然后才抬头看他。

7　稽首而对：士会叩头投到地下，然后对答说。

8　靡不有初，鲜克有终：这是《诗经·大雅·烝民》篇中的诗句：事情不难有个好开始的，但是很难有始有终。

9　岂惟群臣赖之：如果能补过，群臣全都要仰赖着你。

10　衮职有阙，惟仲山甫补之：衮是天子礼服。当天子有了过失，只有仲山甫能够来修补。

11　骤谏：赵盾累次谏诤。

12　钼麑贼之：钼麑是晋国的力士，来杀赵盾。

13　寝门辟矣：睡觉的房间已经开了门。

14　盛服将朝：穿好衣服已预备上朝。

15　坐而假寐：坐在那里，闭着眼睛养神。

16　触槐而死：在赵盾院里一棵槐树上撞死了。

17　其右提弥明：赵盾车右叫提弥明。

18　趋登：赶紧上到灵公的堂上。

19　公嗾夫獒：灵公叫他的恶犬去咬赵盾。

20　首山：在今山西省永济县东南。

21　翳桑：桑树很多的地方。

22　灵辄：是晋国人。

23　宦：是游学。

24　今近焉：现在离得很近。

25　箪食与肉：箪食是拿着竹筐子装饭，还装肉。

26　寘诸橐以与之：把这些吃的放在袋子里给他。

27　既而与为公介：后来做了晋灵公的卫兵。

28　倒戟以御公徒而免之：把兵器倒过来，反向晋灵公的卫队开战，好让赵盾逃走。

29　问其名居，不告而退：问他名字，同住在什么地方，不说就走了。

30　遂自亡也：灵辄自己也逃走了。

31　赵穿：是赵盾的堂弟。

32　攻灵公于桃园：攻打灵公在宫里的桃园。

33　宣子未出山而复：赵盾没有离开晋国边境上的山林就回来了。

34　子为正卿，亡不越竟，反不讨贼：你是做晋国最高的卿，逃亡没有越过晋国的边境，回来后也不讨赵穿。

35　我之怀矣，自诒伊戚：这是一句逸诗，我因为怀念国家就自己留下了忧愁。

36　董狐：是晋国史官。

37　书法不隐：在史书上不隐藏赵盾的罪状。

38　为法受恶：他因为法律受到坏的声名。

39　惜也，越竟乃免：可惜啊，超过边境就可以免罪。

40　公子黑臀：是晋文公最小的儿子，他的母亲是周国的女儿。

41　朝于武宫：朝见在晋武公的庙里。

今译

晋灵公不守君道，重征赋税，来绘画、雕刻宫中的墙壁；又常从台上用弹子弹人，看他们躲避作为笑乐。厨子烧熊掌没有烧熟便把他杀了，尸体放在畚箕中，差个妇人装着走过朝堂。赵盾、士季看见了一只手，问明缘故，心里很忧愁。赵盾要去劝谏时，士会道："我和你一同去进谏，倘他不听，便没有相继劝诫的人了，让我先去进谏。如果他不听，那你就继续去谏。"士会进去三次，灵公只装作没看见，直到他到了檐头下，方才看他说："我知道错了，就快要改了。"士会便叩头回复说："人们哪个没有错处，有了错处能够改正，就是最大的好处。《诗经》上说：'事情不难有个好开始的，只是少有能够有始有终的。'能够如是，那么能够补过的人很少了。现在君能有终，这便是安固社稷的道理呢。难道只是我们群臣有靠托吗?《诗经》上又说：‘周宣王有了错处，只有仲山甫能够补救他。’这是说能够补过啊！君能够补过，那衮服就不会丢掉了！”从此以后，晋灵公却仍旧不肯改。赵盾屡次进谏，灵公反而厌恶他，便差个力士钽麑去刺死他。钽麑第二天早晨去刺，见房门已开，赵盾穿好了朝服，将要上朝去。只因时候还早，坐着打盹儿。钽麑就退下来叹了口气说：“不忘恭敬，这真是人民的主子。杀害人民的主子，便是不忠；不听君的吩咐，便是不信。这二事只要有了一件，便不如死了吧！”就把头撞在赵盾家中的槐树上死了。秋天九月中，晋侯请赵盾饮酒，埋伏了甲兵，要想攻击他。他的车右提弥明却早知道，便跑上殿去对赵盾说：“人臣陪了君宴，过了三杯，就不是礼呢！”便扶了他下来。灵公却唤了一只恶狗来咬，提弥明就把它搏杀。赵盾说：“弃人不用，却用狗，虽然凶猛，有什么用处呢?”便和公的甲士一面斗，一面退出，提弥明就死在战斗中。当初，赵宣子曾经在首山那里打猎，歇在桑树荫中，看见灵辄饿着，问他害了什么病，灵辄道：“不吃东西已有三天了。”赵盾便把食物给他吃，灵辄吃时却剩了一半。赵盾问他做什么，灵辄说：“出外求学三年了，不知道母亲的生死。现在离家不远了，请求你赏这些给老母吃吧。”赵盾便叫他只管吃完了，另外把一篮饭和一些肉放在袋中给他。后来，灵辄做了晋灵公的卫兵。当赵盾危险的当儿，灵辄便倒过戟来拦挡晋灵公的徒众免却赵盾的祸。赵盾诧异，问他为什么如此。灵辄道：“我就是桑荫下的饿人呢！”问他叫什么名字、住在哪里，他不肯告诉却退了下去，便从此逃避不见。乙丑这一天，赵穿攻灵公于桃园中，弑杀了他。宣子本预先知道有祸，逃出去的，却没有走出国境就已听到灵公死了，便回来。太史记在简册上说：“赵盾弑其君。”拿着给朝中人看。宣子说：

"不是我啊！"太史说："你身居正卿，逃走，没有出国境，回来又不惩办那凶手，不是你又是谁？"宣子道："唉！《诗经》上说：'因为我怀念国家，却给自己带来了忧戚！'这就是对我说的了。"孔子道："董狐是古时的良史，书法一些不肯隐瞒；赵宣子是古时的良大夫，却为国法受了委屈，可惜呀！只要走出国境就可免掉罪名了！"后来，宣子就差赵穿到周王朝去迎接公子黑臀回来，立他做君。壬申那日，公子黑臀朝见于武公的庙中。

传 初，丽姬之乱，诅无畜群公子[1]，自是晋无公族[2]。及成公即位，乃宦卿之適子而为之田，以为公族[3]。又宦其余子，亦为余子[4]，其庶子为公行[5]。晋于是有公族、余子、公行。赵盾请以括为公族，曰："君姬氏之爱子也[6]！微君姬氏，则臣狄人也。"公许之。冬，赵盾为旄车之族[7]。使屏季以其故族为公族大夫[8]。

今注

1 丽姬之乱，诅无畜群公子：这是丽姬在的时候，她同晋献公起誓使各公子到旁的国家去。

2 自是晋无公族：从此以后，晋国没有公子，所以就废了公族的官名。

3 乃宦卿之適子而为之田，以为公族：就把卿的適出的儿子配给田地叫他做公族的官。

4 又宦其余子，亦为余子：又把適长子的母弟们做余子官。

5 其庶子为公行：他庶出的儿子就做公行官。

6 君姬氏之爱子也：君姬氏是文公的女儿，嫁给了赵衰。她喜爱的儿子是赵括。

7 赵盾为旄车之族：旄车是公行的官。

8 屏季以其故族为公族大夫：屏季即赵括，他率领赵衰的旧官属做公族大夫。適，以上通嫡。

今译

最初的时候，因为丽姬作乱，所以晋国设盟誓，不要留群公子在国都，从此晋国没有公族。到了成公做君的时候，就让卿嫡出的儿子给他田地，以做公族的官。又让卿旁的儿子做余子的官。他妾生的儿子就做公行的官。晋国于是才有公族、余子、公行各种官。赵盾请求把赵括列为公族，他说："这是赵姬喜欢的儿子，要没有赵姬，那么我就是狄人。"晋成公答应他。冬天，赵盾为公行掌旄车的族。使赵括统率赵家旧的官属做公族大夫。

经　冬十月乙亥，天王崩[1]。

今注

1　此经无传。

今译

冬十月乙亥，周天王死了。

宣公三年（公元前六〇六年）

经　三年春王正月，郊牛之口伤，改卜牛，牛死，乃不郊，犹三望。

传　三年春，不郊而望，皆非礼也。望，郊之属也，不郊，亦无望可也[1]。

今注

1　望，郊之属也，不郊，亦无望可也：望祭是郊祭的附属品，不郊祭也可以不望祭。

今译

三年春天，不祭天而望祭山川，这皆不合礼节。望祭就是郊祭的附属品，要是不郊天就不必行望礼。

经 葬匡王[1]。

今注

1 匡王：是周天子，定王的父亲。此经无传。

今译

对周匡王行下葬的典礼。

传 晋侯伐郑，及郔[1]，郑及晋平，士会入盟。

今注

1 郔：是郑地，在今河南省郑县东方。

今译

晋成公伐郑国到郔这地方，郑国遂与晋国讲和，晋国的士会就入盟郑国。

经 楚子伐陆浑之戎。

传 楚子伐陆浑之戎[1]，遂至于雒，观兵于周疆[2]，定王使王孙满劳楚子[3]，楚子问鼎之大小轻重焉。对曰："在德不在鼎[4]。昔夏之方有德也[5]，远方图物[6]，贡金九牧[7]，铸鼎象物[8]，百物而为之备[9]，使民知神奸[10]，故民入川泽山林，不逢不若[11]，螭魅罔两[12]，莫能逢之[13]！用能协于上下[14]，以承天休[15]。桀有昏德，鼎迁于商，载祀六百[16]。商纣暴虐，鼎迁于周。德之休明，虽小重也[17]；其奸回昏乱，虽大轻也[18]。天祚明德，有所厎止[19]。成王定鼎于郏鄏[20]，卜世三十，卜年七百，天所命也。周德虽衰，天命未改[21]。

鼎之轻重，未可问也[22]！”

今注

1　陆浑之戎：在今河南省嵩县及伊川县境。

2　遂至于雒，观兵于周疆：雒即洛。周疆，《水经注》说：“周王城东南门，名曰鼎门，盖九鼎所从入也，故谓是地为鼎中，楚之问鼎于此。”

3　王孙满劳楚子：王孙满是周大夫，慰劳楚王。

4　在德不在鼎：在于德行而不在于有鼎或者没有鼎。

5　昔夏之方有德也：在从前夏朝方有德行的时候。

6　远方图物：远的地方图画，当地奇怪的物件。

7　贡金九牧：使九州的长官贡献铜。

8　铸鼎象物：于是拿这铜去做成了三足的鼎，并且刻画各种物样在鼎上面。

9　百物而为之备：各种物件全都完备了。

10　使民知神奸：使人民可以知道哪一种是好的神，哪一种是不好的神。

11　故民入川泽山林，不逢不若：因此人民到山上或树林中不会遇见不合适的东西。

12　螭魅罔两：螭魅读如蚩昧，是山中的怪物，罔两是兽形的水神。

13　莫能逢之：这些怪物，人民全不会碰见。

14　用能协于上下：使能和协上下。

15　以承天休：以承受上天的善命。

16　载祀六百：商朝共享受了六百年。

17　德之休明，虽小重也：德行要很好，鼎虽然小也是重的。

18　其奸回昏乱，虽大轻也：如果他的政治非常乱，鼎虽然大也是轻的。

19　天祚明德，有所底止：上天给有德行的人，天下是有限制的。

20　郏鄏：《一统志》："今河南洛阳城西有郏鄏陌。"

21　周德虽衰，天命未改：周朝的德行虽然衰微，然而天命尚未改变。

22　鼎之轻重，未可问也：鼎是轻或是重，现在尚不可以问。

今译

楚庄王去征伐陆浑的戎人，乘势就到雒邑，在周朝的疆界上陈兵示威。周定王就差王孙满去慰劳楚庄王，楚庄王却问起九鼎的大小轻重。王孙满答说："有天下的，是在于有德行，不在于有鼎。从前夏朝方有德行的时候，远方的图物，九州贡来的铜器，并且在鼎上画着物像，各种物件都备齐了。使得一般人民都识得神异奸怪，因此人民进了川泽山林中去，不会遇着不利于他们的东西。就是山魈鬼魅、水妖等也不至逢人为害，因此便能使上下和谐，这是承受上天所赐的福分。到了夏桀有昏乱的行为，鼎就迁到商朝去，总共经过六百年。到得商纣又暴虐了，鼎就迁到周朝去。只要君主的仁德光明，那么九鼎虽小，却似很重；如果是奸邪昏乱的君，那么九鼎虽大，却似很轻。上天保佑有明德的人，也有一定的数限，不可强取。从前，周成王定鼎于郏鄏，曾经占卜世运有三十代，年数有七百年，这是上天的命令。现在周朝的仁德虽然比之前衰败，可是上天的命令还没有改。所以这九鼎的轻重，不是可以问得的。"

经　夏，楚人侵郑。

传　夏，楚人侵郑，郑即晋故也[1]。

今注

1　郑即晋故也：是郑国接近晋国的缘故。

今译

夏天，楚国人侵略郑国，是郑国接近晋国的缘故。

经　秋，赤狄侵齐[1]。

今注

1　此经无传。

今译

秋天，赤狄侵了齐国。

经　宋师围曹。

传　宋文公即位三年，杀母弟须及昭公子，武氏之谋也[1]。使戴桓之族攻武氏于司马子伯之馆[2]，尽逐武穆之族[3]。武穆之族以曹师伐宋。秋，宋师围曹，报武氏之乱也。

今注

1　武氏之谋也：武氏尊奉司城须同昭公的儿子，想作乱，见于《左传·文公十八年》。

2　司马子伯之馆：做司马官，名叫子伯的房屋。

3　尽逐武穆之族：把武公的后人、穆公的后人全都驱逐出国。

今译

宋文公即位以后的第三年，杀了同母的弟弟须与昭公的儿子，这是武氏的谋算。宋文公就派戴公同桓公的后人，在司马子伯的馆舍，攻打武氏，就驱逐尽了武公同穆公的后人。武穆之族就用曹国的军队伐宋国。到了秋天，宋国军队就围了曹国都城，这为的是报复武氏的作乱。

经 冬十月丙戌，郑伯兰卒。

传 冬，郑穆公卒。初，郑文公有贱妾曰燕姞[1]，梦天使与己兰[2]，曰："余为伯鯈，余而祖也[3]。以是为而子，以兰有国香，人服媚之如是[4]。"既而文公见之，与之兰而御之。辞曰："妾不才，幸而有子，将不信，敢征徵乎[5]？"公曰："诺！"生穆公，名之曰兰。文公报郑子之妃曰陈妫[6]，生子华、子臧。子臧得罪而出[7]，诱子华而杀之南里[8]，使盗杀子臧于陈宋之间[9]。又娶于江，生公子士，朝于楚，楚人酖之，及葉而死[10]。又娶于苏，生子瑕、子俞弥。俞弥早卒，洩驾恶瑕，文公亦恶之，故不立也。公逐群公子，公子兰奔晋，从晋文公伐郑[11]。石癸曰："吾闻姬姞耦，其子孙必蕃[12]。姞，吉人也，后稷之元妃也[13]。今公子兰，姞甥也，天或启之，必将为君，其后必蕃[14]，先纳之，可以亢宠[15]！"与孔将钽、侯宣多纳之，盟于大宫而立之[16]，以与晋平。穆公有疾，曰："兰死，吾其死乎！吾所以生也[17]。"刈兰而卒[18]。

今注

1 燕姞：是姞姓，南燕国人。

2 梦天使与己兰：梦见天使给她兰花。

3 余为伯鯈，余而祖也：我是南燕的祖先，也就是你的祖先。

4 以是为而子，以兰有国香，人服媚之如是：拿这兰花做你儿子的名字，因为兰花有国家的香味，人人都爱它。

5 将不信，敢征徵乎：将来人家会不会相信我，敢以兰花为证据吗？

6 报郑子之妃曰陈妫：郑子是文公的叔父子仪，与叔父的妃子陈妫相通叫作报。

7 子臧得罪而出：子臧出奔到宋国。

8 南里：郑地，《一统志》说："在河南省，新郑县故城南。"

9 陈宋之间：陈、宋两国的边境，这件事在僖公二十四年。

10 楚人酖之，及葉而死：楚人给他吃了毒药，到楚国葉这地方就死了。葉在今河南省叶县南三十里，有叶城。

11 晋文公伐郑：晋文公伐郑见僖公三十年。

12 吾闻姬姞耦，其子孙必蕃：我听说姬、姞两姓配偶，他的子孙必众多。

13 姞，吉人也，后稷之元妃也：姞是吉人，是周的祖先后稷的长妃。

14 必将为君，其后必蕃：必定将为郑国的君，他的后代必定很繁盛。

15 先纳之，可以亢宠：我们要先让他回国来，必定可以得到宠信。

16 盟于大宫而立之：在郑国的祖庙盟誓，而立他为太子。

17 兰死，吾其死乎！吾所以生也：兰花死了，我也就死了，我是为它而生的。

18 刈兰而卒：用刀子割掉兰花，他就死了。

今译

冬十月，郑穆公死了。较早的时候，郑文公有一个低贱的妾叫作燕姞，梦见上天派人给她一种兰花，并且说："我是伯儵，是你的祖先。拿这个兰花做你儿子的名，兰花有国家的香味，人闻到它就非常喜爱它。"后来，文公看见她，给她兰花，并与她交合。她就道谢说："我没有才干，假设我有个儿子，人们将不信任，可以用兰花做证据吗？"郑文公说："好吧！"后来生了穆公，就给他取了名字叫作兰。另外，郑文公娶了他叔父的妃子陈妫，生了两个儿子子华、子臧。子臧犯罪逃奔宋国，文公引诱子华至郑国的地方南里而杀之，又使强盗杀子臧在陈国与宋国的边境。文公又在江国娶了一位妃子，生了一个儿子公子士。公子士到楚国去朝见，楚国人给他吃了毒药，回来的时候，到了楚国叶这地方就死了。文公又在苏国娶了妃子，生了两个儿子，子瑕同子俞弥。俞弥早就死了，郑国的大夫洩驾很讨厌瑕，文公也讨厌他，所以不立他为太子。文公驱逐各公子，全出郑国以外，公子兰逃到晋国去了，跟着晋文公伐郑国。郑国大夫石癸说："我听说姬姓同姞姓配偶，他的子孙必定很繁昌。姞姓是吉祥的人，后稷的长妃。现在公子兰是姞姓的外甥，上天或将起用他，他必定要做郑国的君，他的后人必定很繁昌。先把他接回郑国，可以得到他的宠信。"石癸同孔将钽、侯宣多引接他回郑国，在郑国的祖庙中盟誓，立他为太子。因此，郑国就同晋国和好了。穆公有病，说："等到兰花死了，我也会死的！我就是因为兰花才生的。"割去兰花，他就死了。

经 葬郑穆公[1]。

今注

1 此经无传。

今译

为郑穆公举行葬礼。

宣公四年（公元前六〇五年）

经 四年春王正月，公及齐侯平莒及郯，莒人不肯，公伐莒，取向。

传 四年春，公及齐侯平莒及郯[1]，莒人不肯。公伐莒，取向[2]，非礼也。平国以礼不以乱，伐而不治，乱也[3]。以乱平乱，何治之有[4]？无治，何以行礼[5]？

今注

1 郯：《一统志》说："今山东郯城县西南三十里有古郯城。"

2 向：莒邑，今山东省莒县南七十里有向城。

3 伐而不治，乱也：讨伐而不能治理，结果是乱。

4 以乱平乱，何治之有：拿乱来平定乱，哪有什么治理？

5 无治，何以行礼：没有方法治理，那么怎样行礼节？

今译

四年春天，鲁宣公同齐侯给莒国及郯国讲和，但是莒国人不肯。鲁宣公就伐莒，取了向这地方，这是不合礼的。平定国家应该以礼，不应以乱，讨伐而不治理，这是乱事。拿着乱对付乱有什么治理的话可讲？没有治理，怎样能够行礼？

经 秦伯稻卒[1]。

今注

1 此经无传。

今译

秦伯名叫稻的死了。

经 夏六月乙酉，郑公子归生弑其君夷。

传 楚人献鼋于郑灵公[1]，公子宋[2]与子家将见，子公之食指[3]动，以示子家，曰："他日我如此，必尝异味。"及入，宰夫将解鼋，相视而笑[4]。公问之，子家以告。及食大夫鼋（羹）[5]，召子公而弗与[6]也。子公怒，染指于鼎，尝之而出。公怒，欲杀子公。子公与子家谋先[7]，子家曰："畜老犹惮杀之[8]，而况君乎？"反谮子家[9]，子家惧而从之。夏，弑灵公。书曰："郑公子归生弑其君夷。”权不足也[10]。君子曰：“人而不武，无能达也[11]。”凡弑君：称君，君无道也；称臣，臣之罪也。郑人立子良[12]，辞曰：“以贤则去疾不足，以顺则公子坚长[13]。”乃立襄公，襄公将去穆氏[14]，而舍子良[15]，子良不可，曰：“穆氏宜存，则固愿也，若将亡之，则亦皆亡，去疾何为[16]？”乃舍之，皆为大夫[17]。

今注

1　郑灵公：是穆公的太子夷。

2　公子宋：字子公，郑大夫。

3　食指：是第二个手指头。

4　“他日我如此，必尝异味。”及入，宰夫将解黿，相视而笑：“以前，我若食指动的时候，必定尝到特别的菜。”等进到宫里，厨子将乌龟杀了，他们互相看着就笑了。

5　黿（羹）：王怀祖说：“黿下当有羹字，谓为黿羹以食大夫也，下文‘染指于鼎，尝之而出’，所尝者羹也，则上文原有羹字可知。自唐石经脱羹字，而各本遂沿其误。”

6　召子公而弗与：叫子公去而不给他吃。

7　谋先：商量先下手。

8　畜老犹惮杀之：六畜老了，人还不忍杀它。

9　反谮子家：子公反向灵公说子家坏话，威胁他。

10　权不足也：他的政权不够。

11　人而不武，无能达也：子家（归生）最初说：六畜老了还不忍杀，这是仁慈，但是他没有力量讨伐子公，这是没有勇气。所以说仁慈而没有勇气，就没法达到目的。

12　子良：郑穆公的庶子。

13　以贤则去疾不足，以顺则公子坚长：去疾是子良的名字。论贤能则子良不够，按顺序则公子坚比我年长。

14　穆氏：是穆公的儿子们。

15　舍子良：免除子良。因为公子良曾让位给他。

16　穆氏宜存，则固愿也，若将亡之，则亦皆亡，去疾何为：如果要穆氏全都存在，这是我很愿意的。若全都去掉，则当全都去掉，我为什么独自留下？

17　乃舍之，皆为大夫：于是全都留下做大夫的官。

今译

楚国人献只癞头鼋给郑灵公，公子宋和子家将进去朝见，公子宋的食指忽然自己动起来，就给子家看道："他日我有这种现象，一定是要尝稀奇的滋味了。"等到进去后，果真见厨子正要杀鼋，二人便面对面看着笑。灵公问他们为什么笑，子家便如此这般地告诉了。等到后来，灵公把鼋羹分给诸大夫吃的当儿，却招了子公来，灵公偏偏不把鼋羹给他吃。子公动了怒，便用手指在鼎中蘸了一蘸，尝着了些滋味才出去。灵公怒他无礼，想杀死子公。子公便和子家打算先动手，子家道："牲畜老了，人们还不忍杀，况且是个君呢？"子公看见子家不依，便反而在灵公前说子家不好。子家害怕，便依了他，夏天就弑掉灵公。《春秋》上反说："郑公子归生弑其君夷。"这是他权略不足的缘故。君子说："人要没有勇敢，亦无法达到政治目的。"对于所有杀害国君的事件，(《春秋》在书写时）如果只写国君的名字，则表明国君无道；如果只写臣下的名字，则表明是臣下的罪过。郑人想立公子良为君，他辞谢说："论才力我去疾不够资格，论次序还是公子坚年长。"就立了襄公。襄公想去掉穆公的后人只留下公子良。公子良反对说："穆公后人皆留下，这当然是我的愿望。若皆须出亡，就一齐出亡好了，何必留我去疾呢？"于是全都留下，皆做大夫的官。

经 赤狄侵齐[1]。

今注

1 此经无传。

今译

赤狄侵略齐国。

经 秋，公如齐，公自至齐[1]。

今注

1 此经无传。

今译

秋天，鲁宣公往齐国，而后从齐国回来。

经 冬，楚子伐郑。

传 初，楚司马子良[1]生子越椒[2]，子文[3]曰："必杀之，是子也，熊虎之状，而豺狼之声，弗杀，必灭若敖氏[4]矣。谚曰：'狼子野心[5]。'是乃狼也，其可畜乎？"子良不可。子文以为大戚，及将死，聚其族曰："椒也知政，乃速行[6]矣，无及于难。"且泣曰："鬼犹求食，若敖氏之鬼，不其馁而[7]？"及令尹子文卒，鬭般[8]为令尹，子越为司马。蒍贾为工正[9]，谮子扬而杀之，子越为令尹，己为司马。子越又恶之[10]，乃以若敖氏之族，圄[11]伯嬴于轑阳[12]而杀之，遂处烝野[13]，将攻王[14]。王以三王之子[15]为质焉，弗受。师于漳澨[16]。秋七月戊戌，楚子与若敖氏战于皋浒[17]。伯棼射王，汰辀[18]及鼓跗[19]，著于丁宁[20]，又射，汰辀，以贯笠毂[21]。师惧，退[22]。王使巡师[23]曰："吾先君文王克息，获三矢焉。伯棼窃其二，尽于是矣[24]。"鼓而进之，遂灭若敖氏。初，若敖娶于䢵[25]，生鬭伯比。若敖卒，从其母畜于䢵，淫于䢵子之女，生子文焉。䢵夫人使弃诸梦中[26]，虎乳之[27]。䢵子田，见之，惧而归，夫人以告[28]。遂使收之。楚人谓乳穀[29]，谓虎於菟[30]，故命之曰鬬穀於菟，以其女妻伯比，实为令尹子文[31]。其孙箴尹克黄[32]，使于齐，还及宋，闻乱，其人[33]曰："不可以入矣。"箴尹曰："弃君之命，独谁受之[34]？君，天也，天可逃乎？"遂归复命，而自拘于司败[35]。王思子文之治楚国也，曰："子文无后，何以劝善？"使复其所[36]，改命曰生[37]。

今注

1　司马子良：令尹子文的弟弟，时为司马的职官。

2　越椒：越椒即鬬椒，已见前，伯棼、子越俱是他的别称。

3　子文：子文即令尹子文，楚国贤执政。

4　若敖氏：若敖的子孙，子文、子良，皆若敖的孙子。若敖即楚王熊仪。

5　狼子野心：当时谚语。言豺狼之子心在山野，不可以驯服。

6　速行：急速离楚往他国。

7　不其馁而：言不将受饿吗？馁是饥饿。而是语助词。

8　鬬般：鬬般亦作鬬班，字子扬，令尹子文子，一称申公鬬班。

9　蔿贾为工正：蔿贾，字伯嬴。工正，掌百工之长。

10　子越为令尹，己为司马。子越又恶之：言子越既为令尹，蔿贾做了司马，子越又恶蔿贾的逼己。

11　圄：囚禁。

12　轑阳：楚邑，《春秋释地》："以轑阳在今湖北省钟祥县白水入汉处。"

13　烝野：楚邑，当在湖北省江陵县附近。

14　将攻王：子越将攻楚庄王。

15　三王之子：楚文王、成王、穆王的儿子。

16　漳澨：漳水之滨，当漳水会沮水处，在今湖北当阳县东南，名合溶渡。

17 皋浒：楚地，当距漳澨不远。

18 汏辀：辀是车辕。汏辀就是箭过车辕的上边。

19 及鼓跗：跗是鼓架，箭到了鼓架上。

20 著于丁宁：丁宁就是钲，箭著于钲上。

21 以贯笠毂：兵车无盖，尊者则边人执笠依毂而立，以御寒暑，名为笠毂。此言子越初射过辕著于钲，再射又过辕穿及王的盖上。

22 师惧，退：庄王的军队见子越射箭厉害而害怕得后退。

23 使巡师：使人巡行于师中，有所传谕。

24 吾先君文王克息，获三矢焉。伯棼窃其二，尽于是矣：庄王安定人心的话，所以释楚师的惧心。

25 䢵：国名，子爵，一作郧，在今湖北省安陆县。

26 梦中：云梦泽中。当时为薮，泽在今湖北省云梦县。

27 虎乳之：有母虎以乳哺养子文。

28 夫人以告：䢵夫人明告䢵子，此为䢵女私通伯比所生的儿子。

29 楚人谓乳穀：言楚的方言称乳哺为“穀”。

30 谓虎於菟：言楚方言称虎为“於菟”，於读如乌，菟读如吐。

31 故命之曰斗穀於菟，以其女妻伯比，实为令尹子文：言䢵子收养子文，且正式以女妻伯比，子文后遂为楚令尹。

32 箴尹克黄：子扬的儿子，子文的孙子，箴尹是官名。

33 其人：克黄左右的人。

34 弃君之命，独谁受之：言君命使齐，不归复命，是弃君命，虽奔他国，谁肯独收此弃命的人？

35 自拘于司败：束身待罪于刑官。司败即司寇，楚的刑官名。

36 使复其所：使克黄复所任箴尹官。

37　改命曰生：言越椒之乱，合诛绝其族，今更存立，故命曰生，表示应死而重生。

今译

当初，楚国的司马子良，生个儿子名叫子越椒。子文说："一定要杀死他，因为这个孩子有熊、虎一般的身躯，又有豺狼一般的声音。如果不杀死他，他一定要灭绝若敖氏的。俗语道：'豺狼的儿子，野了心，不能养乖的。'这真是狼，难道可以养的吗？"子良不肯。子文当作一桩大愁事，等到快要死的时候，聚集了他的族人嘱咐道："越椒如果当了权，你们赶快走吧，不要受他的累！"而且哭泣道："鬼还要求食吃呢！若敖氏的鬼，不是要饿着吗？"等到令尹子文既死，他的儿子鬬般做了令尹，子越做了司马。蒍贾做了工正，替椒在王那里说子扬的坏话，把子扬杀了。子越就做了令尹，蒍贾做了司马。子越却讨厌蒍贾，就领了若敖氏的族人，囚住蒍贾在轑阳，把他杀死。子越便住在烝野那里，要想攻打楚王。楚庄王拿文、成、穆三王的儿子给他做人质，子越还是不受，在漳水边驻扎军队。秋天七月戊戌这一天，楚王和若敖氏在皋浒那里开战，伯棼拿箭射王，穿过车辕和鼓架子，射在铜钲上；又射一箭穿过了车辕反弹上去，穿在伞顶上。士兵吓得要向后退，楚王便差人巡师说："我先君文王，灭息国的时候得着三支箭，伯棼偷去两支，现在已经用完了。"擂起鼓来进兵，就此灭掉若敖氏。从前，若敖娶妻于䢵国，生一个儿子叫鬬伯比。若敖死后，鬬伯比便跟他母亲在䢵国长大，私通䢵子的女儿，生下了子文。䢵夫人差人把子文抛弃在云梦泽中，哪知却有个老虎给他奶吃。䢵子出去打猎时看见了，吓得逃回来，夫人便告诉是女儿私生的，便差个人去收回来。楚人喊吃奶叫穀，喊老虎叫於菟，所以就叫他鬬穀於菟，䢵子把女儿给鬬伯比做妻，这私生儿子就是令尹子文。他的孙子名叫克黄，这时候做了箴尹的官，正出使到齐国去，回来刚到宋国，听到越椒谋乱伏诛的事，他手下人说："不可再进楚国了。"箴尹道："弃掉君命的人，哪个肯收受呢？君犹天，天可以逃避吗？"便回去复命，而且把自己拘囚起来，到司寇那边自首。楚王想着子文治楚国的功劳，就说："像子文那样的人，如果没有了后代，怎能劝人为善呢？"便使克黄仍旧做箴尹，改他的名字叫作生。

经 冬，楚子伐郑。

传 冬，楚子伐郑，郑未服也[1]。

今注

1 郑未服也：楚王伐郑国，因为郑国没有服从他。

今译

冬天，楚王伐郑国，因为郑国没有服从他。

宣公五年（公元前六〇四年）

经 五年春，公如齐。

传 五年春，公如齐，高固使齐侯止公[1]，请叔姬焉[2]。

今注

1 高固使齐侯止公：高固是齐国的卿，叫齐侯使鲁宣公不走。

2 请叔姬焉：请宣公的女儿叔姬与他结婚。

今译

宣公五年春天的时候，宣公到齐国去，齐国的卿高固，使齐侯阻住宣公，请求宣公的女儿叔姬嫁给他。

经 夏，公至自齐。

传 夏，公至自齐，书过也[1]。

今注

1 书过也：写到《春秋》上，以表示鲁宣公的过错。

今译

夏季，宣公从齐国回来，写在《春秋》上，以表示宣公的过错。

经 秋九月，齐高固来逆叔姬。

传 秋九月，齐高固来逆女，自为也[1]，故书曰逆叔姬，即自逆也[2]。

今注

1 自为也：他亲自来迎接他的夫人。

2 逆叔姬，即自逆也：迎接叔姬，这是齐国的卿自己来迎接。

今译

秋季九月，齐国的卿高固亲自到鲁国来迎接叔姬，《春秋》上写逆叔姬，是表示卿为他自己来迎接。

经 叔孙得臣卒[1]。

今注

1 此经无传。

今译

叔孙得臣于这时候死了。

经 冬，齐高固及子叔姬来。

传 冬，来反马也[1]。

今注

1　来反马也：送还女子叔姬去齐国时所乘的马。

今译

冬季，齐国的卿高固与他的夫人叔姬送还当时嫁到齐国时所乘的马。

经　楚人伐郑。

传　楚子伐郑，陈及楚平。晋荀林父救郑，伐陈。

今译

楚王讨伐郑国，陈国同楚国讲和。晋国的荀林父救援郑国，讨伐陈国。

宣公六年（公元前六〇三年）

经　六年春，晋赵盾、卫孙免侵陈。

传　六年春，晋、卫侵陈，陈即楚故也[1]。

今注

1　晋、卫侵陈，陈即楚故也：晋国与卫国攻打陈国，是陈国与楚国联合的缘故。

今译

宣公六年春季时，晋国赵盾、卫国孙免联合攻打陈国，是陈国与楚国联盟的缘故。

经　夏四月。

传　夏，定王使子服[1]求后于齐[2]。

今注

1　子服：是周大夫。

2　求后于齐：向齐国求娶王后。

今译

夏天四月时，周定王使名叫子服的周大夫到齐国去求娶王后。

经　秋八月，螽[1]。

今注

1　此经无传。

今译

秋季八月，蝗虫很多。

传　秋，赤狄伐晋，围怀及邢丘[1]。晋侯欲伐之。中行桓子曰："使疾其民[2]，以盈其贯，将可殪也[3]。《周书》曰：'殪戎殷[4]。'此类之谓也。"

今注

1　怀及邢丘：邢丘就是平皋，《河南通志》："在河南省温县城东二十里，故平皋城东北隅。"《怀大事表》："今河南武陟县西南十一里有故怀城。"

2　使疾其民：使他的人民怨恨。

3　以盈其贯，将可殪也：使他满了他的恶贯，就可全被扫除。

4　殪戎殷：这是《尚书·康诰》篇的文章，就是将殷国全都灭掉。

今译

秋季，赤狄侵略晋国，包围怀及邢丘两个地方。晋侯想讨赤狄。荀林父说："使他为他的人民所怨恨，将来恶贯满盈，就可以被扫除。《周书·康诰》：‘把殷人全都灭掉。’就是等于说这件事。”

经　冬十月。

传　冬，召桓公[1]逆王后于齐[2]。

今注

1　召桓公：是周王的卿士。

2　逆王后于齐：到齐国去迎接周定王的王后。

今译

冬季十月，召桓公到齐国去迎接周定王的王后。

传　楚人伐郑，取成而还[1]。

今注

1　取成而还：得到和平就回来了。

今译

楚国人攻打郑国，得到和平就回来了。

传　郑公子曼满与王子伯廖[1]语欲为卿。伯廖告人曰：“无德而贪[2]，其在《周易》丰䷶之离䷝[3]，弗过之矣[4]。”间一岁，郑人杀之[5]。

今注

1　公子曼满与王子伯廖：公子曼满与王子伯廖全部都是郑大夫。

2　无德而贪：没有德行而贪卿的位置。

3　其在《周易》丰䷶之离䷝：在《周易》中说就是由丰卦变到离卦。意思是他没法过三年。

4　弗过之矣：他就是不能过三年。

5　间一岁，郑人杀之：隔了一年，郑人就把他杀了。

今译

郑国的公子曼满向王子伯廖说想做卿。伯廖告诉人家："没有德行而又贪心，这在《周易》中由丰卦变到离卦，也不能超过三年。"隔了一年，郑人就杀了公子曼满。

宣公七年（公元前六〇二年）

经 七年春，卫侯使孙良夫来盟。

传 七年春，卫孙桓子来盟[1]，始通，且谋会晋也[2]。

今注

1 孙桓子来盟：孙桓子即孙良夫到鲁国来盟。

2 始通，且谋会晋也：因为宣公初即位，所以卫孙桓子就来与鲁国通盟好，并且计划同晋国会盟。

今译

七年春天，卫国大夫孙桓子来鲁国盟会。这是在宣公即位以后，卫国始同鲁国修好，并且计划与晋国会盟。

经 夏，公会齐侯伐莱。

传 夏，公会齐侯伐莱[1]，不与谋也。凡师出，与谋曰及[2]，不与谋曰会[3]。

今注

1 伐莱：莱是姜姓国，《汇纂》说："在今山东平阴县境。"

2 凡师出，与谋曰及：凡是军队作战，参加计谋就叫作及。

3 不与谋曰会：不参加计谋叫作会。

今译

夏天，宣公会齐侯讨伐莱国，事先未与齐商量。凡是军队作战，事先参与计谋的就叫作及，不参加计谋就叫作会。

经 秋，公至自伐莱[1]。

今注

1 此经无传。

今译

秋天，宣公从伐莱回到鲁国。

经 大旱[1]。

今注

1 此经无传。

今译

天不下雨，鲁国有旱灾。

传 赤狄[1]侵晋，取向阴之禾[2]。

今注

1 赤狄：国名，在今山西省长治县西方。

2 向阴之禾：江永说："山西省济源县西南有向城，向阴其在此欤？"

今译

赤狄侵略晋国，取走了向阴这地方的禾稼。

经 冬，公会晋侯、宋公、卫侯、郑伯、曹伯于黑壤。

传 郑及晋平，公子宋之谋也[1]，故相郑伯以会。冬，盟于黑壤[2]，王叔桓公临之[3]，以谋不睦[4]。

今注

1 公子宋之谋也：这是公子宋的计划。

2 黑壤：又名黄父，在今山西省翼城县东北，与沁水县接近。

3 王叔桓公临之：周卿士亲自监临。

4 以谋不睦：以使诸侯不和睦的能和好。

今译

郑国与晋国和平，这是公子宋的计划，所以他陪侍郑伯参加盟会。冬天，在黑壤盟会，周卿士王叔桓公亲自监临着这盟誓，使不和睦的诸侯能和好。

传 晋侯之立也[1]，公不朝焉，又不使大夫聘，晋人止公于会，盟于黄父[2]，公不与盟，以赂免[3]。故黑壤之盟不书，讳之也。

今注

1 晋侯之立也：晋成公即位，在鲁宣公二年。

2 黄父：即黑壤。

3 公不与盟，以赂免：宣公不参加盟誓，用贿赂才逃走。

今译

晋成公即位的时候，鲁宣公不去朝见，并且不使大夫去聘问晋国。晋人在会场上阻止鲁宣公参加盟会。诸侯盟于黑壤，宣公未能参加，并且用贿赂始得逃回鲁国。所以黑壤的盟会不写在《春秋》上，就是避讳这种耻辱。

宣公八年（公元前六〇一年）

经 八年春，公至自会。

传 八年春，白狄[1]及晋平。夏，会晋伐秦。晋人获秦谍[2]，杀诸绛市，六日而苏[3]。

今注

1　白狄：国名，在今陕西省延安县附近。

2　秦谍：秦国的间谍。

3　杀诸绛市，六日而苏：在晋国都城绛的市上杀掉他，过了六天又复活了。

今译

八年春天，白狄与晋国和平。到了夏天，白狄同晋国伐秦国，晋国人捕获秦国的间谍，在晋国都城绛的市上杀了他，经过六天又复活了。

经　夏六月，公子遂如齐，至黄[1]乃复[2]。

今注

1　黄：在今山东省淄川镇东北。此经无传。

2　乃复：就回来了。

今译

夏天六月，公子遂往齐国去，到了黄这地方就回来了。

经　辛巳，有事于大庙，仲遂卒于垂。壬午犹绎，《万》入去籥。

传　有事于大庙[1]，襄仲卒，而绎[2]，非礼也。

今注

1　有事于大庙：有事是指祭祀。就是祭祀祖庙。

2　襄仲卒，而绎：公子遂死了，祭祀了以后，重新祭祀。

今译

在辛巳这天祭祀鲁国的祖庙，仲遂死了。祭祀过后，重新祭祀。这是不合于礼的。

经 戊子，夫人嬴氏薨[1]。

今注

1 此经无传。

今译

戊子，宣公的母亲敬嬴死了。

经 晋师、白狄伐秦。

经 楚人灭舒蓼。

传 楚为众舒[1]叛故，伐舒蓼[2]，灭之，楚子疆之[3]，及滑汭[4]，盟吴越而还[5]。

今注

1 众舒：就是群舒。

2 伐舒蓼：在今安徽省舒城县境。

3 楚子疆之：楚王亲自划疆界。

4 及滑汭：《汇纂》说："在今安徽合肥县东。"

5 盟吴越而还：吴是姬姓国，《纪要》："梅里，今江苏无锡东南三十里。"即今江苏吴县。越是姒姓国，今浙江省绍兴县治。

今译

楚国因为群舒的叛乱，所以灭了舒同蓼两国，楚王亲自划他的疆界，到了滑水边上，与吴国及越国盟誓后回到楚国。

经 秋七月甲子，日有食之既[1]。

今注

1 日有食之既：有日食完全看不见。此经无传。

今译

秋七月甲子日，有日食完全看不见。

传 晋胥克有蛊疾[1]，郤缺为政[2]，秋，废胥克，使赵朔佐下军[3]。

今注

1 胥克有蛊疾：胥童的儿子胥克有精神病。

2 郤缺为政：郤缺替代赵盾。

3 赵朔佐下军：赵朔是赵盾的儿子，替代胥克。

今译

晋国佐下军胥克有精神病，郤缺接代赵盾管晋国的政权。秋天，废免了胥克，使赵盾的儿子赵朔当佐下军。

经 冬十月己丑，葬我小君敬嬴，雨，不克葬，庚寅，日中而克葬。

传 冬，葬敬嬴[1]，旱无麻，始用葛茀[2]。雨，不克葬，礼也。礼，卜葬先远日，辟不怀也[3]。

今注

1 敬嬴：宣公的母亲。

2 旱无麻，始用葛茀：天旱得不到麻，始用葛做成绳子。

3 礼，卜葬先远日，辟不怀也：按照礼节，占卜下葬的，事先用远的日子，以避免别人认为对死者不怀念。

今译

冬天，葬宣公的母亲敬嬴，因为没有下雨，所以没有麻，始用葛做成绳子。这一天突然下雨，所以没法下葬，这是很合于礼的。按照礼节，占卜下葬先用远的日期，为的是避免别人认为对死者不怀念。

经 城平阳。

传　城平阳[1]，书时也。

今注

1　平阳：《汇纂》说："今山东省，新泰县，西北四里有平阳古城。"

今译

修建平阳的城池，《春秋》有记载，这是很合于时的。

经　楚师伐陈。

传　陈及晋平，楚师伐陈，取成而还[1]。

今注

1　取成而还：得到和平就回来了。

今译

陈国同晋国和平了。楚国军队讨伐陈国，得到和平就回去了。

宣公九年（公元前六〇〇年）

经　九年春王正月，公如齐[1]。

今注

1　此经无传。

今译

九年春天正月，鲁宣公到齐国去。

经　公至自齐[1]。

今注

1　此经无传。

今译

宣公从齐国回来。

经 夏，仲孙蔑如京师。

传 九年春，王使来徵聘[1]。夏，孟献子[2]聘于周。王以为有礼，厚贿之[3]。

今注

1 王使来徵聘：周定王派人来鲁国征召它去聘问。

2 孟献子：孟文伯的儿子。

3 厚贿之：赠送他厚礼。

今译

九年春天，周定王派人来鲁国征召它去聘问。夏天，孟献子到周国去聘问。周定王以为他很有礼貌，赠送他厚礼。

经 齐侯伐莱[1]。

今注

1 此经无传。

今译

齐侯去征伐莱国。

经 秋，取根牟。

传 秋，取根牟[1]，言易也[2]。

今注

1 根牟：在今山东省沂水县东南。

2 言易也：表示很容易拿到。

今译

秋天，鲁国占据了根牟国，这样写法，表示很容易。

经 八月，滕子卒。

传 滕昭公卒[1]。

今注

1 滕昭公卒：与宣公未同盟。

今译

八月，滕昭公死了。

经 九月，晋侯、宋公、卫侯、郑伯、曹伯会于扈。

经 晋荀林父帅师伐陈。

经 辛酉，晋侯黑臀卒于扈。

传 会于扈，讨不睦也。陈侯不会[1]，晋荀林父以诸侯之师伐陈，晋侯卒于扈，乃还。

今注

1 陈侯不会：陈侯不参加会盟，因为他已经与楚国会盟。

今译

九月，各诸侯在扈会盟，是要讨伐与晋国不和睦的国家。陈侯不去开会，晋国荀林父用诸侯的军队来讨伐陈国，晋成公病死在扈这地方，他们就回去了。

经 冬十月癸酉，卫侯郑卒[1]。

今注

1 此经无传。

今译

冬天十月癸酉，卫侯郑死了。

经 宋人围滕。

传 冬，宋人围滕，因其丧也[1]。

今注

1 宋人围滕，因其丧也：因为滕昭公的丧事，所以宋人利用这个机会，包围滕国的都城。

今译

冬天，因为滕昭公的丧事，所以宋人利用这个机会，包围滕国的都城。

经 楚子伐郑。

传 楚子为厉之役[1]故，伐郑。

今注

1 楚子为厉之役：楚王为盟于厉的事情。厉之役在宣公六年，郑伯逃走。（见宣公十一年）

今译

楚王为厉盟的缘故，讨伐郑国。

经 晋郤缺帅师救郑。

传 晋郤缺救郑，郑伯败楚师于柳棼[1]。国人皆喜，唯子良忧，曰："是国之灾也，吾死无日矣[2]！"

今注

1 柳棼：郑地，在今河南省襄城县东汾邱。

2 是国之灾也，吾死无日矣：是国家的灾害，我不知道哪天会死。

今译

晋国郤缺救郑国，郑伯在柳棼这地方打败了楚国的军队。郑国的人全都高兴，只有郑公子良发愁说："这是国家的灾害，我不知道哪一天会死亡！"

经 陈杀其大夫泄冶。

传 陈灵公与孔宁、仪行父[1]通于夏姬[2]，皆衷其衵服，以戏于朝[3]。泄冶[4]谏曰："公卿宣淫，民无效焉[5]！且闻不令，君其纳之[6]！"公曰："吾能改矣。"公告二子[7]，二子请杀之，公弗禁，遂杀泄冶。孔子曰："《诗》云：'民之多辟，无自立辟[8]！'其泄冶之谓乎！"

今注

1 孔宁、仪行父：全都是陈国的卿。

2 夏姬：是郑穆公的女儿，陈大夫御叔的妻子。

3 皆衷其衵服，以戏于朝：他们三个人衣服里头都穿着夏姬的内衣，在朝上互相玩笑。

4 泄冶：是陈国大夫。

5 公卿宣淫，民无效焉：陈灵公同卿全部都宣示淫乱，人民是不能效法的。

6 且闻不令，君其纳之：而且让人家听见也不好，你赶紧把内衣收藏起来。

7 二子：即孔宁、仪行父。

8 民之多辟，无自立辟：人民多邪僻时，不必自己立法。这是《毛诗·大雅》的句子。

今译

陈灵公同陈国的两个卿孔宁与仪行父都和夏姬私通，都穿着她的内衣，在朝上玩笑。陈国大夫洩冶诤谏说：“君同卿全在表示淫乱，人民又怎么样效法呢？并且使人听见也不好，你赶紧把内衣藏起来吧。”陈灵公说：“我能改过来。”可是，他也将此事告诉了孔宁与仪行父。孔宁和仪行父请求将洩冶杀死，陈灵公没有禁止，他们就把洩冶杀了。孔子说：“《毛诗·大雅》上说：‘人民都有邪僻，就不必自己立法律！’这岂不是指洩冶而说的吗！”

宣公十年（公元前五九九年）

经 十年春，公如齐[1]。

今注

1 此经无传。

今译

宣公十年春天，鲁宣公到齐国去。

经 公至自齐[1]。

今注

1 此经无传。

今译

鲁宣公从齐国回来。

经 齐人归我济西田。

传 十年春，公如齐。齐侯以我服故，归济西之田[1]。

今注

1 济西之田：在济水西边的田地。

今译

十年春，宣公到齐国的时候，齐侯以为鲁国很服从他，就把济水西边的田地归还给了鲁国。

经 夏四月丙辰，日有食之[1]。

今注

1 此经无传。

今译

夏四月丙辰，有日食。

经 己巳，齐侯元卒。

经 齐崔氏出奔卫。

传 夏，齐惠公卒[1]。崔杼有宠于惠公，高国畏其偪也[2]，公卒而逐之，奔卫。书曰“崔氏”，非其罪也。且告以族，不以名。凡诸侯之大夫违[3]，告于诸侯曰，某氏之守臣某[4]，失守宗庙，敢告。所有玉帛之使者则告[5]，不然则否。

今注

1 齐惠公卒：齐惠公就是齐侯元。

2 崔杼有宠于惠公，高国畏其偪也：崔杼是齐大夫，他甚为惠公所宠爱。高氏同国氏是齐国世袭的命卿，他们恐怕崔杼逼迫。

3 凡诸侯之大夫违：诸侯大夫被放逐。

4 某氏之守臣某：某氏是姓氏，守臣某是名字。

5 所有玉帛之使者则告：所有出聘他国的使者，就通告。

今译

夏四月己巳，齐惠公死了。崔杼很得齐惠公的宠爱，齐国的命卿高氏与国氏两家，很怕他的逼迫，恰好惠公死了，就把他驱逐出境，他逃到卫国去。《春秋》上写着“崔氏”，是说他不是有罪的，并且用族来称呼他，不用崔杼一个人的名字。凡是诸侯的大夫逃奔出国，就告诉其他的诸侯说，“某氏的守臣某人，不能奉守宗庙，敢告诉你”。所有曾经派出使者互相聘问的国家就告诉，没有就不告诉。

经 公如齐。

传 公如齐奔丧[1]。

今注

1 公如齐奔丧：宣公自己到齐国奔丧，这是不合于礼节的。

今译

鲁宣公到齐国去奔齐惠公的丧事。

经 五月，公至自齐。

今译

五月，宣公从齐国回来。

经 癸巳，陈夏徵舒弑其君平国。

传 陈灵公与孔宁、仪行父饮酒于夏氏，公谓行父曰：“徵舒似女。”对曰：“亦似君。”徵舒病之[1]，公出，自其厩射而杀之[2]。二子奔楚[3]。

今注

1 徵舒病之：徵舒以这为耻辱，非常生气。

2 自其厩射而杀之：从他的马棚里，用箭射击陈灵公，把他杀了。

3 二子奔楚：孔宁、仪行父全逃到楚国去了。

今译

陈灵公同孔宁及仪行父在夏家（即前述夏姬之家）喝酒。陈灵公对仪行父说："徵舒长得像你。"仪行父说："也像你。"徵舒以为这件事是在侮辱他。等到陈灵公出来的时候，夏徵舒就从马棚中用箭射杀他。孔宁、仪行父两人害怕了，就逃到楚国。

经 六月，宋师伐滕。

传 滕人恃晋而不事宋[1]，六月，宋师伐滕。

今注

1 滕人恃晋而不事宋：滕国人依仗晋国的力量，而不侍奉宋国。

今译

滕国人依靠着晋国，而不侍奉宋国。六月，宋人伐滕国。

经 公孙归父如齐[1]。

今注

1 此经无传。

今译

鲁国的公孙归父到齐国去，为的是参加齐惠公的葬礼。

经 葬齐惠公[1]。

今注

1 此经无传。

今译

给齐惠公行葬礼。

经 晋人、宋人、卫人、曹人伐郑。

传 郑及楚平，诸侯之师伐郑，取成而还[1]。

今注

1 取成而还：得了和平就回来了。

今译

郑国与楚国和平,诸侯的军队就来伐郑国,得到和平就回来了。

经 秋，天王使王季子来聘。

传 秋，刘康公来报聘[1]。

今注

1 刘康公来报聘：刘康公即王季子，来报孟献子到周的聘问。

今译

到了秋天，周王派刘康公来回报孟献子的聘问。

经 公孙归父帅师伐邾，取绎。

传 师伐邾，取绎[1]。

今注

1 绎：在今山东省邹县峄山西北。

今译

公孙归父率领军队讨伐邾国，占领绎这地方。

经 大水[1]。

今注

1 此经无传。

今译

鲁国大水。

经 季孙行父如齐。

传 季文子初聘于齐[1]。

今注

1 季文子初聘于齐：是齐侯初即位的缘故。

今译

季文子头一次到齐国去，是齐侯初即位的缘故。

经 冬，公孙归父如齐。齐侯使国佐来聘。

传 冬，子家如齐，伐邾故也[1]，国武子来报聘[2]。

今注

1 伐邾故也：因为鲁国曾经讨伐邾国，恐怕齐国认为鲁国侵小国，故使子家前往谢罪。

2 国武子来报聘：齐卿国佐来回报季文子的访聘。

今译

冬天，公孙归父到齐国去，因为侵了邾国，使齐国不满意。齐卿国佐来回报季孙行父的聘问。

经 饥[1]。

今注

1 饥：饥因为有水灾，所以粮食不足。此经无传。

今译

鲁大饥，是因为有水灾，所以收成不好。

经 楚子伐郑。

传 楚子伐郑，晋士会救郑，逐楚师于颍北[1]。诸侯之师戍郑。郑子家卒，郑人讨幽公之乱[2]，斫子家之棺，而逐其族[3]，改葬幽公，谥之曰灵[4]。

今注

1　颍北：大概是指今河南省禹县、襄城同许昌等县，皆在颍水以北的地方。

2　幽公之乱：在宣公四年，郑幽公被弑。

3　斫子家之棺，而逐其族：把子家的棺材斫得薄了，就表示不以卿的礼来下葬，而驱逐他的族人。

4　改葬幽公，谥之曰灵：改礼节来葬幽公，并且改了他的谥号叫郑灵公。

今译

楚王征伐郑国，晋国的士会救郑国，追逐楚国的军队到了颍水以北，诸侯的军队看守郑国都城。郑国的卿子家死了，郑国人讨宣公四年弑幽公的乱事，斫薄了子家的棺材，而驱逐他的族人，并且对幽公改行葬礼，并改了他的谥号叫灵公。

宣公十有一年（公元前五九八年）

经　十有一年春，王正月[1]。

今注

1　此经无传。

今译

十一年春天，周王的正月。

经　夏，楚子、陈侯、郑伯盟于辰陵。

传　十一年春，楚子伐郑，及栎[1]。子良曰："晋楚不务德而兵争，与其来者可也[2]！晋楚无信，我焉得有信[3]？"乃从楚。夏，楚盟于辰陵[4]，陈郑服也。

今注

1　栎：今河南省禹县。

2　晋楚不务德而兵争，与其来者可也：晋国同楚国，不注意德行，而只注意拿军队来争夺，哪个先来，我们就可以与它和好。

3　晋楚无信，我焉得有信：晋与楚全没有信用，我们安得有信用？

4　辰陵：《河南通志》说："辰亭在西华县西。"

今译

十一年春天，楚王征伐郑国到了栎这地方。郑国子良说："晋国与楚国全不用德行而用军队斗争，哪个先来，我们就同它讲和。晋同楚全都没有信用，我们安能有信用？"于是就服从楚国。夏天，楚国跟他们在辰陵盟誓，这时陈国与郑国全都服从楚国。

经　公孙归父会齐人伐莒。

传　楚左尹子重[1]侵宋，王待诸郔[2]。

今注

1　子重：公子婴齐，楚庄王的弟弟。

2　郔：楚地，在今河南省项城县境，与郑国的郔同名而异地。

今译

楚国的左尹官叫子重，侵略宋国，楚王在楚地郔这地方等待他。

传　令尹𫇭艾猎城沂[1]，使封人虑事[2]，以授司徒[3]，量功命日[4]，分财用[5]，平板榦[6]，称畚筑[7]，程土物[8]，议远迩[9]，略基趾[10]，具糇粮[11]，度有司[12]。事三旬而成[13]，不愆于素[14]。

今注

1　令尹蒍艾猎城沂：蒍艾猎即孙叔敖，令尹是楚国最高的官名，在沂这地方修城。沂在今河南省正阳县境。

2　使封人虑事：封人是管筑城的人。意思是计算修城的时间。

3　以授司徒：交给管召集人民工作的司徒官。

4　量功命日：计算工程时间。

5　分财用：然后分配筑城的工具。

6　平板榦：分配筑城的木板同木料。

7　称畚筑：量称容土轻重的畚箕。

8　程土物：计量各种土材。

9　议远迩：商量远近的工作。

10　略基趾：计划筑城的根基。

11　具糇粮：预备干粮。

12　度有司：审度人才，使其能力与其职位相称。

13　事三旬而成：各种事情三十天就成功了。

14　不愆于素：不超过所预期的时间。

今译

楚国令尹孙叔敖，在楚国沂这地方，修筑城池，使管筑城的人计算工作时间，交给司徒，研究工作的日数，分配建筑城池的工具，及筑城的木板同木料，量称容土的畚箕的轻重，计量各种土材，商量远近的工作，然后计划城脚的根基，准备食物，审定监工的人。经过三十天就成功了，不超过以前所定的期限。

经　秋，晋侯会狄于欑函。

传　晋郤成子求成于众狄，众狄疾赤狄[1]之役，遂服于晋。秋，会于欑函[2]，众狄服也。是行也，诸大夫欲召狄。郤成子曰："吾闻之，非德莫如勤，非勤何以求人[3]？能勤有继，其从之也[4]。《诗》曰：‘文王既勤止[5]！’文王犹勤，况寡德乎？”

今注

1 赤狄：即潞氏。

2 欑函：是狄地，杜说：地阙。《左传补注》说：“以为即欑茅之邑，在今河南修武县。”

3 非德莫如勤，非勤何以求人：没有德就不如勤劳，如果不勤劳，怎么样能够求到旁人？

4 能勤有继，其从之也：能够勤劳，就有功劳去继续，那么人家才会遵从。

5 文王既勤止：文王既已勤劳创立事业。这是《诗经·周颂》的诗句。

今译

晋国下军佐郤成子向众狄要求和平，各狄深恨赤狄对他们的役使，所以服从晋国。秋天在欑函会盟，这时众狄全都服从晋国了。这次在盟会之前，诸大夫本来都想召用狄人，郤成子说：“我听说没有德行就只能勤劳，不勤劳怎么样去求人？能够勤劳，就有功劳去继续，这样人家才会遵从。《诗经·周颂》说：‘文王能够勤劳以创业。’文王尚能勤劳，何况我们这种人？”

经 冬十月，楚人杀陈夏徵舒。

经 丁亥，楚子入陈。

经 纳公孙宁、仪行父于陈。

传 冬，楚子为陈夏氏乱故，伐陈[1]，谓陈人无动[2]，将讨于少西氏[3]。遂入陈，杀夏徵舒，轘诸栗门[4]。因县陈[5]，陈侯在晋[6]。申叔时使于齐，反复命而退[7]。王使让之曰：“夏徵舒为不道，弑其君，寡人以诸侯讨而戮之。诸侯县公[8]皆庆寡人，女独不庆寡人，何故？”对曰：“犹可辞乎[9]？”王曰：“可哉。”曰：“夏徵舒弑其君，其罪大矣。讨而戮之，君之义也[10]！抑人亦有言曰：‘牵牛以蹊人之田[11]，而夺之牛，牵牛以蹊者，信有罪矣！而夺之牛，罚已重矣。’诸侯之从也，曰：‘讨有罪也！’今县陈，贪其富也！以讨召诸侯，而以贪归之，无乃不可乎？”王曰：“善哉，吾未之闻也！反之可乎？”对曰：“吾侪小人，所谓取诸其怀而与之也。”乃复封陈，乡取一人焉以归，谓之夏州[12]。故书曰：楚子入陈，纳公孙宁、仪行父于陈，书有礼也。

今注

1 楚子为陈夏氏乱故，伐陈：在宣公十年夏徵舒弑君，这就是所谓陈夏氏乱。

2 谓陈人无动：叫陈国人不要惊动，不要畏惧。

3 讨于少西氏：少西是夏徵舒的祖父，子夏的名字。

4 轘诸栗门：栗门是陈国都城的城门。将夏徵舒用几辆车分尸。

5 因县陈：因此就把陈国灭了，改为楚国的县。

6 陈侯在晋：陈灵公的儿子成公午，在晋国。

7 申叔时使于齐，反复命而退：申叔时是楚大夫，出使齐国，返回来报告后，就退走。

8 诸侯县公：各国的诸侯同楚国各县的大夫。

9 犹可辞乎：我还能有话说吗？

10 讨而戮之，君之义也：讨伐而杀了他，是你的义气。

11 牵牛以蹊人之田：牵着牛，经过旁人的田地。

12 夏州：江永说：“在大江北岸江汉合流之间，其后汉水遂有夏水之名。”

今译

冬天十月，楚王因为陈国的夏氏作乱就讨伐陈国，告诉陈国人，你们不要惊动，我只讨伐少西这一族。于是就进入陈国，杀死夏徵舒，在陈国栗门这地方将夏徵舒用几辆车分尸。随后把陈国作为楚国的县。陈成公正在晋国。楚国的申叔时被派去出使齐国，回来报告完成使命就退走了。楚王就责备他说："夏徵舒不合道理，弑他的君，寡人用诸侯的力量去讨杀他。各诸侯同楚国各县公都来庆贺我，唯独你不来庆贺我，这是什么缘故？"申叔时说："尚可有话说吗？"楚王说："可以。"申叔时说："夏徵舒杀了他的君，他的罪恶重大，你去讨杀他，这是你的义气。但是有人说：'牵着牛去踩别人的田地，就夺走他的牛。牵牛去踩别人的田地确实有罪过，夺走他的牛，这个处罚就太重了。'诸侯跟着你来就说：'是讨伐有罪的夏徵舒。'可是，现在把陈国作为楚国的县，是贪陈国的富庶。用讨罪来召集诸侯，而以贪陈国的富庶做终结，这大约是不可以的。"楚王说："好极了，我没有听见别人这样说过！退回陈国可不可以？"申叔时就回答说："这就是我们这班小人所说的从怀里拿出来还给他。"于是，又重新封建陈国，每乡里取一个人回楚国，集中住在一地，这地方就叫作夏州。所以，《春秋》上写着，楚王进入陈国，使公孙宁、仪行父回到陈国，这是表示楚王很有礼节。

传 厉之役，郑伯逃归。自是楚未得志焉。郑既受盟于辰陵，又徼事于晋。

今译

（宣公六年）厉地的一场战役中，郑伯逃回了郑国。（此后数年间，晋、楚多次交兵。郑国地理位置居于两国之间，又是小国，惧于两国势力，谁也不敢得罪，经常朝秦暮楚。）自那之后，楚国一直未能得志。郑国既已在辰陵接受了盟约，又请求奉事晋国。

卷十二　宣公下

宣公十有二年（公元前五九七年）

经　十有二年春，葬陈灵公[1]。

今注

1　陈国复后始得下葬。此经无传。

今译

十二年春，为陈灵公举行葬礼。

经　楚子围郑。

传　十二年春，楚子围郑旬有七日，郑人卜行成，不吉，卜临于大宫[1]，且巷出车[2]，吉。国人大临，守陴者皆哭[3]。楚子退师，郑人修城，进复围之。三月，克之。入自皇门，至于逵路[4]。郑伯肉袒牵羊以逆[5]，曰："孤不天[6]，不能事君，使君怀怒，以及敝邑，孤之罪也！敢不唯命是听！其俘诸江南，以实海滨，亦唯命，其翦以赐诸侯，使臣妾之[7]，亦唯命。若惠顾前好[8]，徼福于厉、宣、桓、武，不泯其社稷[9]，使改事君，夷于九县[10]，君之惠也，孤之愿也，非所敢望也！敢布腹心，君实图之！"左右曰："不可许也，得国无赦[11]！"王曰："其君能下人，必能信用其民矣！庸可几乎[12]？”退三十里而许之平，潘尪入盟，子良出质[13]。

今注

1　卜临于大宫：贾逵说：“临，哭也。”大音泰，大宫是郑国祖庙。

2　且巷出车：惠栋说：贾逵谓：“巷出车陈于街巷，示虽困不降，必欲战也。”案下郑复修城，则贾说良是。

3　守陴者皆哭：陴是城上小墙，守者皆哭。

4　入自皇门，至于逵路：皇门是郑都城门，逵路是郑都城内大道，在皇门内。

5　郑伯肉袒牵羊以逆：郑襄公赤身手牵着羊迎接，表示服从。

6　孤不天：我不为天所保佑。

7　其翦以赐诸侯，使臣妾之：翦是削翦。削翦郑国，而以我赏给各国使为臣仆。

8　若惠顾前好：若加恩想念两国的旧盟好。

9　徼福于厉、宣、桓、武，不泯其社稷：若能托福于周厉王、宣王及郑桓公、武公，而不灭他们的国家。

10　夷于九县：杜注：“庄十四年灭息；十六年灭邓；僖五年灭弦，十二年灭黄，二十六年灭夔；文四年灭江；五年灭六，灭蓼；十六年灭庸。”而《正义》以为楚灭国甚多，不只此九国。侗案九县与九州有关，请看我所著《九族、九州与九鼎》文。

11　不可许也，得国无赦：不可以答应他，得人之国，不可再赦他。

12　庸可几乎：即使郑国被灭，又能有希望吗？

13　潘尪入盟，子良出质：楚国大夫潘尪至郑国入盟誓，而郑国公子良往楚国为人质。

今译

十二年春，楚庄王围住郑国十七天。郑国人占卜，想与他讲和，结果却不吉利。占卜的人在祖庙中哭，每条巷出一乘兵车，倒是吉利的。国人于是都到庙中去大哭，连守城的都哭了起来。楚子便退兵，郑国赶快修好了城墙，楚军再前去围城。围了三个月，方才攻破，从皇门进去，到了大路上。郑伯去了上衣，露出肢体，牵着羊迎接楚王，表示是臣仆的礼数，而且说道："我得不到天的保佑不会服侍你君，使你君怀着怒，亲到敝邑来，这都是孤的罪失，怎敢不听从你的命令呢？你们如果俘虏我的人民到江南去，填塞在海边无人的地方，也只请你吩咐就是了；如果分割了郑地，赐给从楚的诸侯让郑国人做奴隶，也只请吩咐就是了。如果你楚君肯宽恩，顾念从前的盟好，让我蒙受周厉王、宣王，以及郑桓公、武公的福佑，不灭郑国的社稷，使郑君改换面目侍奉你君，降低他的名位，比着九县一样，这便是你楚君的大恩惠了。这是我的大愿，却不敢指望呢！敢于布告这心事，请你酌量吧。"庄王左右的人说："不可以应许他，得了国不可再赦他了！"庄王说："他的国君能屈尊于人下，一定能被他的百姓信任，难道还有什么想头吗？"楚兵便退下三十里去，许郑国讲和，楚大夫潘尫进城去订盟，郑国的公子良便去楚国做人质。

经 夏六月乙卯，晋荀林父帅师及楚子战于邲，晋师败绩。

传 夏六月，晋师救郑，荀林父将中军[1]，先縠佐之[2]。士会将上军[3]，郤克[4]佐之。赵朔将下军[5]，栾书佐之[6]。赵括、赵婴齐为中军大夫[7]，巩朔、韩穿为上军大夫[8]，荀首、赵同[9]为下军大夫。韩厥[10]为司马。及河，闻郑既及楚平，桓子欲还，曰："无及于郑，而勦民，焉用之[11]？楚归而动，不后[12]。"随武子曰："善，会闻用师观衅而动[13]，德刑政事典礼不易，不可敌也，不为是征[14]。楚军讨郑，怒其贰而哀其卑[15]。叛而伐之，服而舍之，德刑成矣[16]，伐叛刑也，柔服德也，二者立矣[17]！昔岁入陈[18]，今兹入郑，民不罢劳，君无怨讟[19]，政有经矣[20]！荆尸而举[21]，商农工贾，不败其业，而卒乘辑睦[22]，事不奸矣[23]！蔿敖为宰，择楚国之令典[24]，军行，右辕，左追蓐[25]，前茅虑无，中权后劲[26]，百官象物而动，军政不戒而备[27]，能用典矣！其君之举也，内姓选于亲，外姓选于旧[28]，举不失德，赏不失劳[29]，老有加惠[30]，旅有施舍[31]，君子小人，物有服章[32]，贵有常尊，贱有等威[33]，礼不逆矣[34]，德立、刑行、政成、事时、典从、礼顺，若之何敌之[35]？见可而进，知难而退，军之善政也[36]。兼弱攻昧，武之善经也[37]。子姑整军，而经武乎[38]！犹有弱而昧者，何必楚[39]？仲虺[40]有言曰：'取乱侮亡[41]。'兼弱也。《汋》曰：'於铄王师，遵养时晦[42]。'耆昧也[43]。《武》曰：'无竞惟烈[44]。'抚弱耆昧，以务烈所，可也[45]。"彘子曰："不可。晋所以霸，师武臣力也[46]。今失诸侯，不可谓力，有敌而不从，不可谓武[47]，由我失霸，不如死！且成师以出，闻敌强而退，非夫也[48]！命有军师，而卒以非夫，唯群子能，我弗为也！"以中军佐济[49]。知庄子[50]曰："此师殆哉[51]！《周易》有之，在师䷆之临䷒[52]曰：'师出以律，否臧凶[53]。'执事顺成为臧，逆为否[54]。众散为弱[55]，川壅为泽[56]。有律以如己也[57]。故曰：'律否臧[58]。'且律竭也，盈而以竭，夭且不整，所以凶也[59]。不行谓之临[60]，有帅而不从，临孰甚焉[61]？此之谓矣。果遇必败，彘子尸之[62]。虽免而归，必有大咎[63]。"韩献子谓桓子[64]曰："彘子以偏师陷，子罪大矣！子为元帅，师不用命，谁之罪也？失属亡师，为罪已重，不如进也[65]！事之不捷，恶有所分[66]，与其专罪，六人同之，不犹愈乎[67]？"师遂济。楚子北师，次于郔[68]。沈尹[69]将中军，子重将左，子反将右，将饮马于河而归[70]。闻晋师既济，王欲还，嬖人伍参欲战[71]。令尹孙叔敖弗欲，曰："昔岁入陈，今兹入郑，不无事矣。战而不捷，参之肉其足食乎？"参曰："若事之捷，孙叔为无谋矣。不捷，参之肉将在晋军，可得食乎[72]？"令尹南辕反旆[73]。伍参言于王曰："晋之从政者新，未能行令[74]，其佐先縠刚愎不仁，未肯用命[75]，其三帅者，专行不获[76]，听而无上，众谁适从[77]？此行也，晋师必败。且君而逃臣，若社稷何？"王病之，告令尹，改乘辕而北之，次于管[78]以待之。晋师在敖、鄗之间[79]。郑皇戌使如晋师曰："郑之从楚，社稷之故也，未有贰心。楚师骤胜而骄[80]，其师老矣，而不设备[81]，子击之，郑师为承[82]，楚师必败。"彘子曰："败楚服郑，于此在矣！必许之。"栾武子曰："楚自克庸以来[83]，其君无日不讨国人而训之[84]，于民生之不易，祸至之无日，戒惧之不可以怠[85]。在军无日不讨军实而申儆之[86]，于胜之不可保，纣之百克，而卒无后[87]。训之以若敖、蚡冒，筚路蓝缕，以启山林[88]。箴之曰：'民生在勤，勤则不匮[89]。'不可谓骄！先大夫子犯有言曰：'师直为壮，曲为老[90]。'我则不德，而徼怨于楚[91]，我曲楚直，不可谓老。其君之戎，分为二广[92]，广有一卒，卒偏之两[93]。右广初驾，数及日中，左则受之，以至于昏[94]。内官序当其夜，以待不虞[95]，不可谓无备。子良，郑之良也，师叔，楚之崇也。师叔入盟，子良在楚，楚郑亲矣[96]！来劝我战，我克则来，不克遂往，以我卜也！郑不可从。"赵括、赵同曰："率师以来，唯敌是求。克敌得属，又何俟[97]！必从彘子。"知季曰："原、屏，咎之徒也！"赵庄子曰："栾伯善哉！实其言，必长晋国[98]！"楚少宰如晋师，曰："寡君少遭闵凶，不能文，闻二先君之出入此行也[99]，将郑是训定，岂敢求罪于晋？二三子无淹久[100]！"随季对曰："昔平王命我先君文侯曰：'与郑夹辅周室，毋废王命！’今郑不率[101]，寡君使群臣问诸郑，岂敢辱候人[102]？敢拜君命之辱。”彘子以为谄，使赵括从而更之曰：“行人失辞[103]。寡君使群臣迁大国之迹于郑[104]曰：‘无辟敌’[105]。群臣无所逃命。”楚子又使求成于晋，晋人许之，盟有日矣[106]。楚许伯御乐伯，摄叔为右，以致晋师[107]。许伯曰：“吾闻致师者，御靡旌摩垒而还[108]。”乐伯曰：“吾闻致师者，左射以菆[109]，代御执辔，御下两马，掉鞅而还[110]。”摄叔曰：“吾闻致师者，右入垒，折馘，执俘而还[111]。”皆行其所闻而复。晋人逐之，左右角之[112]。乐伯左射马而右射人，角不能进，矢一而已，麋兴于前，射麋丽龟[113]。晋鲍癸当其后[114]，使摄叔奉麋献焉[115]，曰：“以岁之非时，献禽之未至，敢膳诸从者[116]！”鲍癸止之曰：“其左善射，其右有辞，君子也。”既免[117]。晋魏锜求公族未得，而怒[118]，欲败晋师，请致师，弗许，请使，许之。遂往，请战而还[119]。楚潘党逐之，及荧泽[120]，见六麋，射一麋以顾献曰：“子有军事，兽人无乃不给于鲜，敢献于从者[121]。”叔党命去之[122]。赵旃求卿未得[123]，且怒于失楚之致师者，请挑战，弗许，请召盟，许之，与魏锜皆命而往[124]。郤献子曰：“二憾往矣！弗备必败[125]。”彘子曰：“郑人劝战，弗敢从也[126]；楚人求成，弗能好也[127]。师无成命，多备何为[128]？”士季曰：“备之善。若二子怒楚，楚人乘我，丧师无日矣[129]！不如备之。楚之无恶，除备而盟，何损于好[130]？若以恶来，有备不败[131]。且虽诸侯相见，军卫不彻，警也[132]。”彘子不可。士季使巩朔、韩穿帅七覆于敖前[133]，故上军不败。赵婴齐使其徒先具舟于河，故败而先济。潘党既逐魏锜[134]，赵旃夜至于楚军[135]，席于军门之外，使其徒入之[136]。楚子为乘广三十乘，分为左右。右广鸡鸣而驾，日中而说[137]；左则受之，日入而说。许偃御右广，养由基为右；彭名御左广，屈荡为右[138]。乙卯，王乘左广以逐赵旃。赵旃弃车而走林，屈荡搏之，得其甲裳[139]。晋人惧二子之怒楚师也，使軘车逆之[140]。潘党望其尘，使骋而告[141]，曰："晋师至矣！"楚人亦惧王之入晋军也，遂出陈。孙叔曰："进之，宁我薄人，无人薄我[142]！《诗》云：'元戎十乘，以先启行[143]。'先人也。军志曰：'先人有夺人之心[144]。'薄之也。"遂疾进师，车驰卒奔乘晋军。桓子不知所为，鼓于军中曰："先济者有赏[145]。"中军下军争舟，舟中之指可掬也[146]！晋师右移，上军未动。工尹齐将右拒卒以逐下军[147]，楚子使唐狡与蔡鸠居告唐惠侯[148]，曰："不谷不德而贪，以遇大敌[149]，不穀之罪也；然楚不克，君之羞也[150]！敢藉君灵，以济楚师！"使潘党率游阙四十乘，从唐侯以为左拒，以从上军。驹伯[151]曰："待诸乎？"随季曰："楚师方壮，若萃于我，吾师必尽[152]，不如收而去之[153]。分谤生民，不亦可乎？"殿其卒而退，不败。王见右广，将从之乘。屈荡户之曰："君以此始，亦必以终[154]。"自是楚之乘广先左。晋人或以广队不能进。楚人惎之，脱扃[155]，少进，马还，又惎之，拔旆投衡，乃出[156]。顾曰："吾不如大国之数奔也[157]！"赵旃以其良马二济其兄与叔父，以他马反，遇敌不能去，弃车而走林。逢大夫[158]与其二子乘，谓其二子无顾[159]，顾曰："赵傁在后[160]。"怒之使下，指木曰："尸女于是[161]！"授赵旃绥以免。明日以表尸之，皆重获在木下[162]。楚熊负羁[163]囚知䓨，知庄子以其族反之，厨武子御[164]，下军之士多从之[165]。每射抽矢菆，纳诸厨子之房[166]，厨子怒曰："非子之求，而蒲之爱[167]，董泽之蒲，可胜既乎！[168]"知季曰："不以人子，吾子其可得乎？吾不可以苟射故也[169]。"射连尹襄老，获之，遂载其尸；射公子穀臣[170]，囚之，以二者还。及昏，楚师军于邲[171]，晋之余师不能军，宵济，亦终夜有声[172]。丙辰，楚重至于邲[173]，遂次于衡雍[174]。潘党曰："君盍筑武军[175]，而收晋尸以为京观[176]。臣闻克敌必示子孙，以无忘武功。”楚子曰：“非尔所知也！夫文，止戈为武[177]。武王克商，作《颂》曰：‘载戢干戈，载櫜弓矢[178]！我求懿德，肆于时夏，允王保之[179]！’又作《武》，其卒章曰：‘耆定尔功[180]。’其三曰：‘铺时绎思，我徂惟求定[181]。’其六曰：‘绥万邦，屡丰年[182]。’夫武，禁暴、戢兵、保大、定功、安民、和众、丰财[183]者也。故使子孙无忘其章[184]。今我使二国暴骨，暴矣！观兵以威诸侯，兵不戢矣！暴而不戢，安能保大[185]？犹有晋在，焉得定功[186]？所违民欲犹多，民何安焉？无德而强争诸侯，何以和众？利人之几[187]而安人之乱，以为己荣，何以丰财[188]？武有七德，我无一焉，何以示子孙？其为先君宫。告成事而已。武非吾功也。古者明王伐不敬，取其鲸鲵而封之，以为大戮[189]，于是乎有京观以惩淫慝[190]。今罪无所[191]，而民皆尽忠以死君命，又何以为京观乎？”祀于河，作先君宫[192]。告成事而还。

今注

1　荀林父将中军：替代郤缺。

2　先縠佐之：彘季替代荀林父。

3　士会将上军：替代赵盾。

4　郤克：是郤缺的儿子。

5　赵朔将下军：替代栾盾。

6　栾书佐之：栾盾的儿子替代赵朔。

7　赵括、赵婴齐为中军大夫：赵括及赵婴齐皆赵盾的异母弟。

8　巩朔、韩穿为上军大夫：韩穿是韩厥的一族。

9　荀首、赵同：荀首是荀林父的弟弟，赵同是赵婴齐的哥哥。

10　韩厥：韩万的玄孙。

11　无及于郑，而勦民，焉用之：不能联系郑国，而只是扰乱人民，这有什么用处？

12　楚归而动，不后：等到楚国军队回国以后，再动兵伐郑国那也不晚。

13　随武子曰：善，会闻用师观衅而动：士会说很好，我听说，等到有了机会才动兵。

14　德刑政事典礼不易，不可敌也，不为是征：德行同刑罚，政治同典礼不违失，就不可以对敌它，就不能征伐它。

15　怒其贰而哀其卑：对于它有二心很愤怒，而哀怜它的卑贱。

16　叛而伐之，服而舍之，德刑成矣：它反叛就讨伐它，它服从就舍弃它，德行与刑罚全都成功。

17　伐叛刑也，柔服德也，二者立矣：讨伐背叛的人用刑罚，对已服者用柔德安抚，这是德行，这两种全都成功了。

18　昔岁入陈：去年到陈国，就是讨伐夏徵舒。

19　今兹入郑，民不罢劳，君无怨讟：现在再到郑国，人民不嫌劳苦，楚王也没有怨望的话。

20　政有经矣：行政已经有常法。

21　荆尸而举：荆尸是楚王所做的阵法，照着楚国的阵法，就举兵。

22　卒乘辑睦：卒是步兵，乘是战车的兵。步兵同战车的兵全都和睦。

23　事不奸矣：各种事情各不相犯。

24　蒍敖为宰，择楚国之令典：蒍敖就是孙叔敖，做宰相选择楚国最好的典章。

25　军行，右辕，左追蓐：打仗的时候，为车右的人，跨着车辕子做战备。在左边的就找草做蓐子，预备夜间可以休息。

26　前茅虑无，中权后劲：前茅是斥候，侦察有无敌人，中军是全军主宰，后边更以精兵为殿。

27　百官象物而动，军政不戒而备：百官就分别而动作，军中的政事不必等到命令而完备。

28　内姓选于亲，外姓选于旧：楚王同姓的人，就选于他的亲属中。异姓的人就在旧人中选。

29　举不失德，赏不失劳：提拔无错过有德行的人。赏赐时不遗漏劳苦的人。

30　老有加惠：老的人有特别的恩惠。

31　旅有施舍：对于旅客有恩惠。

32　君子小人，物有服章：君子同小人等级不一样，各有标志，以表示尊卑。

33　贵有常尊，贱有等威：君子永远受尊敬，见识少的人仍有等差的分别。

34　礼不逆矣：对于礼没有不顺了。

35　德立、刑行、政成、事时、典从、礼顺，若之何敌之：德行立了，刑罚行了，政治成功，事情全合适，典章都遵从，礼也顺，如若是这样，谁还能敌对他？

36　见可而进，知难而退，军之善政也：见到可以就往前进，知道困难就往后退，这是军队中最好的政策。

37　兼弱攻昧，武之善经也：兼并弱小的军队，攻打昏乱的国家，这是用武的最好的法则。

38　子姑整军，而经武乎：你姑且整理军队，经营武备吧。

39　犹有弱而昧者，何必楚：尚有弱小而昏乱的国家，何必专对楚国？

40　仲虺：是成汤的左相。

41　取乱侮亡：取乱的国家，欺负将亡的国家。

42　於铄王师，遵养时晦：这是《诗经·周颂·酌》的诗句，很美的武王的军队，等到对方昏乱至极，而后取他的国家。

43　耆昧也：这是讨伐昏乱国家的办法。

44　无竞惟烈：《诗经·周颂·武》的诗句，没有竞争就成了大事业。

45　抚弱耆昧，以务烈所，可也：抚弱小的国家，征讨昏乱的，以达到大功业，就可以了。

46　晋所以霸，师武臣力也：晋国所以能为天下的霸主，是仗着军队的力量。

47　今失诸侯，不可谓力，有敌而不从，不可谓武：现在失掉了诸侯，不可以说是有力量，有敌人而不追逐，不可以说是有武功。

48　成师以出，闻敌强而退，非夫也：成一个军队而出动，听见敌人强壮就退下，这不是大丈夫。

49　以中军佐济：就率领着中军佐的军队渡过黄河。

50　知庄子：荀首，是荀林父的一族。

51　此师殆哉：这个军队很危险。

52　《周易》有之，在师䷆之临䷒：《周易》有记载，这是在师卦变成临卦的现象。

53　师出以律，否臧凶：军队打仗的时候，要合于规律，要不然就是有凶事。这是师卦初六爻辞。

54　执事顺成为臧，逆为否：办事顺理成功就叫作臧，不顺就叫作否。

55　众散为弱：众人全散了叫作弱。

56　川壅为泽：川水若壅塞就成大湖。

57　有律以如己也：虽有律在，人却各行己意。

58　律否臧：律失掉就不好。

59　盈而以竭，夭且不整，所以凶也：（沼泽里的）水满了，湖就干了，夭是水塞住了，而无法整理，所以变成凶灾。

60　不行谓之临：水不流通所以叫作临。

61　有帅而不从，临孰甚焉：军中有帅而不听从他，这是合于临卦，没有再厉害的了。

62　果遇必败，彘子尸之：果然遇见敌人必定失败，先縠将是罪魁祸首。

63　虽免而归，必有大咎：虽然他免了祸难而归国，但是必有大的罪过。

64　韩献子谓桓子：韩厥告诉荀林父。

65　失属亡师，为罪已重，不如进也：丢掉偏师，这个罪已经很重大了，还不如往前进。

66　事之不捷，恶有所分：军队若不能打胜仗，罪状就由大家同分。

67　与其专罪，六人同之，不犹愈乎：与其专罪中军元帅，不如六人共同负责，不更好一点吗？

68　郔：在今河南省郑县东，这个郔属于郑国，同宣公十一年楚国的郔同名而异地。

69　沈尹：就是孙叔敖。

70　将饮马于河而归：他们想打到黄河边上，使战马喝了黄河的水就回来。

71　嬖人伍参欲战：伍参是伍奢的祖父，他想助阵打仗。

72　参之肉将在晋军，可得食乎：那时我伍参的肉将为晋国的军队所得到，你们还能吃吗？

73　令尹南辕反旆：令尹就把车往南走，使军队的大旗也回过头去。

74　晋之从政者新，未能行令：晋国掌政权的人，是新人，他不能够行使号令。

75　其佐先縠刚愎不仁，未肯用命：佐中军的先縠刚愎自用，而不爱人，不肯听上军的命令。

76　其三帅者，专行不获：三军的三位首领，想专行而不能得。

77　听而无上，众谁適从：他们想听上级的命令，但是先縠、赵同、赵括，他们不知道该听从哪一个人。

78　管：是郑地，在今河南省郑县北二里。

79　敖、鄗之间：敖、鄗是二个山名。《一统志》："敖山在荥泽县西北，河阴废县境内，晋师在敖鄗之间，秦置敖仓，依山临河，上有太仓。"

80　楚师骤胜而骄：楚国军队忽然胜利，就骄傲起来了。

81　其师老矣，而不设备：它的军队已经衰老了，而不设防备。

82　子击之，郑师为承：你攻打它，郑国的军队后边接续着。

83　楚自克庸以来：在鲁文公十六年。

84　其君无日不讨国人而训之：楚王没有一天不治理楚国人民，而教训他们。

85　戒惧之不可以怠：要他们戒备恐惧，不可以懈怠。

86　在军无日不讨军实而申儆之：在军队里没有一天不认真管理军队，而再三告诫他们。

87　纣之百克，而卒无后：商纣打了一百次胜仗，而没有好结果。

88　训之以若敖、蚡冒，筚路蓝缕，以启山林：教训他们，说楚国的先王若敖、蚡冒，坐着木材的车子，穿着破衣服，于是用勤俭的方法，开辟了国土。

89　民生在勤，勤则不匮：人民的生活在于勤劳，勤劳就不会匮乏。

90　师直为壮，曲为老：出兵作战，有理由就称为“壮”，没有理由就是“老”。

91　我则不德，而徼怨于楚：我没有德行，而得到楚国的怨恨。

92　其君之戎，分为二广：楚王的卫兵分为两广。

93　广有一卒，卒偏之两：十五乘兵车为一广，每广有一百个步兵，叫作一卒，相当旧时偏法一两。

94　以至于昏：一直到天将黑。

95　内官序当其夜，以待不虞：楚王的近官按次序守夜，以预备意外的事情。

96　师叔入盟，子良在楚，楚郑亲矣：潘尫到郑国去盟誓，郑公子良往楚国为质，楚国与郑国已经很亲热了。

97　克敌得属，又何俟：战胜敌人又使郑国服从为属国，又何必等待。

98　实其言，必长晋国：实行他的话，必然使晋国的政权长久。

99　闻二先君之出入此行也：听说二先君（即指楚成王与楚穆王），在这条道路上来往。

100　二三子无淹久：你们诸位不要在这里留得很久。

101　今郑不率：现在郑国不遵从命令。

102　岂敢辱候人：岂敢劳苦你们？

103　行人失辞：派去的人说话不对。

104　寡君使群臣迁大国之迹于郑：我们的君使群臣迁移楚国在郑国的踪迹。

105　曰无辟敌：他说不要躲避敌人。

106　盟有日矣：已经定了日期盟会。

107　以致晋师：向晋国的军队挑战。

108　御靡旌摩垒而还：驾车的人疾驱接近敌人的堡垒方才回去。

109　吾闻致师者，左射以菆：我听说挑战是由车左拿最好的箭来射。

110　代御执辔，御下两马，掉鞅而还：替代驾车的，拉着马缰绳，然后御车的将马的辔饰扶正，才回来。

111　右入垒，折馘，执俘而还：车右入到敌垒里，将敌人的耳朵割下，并且逮了一个俘虏就回来了。

112　左右角之：左右两翼，从旁边夹攻他们。

113　麋兴于前，射麋丽龟：麋鹿在前面出现，乐伯射麋鹿，射中鹿背后的高处。

114　晋鲍癸当其后：晋国大夫鲍癸在他后面。

115　使摄叔奉麋献焉：乐伯就叫摄叔奉献麋鹿给鲍癸。

116　敢膳诸从者：敢使你追从的人做饭吃。

117　既免：就是停止，不再追他们。

118　晋魏锜求公族未得，而怒：晋国魏犨的儿子魏锜想请求做公族大夫而没有得到，因而发怒。

119　遂往，请战而还：就去请求打仗才回来。

120　荥泽：是郑地，在今河南省荥阳县东。

121　兽人无乃不给于鲜，敢献于从者：管禽兽的人可能不能供给鲜肉，把这个麋鹿就献给你的随从。

122　叔党命去之：叔党就是潘尫的儿子潘党，叫部下别追。

123　赵旃求卿未得：赵旃是赵穿的儿子，他想做晋国的卿没有如愿。

124　与魏锜皆命而往：赵旃与魏锜皆收到命令要他们往楚国去召盟会。

125　二憾往矣！弗备必败：二憾指着赵旃同魏锜，他们两人全不满意，先后前往楚国军前。他们没有预备，必定会打败。

126　郑人劝战，弗敢从也：郑人劝我们打仗，不敢听从。

127　楚人求成，弗能好也：楚人要求和平，也不能友好。

128　师无成命，多备何为：军队没有固定的命令，何必多预备？

129　楚人乘我，丧师无日矣：楚国用军队追逐我们，我们的军队就会完全毁灭。

130　除备而盟，何损于好：除去预备的军队而盟誓，这对于和好没有损伤。

131　若以恶来，有备不败：要是楚国有恶心来，有了预备就不会败了。

132　军卫不彻，警也：军队中的保护也不撤去，这表示警备。

133　帅七覆于敖前：七覆是伏兵，在敖山前边设了七处伏兵。

134　潘党既逐魏锜：魏锜见潘党追逐而退走。

135　赵旃夜至于楚军：赵旃夜里到楚国军前。

136　席于军门之外，使其徒入之：他就铺席在军门外边坐着，使他的属下进了军门。

137　日中而说：在中午就卸车。

138　彭名御左广，屈荡为右：彭名是左广御车的，他与屈荡皆是楚大夫。

139　得其甲裳：得到他的甲胄。

140　使軘车逆之：用轴车迎接赵旃同魏锜。

141　使骋而告：使人骑着马赶紧告诉楚国的军队。

142　宁我薄人，无人薄我：宁可我先迫近旁人，不要使旁人先迫近我。

143　元戎十乘，以先启行：这是《诗经·小雅》的一句诗。意思说周王行军的时候，必有军车十辆在前开路。

144　先人有夺人之心：在敌人攻打之前先动手，可以压倒敌人斗志。

145　先济者有赏：先过河的有赏赐。

146　舟中之指可掬也：把后上船的扳住船缘的手指斩掉，所以船里面的手指头多得可以捧起来！

147　工尹齐将右拒卒以逐下军：工尹齐是楚大夫，率领着右方阵的军队，追逐晋国的下军。

148　楚子使唐狡与蔡鸠居告唐惠侯：唐狡与蔡鸠居是楚大夫，唐国是楚的属国，在今湖北省随县西北八十五里，又唐县镇。唐惠侯是唐国的君。

149　不穀不德而贪，以遇大敌：我没有德行，而又贪心，碰见大的敌人。

150　然楚不克，君之羞也：要是楚国不能胜利，这是你的羞耻。

151　驹伯：是郤克上军佐。

152　楚师方壮，若萃于我，吾师必尽：楚国的军队正斗志昂扬，若集中对付我们，我们的军队必定全毁。

153　不如收而去之：不如收回我们的军队，而离开这里。

154　君以此始，亦必以终：王既然以左广开始，必以左广为终了。

155　楚人惎之，脱扃：惎，教导。楚人教给他们，将兵车前的横木去掉。

156　少进，马还，又惎之，拔旆投衡，乃出：再往前进，马又周转又回来了，于是楚人又教给他们去了大旗，搁到车辆上，这是使车子减轻重量，于是就出坑了。

157　吾不如大国之数奔也：我不像楚国那样常常逃走。

158　逢大夫：逢是楚大夫的氏。

159　谓其二子无顾：叫他两个儿子不要向后看。

160　赵傻在后：就是赵老头即赵旃在后面。

161　尸女于是：你必定死在这里。

162　皆重获在木下：这两个儿子全都战死在树底下。

163　楚熊负羁：是楚大夫。

164　厨武子御：厨武子是魏锜。

165　下军之士多从之：下军的将士全跟在他的后面，因为知庄子是下军大夫。

166　每射抽矢菆，纳诸厨子之房：每次射箭选好的箭摆到魏锜的箭套里。

167　非子之求，而蒲之爱：不是求你的儿子，而是喜欢做箭的蒲柳。

168　董泽之蒲，可胜既乎：董泽是晋国的大池塘，它那里的蒲柳可以用完吗？

169　吾不可以苟射故也：我不可以随便射箭。

170　穀臣：是楚王子。

171　邲：《水经注》："以据《通典》元和志《寰宇记》，并言邲城在管城东六里，即今河南郑县东六里之邲城也。"

172　宵济，亦终夜有声：夜里渡过黄河，整夜里有渡河的声音。

173　楚重至于邲：楚国的辎重车，也到邲。

174　衡雍：《汇纂》说："今河南原武县西北五里，有衡雍城。"

175　君盍筑武军：你可以建筑一个军营，以表彰国的武功。

176　而收晋尸以为京观：并且收晋国战死军队的尸首，然后加土在上面，做成一个大建筑物。

177　夫文，止戈为武：说到文字，止戈二字合起来就是武。

178　载戢干戈，载櫜弓矢：藏起来戈同盾，还有收起来弓同箭。

179　我求懿德，肆于时夏，允王保之：我求好的德行，便能昌大，保得住天下。

180　耆定尔功：巩固你的功劳。

181　铺时绎思，我徂惟求定：布告陈列，使天下就求安宁。

182　绥万邦，屡丰年：安定各邦，屡次得到丰收。这都是《周颂》里面的歌词。

183　夫武，禁暴、戢兵、保大、定功、安民、和众、丰财：武是禁止暴乱、藏起干戈、保住天下、定功劳、安人民、和众人、增加财力。这就是武功的七德。

184　故使子孙无忘其章：为的是使子孙不要忘了这些篇章。

185　暴而不戢，安能保大：暴乱战事，而不能藏起干戈，怎能够保持大业？

186　犹有晋在，焉得定功：现在尚有晋国在，怎能安定功业？

187　利人之几：利用敌国的危机。

188　何以丰财：怎样能够增加财力？因为打仗时年境比较荒。

189　取其鲸鲵而封之，以为大戮：鲸鲵是大鱼，指罪魁祸首，把罪魁祸首封到土内。以表示大诛戮。

190　于是乎有京观以惩淫慝：于是修建大的建筑物以表示惩戒坏人。

191　今罪无所：晋国没有犯什么罪。

192　祀于河，作先君宫：在河边上祭祀黄河，作先君的庙宇。

今译

夏天六月，晋国军队去救郑国，荀林父率领着中军，先縠为他的中军佐。士会将上军，郤克辅佐他。赵朔将下军，栾书辅佐他。赵括同赵婴齐做中军大夫，巩朔同韩穿做上军大夫，荀首同赵同做下军大夫。韩厥做司马。晋人发兵救郑，到了黄河边上，听说郑国已经同楚国讲和了，荀林父便想回家，对诸将道："救郑已经来不及，如果再和楚人作战，不过劳苦人民罢了，有什么用呢？等到楚国回去以后，再发兵去伐郑，也不算迟呢。"士会道："对的，我听说，用兵要看准罅缝才可动手。现在楚国的德刑政事典礼，都没有变动，不可和它相敌的，不可去讨伐这样的国家。楚军的伐郑，是怒它有了二心又哀它的卑微。所以反叛了就征伐它，屈服了便饶放它，这便是德刑成功了。伐叛的就是刑，柔服的就是德，这两件事已经成功了。它去年进陈国去讨夏徵舒，今年又攻进郑国，人民一点没有疲劳，楚君也不被人怨恨，这是政治有定规了。楚国的兵阵，战便胜敌人，然而农工商贾并不废事失业；而且步卒和兵车都很和睦，这是做事没有抵触的了。蒍敖做了令尹，选择楚国好的军法应用。当行军的时候，在车右的拼住车辕防备着，在车左前的去找草蓐做宿夜的预备，前军关心着有无敌人，中军斟酌定妥兵谋，后队用精兵殿后，百官都按照自己的职责干事，军政不必吩咐，却早已防备，这可见他们能够按章办事了。楚君的举用人才，同姓的选了亲族中人，异姓的选了故旧中人，举用的没有错掉贤德，赏贤的从不漏掉功劳，年老的加赐恩惠，旅客都有施舍。君子和小人，各有规定的服饰，尊贵的有一定的礼节，低贱的有一定分等的威仪，这便是礼法没有背逆的了。照这般说来，楚国德立了，刑行了，政治成功了，事体依时了，典章依照了，礼节顺当了，怎能敌得过它呢？见了可以干的便进行，知道难于成功的便退步，这是行军的好政策呢！兼并衰弱的，攻取昏昧的，这是用武的好定规呢。你姑且整顿军队，筹划武备吧！还有衰弱、昏昧的国家，何必定要认定楚国？仲虺说过这句话：'占取动乱的国家，欺负将亡的国家。'这就是所谓兼弱。《诗经·周颂·酌》说过：'很美的武王的军队，等到对方昏乱至极，而后取他的国家。’这是讨伐昏乱国家的办法。《诗经·周颂·武》说：‘武王成了无疆的功劳。’安抚弱国，征讨昏乱的国家，以达到他无疆的事业。这就可以了。”先縠道：“不可以的，我们晋国所以成就霸业，全靠军队勇敢和武臣的力量，现在失掉诸侯的拥护，便不可说是得力，有了敌人在前，不和他决战，便不可说勇敢。由于我们，失了霸主的资格，倒不如死了干净！况且兴了兵出来救郑，听得敌强却退，这不是大丈夫呢！受了君命做三军的将帅，却终究不成个丈夫，只有你们会做，我却不会做的。”便独自领了中军先渡过河去。荀首道：“这支兵，真危险哪！《周易》上有的，在师卦变到临卦的一爻上说：‘兵的出发，要有纪律，如果没有纪律，是不吉利的。’办事情顺当成功就叫作臧，反了这事就叫作否。大众离散，就变成军队衰弱，河水壅塞就成大湖。有法律指挥三军如同指挥自己一样。所以说：‘军队失掉法律就不好了。’等到沼泽里的水满了，湖就干了，凶灾就来了。水不流通，就叫作临，军中有帅而不听从他的命令，这是合于临卦，没有再厉害的了。果然和楚兵遇见，一定要败的。先縠肯定是罪魁，虽他战不死，回去也是要受大灾殃的。”韩厥对荀林父道：“先縠的偏师陷在敌军中，你的罪却更大了！你做了元帅，军队却不听你的号令，这是谁的罪呢？失掉了属国，伤亡了军队，罪已很重大，倒不如一同渡过河去吧。战了不胜，恶名还可大家分担些，与其一人专受这罪，倒不如六人同担，不是比较轻些吗？”晋国的三军便都渡过河去。楚子打了败仗，就把军队驻在郔这地方。楚国的沈尹率领中军，子重将左军，子反将右军，准备在黄河边上饮马以后，就回楚国去。听见晋国军队已经渡过黄河，楚王就想回去，但是楚王所喜欢的人伍参想打仗。令尹孙叔敖不愿意，说：“前年到陈国去，今年又到郑国，这不算没有战事。战争不胜，伍参的肉岂够人吃吗?”伍参回答说:“若战事打胜,孙叔就是没有计谋。打败了仗,我的肉将在晋国军队手里,你还能吃吗?”令尹听见这话,把车往南走,把旗子也往南推。伍参对楚王说:“晋国从政的人很新,尚未能使人听从他的命令,他的中军佐先縠刚愎不仁,不肯听从上军的命令。他们的三个统帅想专行而不可得,没有最高的主宰,不知道该听谁的。这次打仗,晋国军队必定失败。而且,君去逃避臣,这如何对得起国家呢?”楚王听见这话,很不高兴,告诉令尹把车子改向北走。楚军驻扎在管这地方,等待晋国军队。晋国军队这时间正在敖同鄗的中间。郑国差皇戌到晋军中来,道:“郑国服从楚国,也只因要救社稷,一时没法,并不是有二心。现在楚国骤然胜了,志气却很骄傲,它的军队也已有了暮气,并且又没有防备。如果你们去攻击它,我郑国跟着上来,楚师定可打败的。”先縠道:“败楚国,服郑国,只在这一战了,一定要答应他的要求。”栾书道:“楚国自从灭掉庸国以来,他的国君没一天不严紧治理国人,并且教训他们道:‘唉!人民的生活还很艰难,祸患的到来没有一定时候,警戒恐惧的心念,是不可以松懈的。’在军中没有一天不严紧治理军队的。重申儆令道:‘唉!胜利是保不定的,像从前商纣百战百胜,却终究没有结果。’又教诲人民用他先君若敖、蚡冒坐着的柴车,穿着破衣,开辟山林,怎么刻苦,等等。作箴诫道:‘人民的生活,只在勤劳,能够勤劳,那么不会穷困。’照这般看来,楚国不可说它是骄,先大夫子犯有句话道:‘出兵作战,理直的才气壮,理曲的就气衰。’现在,我自己没有德行,招怨到楚国,这是我的理曲,楚国的理直,不可说它气衰。他们国君的卫兵,分成左右两广,每广有兵车十五乘,兵士一百人,叫作‘一卒’。每卒就相当于旧时偏法的‘两’一样。右广天亮时便装起车马,到了日中,左广便替代下去,一直到黄昏才歇。凡近君身的各官，都依次在夜中轮宿，防备不测的事变。从此看来，便不可说他没有防备。子良是郑国的好人，潘尫是楚人看重的，如今潘尫进去订盟，子良押质在楚国，楚、郑的国交正是亲密，郑国却来劝我和楚国作战。我胜了，郑国便来服我；我不胜，郑国便去服从楚国。它是看我军胜败来决定怎么做，郑皇戌的话不可听从。”赵括、赵同道：“领兵而来，只为找到敌人！胜了敌人，能得到属国，还等什么呢？一定要依先縠的话。”荀首道：“赵同和赵括，原来就是先縠的一党！”赵朔道：“栾书说得好呀！听了他的话，一定能使晋国长久。”楚国少宰到晋国军队中，说：“我们的寡君年轻时遭到不幸，不能写文章，听见说楚国的成王同穆王，每回打仗，就是为的教训郑国，岂能得罪晋国呢？你们诸位不要在这儿太长久了。”士会就回答说：“从前，周平王命令我们先君晋文侯说：‘同郑国共同辅佐周室，不要抛弃王的命令！’现在，郑国不遵守天子的命令，寡君叫我们群臣质问郑国，岂敢麻烦你们来？楚君之命我们不敢当。”先縠以为说这话太让步了，使赵括赶上去更正说：“行人说这话不对。寡君使群臣把楚国从郑国迁出去，说：‘不要躲避敌人。’臣没法逃避命令。”楚王又派人到晋国要求和平，晋人答应他，盟会已经定好日期。楚国许伯给乐伯赶着战车，摄叔做车右，去向晋国军队挑战。许伯说：“我听说，挑战的人，要疾驰到对方垒边才回来。”乐伯说：“我听说，挑战的人，应该由车左用好箭来射，他替驾车的拿着辔头，驾车的下来扶正辔饰，掉头回来。”摄叔说：“我听说，挑战的人，车右到对方的垒，进入他的垒，割下一个人的耳朵，逮着俘虏才回来。”全都照他们所说的实行了。晋国人追赶他们，左右两翼夹攻他们。乐伯左边射马，右边射人，使晋军左右人不能前进。只剩一支箭，麋鹿在前面，射中麋鹿的背。晋国鲍癸在他的后面，乐伯使摄叔拿着麋鹿送给他说：“由于今年还不到时令，献兽的没有来，敢把这个鹿献给你的部下做膳食。”鲍癸阻止部下说：“他们车左很会射箭，车右的人很会说话，全都是君子。”因此，许伯等三人免于被俘。晋国的魏锜，因为谋做个公族大夫，没有到手，心中愤怒，要害晋军失败，便请愿去挑战，没有得到允许。又请愿去做个军使，于是应许了他。他便去了，请了战才回来。楚国的潘党追赶他，到了荥泽那里，看见六只大鹿，魏锜便射了一只，回过头去献给潘党道：“你有了兵事，管畜牲的莫非不能供给新鲜东西，敢把这个献给你呢！”潘党便吩咐手下人不要追他。赵旃因为求个卿做，没有到手，并且愤怒着没有捉住楚国来挑战的人，便请愿前去挑战，没有得到允许。又请求去招请楚国人来盟，于是应许了他，他便和魏锜一同奉命前去。郤克说：“这两个心怀不满的人去了，要不预备，必定失败。”先縠说：“郑人劝我打仗，我不敢听从；楚人要求和平，也不能真正和好。军队没有定规的命令，多预备有什么用呢？”士会说：“还是预备的好。若他们二人使楚国发怒，楚国人必利用这个机会打过来，我军被毁就在眼前，不如预备吧！楚国没有坏心，撤除戒备就盟誓，这对友好有什么损害？若他们存了坏心而来，我军有备就不败。就是平常诸侯相见，军卫也不撤掉，这是为了警戒。”先縠仍旧不肯备战。士会叫巩朔、韩穿率领七路伏兵埋伏在敖的前面，所以上军没有失败。赵婴齐使他的军队先预备了渡河的船，所以他失败以后就渡过河去。潘党既然赶走了魏锜，赵旃却又趁夜间到了楚军中，摊张席子在营门外坐着，派遣他手下人进去。楚子原来编成“乘广”的兵车三十乘，分成左右各半，右广鸡一啼便装起马车来，到了日中就解掉。左广接下去，到了太阳落下才卸车。许偃驾着右广的指挥车，养由基做了车右；彭名驾左广的指挥车，屈荡做了车右。乙卯那天，楚王坐着左广的兵车，去追赶赵旃。赵旃丢掉自己的车子，逃到树林中去，屈荡去和他徒手相搏，得到了他的甲衣战裙。晋人怕赵、魏二人惹怒楚师，就打发一辆兵车去迎接。潘党望着灰尘，便差个人跑回去报告营中道："晋兵到了！"楚人也怕楚庄王陷入晋军中去，遭受不测，便赶紧出动军队迎战。孙叔敖道："赶紧进兵！宁可我逼他人，不要等他人来逼我，《诗经》道：'头排的兵车十乘，用他先开路走。'这是说要抢先呢。军志道：'比敌人先下手，可以压倒敌人斗志。'这是说要逼他。"便赶快进兵，车子跑着，步兵奔着，趁晋军不提防冲去。荀林父吓得不知怎样才好，便擂鼓于军中道："先渡过黄河去的有赏赐！"于是，中军和下军争夺船只，把后上船扳住船缘的手指斩掉，斩得船中的手指可以捧着呢！晋师只管向右移动，只有上军的队伍没有动。楚国的工尹齐领了右面的步兵，去追赶晋军的下军。楚子差唐狡和蔡鸠居去告诉唐惠侯道："我没有仁德，却很贪心，因此遇到大敌，这都是我的不好。但是，楚国如果不胜，也是你君的羞耻。敢借着你君的威灵，帮助楚军成功！"便差潘党领了后备的四十乘兵车，跟着唐侯做左边的支队，追赶晋军的上军。驹伯道："我们等他来吗？"士会道："楚兵正强，若聚集了杀到我上军这里来，我的兵一定会死完的。倒不如收了军队，离开他们吧。既可替人家分担些罪，又可活些百姓，不也是很好的吗？"就亲自作为上军的殿后退下去，所以并没有败。楚王看见右广，就想坐他的车。屈荡阻止说："君乘此车开始，就必定要乘此车到底。"从此，楚国的乘广先左。晋国人有兵车遇坑不能前进。楚国人教他们去掉了横木，少微进，马又退回来。又教他们去掉大旗，扔掉横木，就出坑了。晋人回头就说："我们不像大国屡次逃跑。"赵旃拿着好马两匹，帮着他的哥哥同他叔父逃走，自己乘旁的马回来，遇到敌人不能够逃跑，弃掉车子逃到树林子去。逢大夫跟他两个儿子坐着车，告诉他两个儿子说不要往后面看，可是他两个儿子往后看说："赵老头子在后面。"逢大夫就生了气，命两子下车，指着树说："我将在这里替你们收尸。"给赵旃绳索上车，使他走脱。第二天，逢大夫在这树下找到他儿子战死的尸首。楚国的熊负羁囚禁了知罃。他的父亲知庄子率领他的族人全来追，魏锜赶车，下军的军队全跟着他。每回射箭，知庄子就把好箭摆在魏锜的箭袋里。魏锜生气了，说："你不是求儿子，而是喜爱做箭的蒲柳，董泽的蒲树用得完吗？"知庄子说："不用旁人的儿子，我的儿子怎么能得到？这是我不可以随便射箭的缘故。"知庄子射中了连尹襄老，逮着他，把他尸首带回来；射中了公子穀臣，把他囚起来。把他们两人全带回晋国。到了黄昏的时候，楚国驻军队于邲，晋国的余兵已经溃不成军了，趁夜渡过黄河去，也是终夜有声。丙辰那天，楚国的辎重营到了邲，便宿到衡雍那里去。潘党道："君王为什么不筑起营垒，收集了晋国人的死尸，封土在上面，作为京观呢？臣听说古人胜了敌国，定要有纪念物留给子孙看，使子孙忘不掉先君的武功。"楚庄王道："这不是你所懂得的，照字义上讲起来，要止戈两字拼起来，才成个武字呢！从前，周武王战胜了商朝，诗人作《周颂》道：'藏起了干戈，又藏起了弓箭，我王只求着美德，便能昌大起来，保得住天下了！'又作了《武》一诗颂他，末一章道：'完成你的大功。'第三章上道：'他能够安排政教，我们去靠他只求个安定。'第六章上道：'武王既能定万国：又屡次得到丰年。'这武德一事，原要能够禁止强暴，藏起干戈，保住天下，定着功业，安顿人民，和睦万邦，丰盈财物的哪！所以使子孙不忘记这些篇章，以为己荣。现在我使两国的人民暴露了尸骨在草野中，就是残暴了；显示武力威吓诸侯，这就是不能敛藏兵事了。既暴乱，又不能敛藏兵事，怎能保住大业？晋国虽然战败，国还存在，怎能巩固功业？违反民欲的事还有很多，叫人民怎能安顿？没有仁德，只把兵力强争诸侯，怎能调和众人？用别人的危机谋求自己的利益；靠人家的乱子安定自身，怎能丰盈财物？武王有七种仁德，我却一种没有，怎可给子孙看呢？只可造了先君的庙在这里，告诉成功一件事罢了。用武不是我追求的成功。从前，明王讨伐不依王命的，把罪魁祸首杀了，封在土内，以为大诛戮，这才有京观，警戒后来的坏人。如今，晋国并没有犯什么罪，晋国的人民又都是尽忠依着君命的，为什么要筑京观呢？”便祭了河神，造了一所先君的庙，告诉成了一件事，就回去了。

经　秋七月。

传　是役也，郑石制[1]实入楚师，将以分郑而立公子鱼臣[2]。辛未，郑杀仆叔及子服。君子曰：“史佚所谓毋怙乱者，谓是类也[3]。《诗》曰：‘乱离瘼矣，爰其适归[4]！’归于怙乱者也夫[5]！”

今注

1　石制：即子服。

2　鱼臣：号叫仆叔。

3　史佚所谓毋怙乱者，谓是类也：史佚是周国的旧史官，不要依靠旁人的乱事来求利，这是这类的事。

4　乱离瘼矣，爰其适归：这个乱很厉害了，将往什么地方去呢？

5　归于怙乱者也夫：凡是利用乱事的人，这祸必定归到他。

今译

在这次战事中，郑国的大夫石制来到楚国的军队中，要求将郑国分割，并立公子鱼臣为君。就在辛未这一天，郑国人杀了鱼臣同石制。君子说：“史佚所说不要趁着人家的乱事以谋得自己的利益。《诗经·小雅》说：‘乱已经很厉害了，将到哪里去呢？’凡是利用乱事的人，这祸必定归他的了。”

传 郑伯、许男如楚[1]。

今注

1 郑伯、许男如楚：这是宣公十四年晋国伐郑国的原因。

今译

郑伯同许男全到楚国去。

传 秋，晋师归，桓子请死。晋侯欲许之，士贞子[1]谏曰："不可。城濮之役，晋师三日谷[2]，文公犹有忧色。左右曰：'有喜而忧，如有忧而喜乎[3]？'公曰：'得臣犹在，忧未歇也！困兽犹斗，况国相乎？'及楚杀子玉，公喜而后可知也[4]，曰：'莫余毒也已[5]！'是晋再克而楚再败也。楚是以再世不竞[6]。今天或者大警晋也，而又杀林父以重楚胜[7]，其无乃久不竞乎[8]？林父之事君也，进思尽忠，退思补过，社稷之卫也，若之何杀之？夫其败也，如日月之食焉，何损于明[9]？"晋侯使复其位[10]。

今注

1 士贞子：叫士渥浊。

2 城濮之役，晋师三日谷：在僖公二十八年，晋国的军队吃了楚国三天的存粮。

3 有喜而忧，如有忧而喜乎：有喜事而发愁等于是有忧事而高兴吗？

4 公喜而后可知也：于是晋文公喜欢，使别人全看出来。

5 莫余毒也已：从此没有人再能害我了。

6 楚是以再世不竞：再世指楚成王与楚穆王，他们二辈再不能与晋国竞争。

7 以重楚胜：使楚国的胜利加倍。

8 其无乃久不竞乎：这不是使晋国日久不能与楚国竞争吗？

9　夫其败也，如日月之食焉，何损于明：他的失败，等于太阳同月亮被侵蚀，这对他们的光明有什么损失？

10　晋侯使复其位：晋侯使荀林父仍旧恢复他的位子。

今译

秋季，晋军战败归国，荀林父因败军的罪，请求治自己死罪。晋景公想答应。士贞子谏说："不可以的。从前，城濮那次战争，晋军吃了楚人三天的粮食，文公还有忧愁的神色，左右的臣子奇怪，问说：'战胜是可喜的，反而愁着，如果有了忧愁事，那么反应当快活吗？'文公说：'得臣还活在那里，定要报复的，忧愁还没有歇。野兽逼得无可如何，还要相斗，何况是个国相呢？'等到后来楚成王杀掉子玉，文公的喜色方才被人发现，而且说：'现在没有人再来害我了！'这好比是晋国再胜，楚国再败。楚国所以两世没有强起来。现在，天意或者要使晋国大加警戒，却又想杀掉荀林父，增强楚国的胜利，不是要使晋国长久强不起了吗？林父服侍于君，进，便想尽自己忠心，退，便想着补救过失，这是捍卫国家的人，为什么杀他呢？他的失败，好像日月被侵蚀一般，哪里就会损坏他的光明？"晋侯听了士贞子的谏，便使林父仍旧恢复他本来的官位。

经　冬十有二月戊寅，楚子灭萧。

传　冬，楚子伐萧[1]。宋华椒以蔡人救萧。萧人囚熊相宜僚及公子丙[2]。王曰："勿杀，吾退。"萧人杀之，王怒，遂围萧，萧溃。申公巫臣曰："师人多寒。"王巡三军，拊而勉之[3]。三军之士，皆如挟纩[4]。遂傅[5]于萧。还无社与司马卯言，号申叔展[6]，叔展曰："有麦曲乎[7]？"曰："无。""有山鞠穷[8]乎？"曰："无。""河鱼腹疾奈何[9]？"曰："目于眢井而拯之[10]。""若为茅绖，哭井则已[11]。”明日萧溃，申叔视其井，则茅绖存焉，号而出之。

今注

1 萧：是宋的附庸国。

2 熊相宜僚及公子丙：全是楚国大夫。

3 师人多寒。王巡三军，拊而勉之：军队都感觉寒冷。楚王巡视各军，安慰、勉励他们。

4 三军之士，皆如挟纩：三军将士高兴得等于穿上棉衣。

5 遂傅：傅是爬城。

6 还无社与司马卯言，号申叔展：还无社是萧大夫，司马卯同申叔展皆楚大夫。号是大声嚷的意思。

7 有麦曲乎：麦曲是一种抵抗湿气的药。

8 山鞠穷：也是治湿气的药。问他这两句是表示要还无社不要在湿泥中，恐怕得到湿气病。

9 河鱼腹疾奈何：河里的鱼闹肠胃病，那怎么办?

10 目于眢井而拯之：眢音渊。到枯井再来救援。

11 若为茅绖，哭井则已：你结茅为绖，作为标记，等我的哭声，再做回应。

今译

冬天，楚庄王去伐萧国。宋大夫华椒领了蔡国人去救萧国。萧人捉住楚国的熊相宜僚和公子丙。庄王道：“请你们不要杀他，我退兵就是了。”萧人却故意杀掉他。楚王便大怒，就围住萧国。萧众就大败。楚国的申公巫臣道：“兵士多受寒了！”庄王便亲自出去巡查，抚慰、勉励他们，三军的士卒，都像穿着棉衣一般，顿时暖起来了，便逼近萧城去。萧大夫还无社和司马卯说话，就趁便喊申叔展。叔展道：“有麦曲吗？”还无社答道：“没有。”“有山鞠穷吗？”又答道：“没有。”叔展道：“那么像河鱼害了腹疾怎么办呢？”还无社答道：“注意看着枯井就可以拯救我。”申叔展道：“你要结些茅草做标记，听到我的哭声，就是我来救你了。”到了明天，萧人败散了。申叔展便去查看各处井边，果然看见有结茅的在那里，便哭着拉他起来。

经 晋人、宋人、卫人、曹人，同盟于清丘，宋师伐陈，卫人救陈。

传 晋原縠、宋华椒、卫孔达、曹人同盟于清丘[1]，曰：“恤病讨贰[2]。”于是卿不书，不实其言也[3]。宋为盟故伐陈[4]，卫人救之。孔达曰：“先君有约言焉，若大国讨我，则死之[5]。”

今注

1 清丘：亦名清原，在今山西省稷山县东南。

2 恤病讨贰：周济有困难的国家，讨伐有二心的国家。

3 不实其言也：楚人伐宋国，晋国不去救它，这是不怜恤被压迫的国家。宋国伐陈国，卫国去救它，这是反对讨伐有二心的国家。

4 宋为盟故伐陈：宋国因为这个盟约，而陈国有二心于楚国，所以讨伐它。

5 先君有约言焉，若大国讨我，则死之：卫成公与陈共公有旧约，所以孔达说是如果有大国讨伐我，我就要拼命。

今译

晋人原縠、宋人华椒、卫人孔达、曹人在清丘这地方同盟，说：“周济有困难的国家，讨伐有二心的国家。”《春秋》上不写卿的名字，因为他们没有实行他们的话。宋国为这个盟誓，所以讨伐陈国，卫国人派兵去救陈，卫国的孔达说：“先君卫成公曾与陈共公订过盟誓，要是大的国家来讨伐我们，我必定要拼命。”

宣公十有三年（公元前五九六年）

经 十有三年春，齐师伐莒。

传 十三年春，齐师伐莒，莒恃晋而不事齐故也[1]。

今注

1 莒恃晋而不事齐故也：莒国依仗晋国的力量而不侍奉齐国的缘故。

今译

十三年春天，齐国军队讨伐莒国，因为莒国仗恃着晋国，而不侍奉齐国。

经 夏，楚子伐宋。

传 夏，楚子伐宋，以其救萧也。君子曰：“清丘之盟，唯宋可以免焉[1]。”

今注

1 唯宋可以免焉：宋国曾经讨伐陈国的二心，现在宋被楚国讨伐，而晋国也不顾盟誓，所以说清丘的盟誓只有宋国可以免除罪恶。

今译

夏天的时候，楚王伐宋国，因为宋国曾经救过萧国。君子说：“清丘这个盟誓，只有宋国不违它的誓言。”

经 秋螽[1]。

今注

1 螽：是蝗虫。此经无传。

今译

秋天，鲁国蝗虫很多。

传 秋，赤狄伐晋及清[1]，先縠召之也。

今注

1 清：也名清原。

今译

秋天，赤狄伐晋国，打到清这地方，这是晋国大夫先縠召唤他们的。

经 冬，晋杀其大夫先縠。

传 冬，晋人讨邲之败与清之师，归罪于先縠而杀之，尽灭其族。君子曰："恶之来也，己则取之[1]。其先縠之谓乎[2]。"

今注

1 恶之来也，己则取之：罪恶是自己招来的。

2 其先縠之谓乎：这不就在说先縠嘛。

今译

冬天，晋国人追究邲地战败和清地战争的责任，于是将罪状归到先縠，把他杀掉了，并且把他的族人也杀尽。君子说："坏事情是自己招来的。这不就是指先縠说的嘛。"

传 清丘之盟，晋以卫之救陈也，讨焉，使人弗去，曰："罪无所归，将加而师[1]。"孔达曰："苟利社稷，请以我说，罪我之由，我则为政[2]，而亢大国之讨，将以谁任[3]，我则死之。"

今注

1 罪无所归，将加而师：要是没有得到罪犯，就派军队到你们国家。

2　苟利社稷，请以我说，罪我之由，我则为政：假使对国家有利，请以我来解说，这是我的罪状，我既然当政权。

3　而亢大国之讨，将以谁任：而抵抗大国的讨伐，将由谁来承担责任。

今译

清丘盟会的时候，晋国以卫国救陈国，就加以责备，晋国派去卫国的使者不肯离去，并且说："如果找不出担当罪责的人来，我们就要加兵到你们国家。"卫国大夫孔达就说："假设对国家有利，请拿我来向晋国解说，这罪状只能由我来担当，因为是我当政权，而抵抗大国的讨伐，其他的人还有谁能承担，我就可以自杀了。"

宣公十有四年（公元前五九五年）

经　十有四年春，卫杀其大夫孔达。

传　十四年春，孔达缢而死，卫人以说于晋而免[1]。遂告于诸侯曰："寡君有不令之臣达，构我敝邑于大国，既伏其罪矣，敢告。"卫人以为成劳，复室其子[2]，使复其位[3]。

今注

1　卫人以说于晋而免：卫人用他的死向晋人解说，就免除被讨伐。

2　卫人以为成劳，复室其子：卫国人以为他有安定国家的功劳，就把卫君的女儿嫁给他的儿子。

3　使复其位：并使他儿子继承他父亲的职位。

今译

十四年春，卫国的孔达上吊死了，卫国人就以他的死向晋国去解说，晋国人就免于讨伐卫国，卫国人告诉旁的国家说：“我们有一个不遵命令的臣子叫孔达，离间我们同大国的关系，已经受了罪刑，敢告各国。”卫人以为孔达有安定国家的功劳，就将卫君的女儿嫁给他的儿子，并且使他的儿子仍袭他父亲的官职。

经　夏五月壬申，曹伯寿卒[1]。

今注

1　曹伯寿：即曹文公。此经无传。

今译

夏五月壬申这一天，曹文公死了。

经　晋侯伐郑。

传　夏，晋侯伐郑，为邲故也[1]。告于诸侯，蒐焉而还[2]，中行桓子之谋也。曰：“示之以整，使谋而来[3]。”郑人惧，使子张[4]代子良于楚，郑伯如楚，谋晋故也。郑以子良为有礼[5]，故召之。

今注

1　晋侯伐郑，为邲故也：晋成公攻打郑国，因为晋国在邲战败时郑国帮助过楚国。

2　蒐焉而还：即检阅军队就回晋国了。

3　示之以整，使谋而来：表示我军容很盛，使它自己谋划来归服我。

4　子张：郑穆公的孙子。

5　郑以子良为有礼：郑伯以为子良曾让君位给他，所以以为他很有礼。

今译

夏天，晋侯讨伐郑国，因为邲之战郑国帮助过楚国。通告各诸侯，只是检阅军队就回国了。这是荀林父的计谋。他说："对郑国展示我们军容很盛，使它看了以后，自谋来服。"郑国人害怕，就派子张到楚国去替代子良做人质。郑伯到楚国去，这是谋算对付晋国的。郑国以为公子良有让君位的礼，所以叫他由楚国回郑国来。

经　秋九月，楚子围宋。

传　楚子使申舟[1]聘于齐，曰："无假道于宋。"亦使公子冯聘于晋，不假道于郑。申舟以孟诸之役恶宋[2]，曰："郑昭宋聋[3]，晋使不害，我则必死。"王曰："杀女，我伐之。"见犀而行[4]。及宋，宋人止之。华元曰："过我而不假道，鄙我也[5]，鄙我，亡也！杀其使者，必伐我，伐我，亦亡也！亡一也！"乃杀之。楚子闻之，投袂而起[6]，屦及于窒皇[7]，剑及于寝门之外，车及于蒲胥之市[8]。秋九月，楚子围宋。

今注

1　申舟：是楚大夫申无畏。

2　孟诸之役恶宋：在文公十年，楚王到宋国的孟诸这地方打猎，申无畏曾经打过宋公的用人。

3　郑昭宋聋：郑国很昭明，宋国等于聋子。

4　见犀而行：把他儿子申犀交给楚王，就走了。

5　鄙我也：那是等于拿我做他的边鄙。

6　投袂而起：摔袖子就站起来。

7　屦及于窒皇：穿的鞋到了窒皇才有人追送上。窒皇：颜师古说："室无四壁曰皇。"可见这是由寝室到寝门中间空屋四壁的过路。

8　蒲胥之市：《汉书·郡国志》："郢城中有市名叫蒲胥。"

今译

楚庄王差申舟行聘到齐国去，叮嘱他道："你不要向宋国借路。"又差公子冯行聘到晋国去，也要他不借路于郑国。申舟因为孟诸那回打猎的时候惹怒了宋国，对庄王说："郑国是明白的，宋国怕像聋子吧？到晋国去的使臣是不碍事的，我却定要被宋国杀害了。"庄王说："什么？杀了你，我便去伐它！"申舟就同儿子犀去见了庄王才动身，到了宋国，宋人果真阻止他，华元说："走过我国，却不来借道路，这是把我当它的边鄙看待了。把我看作了边鄙，就是亡国啊！杀了它的使臣，定要来伐我的，伐我也是亡啊！亡终归是一样的，不如杀了它的使臣好。"便把申舟杀死。楚庄王听到这事，把衣袖一摔就立起来。到寝门口，才有人送鞋子穿上，到寝门外面才佩带好剑；到了蒲胥的市中，才坐上车子。秋天九月，楚军便围住宋国。

经 葬曹文公[1]。

今注

1 此经无传。

今译

为曹文公行葬礼。

经 冬，公孙归父会齐侯于穀。

传 冬，公孙归父会齐侯于穀[1]，见晏桓子，与之言鲁乐[2]。桓子告高宣子[3]，曰："子家其亡乎！怀于鲁矣[4]，怀必贪，贪必谋人，谋人，人亦谋己。一国谋之，何以不亡[5]？"

今注

1 穀：在今山东省东阿县治。

2　鲁乐：表示在鲁国很快乐。

3　高宣子：是高固。

4　子家其亡乎！怀于鲁矣：子家就是公孙归父，他恐怕要逃亡，很思念鲁国。

5　一国谋之，何以不亡：全国人全谋算他，他怎能不逃走？

今译

冬，公孙归父会齐侯于穀这地方，看见晏婴的父亲晏弱，就跟晏弱说自己在鲁国如何快乐。晏弱就对齐国的高固说："子家恐怕要逃亡了，他怀念鲁国了，怀念鲁国必定会有贪心，贪心必定计谋别人，计谋别人，人家也要计谋他。全国人都谋算他，他怎么能够不逃走？"

传　孟献子言于公曰："臣闻小国之免于大国也，聘而献物[1]，于是有庭实旅百[2]，朝而献功[3]。于是有容貌、采章、嘉淑，而有加货[4]，谋其不免也。诛而荐贿，则无及也[5]。今楚在宋，君其图之。"公说[6]。

今注

1　聘而献物：聘问而常献物品，物品是指玉帛及皮币。

2　有庭实旅百：主人也准备各种食品，在庭中以答谢宾客。

3　朝而献功：上朝贡献它征伐小国的功劳于大国。

4　容貌、采章、嘉淑，而有加货：容貌指威仪，采章是指车服、文章，嘉淑是拿好言语称赞，并加送很多币帛。

5　诛而荐贿，则无及也：如果被大国责备，再呈送很多货财，就来不及了。

6　公说：这足以证明《左氏春秋》本来是连着的。"十五年春，公孙归父会楚子于宋。"这亦足以证明我在引言中所说孔子《春秋》与《左氏春秋》是两部书。

今译

孟献子对鲁宣公说："我听说小国要能免于大国的祸难，必须常常聘问而贡献物品，因此大国的主人才在庭中准备多种食品以答谢他。到大国去朝见，而贡献他自己国家的功劳，因此有威仪、车服、文章和称赞的好辞令，而在这些基础上加送额外的礼物，这是为了谋求免除不能赦免的罪过。如被大国讨伐才进贿赂，就来不及了。现在楚王在宋国，你何不计划计划呢？"鲁宣公听了此话甚为喜悦。

宣公十有五年（公元前五九四年）

经　十有五年春，公孙归父会楚子于宋。

传　十五年春，公孙归父会楚子于宋[1]。

今注

1　公孙归父会楚子于宋：就是去年孟献子所说的话的缘故。

今译

十五年春天，鲁国的公孙归父会见楚王于宋国。

传　宋人使乐婴齐[1]告急于晋，晋侯欲救之，伯宗[2]曰："不可。古人有言曰：'虽鞭之长，不及马腹[3]。'天方授楚，未可与争。虽晋之彊，能违天乎？谚曰：'高下在心[4]，川泽纳污[5]，山薮藏疾[6]，瑾瑜匿瑕[7]，国君含垢[8]，天之道也。'君其待之[9]！"乃止，使解扬[10]如宋，使无降楚，曰："晋师悉起，将至矣。"郑人囚而献诸楚。楚子厚赂之，使反其言。不许，三而许之。登诸楼车[11]，使呼宋人而告之，遂致其君命。楚子将杀之，使与之言曰："尔既许不穀而反之，何故[12]？非我无信，女则弃之，速即尔刑。"对曰："臣闻之，君能制命为义[13]，臣能承命为信[14]。信载义而行之为利[15]。谋不失利，以卫社稷，民之主也。义无二信[16]，信无二命[17]。君之赂臣，不知命也。受命以出，有死无霣[18]，又可赂乎？臣之许君，以成命也[19]。死而成命，臣之禄也。寡君有信臣[20]。下臣获考死[21]，又何求[22]！”楚子舍之以归。

今注

1　乐婴齐：是宋大夫。

2　伯宗：是晋大夫。

3　虽鞭之长，不及马腹：虽然鞭子很长，但是不能打到马的腹上。

4　高下在心：随着时间来采取合宜的办法。

5　川泽纳污：川同湖全都接受污浊的物品。

6　山薮藏疾：山中有林子就藏着害人的疾病。

7　瑾瑜匿瑕：瑾瑜全都是美玉，但是时常藏着坏的成分。

8　国君含垢：一国的君时常能够忍受垢耻。

9　君其待之：你或者等到楚国衰弱的时候再说。

10　解扬：是晋大夫。

11　登诸楼车：使他上到楼车。楼车是车上有一种可以远望的楼。

12　尔既许不穀而反之，何故：你既然答应我反告诉宋国，晋国不来救，为什么你不这么说？

13　君能制命为义：为君的能够制定命令就叫作义。

14　承命为信：实行君的命令就叫作信。

15　信载义而行之为利：信遵守着义而去做，就叫作利。

16　义无二信：有义的就不能做两种信。

17　信无二命：欲实行信的人，就不能接受两种命令。

18　受命以出，有死无霣：霣，坠落。我接到命令离开晋国，只有死，而不敢废除晋君的命令。

19　臣之许君，以成命也：我答应你就是为完成晋君的命令。

20　寡君有信臣：我君有信义的臣子。

21　下臣获考死：我也能够死得其所。

22　又何求：又何必求旁的？

今译

宋人因为被楚国围得很急，差乐婴齐到晋国去告急。晋侯想发兵去救，伯宗说："不行，古人有句话道：'马鞭子虽然长，却打不到马肚子上去。'如今天正帮助楚国，不可和楚国争的。晋国虽然强盛，能够违背天意吗？俗语道：'高高下下，都在心里。凡是河流湖泽，总要纳些污浊；凡是山林，总要躲些毒物。哪怕美玉，也要有些坏的斑点。国君总要忍受些羞耻的，这也是天道呢？'请君等着吧！"便停止发救兵，差解扬到宋国去，叫宋国不要降楚国，而且对宋国说："晋师已都出发，快要到了。"解扬路过郑国，郑国人便把他拘禁起来，献给楚国。楚王重重地贿赂他，让他把话反过来说，说晋国并不来救，解扬不肯应许。说了三次，才应许了。便让他爬到楼车上，使他喊着宋人告诉他。哪知道解扬既见宋人，却把晋君的命令告诉了一遍。楚王将要把他杀死，使人对他说："你既应许了我，却半中间违反了，是什么缘故呢？这不是我们没有信义，实在是你自弃的，快些受你的刑罚去吧。"解扬答说："臣听得，做人君的能够制定合宜的命令，才可算得义；做人臣的能够执行那命令，才可算是信。用臣的信，载了君的义做去，才是国家的利益。人臣谋国，不失掉利益，保卫社稷，才算是万民的主子。要义的便不能有第二个信，要信的便不能受第二个命令。君贿赂我，就是君不懂得制定命令的道理。臣受了君命出来奉使，就是死，也不能废掉君的命令，怎么能够被贿赂打动呢？臣子应许君，原是要想成功传达晋君的命令！成功传达了君的命令才死，这就是臣的福禄。寡君有了可信的臣子，下臣又能死得其所，还想什么？”楚王就放了他，他便回来。

经 夏五月，宋人及楚人平。

传 夏五月，楚师将去宋。申犀稽首于王之马前曰：“毋畏知死而不敢废王命，王弃言焉？”王不能答。申叔时仆[1]曰：“筑室反耕者，宋必听命[2]。”从之，宋人惧，使华元夜入楚师，登子反之床，起之[3]曰：“寡君使元以病告[4]。”曰：“敝邑易子而食，析骸以爨[5]。虽然，城下之盟，有以国毙，不能从也[6]。去我三十里，唯命是听。”子反惧，与之盟，而告王，退三十里，宋及楚平，华元为质，盟曰：“我无尔诈，尔无我虞[7]。”

今注

1 申叔时仆：申叔时是给楚王赶马车的人。

2 筑室反耕者，宋必听命：在野地里筑房子，使耕田的人回到楚国去，宋国人必定听从命令。

3 起之：是指叫子反起来。

4 寡君使元以病告：我们的君使我以宋国困苦的景象来告诉你。

5 敝邑易子而食，析骸以爨：我们国里交换着儿子来吃，拿人的骨头来当柴火。

6 城下之盟，有以国毙，不能从也：就以国家拼死，也不能听从城边上的盟誓。

7 我无尔诈，尔无我虞：我也不用欺骗你，你也不用害我。

今译

夏天五月间，楚师将要离开宋国回去，申犀在楚王的马前叩头说：“先父毋畏明知要死的，却不敢废掉王的命令，如今王倒丢开从前的话了吗？”楚王回答不出来。这时候，申叔时正为楚王驾车，说：“筑室在郊野，使耕田的先回去，宋国一定能依我们的！”王依了他的话，宋人果然害怕起来，便使华元乘夜间暗暗到楚军中去，登到子反的卧榻上，叫醒他说：“寡君差华元把困苦的景象告诉你。”说道：“敝邑已经交换了儿子吃着，拿人的尸骨当柴火烧。虽然如此，但是要做城下之盟，却情愿让国家灭亡，不肯依你们的。如能退兵三十里，就随你怎么吩咐都依从了。”子反害怕，便和他私下约定，然后再告诉王，于是楚军退后三十里。宋国便和楚国讲和，华元做了人质，盟誓：“楚国不要欺骗宋国，宋国也不要防备楚国。”

经 六月，癸卯，晋师灭赤狄潞氏，以潞子婴儿归。

传 潞子婴儿[1]之夫人，晋景公之姊也，酆舒为政而杀之，又伤潞子之目[2]。晋侯将伐之，诸大夫皆曰：“不可，酆舒有三隽才[3]，不如待后之人！”伯宗曰：“必伐之。狄有五罪，隽才虽多，何补焉？不祀一也[4]！耆酒二也[5]！弃仲章而夺黎氏地三也[6]！虐我伯姬四也[7]！伤其君目五也[8]。怙其隽才，而不以茂德，兹益罪也！[9]后之人或者将敬奉德义，以事神人，而申固其命[10]，若之何待之？不讨有罪，曰将待后，后有辞而讨焉，毋乃不可乎？夫恃才与众，亡之道也，商纣由之，故灭[11]。天反时为灾[12]，地反物为妖[13]，民反德为乱。乱则妖灾生，故文反正为乏[14]，尽在狄矣[15]！”晋侯从之。六月癸卯，晋荀林父败赤狄于曲梁[16]。辛亥，灭潞。酆舒奔卫，卫人归诸晋，晋人杀之。

今注

1　潞子婴儿：潞国是赤狄的别种。《汇纂》：“在今山西潞城县东北四十里，有古潞城。”婴儿是他名字。

2 伤潞子之目：伤了潞子的眼睛。

3 三隽才：三种突出的才干。

4 不祀一也：不祭祀祖是第一件事。

5 耆酒二也：爱喝酒是第二种。

6 弃仲章而夺黎氏地三也：他不用仲章而夺取黎国的地方是第三种。仲章是潞国的贤才。黎国据《汇纂》说：“在今山西长治县西三十里，黎侯亭是也。”

7 虐我伯姬四也：虐待晋景公的姐姐是第四种。

8 伤其君目五也：又把潞子的眼睛伤了，这是第五条罪状。

9 怙其隽才，而不以茂德，兹益罪也：仗着他的特殊才能，而不能修德行，这愈发增长他的罪恶。

10 而申固其命：而申固他的政令。

11 商纣由之，故灭：商朝的纣王由于他仗着才能与军队众多，所以他就被灭了。

12 天反时为灾：天不合时候就变成灾，比如寒同暑全都变化了。

13 地反物为妖：各种动物全都反了本性，就变成妖。

14 故文反正为乏：所以在文字上与正相反就叫乏。

15 尽在狄矣：这些现象全都在狄国出现。

16 曲梁：《一统志》说：“石梁在潞城县北四十里，即荀林父戍赤狄处。”

今译

潞子婴儿的夫人是晋景公的姐姐。酆舒掌政权，杀了她，又把潞子的眼睛伤了。晋侯大怒，将讨伐他，晋国的各大夫皆说：“不可以，酆舒有三种突出的能力，不如等待后来的人。”晋大夫伯宗说："必定要讨伐他。狄国有五种罪状，有突出本领的人虽然多，有什么补益？第一种是不祭祀祖先。第二种是喜欢喝酒。不录用潞国的贤才仲章，并且夺取黎氏的地盘，这是第三种。虐待晋国的伯姬，是第四种。伤了潞子的眼睛是第五种。依仗他突出的能力，不使德行发展，罪状更多，以后执政的人或者敬奉德义以侍奉神明，而巩固国家的命运，为什么要等着他？现在不讨有罪的人，而说将等后来的人。后来的人并没有罪而讨伐他，这是不可以的。仗着能力与人多，这是灭亡的途径，商朝的纣王走这条路就灭亡了。天违反时令就变成灾害，地上的各种事物反了性情就是妖，人民反了德行就叫作乱。那么乱了，妖同灾也就发生了，所以文字上与正字相反就叫作乏，这种现象已经在狄国全有了。"晋侯听了他的话。六月癸卯这天，晋国荀林父在曲梁这地方战败了赤狄，辛亥就灭了潞。酆舒逃到卫国，卫国人把他送到晋国，晋国人就杀了他。

经 秦人伐晋[1]。

今注

1 此经无传。

今译

秦国人讨伐晋国。

经 王札子杀召伯，毛伯。

传 王孙苏与召氏、毛氏争政[1]，使王子捷杀召戴公及毛伯卫[2]，卒立召襄[3]。

今注

1 王孙苏与召氏、毛氏争政：王孙苏与召伯、毛伯皆周王卿士，他们三个人互相争夺政权。

2　王子捷杀召戴公及毛伯卫：王子捷即王札子，召戴公即召伯，毛伯卫即毛伯。

3　召襄：是召戴公的儿子。

今译

王孙苏同王的卿士召戴公与毛伯卫争政权，使王札子杀了他们两个人，后来就立了召戴公的儿子召襄。

传　秋七月，秦桓公伐晋，次于辅氏[1]。壬午，晋侯治兵于稷[2]，以略狄土，立黎侯而还[3]。及雒[4]，魏颗败秦师于辅氏，获杜回，秦之力人也。初，魏武子有嬖妾，无子。武子疾，命颗曰："必嫁是[5]！"疾病[6]则曰："必以为殉。"及卒，颗嫁之，曰："疾病则乱，吾从其治也[7]。"及辅氏之役，颗见老人结草以亢杜回[8]，杜回踬而颠[9]，故获之。夜梦之曰："余而所嫁妇人之父也，尔用先人之治命，余是以报[10]。"

今注

1　辅氏：晋地，据《一统志》说："今陕西朝邑县西北十三里，有辅氏城。"

2　稷：《汇纂》说："今山西稷山县南五十里，有稷神山，山下有稷亭，即晋侯治兵处。"

3　立黎侯而还：《一统志》说："黎国本在长治县西南，黎侯岭下。"

4　雒：晋地，《一统志》说："在今陕西北部，由朝邑县南入渭。"

5　必嫁是：必使这个人出嫁。

6　疾病：疾就是病得厉害。

7　疾病则乱，吾从其治也：等到病得厉害时心就乱了，我是听从他平时的话。

8　老人结草以亢杜回：有一个老人把草捆成捆，以抵抗杜回。

9　杜回踬而颠：杜回被绊，倒下。

10　尔用先人之治命，余是以报：你是奉行你父亲平常的命令，我所以报答你。

今译

秋七月时，秦桓公伐晋国，到了辅氏这地方。壬午这天，晋侯在稷这地方练习军队，以侵略狄国，立了黎侯就回来了。到了雒这地方，魏犨的儿子魏颗在辅氏这地方打败了秦国的军队，逮捕了杜回这个人，他是秦国的大力士。在此之前，魏犨有喜欢的一个妾，但是没有儿子。武子有病就叫魏颗，说："必须使这个人出嫁。"等到病重了就改说："必定把她殉葬。"等到魏犨死了以后，魏颗就把她嫁了，并且说："病得厉害，心里头乱了。我是遵从他正常时候的命令。"到了辅氏战役的时候，魏颗看见一个老人把草拴起来，以抵抗杜回。杜回被绊，倒下来，所以把他逮着了。夜里魏颗梦见老人说："我是你所嫁的那妇人的父亲，你遵守你先人正常的命令，我以这个来报答你。"

经　秋螽[1]。

今注

1　此经无传。

今译

秋，鲁国有蝗虫。

经　仲孙蔑会齐高固于无娄[1]。

今注

1　此经无传。

今译

仲孙蔑在无娄会见齐国的卿高固。

传　晋侯赏桓子狄臣千室，亦赏士伯以瓜衍之县[1]，曰：“吾获狄土，子之功也。微子，吾丧伯氏矣[2]！”羊舌职说是赏也，曰：“《周书》所谓庸庸祗祗者，谓此物也夫[3]。士伯庸中行伯[4]，君信之，亦庸士伯，此之谓明德矣。文王所以造周，不是过也。故《诗曰》：‘陈锡哉周[5]。’能施也！率是道也，其何不济？”

今注

1　瓜衍之县：瓜衍，据《一统志》：“今山西孝义县北十里，有瓜城，本虢城也，今名虢城村。在县北田同里。”

2　微子，吾丧伯氏矣：要不是你的力量，我就丢掉荀林父了。

3　《周书》所谓庸庸祗祗者，谓此物也夫：《周书·康诰》篇所说用可用，敬可敬就是指这类事情。

4　士伯庸中行伯：士伯说中行伯荀林父可用。

5　陈锡哉周：这是《诗经·大雅》篇中的一句诗：分布大利于天下，所以能流行周的道路。

今译

晋侯赏荀林父狄国的臣属一千家，也以晋国的瓜衍赏士伯，并且说：“我得到狄国的土地，是你的功劳。要不是你，我就丢掉荀林父了。”晋国的大夫羊舌职对这个赏赐很高兴，就说：“《周书·康诰》篇所说的，用可用的，敬可敬的，就是指这类事。士伯说中行伯可用，晋君信了他，也能用士伯，这就所谓‘明德’。文王能够兴起周国，也不过如此。所以《诗经·大雅》篇说：‘布陈利益于天下，创立了周朝。’这是说文王能施恩与百姓。沿这条路走下去，还有何种目的不能够实现？”

传　晋侯使赵同献狄俘于周，不敬。刘康公[1]曰：“不及十年，原叔必有大咎[2]，天夺之魄矣[3]！”

今注

1　刘康公：就是王季子。

2　原叔必有大咎：原叔就是赵同。赵同必定有大灾难。

3　天夺之魄矣：天会夺取他的魂魄。

今译

晋侯叫晋大夫赵同献由狄国俘虏来的狄人到周王室去，他行礼的时候不恭敬。王季子说：“不到十年，赵同必定有大的灾难，天会把他的魂魄夺取了。”

经　初税亩。

传　初税亩[1]，非礼也。谷出不过藉[2]，以丰财也。

今注

1　初税亩：初次对于田亩收税。

2　谷出不过藉：周代的法律，百亩田地以内，有公家的田地十亩，人民必须耕种它，就叫作藉。

今译

鲁国初次对于田亩收税，这是很不合于礼的。过去只能用“藉”的税法，这就是说每一百亩地，有十亩地归公家，而由人民给它耕种，这为的是丰富财源。

经　冬，蝝生。

经 饥。

传 冬，蝝生，饥，幸之也[1]。

今注

1 冬，蝝生，饥，幸之也：蝝音缘，是未生翅之蝗虫。今年虽然饥饿，但是蝗虫子并不能造成灾害，所以特别写在《春秋》上。

今译

冬天，蝗虫的幼虫孵化，造成饥荒。(《春秋》之所以记载这件事，是因为庆幸没有造成严重灾害。)

宣公十有六年（公元前五九三年）

经 十有六年春王正月，晋人灭赤狄甲氏及留吁。

传 十六年春，晋士会帅师灭赤狄甲氏及留吁、铎辰[1]。三月，献狄俘[2]。晋侯请于王，戊申，以黻冕[3]命士会将中军，且为大傅，于是晋国之盗逃奔于秦。羊舌职曰："吾闻之，禹称善人，不善人远[4]。此之谓也夫！《诗》曰：'战战兢兢，如临深渊，如履薄冰[5]'，善人在上也。善人在上，则国无幸民[6]。谚曰：'民之多幸，国之不幸也[7]！'是无善人之谓也。"

今注

1 甲氏及留吁、铎辰：甲氏在今山西省长子县东南。留吁及铎辰在今山西省长治县附近。

2 狄俘：把由狄国逮来的俘虏献给周王。

3 黻冕：是天子所命卿的服冠。

4 禹称善人，不善人远：禹举称善良的人，不善的人就远了。

5 战战兢兢，如临深渊，如履薄冰：时常战栗，如同在一个深渊前面，又如在薄冰的上面。

6　善人在上，则国无幸民：善人在上面，国家就没有侥幸的人民。

7　民之多幸，国之不幸也：人民要是心存侥幸，就是国家不幸。

今译

十六年春，晋国的士会率军队灭了赤狄的甲氏及留吁、铎辰各部落。三月，献狄俘给周王。晋侯请求周王准许，二十七日，以命卿的冠同礼服给士会，并且命他将晋国的中军兼为太傅，因此晋国的盗贼全逃奔到秦国去了。晋国的羊舌职就说："我听说，夏禹举荐了良善的人，不善的人就离开了，就是指这件事。《诗经》有句话：'战战兢兢，如同面临深渊，如同脚踩在薄冰上。'这就是善良的人在上面执政。善良的人在上面执政，那么国里没有心存侥幸的人民。俗话说：'人民多侥幸，就是国家的不幸。'这就是指没有好人在位。"

经　夏，成周宣榭火。

传　夏，成周宣榭火[1]，人火之也。凡火，人火曰火，天火曰灾[2]。

今注

1　周宣榭火：这是周王在洛阳的讲武堂着火了。

2　人火曰火，天火曰灾：人放的火就叫着火，如果由天所造的火就叫灾。

今译

夏天，周王都城的讲武堂着了火，这是有人给它放的火。凡是火灾，人放的火就叫着火，天火叫作灾。

经　秋，郯伯姬来归。

传 秋，郯伯姬来归，出也[1]。

今注

1 出也：是郯国人副迫她离婚的。

今译

秋天，郯伯姬来到鲁国，她是被郯国勒令离婚的。

传 为毛召之难故，王室复乱，王孙苏奔晋，晋人复之[1]。

今注

1 晋人复之：晋人重新恢复了他的卿士之位。

今译

因为毛氏同召氏的乱事，王室又乱了。王孙苏逃到晋国去，晋国人重新恢复了他的卿士之位。

经 冬，大有年[1]。

今注

1 大有年：就是收成丰盛。此经无传。

今译

冬天，收成丰富。

传 冬，晋侯使士会平王室，定王享之，原襄公相礼[1]，殽烝[2]。武子私问其故[3]，王闻之，召武子曰："季氏，而弗闻乎？王享有体荐[4]，宴有折俎[5]。公当享，卿当宴，王室之礼也[6]。"武子归而讲求典礼，以修晋国之法[7]。

今注

1 原襄公相礼：原襄公，周大夫，他管相礼节的事情。

2 殽烝：殽是肉块，烝是把肉块摆在俎上。

3　武子私问其故：武子就是士会，他偷着问这是什么缘故。

4　王享有体荐：王享礼时，将兽体割一半来请客。

5　宴有折俎：宴礼中将骨头去掉，而摆在俎上。

6　公当享，卿当宴，王室之礼也：公指诸侯，当用享礼，卿当用宴礼，这是周王的礼节。

7　以修晋国之法：以修明晋国的法典。杜预说："传言典礼之废久。"但是我的意思，唐叔出封到晋国的时候，本来就用的是"戎索"。见《左传·定公四年》。可见晋国自最初就没用周室的礼节。

今译

冬天，晋侯叫士会调解王室的纠纷，周定王摆酒席来宴请他。周大夫原襄公主持典礼，将殽肉摆在俎上。士会偷偷问他是什么缘故。周王听见了，就叫武子，并对他说："季氏，你没听说过吗？王享礼的时候，有将牺牲分解成两半摆而不食的'体荐'。王宴礼的时候，有将肉分成块放在俎上的'折俎'。诸侯就用享礼，卿就用宴礼。这是王室所用的不同的礼节。"士会回到晋国就讲求典礼，以修明晋国的法度。

宣公十有七年（公元前五九二年）

经　十有七年春王正月庚子，许男锡我卒[1]。

今注

1　此经无传。

今译

十七年春正月庚子，许男名叫锡我的死了。

经　丁未，蔡侯申卒[1]。

今注

1　此经无传。

今译

丁未这天，蔡侯申死了。

经　夏，葬许昭公[1]。

今注

1　此经无传。

今译

夏天，为许昭公即许男锡我行葬礼。

经　葬蔡文公[1]。

今注

1　此经无传。

今译

给蔡文公即蔡侯申行葬礼。

经　六月癸卯，日有食之[1]。

今注

1　此经无传。

今译

六月癸卯这天，有日食。

经　己未，公会晋侯、卫侯、曹伯、邾子同盟于断道。

传　十七年春，晋侯使郤克徵会于齐，齐顷公帷妇人使观之。郤子登，妇人笑于房[1]。献子怒，出而誓曰："所不此报，无能涉河[2]！”献子先归，使栾京庐待命于齐曰：“不得齐事，无复命矣[3]。”郤子至，请伐齐，晋侯弗许，请以其私属[4]，又弗许。齐侯使高固、晏弱、蔡朝、南郭偃[5]会，及敛盂[6]，高固逃归。夏，会于断道[7]，讨贰也。盟于卷楚[8]，辞齐人，晋人执晏弱于野王[9]，执蔡朝于原，执南郭偃于温。苗贲皇[10]使，见晏桓子，归言于晋侯曰：“夫晏子何罪[11]？昔者诸侯事吾先君，皆如不逮[12]，举言群臣不信，诸侯皆有贰志。齐君恐不得礼，故不出，而使四子来，左右或沮之，曰：‘君不出，必执吾使[13]。’故高子及敛盂而逃。夫三子者曰：‘若绝君好，宁归死焉。’为是犯难而来，吾若善逆彼[14]，以怀来者，吾又执之，以信齐沮，吾不既过矣乎？过而不改，而又久之，以成其悔，何利之有焉？使反者得辞[15]，而害来者，以惧诸侯，将焉用之？”晋人缓之，逸[16]。

今注

1 郤子登，妇人笑于房：因为郤克脚跛，所以他上台阶很困难，齐国的女子在房间看见都笑他。

2 所不此报，无能涉河：若不报复讥笑这件事，我再也不渡黄河往东边来齐国。

3 不得齐事，无复命矣：不能办成齐国的事情，就不要回来复命。

4 请以其私属：请用他自己的家众去攻打齐国。

5 高固、晏弱、蔡朝、南郭偃：全是齐大夫。

6 敛盂：是卫地，在今河北省浦阳县东南有敛盂聚。这表示是个小村子。

7 断道：《一统志》说：“上虒亭，一名断梁城，在山西省沁县东南。”

8 卷楚：杜注：“即断道。”

9　野王：《一统志》："今河南沁阳县治。"

10　苗贲皇：他是楚国鬭椒的儿子。楚国灭了鬭氏以后，他就逃到晋国去。

11　晏子何罪：晏弱有什么罪，而被拘留？

12　皆如不逮：皆唯恐有所不及。

13　君不出，必执吾使：这是说齐国君若不去，必定逮捕我们派去的人。

14　吾若善逆彼：我们要善意招待齐国所派来的晏弱、蔡朝、南郭偃三人。

15　使反者得辞：使回去的高固有理由说话。

16　晋人缓之，逸：晋人拘住他们没太注意，他们就逃走了。

今译

十七年的春天，晋侯差郤克到齐国去召齐国来参加盟会。齐顷公用帐幔围住些妇人，使她们偷看。郤子登上堂去，因为跛脚，妇人在房中都笑他。郤献子怒着出去，赌咒发誓说："如果不报复这回事，便再不渡过河东来。"献子就先回去，使栾京庐在齐国等候命令，说："办不成齐国的事，不要回来复命了！"郤子回到了晋国，便请求去伐齐国，晋侯没有应许他。他又请只让家众去攻打齐国，又不应许他。齐侯派高固、晏弱、蔡朝、南郭偃参加会盟。到了敛盂，高固听说郤克很愤怒，便逃了回去。夏天，在断道会盟，为的是伐诸侯有二心的，又在卷楚这地方结盟，拒绝齐国人参加。晋人在野王便捉住晏弱，在原捉住蔡朝，在温地捉住南郭偃。苗贲皇出使路过，见了晏弱，回去便向晋侯说："那个晏子有什么罪？从前，诸侯侍奉我先君，都好像来不及似的，如今都说群臣没有信用，诸侯都有了二心。齐君恐怕得不到合理的招待，所以不敢出来，才派他们四人来的。左右有拦阻他的人，说：‘君既不出来，一定会捉住我们使臣的。’所以，高子到了敛盂这地方便逃回去。那三人说：‘若因我们不去断绝国君的和好，宁可到了会死在晋国。’因此冒了危险才来，我们若好好招待他们，也可感动那些诸侯，现在却又把他们捉住，使齐人拦阻那三人的话确实可信起来，我们不是太过分了吗？有了差错不改，却又长久错下去，因此使他们很懊悔，对我国有什么好处呢？徒然使逃回去的人有了话说，一面又伤害着想来盟会的人，使诸侯害怕，这有什么用呢？”于是，晋人便放松对他们的看管，齐国的三名使者便趁势逃走。

经　秋，公至自会[1]。

今注

1　此经无传。

今译

秋天，鲁宣公从折道的盟会回来。

传　秋八月，晋师还[1]。

今注

1　晋师还：晋军回到国里。

今译

秋天八月，晋国的军队回到本国。

传　范武子将老[1]，召文子曰：“燮乎！吾闻之，喜怒以类者鲜[2]，易者实多[3]。《诗》曰：‘君子如怒，乱庶遄沮。君子如祉，乱庶遄已[4]。’君子之喜怒以已乱也，弗已者，必益之[5]。郤子其或者欲已乱于齐乎？不然，余惧其益之也[6]，余将老，使郤子逞其志，庶有豸乎[7]！尔从二三子，唯敬。”乃请老，郤献子为政。

今注

1 范武子将老：范武子将告老。

2 喜怒以类者鲜：能够喜可喜怒可怒的很少。

3 易者实多：应当喜而怒，或者应当怒而喜的，相交换的很多。

4 君子如怒，乱庶遄沮。君子如祉，乱庶遄已：这是《诗经·小雅》里的一句诗。君子如果发怒了，乱事或者很快阻止。君子喜欢的时候，乱也就可以完了。

5 弗已者，必益之：不能完的，必定增加乱事。

6 余惧其益之也：我很怕他增加乱事。

7 庶有豸乎：是使郤子从政决志以止乱。

今译

范武子将告老还乡，叫他儿子士燮来说："燮儿！我听说喜、怒能合于礼法来做的很少，相反的很多，《诗经·小雅》说：'君子如果发怒，乱事或者可以很快停止。君子如果喜悦，乱可以很快停歇。'君子的喜与怒是用来阻止祸乱的。要阻止不了的时候，就必定增加祸乱。郤克或者想阻止齐国的乱事，要不然我很怕他增加了祸乱。我打算告老还乡，使郤克能够心满意足，乱事就可以解决了。你跟从这些大夫，全要恭敬。"于是就请求退休，郤克就掌政权。

经 冬十有一月壬午，公弟叔肸卒。

传 冬，公弟叔肸[1]卒，公母弟也。凡大子之母弟，公在曰公子，不在曰弟，凡称弟，皆母弟也[2]。

今注

1 公弟叔肸：肸，声响散布之意。宣公的弟弟叔肸。

2 凡称弟，皆母弟也：凡是称弟的，全是同母的弟弟。

今译

冬天，公的弟弟叔肸死了，这是宣公的母弟。凡是大子的母弟，要是君在的时候就称为公子，不在就称为弟，凡是称弟全是指同母弟。

宣公十有八年（公元前五九一年）

经　十有八年春，晋侯、卫世子臧伐齐。

传　十八年春，晋侯、卫大子臧[1]伐齐，至于阳穀[2]。齐侯会晋侯盟于缯[3]，以公子彊[4]为质于晋。晋师还，蔡朝、南郭偃逃归。

今注

1 大子臧：是卫国太子。

2 阳穀：在今山东省阳谷县东北五十里。

3 缯：大概在今山东省阳谷县境。

4 公子彊：是齐公子。

今译

十八年春天，晋侯同卫太子臧伐齐，到阳穀这地方。齐侯同晋侯就在缯这地方会盟，用齐国公子彊到晋国去做人质，晋军回国去了。齐国的蔡朝与南郭偃从晋国逃回来了。

经　公伐杞[1]。

今注

1 此经无传。

今译

宣公讨伐杞国。

经　夏四月。

传　夏，公使如楚乞师，欲以伐齐[1]。

今注

1　欲以伐齐：宣公不侍奉齐国，而现在齐国与晋国和好，所以他害怕，要求楚国军队帮忙以伐齐国。

今译

夏，公派人到楚国，要求派军队，想讨伐齐国。

经　秋七月，邾人戕鄫子于鄫。

传　秋，邾人戕鄫子于鄫。凡自虐其君曰弑，自外曰戕[1]。

今注

1　自虐其君曰弑，自外曰戕：自己国人杀他的君叫弑，外边人来杀他的君就叫作戕。

今译

秋，邾国人在鄫国的都城杀掉鄫子。凡是自己国人杀掉他的君叫作弑，外边来的人杀他的君就叫作戕。

经　甲戌，楚子旅卒。

传　楚庄王卒[1]，楚师不出，既而用晋师[2]。楚于是乎有蜀之役[3]。

今注

1　楚庄王卒：楚国的君死了。

2　既而用晋师：在成公二年，晋国伐齐占鞍，鲁国也共同参加。

3　有蜀之役：也在成公二年，蜀是鲁地，《一统志》说："在今泰安县西南。"

今译

楚庄王死了，所以楚国没有派军队来，不久鲁国就利用晋国的军队攻打齐国。楚国因此在鲁国蜀这地方有战役。

经　公孙归父如晋。

经　冬十月壬戌，公薨于路寝。

经　归父还自晋，至笙，遂奔齐。

传　公孙归父[1]以襄仲之立公也，有宠，欲去三桓，以张公室[2]，与公谋而聘于晋，欲以晋人去之。冬，公薨。季文子言于朝曰："使我杀適立庶，以失大援者，仲也夫[3]！"臧宣叔怒曰："当其时，不能治也，后之人何罪[4]？子欲去之，许请去之[5]。"遂逐东门氏[6]。子家还及笙[7]，坛帷复命于介[8]，既复命，袒括发[9]，即位哭，三踊而出[10]，遂奔齐。书曰归父还自晋，善之也[11]。

今注

1　公孙归父：是东门襄仲的儿子。

2　欲去三桓，以张公室：想去掉鲁国的三桓，用以张大鲁公的权力。

3　使我杀適立庶，以失大援者，仲也夫：適是指文公的太子恶，是齐国的外甥，东门襄仲杀了他；庶是指宣公，而立庶出的宣公。所谓丢了大援，指齐国同晋国，这全是东门襄仲的缘故。

4　当其时，不能治也，后之人何罪：在那时候不能治他的罪过，他的后人又有什么罪呢？

5　子欲去之，许请去之：臧宣叔名叫许。你要想去掉他，我就把他去掉。

6　遂逐东门氏：于是就驱逐东门氏出鲁国。

7　子家还及笙：子家就是公孙归父，回国到了笙这地方。笙在齐鲁边境的句渎，在今山东省菏泽县北的句阳店。

8　坛帷复命于介：设立一个坛挂起帷帐，使他的副使返鲁国复命于鲁君。

9　袒括发：袒是赤着背，用麻绳拴上头发。

10　即位哭，三踊而出：他就到坛上去哭，顿脚三下就离开坛。

11　书曰归父还自晋，善之也：《春秋》上说归父自晋国回来，这是称赞他。

今译

公孙归父因为他父亲襄仲立了宣公而受到宣公的宠爱，想着把鲁国的孟孙、叔孙、季孙去掉，以张大公室的权力。和宣公谋计好了，到晋国去聘问，想以晋国的力量去掉他们。冬天，宣公死了，季文子在朝廷说："使我们杀嫡太子，立宣公，而失了各大国的援助，这就是襄仲的过错！"臧宣叔就生气说："当那个时候不能治他的罪，他后边的人有什么罪恶？但是你要想去掉他，我就请把他去掉。"因此，就驱逐东门氏的族人出鲁国。公孙归父回来到笙这地方，设了一个坛，围上帷帐，使他的副使回鲁国报告使命，回报使命以后，他就赤背用麻绳拴起头发在坛上就他的位置，哭宣公的死，顿脚三次而后又出去，就逃到齐国去。《春秋》上写着说归父从晋国回来，是对他表示赞许。

卷十三　成公上

成公元年（公元前五九〇年）

经　元年春王正月，公即位[1]。

今注

1　此经无传。

今译

成公元年春王正月，成公行即位的典礼。

经　二年辛酉，葬我君宣公[1]。

今注

1　此经无传。

今译

二月辛酉的时候给鲁宣公行葬礼。

经　无冰[1]。

今注

1　此经无传。

今译

没有冻冰。

传 元年春，晋侯使瑕嘉平戎于王[1]，单襄公如晋拜成[2]。刘康公徼戎将遂伐之[3]。叔服[4]曰："背盟而欺大国[5]，此必败。背盟不祥，欺大国不义，神人弗助，将何以胜[6]？"不听。遂伐茅戎，三月癸未，败绩于徐吾氏[7]。

今注

1 使瑕嘉平戎于王：瑕嘉即詹嘉，到王朝去与戎讲和。

2 单襄公如晋拜成：单音善。周王的卿士单襄公到晋国去拜谢和平。

3 刘康公徼戎将遂伐之：刘康公即王季子，乘着戎人没有防备的时候就想讨伐他。

4 叔服：是周的内史。

5 背盟而欺大国：背了盟誓而去违背晋国。

6 神人弗助，将何以胜：神和人全不帮助他，怎样能够取胜呢？

7 败绩于徐吾氏：徐吾氏是茅戎的一个部落。周军队被茅戎打败。徐吾氏大约在今山西省屯留县北余吾镇。

今译

元年春天，晋侯派晋大夫瑕嘉到周王那里与戎讲和，单襄公就到晋国去道谢。刘康公乘着戎的不防备就想着攻打他。周朝的内史叔服说："背了盟约而去违背晋国，这样一定会打败仗。因为背了盟誓是不吉祥的，欺骗大国是不合理的，神和人全不帮忙，如何能打胜仗呢？"刘康公不听这话，就攻打茅戎。三月癸未，被徐吾氏打败。

经 三月，作丘甲。

传 为齐难故，作丘甲[1]。

今注

1 为齐难故，作丘甲：据《周礼》说："每个丘包括十六个井出戎马一匹，还有牛三头。"这是等于增加作战的人数，这是为着防备齐国的侵略。

今译

因为怕齐国的侵略，所以使每个丘为单位成立军队。

经 夏，臧孙许及晋侯盟于赤棘。

传 闻齐将出楚师，夏，盟于赤棘[1]。

今注

1 赤棘：杜预说："晋地。"但是无考。《群经释地》说："在山西翼城县南有紫谷水注浍即赤棘。"

今译

听见齐国将让楚国出军队，所以夏天在赤棘这地方与晋国盟会。

经 秋，王师败绩于茅戎。

传 秋，王人来告败[1]。

今注

1 王人来告败：周王军队打败仗，本来在前，但《春秋》上只写到秋天，是根据周国人来说的。

今译

周王打败仗，到了秋天才来通知鲁国。

经 冬十月。

传　冬，臧宣叔令修赋缮完具守备[1]曰："齐楚结好，我新与晋盟，晋楚争盟，齐师必至。虽晋人伐齐，楚必救之，是齐楚同我也[2]，知难而有备，乃可以逞[3]。"

今注

1　臧宣叔令修赋缮完具守备：臧宣叔就是臧孙许，令整军备，缮甲兵，完城郭，做好了守备。

2　是齐楚同我也：这就是齐国同楚国一起攻击我们。

3　知难而有备，乃可以逞：知道有祸难将来，而有预先的防备，就可以解决这个祸难。

今译

冬天，鲁国的臧宣叔令整军备、缮甲兵、完城郭，做好了守备，他说："齐国跟楚国联结相好，我国最近又同晋国盟会了。晋国同楚国争盟主，齐国的军队必定要来了。虽晋人伐齐，楚必定来救齐国，这是齐国同楚国一起侵犯我，但知道这个祸难以后有了防备，这祸难就可以解除了。"

成公二年（公元前五八九年）

经　二年春，齐侯伐我北鄙。

传　二年春，齐侯伐我北鄙，围龙[1]。顷公之嬖人卢蒲就魁门焉[2]，龙人囚之。齐侯曰："勿杀，吾与而盟，无入而封[3]。"弗听，杀而膊诸城上[4]。齐侯亲鼓，士陵城，三日取龙，遂南侵及巢丘[5]。

今注

1　龙：《续山东考古录》："县东南五十里，大汶口东十余里，有城基，俗曰乡城，即龙城。"

2　嬖人卢蒲就魁门焉：齐顷公喜欢的人叫卢蒲就魁，攻龙的城门。

3　吾与而盟，无入而封：我跟你们结盟，不再侵犯你的境内。

4　杀而膊诸城上：龙人把他杀了，分尸在城的墙上。

5　巢丘：在今山东省泰安县西南。

今译

成公二年春天，齐顷公伐鲁国的北边，围了龙城。顷公喜爱的人卢蒲就魁攻城门，被龙人捉住。齐顷公就说："不要杀他，我可以跟你盟誓，不再侵犯你的境土。"龙人不听，就把他杀了，并将他分尸摆在城墙上。齐顷公亲自敲着战鼓，战士们围着城，三天的工夫就把龙城拿下了。由此而向南侵犯直到巢丘这地方。

经　夏四月丙戌，卫孙良夫帅师及齐师战于新筑，卫师败绩。

传　卫侯使孙良夫、石稷、宁相、向禽[1]将侵齐，与齐师遇[2]，石子欲还。孙子曰："不可。以师伐人，遇其师而还，将谓君何[3]？若知不能，则如无出。今既遇矣，不如战也。"夏有[4]。石成子曰："师败矣！子不少须，众惧尽[5]。子丧师徒，何以复命？"皆不对。又曰："子国卿也，陨子辱矣[6]！子以众退，我此乃止[7]。"且告车来甚众[8]。齐师乃止，次于鞫居[9]。新筑人仲叔于奚[10]救孙桓子，桓子是以免。既卫人赏之以邑[11]，辞，请曲县[12]，繁缨[13]以朝，许之。仲尼闻之曰："惜也！不如多与之邑。唯器与名，不可以假人[14]，君之所司也。名以出信[15]，信以守器[16]，器以藏礼[17]，礼以行义[18]，义以生利[19]，利以平民[20]，政之大节也。若以假人，与人政也。政亡则国家从之[21]，弗可止也已。"孙桓子还于新筑，不入[22]，遂如晋乞师。

今注

1　孙良夫、石稷、宁相、向禽：皆是卫大夫。

2　与齐师遇：跟齐国军队碰见了。

3　以师伐人，遇其师而还，将谓君何：拿军队去讨伐旁国，碰见它的军队就回来，这怎么样报答国君呢？

4　夏有：夏有两字有阙文，失掉了新筑战事的经过。

5　子不少须，众惧尽：你要不求援，恐怕军队全都会毁掉了。

6　子国卿也，陨子辱矣：你是国家的卿，若是丢掉你，就是国家的耻辱。

7　子以众退，我此乃止：你领着众人退下去，我就在此地抵抗齐国军队。

8　且告车来甚众：这是新筑人来救孙桓子的军队。

9　次于鞫居：鞫（审问之意）居，大约在山东省朝城县境内。就停留在鞫居这地方。

10　仲叔于奚：是新筑的大夫。

11　赏之以邑：用城邑来赏给仲叔于奚。

12　曲县：诸侯的乐器只有三面帷帐，而缺南方，所以叫作曲县。

13　繁缨：是马上的装饰，为诸侯所用。

14　唯器与名，不可以假人：唯独器物跟名号不可以被人所借用。

15　名以出信：名号是被人民所信用的。

16　信以守器：信用是保守着器物的。

17　器以藏礼：器物是保藏礼节的。

18　礼以行义：礼节是所以应当行的。

19　义以生利：应当行的事就可以得到利益。

20　利以平民：利是所以使人民和平的。

21　政亡则国家从之：政权要是亡了，国家也随着亡了。

22　不入：不回到卫国去。

今译

卫侯差孙良夫、石稷、宁相、向禽率兵去侵伐齐国，和齐兵相遇，石稷便想回去，孙良夫说："不可以的，领了兵伐人家，遇着他们的军队就回去，将怎么回答君命呢？如果早知道不能战胜，倒是不出来的好。如今，既然遇见了齐人，不如和他打一下仗。"夏季，有……石成子说："兵已败了，你不略等一刻，还要再战，恐怕兵士要死尽了！你丧失了兵众，怎样回复君命呢？"大家都没有回答。石成子又说："你是国卿，如果被齐人擒去，有辱卫国的。你领了大家退下，我停在此地抵挡他！"并且告令军中说："赶来救的兵车很多！"齐师听说卫国的救兵已到，便停止前进，扎在鞫居那里。新筑大夫仲叔于奚来救孙桓子，孙桓子因此免得被虏。战事既毕，卫人便用地方赏给仲叔于奚，仲叔于奚辞谢不受，却请求允许他用曲县、繁缨去朝见君，卫君竟应许了他。仲尼闻知这事就说："可惜呀！不如多给些地方。车服爵号，是不可以借给人的，他们是君主主管的呢！名位是生出信用来的，信用是保守着器具的，器具是暗藏着礼节的，礼节是推行道义的，道义是生出利益来的，利益是安顿百姓的，这是政治上的大关节呢！如果借给了人，便和把政权给人一样了，政权既然没有，国家便也跟着灭亡，不可救药了。"卫国的孙桓子从新筑败后，不进卫国，便到晋国去求救。

经　六月癸酉，季孙行父、臧孙许、叔孙侨如、公孙婴齐帅师会晋郤克、卫孙良夫、曹公子首及齐侯战于鞌，齐师败绩。

经　秋七月，齐侯使国佐如师。己酉，及国佐盟于袁娄。

传　臧宣叔亦如晋乞师，皆主郤献子[1]。晋侯许之七百乘，郤子曰："此城濮之赋也[2]，有先君之明与先大夫之肃，故捷。克于先大夫，无能为役[3]。"请八百乘[4]，许之。郤克将中军，士燮将上军，栾书将下军[5]，韩厥为司马，以救鲁卫。臧宣叔逆晋师，且道之[6]，季文子帅师会之。及卫地，韩献子将斩人，郤献子驰将救之，至则既斩之矣。郤子使速以徇，告其仆曰："吾以分谤也[7]。"师从齐师于莘[8]。六月壬申，师至于靡笄之下[9]。齐侯使请战曰："子以君师辱于敝邑，不腆敝赋，诘朝请见[10]。"对曰："晋与鲁卫，兄弟也。来告曰：'大国朝夕释憾于敝邑之地[11]。'寡君不忍，使群臣请于大国，无令舆师淹于君地[12]，能进不能退，君无所辱命[13]。"齐侯曰："大夫之许，寡人之愿也。若其不许，亦将见也。"齐高固入晋师，桀石以投人[14]，禽之而乘其车[15]，系桑本焉以徇齐垒[16]曰："欲勇者贾余馀勇[17]。"癸酉，师陈于鞌[18]，邴夏御齐侯，逢丑父为右[19]，晋解张御郤克，郑丘缓为右[20]。齐侯曰："余姑翦灭此而朝食[21]。"不介马而驰之[22]。郤克伤于矢，流血及屦，未绝鼓音，曰："余病矣。"张侯曰："自始合而矢贯余手及肘，余折以御，左轮朱殷[23]，岂敢言病！吾子忍之！"缓曰："自始合，苟有险，余必下推车，子岂识之？然子病矣！"张侯曰："师之耳目在吾旗鼓，进退从之。此车一人殿之，可以集事[24]，若之何其以病，败君之大事也！擐甲执兵，固即死也。病未及死，吾子勉之。"左并辔，右援枹而鼓[25]，马逸不能止[26]，师从之，齐师败绩，逐之，三周华不注[27]。韩厥梦子舆[28]谓己曰："且辟左右。"故中御而从齐侯[29]。邴夏曰："射其御者，君子也[30]。"公曰："谓之君子而射之，非礼也。"射其左，越于车下[31]，射其右，毙于车中。綦毋张[32]丧车，从韩厥曰："请寓乘。"从左右，皆肘之，使立于后。韩厥俯定其右[33]，逢丑父与公易位[34]。将及华泉，骖絓于木而止[35]，丑父寝于轏中，蛇出于其下，以肱击之，伤而匿之，故不能推车而及[36]。韩厥执絷马前[37]，再拜稽首，奉觞加璧以进[38]，曰：“寡君使群臣为鲁卫请曰：‘无令舆师陷入君地[39]。’下臣不幸，属当戎行，无所逃隐，且惧奔辟而忝两君[40]，臣辱戎士，敢告不敏，摄官承乏[41]。”丑父使公下如华泉取饮，郑周父御佐车，宛茷为右，载齐侯以免[42]。韩厥献丑父，郤献子将戮之，呼曰：“自今无有代其君任患者。有一于此，将为戮乎？”郤子曰：“人不难以死免其君，我戮之不祥，赦之以劝事君者。”乃免之。齐侯免，求丑父三入三出[43]，每出齐师，以帅退，入于狄卒，狄卒皆抽戈楯冒之[44]，以入于卫师，卫师免之，遂自徐关入[45]。齐侯见保者曰：“勉之，齐师败矣！”辟女子，女子曰：“君免乎？”曰：“免矣！”曰：“锐司徒免乎[46]！”曰：“免矣。”曰：“苟君与吾父免矣，可若何？”乃奔。齐侯以为有礼，既而问之，辟司徒之妻也[47]，予之石窌[48]。晋师从齐师入自丘舆，击马陉[49]。齐侯使宾媚人赂以纪甗玉磬与地[50]，不可则听客之所为。宾媚人致赂，晋人不可曰：“必以萧同叔子为质[51]，而使齐之封内尽东其亩[52]。”对曰：“萧同叔子非他，寡君之母也。若以匹敌，则亦晋君之母也。吾子布大命于诸侯，而曰必质其母以为信，其若王命何[53]？且是以不孝令也。《诗》曰：‘孝子不匮，永锡尔类[54]。’若以不孝令于诸侯，其无乃非德类也乎[55]？先王疆理天下物土之宜，而布其利，故《诗》曰：‘我疆我理，南东其亩[56]。’今吾子疆理诸侯，而曰尽东其亩而已，唯吾子戎车是利[57]，无顾土宜，其乃非先王之命也乎？反先王则不义，何以为盟主？其晋实有阙[58]，四王[59]之王也，树德而济同欲焉[60]。五伯之霸也[61]，勤而抚之以役王命[62]。今吾子求合诸侯以逞无疆之欲[63]，《诗》曰：‘布政优优，百禄是遒[64]。’子实不优，而弃百禄，诸侯何害焉[65]？不然[66]，寡君之命使臣则有辞矣！曰：‘子以君师辱于敝邑，不腆敝赋以犒从者[67]，畏君之震，师徒桡败[68]，吾子惠徼齐国之福，不泯其社稷，使继旧好，唯是先君之敝器土地不敢爱，子又不许，请收合余烬[69]，背城借一[70]，敝邑之幸，亦云从也[71]，况其不幸，敢不唯命是听[72]。'"鲁卫谏曰："齐疾我矣！其死亡者皆亲昵也。子若不许，雠我必甚。唯子则又何求？子得其国宝[73]，我亦得地[74]，而纾于难[75]，其荣多矣，齐晋亦唯天所授，岂必晋？"晋人许之，对曰："群臣帅赋舆[76]以为鲁卫请，若苟有以藉口而复于寡君[77]，君之惠也，敢不唯命是听。"禽郑自师逆公[78]。秋七月，晋师及齐国佐盟于爰娄[79]，使齐人归我汶阳之田。公会晋师于上鄍[80]，赐三帅先路三命之服[81]，司马、司空、舆帅、候正、亚旅皆受一命之服[82]。

今注

1　皆主郤献子：他们全都住在郤克家中。

2　此城濮之赋也：这就是城濮打仗的军队数目。城濮战役发生在僖公二十八年。

3　无能为役：对于这些大夫，我都不配给他们做仆人。

4　请八百乘：据《司马法》，这种军队的数目最多是六万人。

5　栾书将下军：栾书要替代赵朔。

6　且道之：并且给他做向导。

7　以分谤也：为的来分旁人的谤毁。

8　莘：《续山东考古录》说："莘是齐邑，在今山东省莘县北八里。"

9　于靡笄之下：靡笄是山的名字，《山东通志》说："以历山即靡笄山，今名千佛山，在济南府南十里。"

10　不腆敝赋，诘朝请见：我们不好的军队，明天早晨请同你们见面。

11　大国朝夕释憾于敝邑之地：大国是指齐国，敝邑是鲁同卫的自称，齐国每天向我们挑衅。

12　无令舆师淹于君地：不要令众多的军队，在你的地方居住得太久。

13　能进不能退，君无所辱命：我们只能向前进而不要向后退，不要等到你君的命令。

14　桀石以投人：拿着石头去打晋国军队的人。

15　禽之而乘其车：把那个晋国的人逮着，就放下自己的车而乘坐晋国军队被逮人的车。

16　系桑本焉以徇齐垒：车后面拴上一个桑树的大根用它来巡行齐国的军垒。

17　欲勇者贾余馀勇：贾音古。要得到勇气的，买我所剩下的勇气。

18　鞍：齐地，《山东通志》说："鞍在历城县西北十里鞍山下。"

19　邴夏御齐侯，逢丑父为右：邴夏给齐侯赶车，逢丑父为车右。他们两人全是齐大夫。

20　晋解张御郤克，郑丘缓为右：晋国的解张给郤克赶车，郑丘缓为车右。

21　余姑翦灭此而朝食：我先灭了晋国的军队，再吃早饭。

22　不介马而驰之：不给马戴上铁甲就往前跑。

23　余折以御，左轮朱殷：我把这箭折断了仍旧驾车，左边的车轮全被血染成红色。

24　此车一人殿之，可以集事：这辆车由我一个人来镇守就可以成功。

25　左并辔，右援枹而鼓：左手拿着两个辔头，右手拿着鼓槌击鼓。枹音浮。

26　马逸不能止：马听见鼓的声音就往前跑不能停止了。

27　逐之，三周华不注：追逐着齐国军队，围绕着华不注山三圈，据《山东通志》说："华不注山在今山东省历城县东北十五里。"

28　韩厥梦子舆：子舆是韩厥的父亲，当时已经死了。

29　故中御而从齐侯：所以在中间代替驾车的人而追逐齐顷公。

30　射其御者，君子也：射他驾车的人，这个人似乎是个君子。

31　射其左，越于车下：射他左边的人，结果掉在车下。

32　綦毋张：是晋大夫。

33　韩厥俯定其右：韩厥因为他的车右死在车里边，他就俯身把他扶起来。

34　逢丑父与公易位：逢丑父和齐顷公换了位置。

35　骖絓于木而止：驾车旁边的马碰到树就停了。

36　蛇出于其下，以肱击之，伤而匿之，故不能推车而及：因为有蛇到车里边来，逢丑父拿手臂去打蛇，被蛇所伤，所以他没有办法去推车，就被晋国的韩厥赶上。

37　韩厥执絷马前：韩厥拿着马绊子到车前表示对齐侯的客气。

38　奉觞加璧以进：并且拿着酒加上玉石来敬奉齐侯。

39　无令舆师陷入君地：不要令晋国军队深入君的地方。

40　惧奔辟而忝两君：害怕逃奔躲避而使晋国同齐国两君蒙羞。

41　摄官承乏：言我做这个官，只好与齐君同回晋国。

42　郑周父御佐车，宛茷为右，载齐侯以免：郑周父同宛茷皆是齐大夫，他们驾着副车就带齐侯逃走了。

43　三入三出：三次领着军队进去，三次出来，但是也没有得到逢丑父。

44　皆抽戈楯冒之：狄国的军队全都抽着枪同楯牌护着他们。

45　遂自徐关入：就从齐国的徐关进入齐国。

46　锐司徒免乎：锐司徒是指锐兵的首领，他免了战死吗？

47　辟司徒之妻也：辟司徒是指垒壁的首领，她是他的妻子。

48　石窌：在今山东省长清县东南三十里石窝村。

49　自丘舆，击马陉：丘舆在山东省章丘县以东淄川县以西，马陉在山东省益都西南淄川县东北。

50　使宾媚人赂以纪甗玉磬与地：宾媚人就是国佐，拿纪国所出产的玉甑同玉磬和土地。

51　必以萧同叔子为质：萧同叔子是齐顷公的母亲，必须以萧同叔子做抵押。

52　而使齐之封内尽东其亩：并且使齐国的封疆里的田地全都变成东西向的行列。

53　其若王命何：这岂不是违背了周王的命令？

54　孝子不匮，永锡尔类：这是《诗经·大雅》中的一句诗。孝子并不会缺乏，永远能够使孝道遍及他的同类。

55　无乃非德类也乎：那就不是有孝德之类的人了。

56　我疆我理，南东其亩：这是《诗经·小雅》中的一句诗。说我的疆界我就治理，田亩可以南北向或东西向。

57　唯吾子戎车是利：这是只管自己的兵车方便。

58　其晋实有阙：并且实在说起来，晋国实有阙失的地方。

59　四王：四王是指禹、汤、周文王、武王。

60　树德而济同欲焉：树立德行以便使有相同欲望的人成功。

61　五伯之霸也：夏伯昆吾，商伯大彭、豕韦，周伯齐桓、晋文。

62　勤而抚之以役王命：勤劳并且安抚诸侯，并使他们遵守王的命令。

63　以逞无疆之欲：为的是达到你没有止境的欲望。

64　布政优优，百禄是遒：这是《商颂》里的诗句。这是说商汤会散布政治的柔和，所以各种福禄全都聚在一起。

65　诸侯何害焉：这样子你怎么能为诸侯害？

66　不然：假设你不答应我们的条件。

67　不腆敝赋以犒从者：用我们不好的军队，以犒赏你们的来人。

68　畏君之震，师徒桡败：怕你的威严，所以我们的军队全都打败了。

69　请收合余烬：我们就收聚火烧剩下的木头。意思说残余的军队。

70　背城借一：在城下再同你打一仗。

71　敝邑之幸，亦云从也：假设我们能战胜，也不过是向你求和。

72　况其不幸，敢不唯命是听：假设战败了，那只有听你的命令了。

73　子得其国宝：你们晋国就得到齐国的宝物。这是指齐国所献的纪甗同玉磬。

74　我亦得地：我们也能得到齐国所侵略的地。

75　而纾于难：而得到免了齐国的祸难。

76　群臣帅赋舆：我们晋国各臣率领着兵车。

77　若苟有以藉口而复于寡君：假设有话回复晋国的君。

78　禽郑自师逆公：禽郑是鲁大夫。从军队里来迎接鲁成公。

79　爰娄：《一统志》说："在今山东省临淄县西五十里。"

80　上鄍：鄍音明。《汇纂》说："在今山东省阳谷县境。"

81　赐三帅先路三命之服：三帅就是郤克、士燮、栾书。给他们先路三命的衣服。

82 司马、司空、舆帅、候正、亚旅皆受一命之服：这五种官，就是《左传·定公四年》所说的“职官五正”，皆是大夫的官。鲁成公全给他们一命的衣服。

今译

臧宣叔也到晋国去求救。他们都投奔郤献子。晋侯答应给郤献子七百乘兵车。郤子说道：“这是从前城濮那次战争的战车数呢！当时，有先君的明德和先大夫的严肃，才能得到胜利的。像我郤克做先大夫的仆人都不够格呢。”要兵车八百乘，晋侯允许了他。郤克便带领了中军，士燮带领上军，栾书带领了下军，韩厥做了司马，去救鲁国和卫国。臧宣叔迎接晋师，而且给晋师做向导，季文子也领了兵来会合。到了卫地，韩献子要按军法斩人，郤献子跑去，想救那个人。哪知跑到后，他却早已被斩了。郤子便使韩厥赶快在军中宣布，告诉他的驾车的说道：“我是因为想分些韩氏的谤毁而这样做的。”晋师追赶齐师到了莘，六月壬申那天，到了靡笄山下，齐侯差人去请战说：“你领了君的军队到敝邑来，我们军队很差，等明天早晨相见。”郤克回答道：“晋国和鲁卫，原是兄弟之国，现在它们来告诉我：‘你们大国朝夜在敝邑这里寻事出气。’寡君心中舍不得，所以差群臣来请求你大国宽恕它们，不要使我们许多兵众久留在贵国。我们是只能进攻，不能后退的，不要等到你君有吩咐。”齐侯说：“大夫允许，就是齐国的愿望，就是不应许，也要兵戎相见的。”齐国的高固就冲进晋军中，拿起石头掷人，既擒获晋军俘虏，便舍了自己的车子，坐上他的车子，又在车上系棵桑树，巡行齐军的堡垒，告诉齐垒中人说：“谁想勇敢的，来买我剩下的勇气吧！”癸酉那天，军队排列在鞍这地方。邴夏给齐侯驾车，逢丑父做了车右。晋国的解张给郤克驾车，郑丘缓做了车右。齐侯说：“我姑且完全灭掉这些，然后再吃早饭！”马都没有披甲，却冲向晋军。郤克被箭射伤了，血直流到鞋上，但是鼓声还不断，说：“我受伤了！”张侯说：“从起初交兵的时候，箭便穿过我的手和肘，我把箭折断，仍然驾车，弄得左轮被血染红了，哪敢说声受伤呢！你忍着点吧！”郑丘缓说：“从方才交兵起，如果有危险的地方，我还定要下去推着车子呢，你哪里能知道？但是，你真的受伤了。”张侯说：“我们的旗鼓是军队的耳目，战士们都以我们的旗鼓定进退，这兵车只有一人镇住，便可以成功了。怎可因一点小伤，败坏国君的大事呢？穿了甲衣，执着兵器，本是要抱以死的决心！伤了还没有死，还请你尽力而为吧！”郤克听了这话，便用左手握了马缰绳，右手拿了鼓槌子击鼓。马只管跑前去止不住，晋军都跟了他向前追，齐兵便大败，晋军追赶齐兵，绕了名叫华不注的山三圈。韩厥梦见他的父亲子舆对自己说：“且避着车上的左右两边不要坐。”所以，他虽然做了司马，却在中间代了驾车子的人追赶齐侯。邴夏说：“射他们驾车子的，他倒是个君子呢。”齐侯说：“既叫他是君子，却去射他，这是不合礼的。”便射他左边的一人，这个人落到车下去，又射他右边的一人，也死在车中。綦毋张丢掉了兵车，跟着韩厥说：“请让我搭乘你的战车！”他想在左右坐下，韩厥都拿手肘阻止他，使他立在后面。韩厥弯身下去放好了他已死的车右。逄丑父和齐侯换了位子坐着，快到华泉了，旁边的一匹马被树木阻住。昨夜，丑父睡在车中，恰好有条蛇从车底下钻出来。丑父便拿臂膊去打他，被蛇咬伤了，便把伤口包起来，因此此时不能下去推动车子，就被晋师追着。韩厥执了马缰绳在马前，再拜叩头，捧了一只酒杯，加上一块璧玉献进说：“寡君差臣下替鲁卫请求，道：‘不可使我们军队陷入齐国土地。’现在，下臣不幸，恰正在兵车的行列中，没有什么方法逃避，并且怕逃避了，反而使两君出丑，使战士蒙羞。小臣冒昧上告，要执行我这官的职责，只好与齐君一同回去呢。”逢丑父便差齐顷公下车子，假说是快到华泉中弄口水来喝，使他趁势逃走。于是，郑周父驾了副车，宛茷做了车右，载着齐侯逃脱了。韩厥把逢丑父捉住献上，郤献子一看不是齐侯便要杀他。逢丑父大叫说：“从现在以后，没有人再能替君受难的了！有一个在这里，便要把他正法吗？”郤子说：“一个人不怕用一死免了国君的祸难，我杀了他是不吉利的，还是赦了他，可以劝勉侍君的人。”便免了他一死。齐侯既然逃脱了，找寻逢丑父，在晋军中三进三出。每每率领齐兵出击，激励他们要退的人，进狄卒中去，狄卒都抽起戈盾来保护他，走进卫国军队中去，卫国兵也不伤他。就从徐关进入齐国，齐侯看见守城的说：“留神些，齐兵已经败了！”使道旁女子避开，女子问他：“国君脱难了吗？”回答说：“脱了。”又说：“锐司徒脱难了吗？”答说：“也脱了。”女子就说：“只要君和我的父亲已脱难了，余人也无可如何了。”便跑着避开。齐侯以为这倒是有礼的，后来问旁人，知道她就是辟司徒的妻子，便把石窌这地方作为她的封邑。晋师追赶着齐师，从丘舆进入齐国，进攻马陉。齐侯差宾媚人用纪国的玉甗玉磬和土地，送给晋人。如果还不肯退，那么只能听凭他们。宾媚人送东西去，晋人果然不肯退，并说：“定要拿你们的萧同叔子做人质，并且要使齐国国境以内田亩，都改作东西向。”宾媚人回答说：“萧同叔子不是别人，就是我寡君的母亲，若拿对等的名位讲起来，那么也就是你晋君的母亲。你宣布大号令在诸侯中，却说：‘定要押了他的母亲方才相信。’那么你把周王说的要孝顺的命令怎样呢？况且这是拿不孝号令诸侯了。《诗经》上说：‘孝子不会缺乏孝心，能够永远推广到他的同类中。’如果用不孝号令于诸侯，怕不是道德的准则吧？先王定疆界，分地理，因地制宜，以获取应得的利益，所以《诗经》上说：‘我的疆界，我自己整理，田亩朝南朝东都可以。’现在你们整理疆界，倒说田亩都要朝东西才行。只管自己行兵的便利，不管土宜的怎样，这怕不合先王的命令吧？违反了先王的命令，便是不义，怎可做得盟主呢？实在说起来你晋国实有阙失的地方！从前，禹汤文武的做王，都是树立了明德，满足诸侯共同的愿望。五伯的霸诸侯，都是勤谨安抚着诸侯，使大家服从天子的命令。如今，你会合诸侯以满足自己无尽的欲望。《诗经》上说：‘政治很优和，所以百禄都来聚集。’你实在不能优和，却弃掉这百禄。在我们诸侯有什么祸害呢！如不肯答应，我使臣就有话可说了。说道：‘你领了君的兵，光临敝邑，我拿薄弱的兵众犒赏你跟来的人，只因怕你君的威势。我们兵众都已丧败了，你如果宽待齐国，不灭它的社稷，使它继续维持两国友好，那么我们先君的敝器土地，我们是不敢爱惜的。如果你再不允许，我们就请求收集残兵败将，再在城下一战就是了！敝邑侥幸得了胜，也不过是跟你晋国求和。倘若不幸再战败，敢不唯命是听！’”鲁卫二国都谏郤克道：“齐国恨极我们了，它死亡的都是他们的亲族，你如果不应许，仇害我们一定更厉害了。你还要求什么呢？你得了它的国宝，我们也得了土地，而且患难可以宽缓些，荣耀已很多了。齐晋的胜败，也只是看天意罢了，难道一定是晋胜的？”晋人便应许了他，答说：“臣领了兵车替鲁卫请命，只要有可以借口的话回复君命，这就是你君的恩惠了，敢不依吗？”鲁大夫禽郑自兵中回去迎接成公。秋天七月中，晋师和齐大夫国佐盟在爰娄，使齐人还我们汶阳的田，成公就在上鄍那里会见晋师，赐给三帅先路三命的服饰，其余司马、司空、舆帅、侯正、亚旅都受了一命的服饰。

经 八月壬午，宋公鲍卒。

传 八月，宋文公卒，始厚葬，用蜃炭[1]，益车马，始用殉[2]。重器备[3]，椁有四阿[4]，官有翰桧[5]。君子谓华元、乐举于是乎不臣，臣治烦去惑者也[6]，是以伏死而争[7]。今二子者，君生则纵其惑[8]，死又益其侈[9]，是弃君于恶也，何臣之为[10]？

今注

1 始厚葬，用蜃炭：开始加厚他的葬礼，烧蛤蛎为炭，埋在棺材旁边。

2 益车马，始用殉：多埋车同马，开始用人殉葬。

3 重器备：所有的各种物件全加多。

4 椁有四阿：椁音果。椁有四根柱子。

5 官有翰桧：棺材旁边并有翰、桧为装饰。这同四阿全都是周王的礼节。

6 臣治烦去惑者也：为臣的是为国君去掉烦乱、解除迷惑的。

7 是以伏死而争：所以拼着命在君前谏诤。

8 君生则纵其惑：君活着时就放纵他的惑乱。这是指鲁文公十八年宋文公杀母弟须的时候。

9 死又益其侈：他死了以后又增加他的奢侈。

10 何臣之为：这种臣有什么用处?

今译

八月，宋文公死了，开始厚葬，用蜃蛤烧成炭，摆在棺椁的四面，增加殉葬的车同马，并且开始用人殉葬。增加很多器物，棺的外边椁有四根柱子，棺两旁有翰、桧做装饰。君子说：华元同乐举两个人有失为臣之道，臣是为国君去掉烦乱、解除迷惑的人，所以要拼着命来谏诤。现在这两个人，在宋君活着时候就放纵他的惑乱，在他死了以后又增加他的奢侈，这是把人君推入邪恶里，这种臣有什么用处呢？

经 庚寅，卫侯速卒。

传 九月，卫穆公卒。晋三子自役吊焉[1]，哭于大门之外，卫人逆之[2]。妇人哭于门内[3]，送亦如之，遂常以葬[4]。

今注

1 晋三子自役吊焉：三子即郤克、士燮、栾书，他们全从打仗的地去卫国吊丧。

2 卫人逆之：卫国人来迎接他们，也就在大门之外设丧的位置。

3 妇人哭于门内：卫国的女人全都在大门里边哭。

4 遂常以葬：照这种礼节一直到下葬。

今译

九月，卫穆公死了。晋国的三个卿就从打仗的地方去凭吊，在大门的外边哭吊，卫国官吏也就在大门外边来迎接。女子就在门里边哭，送丧的时候也如此行礼，就这样一直到下葬。

经 取汶阳田。

传 楚之讨陈夏氏也[1]，庄王欲纳夏姬。申公巫臣曰："不可，君召诸侯以讨罪也，今纳夏姬，贪其色也。贪色为淫，淫为大罚。《周书》曰：'明德慎罚'[2]，文王所以造周也。明德，务崇之之谓也[3]；慎罚，务去之之谓也[4]。若兴诸侯以取大罚，非慎之也，君其图之。"王乃止。子反欲取之，巫臣曰："是不祥人也，是夭子蛮[5]，杀御叔[6]，弑灵侯[7]，戮夏南[8]，出孔仪[9]，丧陈国，何不祥如是！人生实难，其有不获死乎[10]？天下多美妇人，何必是！"子反乃止。王以予连尹襄老。襄老死于邲，不获其尸[11]，其子黑要烝焉[12]。巫臣使道焉[13]曰："归，吾聘女。"又使自郑召之[14]曰："尸可得也，必来逆之[15]。"姬以告王，王问诸屈巫。对曰："其信，知罃之父成公之嬖也[16]，而中行伯之季弟也[17]。新佐中军，而善郑皇戌，甚爱此子，其必因郑而归王子与襄老之尸，以求之[18]。郑人惧于邲之役而欲求媚于晋，其必许之。"王遣夏姬归。将行，谓送者曰："不得尸，吾不反矣。"巫臣聘诸郑，郑伯许之[19]。及共王即位，将为阳桥之役[20]，使屈巫聘于齐，且告师期。巫臣尽室以行[21]。申叔跪[22]从其父将适郢，遇之，曰："异哉！夫子有三军之惧，而又有桑中之喜[23]，宜将窃妻以逃者也。"及郑，使介反币[24]，而以夏姬行。将奔齐，齐师新败，曰："吾不处不胜之国。"遂奔晋，而因郤至[25]，以臣于晋，晋人使为邢大夫[26]。子反请以重币锢之[27]，王曰："止，其自为谋也则过矣，其为吾先君谋也则忠。忠，社稷之固也，所盖多矣[28]！且彼若能利国家，虽重币，晋将可乎？若无益于晋，晋将弃之，何劳锢焉[29]？"

今注

1　楚之讨陈夏氏也：这件事发生在鲁宣公十一年。

2　明德慎罚：这是《周书·康诰》篇的话，明德行而慎罚约。

3　明德，务崇之之谓也：明德行，务必崇大它。

4　慎罚，务去之之谓也：慎罚，务必去掉坏事。

5　是不祥人也，是夭子蛮：这是一个不祥瑞的人，使她的哥哥子蛮，就是郑灵公，被弑而没后人。

6　杀御叔：御叔是夏姬的丈夫，也早已死了。

7　弑灵侯：把陈灵公也杀掉了。

8　戮夏南：她的儿子夏徵舒也被杀。

9　出孔仪：使孔宁及仪行父全都出奔。

10　人生实难，其有不获死乎：人活着很困难，尚有寻找死的吗？

11　襄老死于邲，不获其尸：连尹襄老在邲之战死了，没能获得他的尸首。这一战是在宣公十二年。

12　其子黑要烝焉：连尹襄老的儿子名叫黑要就娶了她。

13　巫臣使道焉：巫臣使人诱导她。

14　又使自郑召之：又派人自郑国召夏姬。

15　尸可得也，必来逆之：连尹襄老的尸首可以得到，但是你必定要来迎接他。

16　知罃之父成公之嬖也：知罃的父亲荀首是晋成公嬖幸的人。

17　中行伯之季弟也：荀首是荀林父小的弟弟。

18　以求之：以求知罃回晋国。

19　郑伯许之：郑伯答应他聘夏姬。

20　阳桥之役：阳桥是鲁地，在今山东省泰安县西北，与蜀这地方相近。预备在阳桥讨伐鲁国。

21　巫臣尽室以行：巫臣将他的全家全都带走了。

22　申叔跪：是申叔时的儿子。

23　而又有桑中之喜：是《卫风》淫奔的诗句。

24　及郑，使介反币：到郑国，派他的副使把聘问的财币送还楚国。

25　而因郤至：就借着郤克本家的儿子郤至的力量。

26　晋人使为邢大夫：晋国人使他为邢这地方的大夫。

27　子反请以重币锢之：子反请楚王用很多的货币使晋国不许他做官。

28　所盖多矣：那么他掩护的事情很多了。

29　何劳锢焉：那何必禁止他做官？

今译

楚国讨陈夏氏的时候，庄王便要想收纳夏姬。申公巫臣说：“不可以的，君王召集诸侯来讨伐有罪的国家，如今收纳了夏姬，这分明是贪色了。贪色就是淫，淫是犯大法的，《周书·康诰》篇上说：‘宣扬德行，谨慎刑罚。’文王因此而创立周朝。宣扬德行，就是致力于提倡它；谨慎刑罚，就是致力于不用它。如果兴了诸侯的兵，自己先遭受大罚，这便不是谨慎刑罚的意思了，请君再想想吧！”庄王便罢休。子反想娶夏姬，巫臣说：“这是不吉祥的人呢！这人夭亡了郑灵公，杀了御叔，弑掉陈灵公，害死夏徵舒，撵走孔宁、仪行父，灭掉陈国，这不是很不祥吗！人生实在很难，如果娶了夏姬，恐怕不得好死吧？天下美好的妇人多了，为什么一定要她呀？”子反也就罢休。庄王便把她给连尹襄老。襄老死在邲之战，得不着他的尸体。襄老的儿子黑要便与夏姬私通。巫臣差人去引诱夏姬说：“你回转郑国去，我来聘你。”又差个人假装是从郑国差来召夏姬的说：“襄老的尸身定可得到的，不过定要你自己来迎接他。”夏姬就把这事告诉庄王。庄王问巫臣，巫臣回答道：“这事是真的，因为知罃的父亲荀首，原是成公的嬖臣，又是荀林父的小弟，他新近做了中军佐，一向和郑皇戌很要好。他很爱这个儿子，一定是走了郑皇戌的门路，要把公子榖臣和襄老的尸身来换知罃呢。郑人恐惧邲地战役，正要献媚给晋国，一定会允许的。”庄王便差夏姬回到郑国去，夏姬临行的时候，对送行的人说：“得不到尸身，我不回来了。”巫臣在郑国聘夏姬为妻，郑伯竟允许了他。等到楚共王即了位，将要发动阳桥战役，便差巫臣行聘到齐国去，并且告诉明白了出兵的日期。巫臣便完全带了家眷去。申叔跪跟着他的父亲，将要到郢都去，和巫臣半路相遇，便说：“稀奇呀！这个人有肩负军事重任的戚惧之心，却又有‘桑中’的喜色，这分明是要带了别人的妻子逃走了啊！”后来，巫臣到了郑国，果然差副使送回聘物，便带了夏姬逃走。心想逃到齐国去，因为齐师新败，便说：“我不住不胜的国家。”就逃往晋国，靠郤至的介绍，做了晋国的臣子。晋人使他做邢地方的大夫。子反请求楚共王，要用重币贿托晋国，使巫臣不得做官。共王说：“不要这般，他为自己打算，是有错误的。他给我先君打算，却是忠的。人臣尽了忠，是社稷靠他安固的，两相抵消，功胜过罪多了。况且，他能够给国家带来好处，虽然用重币，晋国哪里肯呢？如果没有利益于晋国，连晋国也不会要他呢，何劳我们去禁锢他呀？”

经 冬，楚师、郑师侵卫。

传 晋师归，范文子[1]后入，武子曰：“无为吾望尔也乎？”对曰：“师有功，国人喜以逆之，先入必属耳目焉，是代帅受名也，故不敢。”武子曰：“吾知免矣[2]。”郤伯见，公曰：“子之力也夫？”对曰：“君之训也，二三子之力也，臣何力之有焉！”范叔[3]见，劳之如郤伯，对曰：“庚所命也，克之制也[4]，燮何力之有焉！”栾伯[5]见，公亦如之，对曰：“燮之诏也[6]，士用命也，书何力之有焉！”

今注

1 范文子：是士燮。

2 吾知免矣：我知道以后不会因为你而受到罪祸。

3 范叔：也是士燮。

4 庚所命也，克之制也：荀庚是上军的将，士燮是上军的佐。荀庚没有出去打仗而士燮推让荀庚说是他的命令，郤克的计划。

5 栾伯：就是栾书。

6　燮之诏也：是士燮的指导。

今译

晋国的军队回到国都，士燮最后进入都城，他的父亲范武子说："你不知道我很盼望你回来吗？"他回答说："如果军队立了功劳，国内的人必定欢喜地迎接，先进来必定使人注意，这是替代长官享受光荣，所以我不敢如此。"武子就说："我就知道以后不会因你受到牵连了。"郤克来见晋君，晋君就说："你的力量吧！"他回答说："是君的教训和旁的同事的力量，我有什么力量？"士燮来见，晋君慰劳他如对于郤克一样。他就回答说："这是荀庚所命令的，郤克的计划，我有什么力量呢？"栾书也见晋君，晋君慰劳他也一样。栾书回答说："这是士燮的指导，军队的听命令，我栾书有什么力量呢？"

经　十有一月，公会楚公子婴齐于蜀。

传　宣公使求好于楚，庄王卒，宣公薨，不克作好。公即位，受盟于晋[1]，会晋伐齐，卫人不行使于楚[2]，而亦受盟于晋，从于伐齐。故楚令尹子重为阳桥之役以救齐，将起师，子重曰："君弱[3]，群臣不如先大夫，师众而后可。《诗》曰：'济济多士，文王以宁[4]。'夫文王犹用众，况吾侪乎[5]？且先君庄王属之曰：'无德以及远方，莫如惠恤其民而善用之[6]。'"乃大户[7]，已责[8]，逮鳏[9]，救乏[10]，赦罪[11]，悉师[12]，王卒尽行，彭名御戎，蔡景公为左，许灵公为右[13]，二君弱，皆强冠之[14]。冬，楚师侵卫，遂侵我师于蜀[15]。使臧孙往[16]，辞曰："楚远而久，固将退矣，无功而受名，臣不敢[17]。"楚侵及阳桥[18]，孟孙请往赂之，以执斫、执针、织纴，皆百人[19]，公衡为质[20]，以请盟，楚人许平。十一月，公及楚公子婴齐、蔡侯、许男、秦右大夫说、宋华元、陈公孙宁、卫孙良夫、郑公子去疾及齐国之大夫盟于蜀。卿不书，匮盟也[21]。于是乎畏晋而窃与楚盟，故曰匮盟。蔡侯、许男不书，乘楚车也，谓之失位[22]。君子曰："位其不可不慎也乎？蔡、许之君一失其位，不得列于诸侯，况其下乎？《诗》曰：'不解于位，民之攸塈[23]。'其是之谓矣！"

今注

1 受盟于晋：成公元年就同晋国在赤棘会盟。

2 卫人不行使于楚：卫国不派人聘问楚国。

3 君弱：据《左传》说："寡人生十年而丧先君"，共王即位以后只是三年，大约是年十二三岁。

4 济济多士，文王以宁：这是《诗经·大雅》的一句诗，意思是文王因为用很多的官吏，所以就能安宁。

5 况吾侪乎：何况我们呢？

6 无德以及远方，莫如惠恤其民而善用之：要是没有德行到远的地方，不如加恩惠于它的人民然后善用他们。

7 乃大户：就校阅人民的户口。

8 已责：放弃欠的账目。

9 逮鳏：抚恤年老而没有妻子的人。

10 救乏：补救贫穷的人。

11 赦罪：赦免罪人。

12 悉师：起各种的军队。

13 彭名御戎，蔡景公为左，许灵公为右：楚大夫彭名赶着车，蔡景公在左边，许灵公在右边。这证明楚共王没有参加这次战役。

14 二君弱，皆强冠之：二位君全都没有成年，皆勉强他们行冠礼。

15 蜀：是鲁地，在今山东省泰安县。

16　使臧孙往：叫臧孙许去见楚国军队。

17　楚远而久，固将退矣，无功而受名，臣不敢：楚国从远处来已经很久，自然就会退兵，没有功劳而受退兵的名声，我是不敢的。

18　阳桥：鲁地，在蜀左近。

19　以执斫、执针、织纴，皆百人：执斫是匠人，执针是女工，织纴是会织布的，每一种全是一百个人。

20　公衡为质：公衡是成公的儿子，到楚国去做人质。

21　卿不书，匮盟也：《春秋》上不写卿的名字，是因为没有实行这个盟誓。

22　谓之失位：就是说失掉他的位子。

23　不解于位，民之攸塈：这是《诗经·大雅》的一句诗。在上位的要不松懈于他的位子，人民就能安息了。

今译

鲁宣公曾经派人对楚国要求和好，恰好楚庄王死了，不久，鲁宣公也死了，两国不能够做到和好。等到鲁成公即了君位以后，就接受晋国的盟会，又会合晋国去伐齐国。卫国人不派使臣到楚国去聘问，而也同晋国盟誓，并且随从晋国伐齐国。因此，楚国的令尹子重就发动阳桥战役来救齐国。将起兵的时候，子重说："君王太弱小，我们这些个臣子也不如从前的大夫有能力，必须军队多了才可以打仗。《诗经》上说：'很多的将士，文王才能安宁。'文王尚且需要众人，何况我们呢？并且我们从前的君庄王告诉大家说：'没有德行能达到远方，就不如加恩惠给它的人民，并且善于利用他们。'"于是就清查户口，把欠钱的人全都免除，抚恤鳏夫，使贫乏的人也得到救助，把有罪的人也赦免，使军队全都出动，楚王的卫兵也全动员起来。楚国大夫彭名驾着车，蔡景公坐在左边，许灵公坐在右边，这两位君皆没有成年，勉强使他们先行冠礼。冬天，楚国军队侵略卫国后遂侵略鲁国，到了蜀这地方，鲁成公使臧孙去同楚国军队谈判。他辞谢说："楚国军队从很远的地方来，并且来得很久了，无论如何必定自己会退的，没有功劳而得了退师的功名，这事我不敢。"等楚国侵犯到阳桥这地方，孟孙就请去贿赂楚国，拿匠人、女工、织布的各一百人，成公的儿子公衡做人质，以请求盟会，楚人就答应和好了。十一月，鲁成公同楚国的公子婴齐、蔡侯、许男、秦右大夫说、宋华元、陈公孙宁、卫孙良夫、郑公子去疾及齐国的大夫同盟于蜀这地方。《春秋》上不写各国卿的名字，因为这个盟誓缺乏诚意。因为鲁国怕晋国，又偷着同楚国盟会，所以说缺乏诚意。不提到蔡侯、许男，因为他们乘坐楚国的车辆，所以等于他们没有地位了。君子就说："身份是不可以不慎重的，蔡国同许国的君一次失掉他的身份，就不能列到诸侯的里边，何况更下的人？《诗经》说：'在上位的人不懈怠，人民就得安息。'恐怕就是指这类事情而说的。"

经　丙申，公及楚人、秦人、宋人、陈人、卫人、郑人、齐人、曹人、邾人、薛人、鄫人盟于蜀。

传　楚师及宋，公衡逃归。臧宣叔曰："衡父不忍数年之不宴[1]，以弃鲁国，国将若之何？谁居？后之人必有任是夫，国弃矣。"是行也，晋辟楚，畏其众也。君子曰："众之不可已也[2]！大夫为政，犹以众克，况明君而善用其众乎？《大誓》所谓商兆民离，周十人同者，众也[3]。"

今注

1　不宴：不快乐。

2　众之不可已也：可见众多是不可以少的。

3 《大誓》所谓商兆民离，周十人同者，众也：大音太。《尚书·大誓》篇所说商朝人数虽然多，但是他们离心，周朝虽只有十个人，但是同心。

今译

楚国军队来到宋国的时候，成公的儿子公衡就逃回来。臧宣叔就说："公衡不能忍受几年的不快乐就放弃了鲁国，鲁国将怎么办呢？受祸的将是谁呢？他的后代一定有受到祸难的。国家被抛弃了。"这次战役，晋国躲避着楚国，因为怕它的人数众多。君子说："众多是不可以不利用的，大夫当政，犹能够以众多而成功，何况是贤明的君又能善用他众多的军队？这是《尚书·大誓》篇所说商朝的兆民也离心，而周朝十个人同心，都是说的众多。"

传 晋侯使巩朔献齐捷于周，王弗见，使单襄公辞焉曰："蛮夷戎狄不式王命[1]，淫湎毁常[2]，王命伐之，则有献捷，王亲受而劳之，所以惩不敬，劝有功也[3]。兄弟甥舅侵败王略[4]，王命伐之，告事而已，不献其功，所以敬亲昵，禁淫慝也[5]！今叔父克遂有功于齐，而不使命卿镇抚王室，所使来抚余一人，而巩伯实来，未有职司于王室[6]，又奸先王之礼[7]，余虽欲于巩伯[8]，其敢废旧典以忝叔父？夫齐，甥舅之国也，而大师之后也[9]，宁不亦淫从其欲以怒叔父，抑岂不可谏诲[10]？"士庄伯不能对[11]，王使委于三吏[12]，礼之如侯伯克敌使大夫告庆之礼，降于卿礼一等。王以巩伯宴，而私贿之，使相告之曰："非礼也，勿籍[13]。"

今注

1 蛮夷戎狄不式王命：四夷的人，不遵守王的命令。

2 淫湎毁常：乱喝酒失去常度。

3 所以惩不敬，劝有功也：所以惩戒不恭敬，并且劝勉有功的人。

4　侵败王略：侵犯了周王的法度。

5　所以敬亲昵，禁淫慝也：所以恭敬亲近的人，禁止做坏事的人。

6　未有职司于王室：你在王室没有职守。

7　又奸先王之礼：又违背了先王的礼法。

8　余虽欲于巩伯：我虽然愿意接受巩朔所献的囚俘。

9　其敢废旧典以忝叔父？夫齐，甥舅之国也，而大师之后也：我哪里敢废掉旧的规矩以羞辱晋君？因为齐国同周朝有甥舅的关系，而齐国更是大师的后人。

10　岂不可谏诲：岂是不可以谏诤教诲？

11　士庄伯不能对：巩朔没法回答。

12　王使委于三吏：王就把这事情交给周朝的三公。

13　非礼也，勿籍：这是不合于礼的，不要写到竹简上。

今译

晋侯派巩朔献晋国战胜齐国的战利品到周朝，周王不见，使单襄公去辞谢他，说："四夷不听从王命，狂淫醉酒，失掉常度，王就叫诸侯讨伐他，胜利后就来献战利品。王亲自受这战利品而加以慰劳，为的惩戒不恭敬的人，并且奖劝立功的人。兄弟或者甥舅们侵犯、败坏周王的法度，王命令讨伐他，胜利后只告诉事情的成功，不来献他的功劳。这是为的敬亲近的人，禁止做坏事的人。现在，叔父能够战胜齐国，而不派一个曾受天子任命的卿来安抚王室。所派遣来抚慰我的使者仅仅是巩伯，而巩伯在王室没有位子，又违反先王的礼法。我虽然想着欢迎巩伯，但是不敢废了旧规章使叔父蒙受耻辱。因为齐国是周室甥舅的国家，而又是太师的后人，齐国岂会放纵它的欲望，使叔父发怒，难道不能够教诲吗？”巩朔不能回答，周王就叫他把战利品交给三公，对于巩朔行的礼节，同诸侯战胜敌人，使大夫告庆祝的礼节。比对卿的礼节次一等。周王请巩伯吃饭又私自送他钱财，并且使相礼的告诉他：“这是不合礼的，不必记载下来。”

成公三年（公元前五八八年）

经 三年春王正月，公会晋侯、宋公、卫侯、曹伯伐郑。

传 三年春，诸侯伐郑，次于伯牛[1]，讨邲之役也，遂东侵郑。郑公子偃[2]帅师御之，使东鄙覆诸鄤[3]，败诸丘舆[4]。皇戌[5]如楚献捷。

今注

1 伯牛：在今河南省陈留县西南。

2 郑公子偃：是郑穆公的儿子。

3 覆诸鄤：伏兵在鄤这地方。

4 败诸丘舆：在丘舆这地方将晋国军队打败。丘舆在今河南省开封县西南的吹台。

5 皇戌：是郑大夫。

今译

成公三年春天的时候，诸侯联军讨伐郑国，就把军队驻在伯牛这地方，这是讨伐邲地战役郑国对晋国有二心。所以东侵到郑国。郑穆公的儿子偃率领军队来抵抗，使郑国东边军队埋伏在鄤这地方，把晋国的军队在丘舆打败了。郑国的大夫皇戌到楚国去献战利品。

经 辛亥，葬卫穆公[1]。

今注

1　此经无传。

今译

辛亥这一天，给卫穆公行葬礼。

经　二月，公至自伐郑[1]。

今注

1　此经无传。

今译

二月，鲁成公从讨伐郑国回鲁国。

经　甲子，新宫灾，三日哭[1]。

今注

1　新宫灾，三日哭：新宫就是宣公的庙。三日哭：哭了三天以表示哀悼。此经无传。

今译

甲子这一天，宣公的新庙发生火灾，哀哭了三天。

经　乙亥，葬宋文公[1]。

今注

1　此经无传。

今译

乙亥这天，给宋文公举行葬礼。

经　夏，公如晋。

传　夏，公如晋，拜汶阳之田[1]。

今注

1　拜汶阳之田：因为去年晋国使齐国送还鲁国汶阳的田地，所以这次特别前往晋国拜谢。

今译

夏天，鲁成公到晋国拜谢使齐国归还鲁国汶阳的田地。

经　郑公子去疾帅师伐许。

传　许恃楚而不事郑[1]，郑子良伐许[2]。

今注

1　许恃楚而不事郑：许国仗着楚国的力量而不侍奉郑国。

2　郑子良伐许：郑国子良就是公子去疾，讨伐许国。

今译

许国仗着楚国的势力，而不侍奉郑国。郑国的大夫子良率军队讨伐许国。

经　公至自晋[1]。

今注

1　此经无传。

传　晋人归楚公子穀臣与连尹襄老之尸于楚，以求知罃[1]。于是荀首佐中军矣[2]，故楚人许之。王送知罃曰："子其怨我乎？"对曰："二国治戎，臣不才，不胜其任，以为俘馘，执事不以衅鼓[3]，使归即戮，君之惠也。臣实不才，又谁敢怨？"王曰："然则德我乎[4]？"对曰："二国图其社稷而求纾其民，各惩其忿以相宥也[5]，两释累囚以成其好。二国有好，臣不与及，其谁敢德[6]？"王曰："子归何以报我？"对曰："臣不任受怨，君亦不任受德。无怨无德，不知所报[7]。”王曰：“虽然，必告不穀。”对曰：“以君之灵，累臣得归骨于晋，寡君之以为戮，死且不朽，若从君之惠而免之，以赐君之外臣首[8]，首其请于寡君而以戮于宗[9]，亦死且不朽。若不获命[10]，而使嗣宗职[11]，次及于事，而帅偏师以修封疆，虽遇执事[12]，其弗敢违，其竭力致死，无有二心，以尽臣礼，所以报也。”王曰：“晋未可与争。”重为之礼而归之。

今注

1 以求知罃：因为要求把知罃交换使他能回晋国。知罃在邲之战时被楚国所获。

2 于是荀首佐中军矣：这时知罃的父亲荀首已经做到晋国的中军佐。

3 执事不以衅鼓：古时候被捕的人必定被杀，而把他的血涂在战鼓上。

4 然则德我乎：那么你感激我吗？

5 各惩其忿以相宥也：各自惩处仇敌，并互相赦免。

6 其谁敢德：那谁敢以为德好呢？

7 无怨无德，不知所报：既没有怨恨，也没有什么感激，那就不知道有什么需要报答了。

8 以赐君之外臣首：就赏给你的外臣荀首。因为荀首不是楚国的臣，所以自称为外臣。

9 首其请于寡君而以戮于宗：荀首就向晋君请求在荀氏宗庙上杀了我。

10 若不获命：要是晋军既不杀我，也不在宗庙杀我。

11 而使嗣宗职：反倒叫我接续祖宗的职位。

12 而帅偏师以修封疆，虽遇执事：我就率领一部分的军队守住国境，假设遇见楚国的将领。

今译

晋人送还楚国的公子穀臣和连尹襄老的尸身来赎知䓨，那时荀首已经做了中军佐，所以楚人允许了。楚王送别知䓨说："你怨恨我吗？"知䓨回答说："两国交战，臣没有才干，不能胜任所当职务，做了俘虏，蒙执事不把我杀了，用我的血涂在鼓上，却使我回归晋国去受罪刑，这是君的恩惠啊！臣自己没有才能，还敢怨谁呢？"王说："那么你感我的恩德吗？"回答说："两国为了想谋社稷的安全，要安定自己的百姓，各自惩处仇敌，并互相宽赦，两方都释放了累囚，以结成和好。这两国和好，臣又不曾与谋，又会感激谁？"王说："那么你回国后怎样报答我？"答道："下臣不再怨恨，君也不值得感恩。既无怨恨，又无恩德，不知道报答什么。"楚王说："话虽如此，可是你定要告诉我你的想法。"知䓨回答说："靠承君王的福佑，臣能得归骨到晋国去。寡君如果把我正了法，那么我虽然死，却也感恩不尽。如果靠你君王的恩惠，免了死，把我赐给君的外臣荀首。荀首请了寡君的命令，戮臣在知氏的宗庙中，那么也是死得幸运的。如果君命不杀我，却使臣接续祖宗的职位，挨着次第与闻了晋国的政事，领了偏师来治理晋国的疆场。那时虽遇着了楚国的将帅，也不敢违背的，应当竭力尽忠出死力，和你楚国相战没有二心，拿来尽我做臣子的礼，这就是所以报你楚德的。"楚王说："不可和晋国相争。"便格外用礼待他，送他归去。

经 秋，叔孙侨如帅师围棘。

传 秋，叔孙侨如围棘[1]，取汶阳之田。棘不服，故围之[2]。

今注

1 棘：据《汇纂》说："今山东肥城县有棘亭。"

2　棘不服，故围之：棘因不服从叔孙侨如，所以就把他围起来。

今译

秋天，叔孙侨如围棘，取回汶阳之田地。棘不肯归服，所以把他围困了。

经　大雩[1]。

今注

1　此经无传。

今译

因为旱灾，所以举行求雨的典礼。

经　晋郤克、卫孙良夫伐廧咎如。

传　晋郤克、卫孙良夫伐廧咎如，讨赤狄之余焉[1]。廧咎如溃，上失民也[2]。

今注

1　讨赤狄之余焉：讨伐赤狄的残余。

2　廧咎如溃，上失民也：廧咎如溃乱了，因为在上的人失掉民心。

今译

晋国的郤克同卫国的孙良夫，讨伐廧咎如。这是讨伐赤狄的残余。廧咎如军队溃乱，因为当政的人失掉了民心。

经　冬，十有一月，晋侯使荀庚来聘。

经　卫侯使孙良夫来聘。

经　丙午，及荀庚盟。

经　丁未，及孙良夫盟。

传 冬十一月，晋侯使荀庚[1]来聘，且寻盟[2]。卫侯使孙良夫来聘，且寻盟[3]。公问诸臧宣叔曰：“中行伯之于晋也，其位在三[4]，孙子之于卫也，位为上卿，将谁先？”对曰：“次国之上卿当大国之中，中当其下，下当其上大夫[5]。小国之上卿当大国之下卿，中当其上大夫，下当其下大夫[6]。上下如是，古之制也[7]。卫在晋不得为次国[8]，晋为盟主，其将先之[9]。”丙午盟晋，丁未盟卫，礼也。

今注

1 荀庚：是荀林父的儿子。

2 寻盟：重申成公元年赤棘的盟会。

3 寻盟：这是重申宣公七年的盟誓。

4 其位在三：等于下卿。

5 次国之上卿当大国之中，中当其下，下当其上大夫：皆降大国一等。

6 小国之上卿当大国之下卿，中当其上大夫，下当其下大夫：皆降大国二等。

7 上下如是，古之制也：上下如此，是自古以来的制度。

8 卫在晋不得为次国：以《春秋》的时候论，是以强弱为分别。卫国虽然是侯爵，与晋国相比还算是小国。

9 晋为盟主，其将先之：晋国是盟会的主人，必须让它在先。

今译

冬十一月，晋侯使荀庚来聘问鲁国，并且重申成公元年赤棘的盟约。卫侯亦使孙良夫来聘问，并来重申鲁宣公七年的盟约。鲁成公向臧宣叔询问，说：“中行伯在晋国，他是下卿的位子。而孙良夫在卫国是上卿的位子，将让哪一位先行礼？”臧宣叔回答说：“次等国家的上卿等于大国的中卿，中卿等于下卿，下卿等于上大夫。小国的上卿等于大国的下卿，中卿等于上大夫，下卿等于下大夫。上下如此，这是自古以来的制度。卫国对晋国，不能够做第二等国家，晋并且是盟主，必须让它在先。”丙午这天，与晋盟会，丁未这天，与卫盟誓，这是合于礼的。

经 郑伐许[1]。

今注

1 此经无传。

今译

郑国讨伐许国。

传 十二月甲戌，晋作六军，韩厥、赵括、巩朔、韩穿、荀骓、赵旃皆为卿[1]，赏鞍之功也。

今注

1 韩厥、赵括、巩朔、韩穿、荀骓、赵旃皆为卿：韩厥为新中军将，赵括为佐，巩朔为新上军将，韩穿为佐，荀骓为新下军将，赵旃为佐。

今译

十二月甲戌这天，晋国创作六军，韩厥、赵括、巩朔、韩穿、荀骓、赵旃皆做了卿的官，这是赏鞍之战的功劳。

传 齐侯朝于晋，将授玉[1]。郤克趋进曰：“此行也：君为妇人之笑[2]辱也！寡君未之敢任[3]。”晋侯享齐侯，齐侯视韩厥。韩厥曰：“君知厥也乎[4]？”齐侯曰：“服改矣[5]！”韩厥登，举爵曰：“臣之不敢爱死，为两君之在此堂也！”

今注

1 授玉：是为的行朝见的礼。

2　妇人之笑：见宣公十七年。

3　寡君未之敢任：我们的君对你这个恩惠不敢承受。

4　君知厥也乎：你还认识韩厥吗？

5　服改矣：衣服改变了。

今译

齐顷公往晋国朝见，将行使朝见授玉的典礼，郤克小跑着往前进说："你这次来朝是为妇人的笑谢罪！我们的晋君并不敢承受你这种恩惠。"晋侯设宴款待齐侯，齐侯用眼直看韩厥。韩厥说："你认识我韩厥吗？"齐顷公说："你的衣服换了样子。"韩厥登上堂来举着酒杯说："下臣之不惜一死，为的就是两位君王今天在这堂上宴会。"

传　荀罃之在楚也，郑贾人有将寘诸褚中以出[1]，既谋之未行，而楚人归之。贾人如晋，荀罃善视之如实出己[2]。贾人曰："吾无其功，敢有其实乎？吾小人，不可以厚诬君子。"遂适齐。

今注

1　郑贾人有将寘诸褚中以出：郑国商人有人想把荀罃藏到褚叶中暗中运出。

2　贾人如晋，荀罃善视之如实出己：后来商人到晋国去，荀罃对他很好，好像商人真正偷运他到晋国一样。

今译

荀罃在楚国的时候，郑国的商人想把他藏到褚叶中间来运出。打算好了还没有做，而楚国人已经将荀罃归还晋国。这个商人到晋国去贸易，荀罃把他招待得很好，好像是真正帮他逃出来似的。这个商人说："我没有过这个功劳，敢享有这样的报偿吗？我是一个小人，不可以欺骗君子你啊！"就到齐国去了。

成公四年（公元前五八七年）

经 四年春，宋公使华元来聘。

传 四年春，宋华元来聘，通嗣君也[1]。

今注

1 通嗣君也：这是为着宋共公方才即位，所以使华元来聘问。

今译

成公四年春天，宋国的华元来鲁国聘问，这是为的宋共公新即位的缘故。

经 三月壬申，郑伯坚[1]卒。

今注

1 郑伯坚：就是郑襄公。此经无传。

今译

三月壬申这天，郑襄公死了。

经 杞伯来朝。

传 杞伯来朝，归叔姬故也[1]。

今注

1 归叔姬故也：杞伯来朝见鲁成公，为的是他与鲁女叔姬离婚的缘故。

今译

杞伯到鲁国来朝见，因为他要说明为何与鲁国的叔姬离婚。

经 夏四月甲寅，臧孙许卒[1]。

今注

1 此经无传。

今译

夏天四月甲寅这天，臧孙许死了。

经 公如晋。

传 夏，公如晋，晋侯见公，不敬。季文子曰：“晋侯必不免[1]。《诗》曰：‘敬之敬之，天惟显思，命不易哉[2]。’夫晋侯之命在诸侯矣[3]，可不敬乎？”

今注

1 晋侯必不免：晋景公必定不能寿终。

2 敬之敬之，天惟显思，命不易哉：这是《诗经·周颂》的一句话，意思说：恭敬啊，恭敬，天是很显明的，天命是不容易得到的。

3 夫晋侯之命在诸侯矣：晋侯的命运全在诸侯的手中。

今译

夏天，鲁成公到晋国去，晋侯接见鲁成公，不恭敬。季文子就说：“晋侯必定不能寿终。《诗经·周颂》上说：‘恭敬啊，恭敬，上天很显明，受天命是很不容易的啊！’晋侯的命运全掌握在诸侯的手里，怎么能不恭敬呢？”

经 葬郑襄公[1]。

今注

1 此经无传。

今译

给郑襄公行葬礼。

经　秋，公至自晋。

传　秋，公至自晋，欲求成于楚而叛晋。季文子曰："不可。晋虽无道，未可叛也。国大臣睦而迩于我[1]，诸侯听焉[2]，未可以贰。史佚之志有之[3]曰：'非我族类，其心必异。'楚虽大，非吾族也[4]，其肯字我乎？"公乃止。

今注

1　国大臣睦而迩于我：国家很大，而晋国大臣们全都很和睦，又离我们疆界很近。

2　诸侯听焉：诸侯全都服从它。

3　史佚之志有之：史佚是周文王的太史，他的书里有这句话。

4　楚虽大，非吾族也：楚国虽然广大，但他跟我们不同族。

今译

秋天，鲁成公从晋国回来，想着同楚国和平而背叛晋国。季文子就说："不可以。晋国虽然无道，也不可以背叛。晋国大、群臣和睦，并且离我国很近，诸侯全都服从它，我们不可以对它有二心。周文王的太史佚的书中有这句话说：'不是我同族类的人，他的心思必定不相同。'楚国虽是大国，但不跟我们同族，难道肯爱我们吗？"鲁成公就停止了。

经　冬，城郓[1]。

今注

1　郓：鲁国有二个郓，现在所城的是西郓，在今山东省郓城县东十六里。此经无传。

今译

冬天，修鲁国的郓城。

经 郑伯伐许。

传 冬十一月，郑公孙申帅师疆许田[1]，许人败诸展陂[2]。郑伯伐许，取鉏任、泠敦之田[3]。

今注

1 郑公孙申帅师疆许田：前年郑国伐许侵占它的田地，所以现在来整理它的疆界。

2 展陂：是许地，在今河南省许昌县西北。

3 鉏任、泠敦之田：鉏任、泠敦都是许地，据《汇纂》说："皆在今河南省许昌县境内。"

今译

冬天十一月，郑国公孙申率领着军队，到许国来划定他所得到的许国国土的疆界。许国军队在展陂这地方打败他。于是郑伯就伐许国都城，夺取了鉏任、泠敦的田地。

传 晋栾书将中军，荀首佐之，士燮佐上军，以救许伐郑，取汜、祭[1]。楚子反救郑，郑伯与许男讼焉[2]，皇戌摄郑伯之辞[3]，子反不能决也，曰："君若辱在寡君，寡君与其二三臣共听两君之所欲成，其可知也[4]。不然，侧不足以知二国之成[5]。"

今注

1 汜、祭：汜在今河南省汜水县（汜水县今已废，在今荥阳县西北，巩县东北）东南，祭在今河南省郑县东北十五里。

2 郑伯与许男讼焉：郑伯同许男争讼。

3 皇戌摄郑伯之辞：郑国的大夫皇戌替郑伯对答。

4 两君之所欲成，其可知也：那么两国所愿意成功的也就可以知道了。

5 不然，侧不足以知二国之成：要不然我不能够确知并使两国达成和解。

今译

晋国栾书率领着中军，荀首做他的副佐，士燮做上军佐，去救许国，讨伐郑国，取了郑地名叫氾和祭的地方。楚国令子反来救郑国。郑伯同许男在子反的面前争讼，郑国的大夫皇戌替郑伯对答。子反听了不能够决断，就说："你们要是能来见楚国的君，楚君和几个臣子可以共同听你们两国所希望的，那就可以解决了。不然的话，我不能够确知并使两国达成和解。"

传　晋赵婴通于赵庄姬[1]。

今注

1　晋赵婴通于赵庄姬：赵婴是赵盾的弟弟，赵庄姬是赵盾的儿子赵朔的妻子，他们二人私通。

今译

晋国赵盾的弟弟赵婴与赵盾的儿子赵朔的妻子赵庄姬私通。

成公五年（公元前五八六年）

经　五年春王正月，杞叔姬来归。

传　五年春，原、屏放诸齐[1]。婴曰："我在，故栾氏不作[2]；我亡，吾二昆其忧哉！且人各有能有不能[3]，舍我何害？"弗听。婴梦天使谓己："祭余，余福女。"使问诸士贞伯，贞伯曰："不识也。"既而告其人[4]曰："神福仁而祸淫，淫而无罚，福也。祭其得亡乎[5]。"祭之之明日而亡。

今注

1　原、屏放诸齐：原、屏是指赵婴的哥哥赵同和赵括，他们把赵婴放逐到齐国去。

2　我在，故栾氏不作：因为我在国内，所以栾氏不敢对赵氏作乱。

3　人各有能有不能：每个人各有能做的事也有不能做的事。意思说我虽淫乱，但可以使赵庄姬保护赵氏。

4　既而告其人：士贞伯告诉他的侍从。

5　祭其得亡乎：如果祭祀就可以逃奔别国。

今译

成公五年春天，赵同、赵括把赵婴驱逐到齐国去。赵婴说：“我若在国，栾氏不敢作乱；我若出亡，两位兄长必定要发愁了。并且每个人有能干的也有不能干的，放过我有什么害处？”他们不听从他。赵婴梦见上天派人对他说：“你要祭祀我，我就使你得到福。”他派人去问士贞伯，士贞伯说：“不知道。”后来士贞伯就告诉他左右的人说：“神是加福于仁人，而加祸于淫人的，淫乱而不得到惩罚，这就是福。如果祭神或者可以逃亡到别国。”赵婴祭祀了神灵，第二天就逃亡了。

经　仲孙蔑如宋。

传　孟献子如宋，报华元也[1]。

今注

1　报华元也：回答华元的聘问。

今译

孟献子到宋国去，这是回答上次宋国华元的聘问。

经　夏，叔孙侨如会晋荀首于穀。

传　夏，晋荀首如齐逆女，故宣伯餫诸穀[1]。

今注

1　宣伯饁诸穀：饁音郓。饁是在野地送饭。鲁国的叔孙侨如到穀这地方给他送饭。

今译

夏天，晋大夫荀首到齐国去迎接女子，所以鲁国的叔孙侨如到鲁国穀这地方去给他送饭。

经　梁山崩。

传　梁山崩，晋侯以传召伯宗[1]。伯宗辟重曰："辟传。"重人曰："待我不如捷之速也[2]。"问其所，曰："绛人也。"问绛事焉，曰："梁山崩，将召伯宗谋之。"问将若之何[3]。曰："山有朽壤而崩，可若何？国主山川[4]，故山崩川竭，君为之不举[5]，降服[6]，乘缦[7]，彻乐[8]，出次[9]，祝币[10]，史辞[11]，以礼焉[12]。其如此而已，虽伯宗若之何[13]？"伯宗请见之[14]，不可。遂以告而从之[15]。

今注

1　晋侯以传召伯宗：传是驿车。晋侯就用驿车来召伯宗到都城去。

2　待我不如捷之速也：等到我的车子避开，不如另走捷径。

3　问将若之何：问这有什么办法。

4　国主山川：国家本来以山同川为主祭的。

5　君为之不举：国君就撤去很好的食品。

6　降服：穿的衣服也不再华盛。

7　乘缦：车上没画文采叫缦。乘这种没有文采的车。

8　彻乐：取消作乐。

9　出次：到城外去居住。

10　祝币：由祝官陈列很多玉币。

11　史辞：太史就作国君责备自己的言辞。

12　以礼焉：这是为的礼告山同川。

13　虽伯宗若之何：就是伯宗又有什么办法？

14　伯宗请见之：伯宗请他与晋国的君见面。

15　遂以告而从之：就告诉晋国的君，晋侯就照这办法来做。

今译

晋国的梁山崩塌了，晋侯用驿车召见伯宗。伯宗在路上命一个挡在驿车前面载重的车说："避开我这驿车。"那载重车上的人就说："等着我避开，不如走小路快。"伯宗很惊异地问他是哪里的人，回答说："是晋国都城绛的人。"伯宗就问绛的事情，这个载重的人就说："因为梁山崩塌，所以召见伯宗来商量。"伯宗又问他说那怎么办呢？他说："山因为有腐朽的土壤就崩了，那有什么办法？国以山川为主祭，所以山要崩川要干，为君的就不吃好的菜，穿坏的衣服，车上也弃掉文饰，取消作乐，到都城郊外去居住，祷告的人陈列玉币，大史作文章为君自责，这是对于山川所行的礼节。不过如此而已，就是伯宗又能怎么办呢？"伯宗请他一同见晋君，他不肯。就把这套话告诉晋君。晋侯照他的话来办理。

经　秋，大水[1]。

今注

1　此经无传。

今译

秋天，鲁国发生大水。

传　许灵公诉郑伯于楚[1]。六月，郑悼公如楚，讼不胜，楚人执皇戌及子国[2]。故郑伯归，使公子偃请成于晋。秋八月，郑伯及晋赵同盟于垂棘[3]。

今注

1　许灵公诉郑伯于楚：许灵公到楚国去告郑悼公。

2　皇戌及子国：皇戌是郑大夫，子国是郑穆公的儿子。楚国因为郑国没打赢官司，所以把他们逮捕了。

3　垂棘：晋地。《群经释地》说："以为垂棘在今山西省翼城县南。"

今译

许灵公到楚国告讼郑伯，六月，郑悼公到楚国打官司，郑国没有胜利，楚人就把郑国的皇戌及郑穆公的儿子子国全逮着。郑伯回来以后使公子偃到晋国请求和平。秋天八月，郑悼公与晋国大夫赵同在垂棘这地方盟誓。

传　宋公子围龟[1]为质于楚而归，华元享之，请鼓噪以出，鼓噪以复入，曰："习攻华氏[2]。"宋公杀之。

今注

1　宋公子围龟：围龟是宋文公的儿子。

2　习攻华氏：练习攻打华氏一家。这是因为鲁宣公十五年，华元使公子围龟替代他到楚国去做人质，所以他想攻打华氏。

今译

宋国的公子围龟到楚国做人质回来，华元请他吃饭。公子围龟就请打着鼓离开华元家，再敲着鼓进入华元家，说："我这是练习攻打华氏一家。"宋国的君就把他杀了。

经　冬十有一月己酉，天王崩。

传 十一月己酉，定王崩[1]。

今注

1 定王崩：周定王死了。

今译

十一月己酉，周定王死了。

经 十有二月己丑，公会晋侯、齐侯、宋公、卫侯、郑伯、曹伯、郲子、杞伯同盟于虫牢。

传 冬，同盟于虫牢[1]，郑服也。诸侯谋复会，宋公使向为人辞以子灵之难[2]。

今注

1 虫牢：郑地，也作桐牢。《河南通志》说："在今河南省封丘县北三里。"

2 使向为人辞以子灵之难：宋公使向为人来辞谢他不能与会，因为公子围龟的祸乱。按此条与上一条经传前后不一样，更足以证明《左氏春秋》与孔子所修的《春秋》不是一部书。

今译

冬天，在虫牢这地方同盟誓，因为郑国已经服从。诸侯想着再开会，宋公使向为人代表他说宋国有围龟的乱事，所以不来开会。

成公六年（公元前五八五年）

经 六年春王正月，公至自会[1]。

今注

1 此经无传。

今译

成公六年春天，鲁成公从虫牢开会回来。

传 六年春，郑伯如晋拜成[1]，子游相[2]，授玉于东楹之东[3]。士贞伯曰："郑伯其死乎！自弃也已[4]，视流而行速[5]，不安其位，宜不能久。"

今注

1 郑伯如晋拜成：郑伯到晋国去拜谢讲和的成功。

2 子游相：子游就是郑大夫公子偃，相礼。

3 授玉于东楹之东：授玉是行一种典礼，应该在两楹的中间。

4 自弃也已：他是自暴自弃。

5 视流而行速：看东西太快，而走路也快。

今译

六年春天，郑伯到晋国去拜谢讲和的成功。郑国大夫子游相礼，在东楹的东边举行授玉的典礼。晋国大夫士贞伯说："郑伯恐怕将要死了，是他自暴自弃，看东西太快，而行走又快，他在他的位子上不能安定，应当是不能够长久。"

经 二月辛巳，立武宫。

传 二月，季文子以鞍之功立武宫[1]，非礼也。听于人以救其难，不可以立武。立武由己，非由人也[2]。

今注

1 立武宫：建立了鲁武公的庙。

2 立武由己，非由人也：建立武功是由自己，不是由于旁人。

今译

二月，鲁国的季文子因为鞍地战役的功劳就在鲁国立了鲁武公的庙，这是不合于礼的。听着旁人的话来救鲁国的祸难，自己不能标榜武功。建立武功应该在于自己，而不是由于别人的功劳。

经 取鄟。

传 取鄟[1]，言易也。

今注

1 鄟：在今山东省郯城县东北。

今译

占据了附庸的鄟国。这样记载是表示得来容易。

经 卫孙良夫帅师侵宋。

传 三月，晋伯宗、夏阳说、卫孙良夫、宁相、郑人、伊雒之戎、陆浑、蛮氏侵宋，以其辞会也[1]。师于鍼[2]，卫人不保。说欲袭卫曰："虽不可入，多俘而归，有罪不及死[3]。"伯宗曰："不可，卫唯信晋，故师在其郊而不设备。若袭之，是弃信也。虽多卫俘，而晋无信，何以求诸侯？"乃止。师还，卫人登陴[4]。

今注

1 以其辞会也：因为他辞谢开会。

2 鍼：在今河北省濮阳县西南。

3 虽不可入，多俘而归，有罪不及死：虽然不能攻进去，但是可以多俘虏回来，这就是晋军以为我们有罪，也不会死亡。

4 师还，卫人登陴：军队回去了，卫国人就上了城墙。

今译

三月，晋国的伯宗、夏阳说、卫国的孙良夫、宁相、郑国人、伊水和雒水旁边的戎、陆浑、蛮氏，侵略宋国，因为去年宋国有公子围龟的乱事没有去参加盟会。在鍼这地方屯兵，卫国人不守城，夏阳说想去袭卫国，他说："虽然不一定能够攻进去，但是多得了俘虏回来，就是有罪也不至于死。"伯宗就说："不可以的。卫国因为相信晋国，所以晋国的军队在它的郊外，而并没有设防备。要是偷袭它，这是弃了信用。虽是多得到卫国的俘虏，但是晋国失去信用，怎么样来获得诸侯的拥护？"于是就停止了行动。等到军队回去以后，卫国人登上城去守备。

经　夏六月，邾子来朝[1]。

今注

1　此经无传。

今译

夏天六月，邾国的君来鲁国朝见。

传　晋人谋去故绛[1]。诸大夫皆曰："必居郇瑕氏之地[2]，沃饶而近盐[3]，国利君乐，不可失也。"韩献子将新中军，且为仆大夫[4]。公揖而入，献子从公立于寝庭[5]，谓献子曰："何如？"对曰："不可。郇瑕氏土薄水浅，其恶易觏[6]，易觏则民愁，民愁则垫隘[7]，于是乎有沈溺重膇之疾[8]，不如新田[9]土厚水深，居之不疾[10]，有汾、浍以流其恶，且民从教[11]，十世之利也。夫山泽林盐，国之宝也。国饶则民骄佚[12]，近宝，公室乃贫[13]，不可谓乐。"公说，从之。夏四月丁丑，晋迁于新田。

今注

1　晋人谋去故绛：晋人想离开旧的都城故绛城。

2　必居郇瑕氏之地：必然要住到郇瑕氏这地方。江永说："郇瑕两个邑在解县，二城相距不远，故连成郇瑕。"

3　沃饶而近盐：地方肥沃而近于盐池。盐池在今山西省安邑县及解县，长五十一里。

4　仆大夫：是太仆的官。

5　寝庭：是路寝的庭。

6　其恶易覯：污秽的东西容易积聚。

7　易覯则民愁，民愁则垫隘：居民就容易发愁，发愁就容易瘦弱。

8　于是乎有沈溺重膇之疾：沈溺是风湿，重膇是脚肿。

9　不如新田：阎若璩亲往新田考之，土人呼王官城（此专指新田，与文公三年之王官不同地），距故晋城（即故绛城）五十里。

10　土厚水深，居之不疾：这里土田很厚，水也很深，所以住在那里不会有风湿病。

11　且民从教：人民没有灾患，所以很听从政教。

12　国饶则民骄佚：国家富饶则人民骄侈。

13　近宝，公室乃贫：近于宝物，则国君的家财就容易贫穷。

今译

晋国人计谋离开现在的都城绛。各位大夫皆说："必须迁到郇瑕氏这地方，它肥沃而近于盐池，对国家有利，晋君一定很安乐，不可以失去它。"韩献子做新军的将领，并且做仆大夫，掌管宫中的事。晋君恭揖请他进去，韩献子就跟着他立在路寝的庭院中。晋君就说："他们说的，怎么样？"韩献子回答说："不可以。郇瑕氏这地方的土地薄，水很浅，污秽的东西容易积聚。人民就会发愁，人民发愁就身体瘦弱，于是就有风湿腿肿的毛病。不如迁到新田去，土很深厚，水也很深，住在那里的人高燥，不容易得病，并且有汾水、浍水能够冲走污秽，人民听从政教，这是长久的利益。郇瑕氏地方的山林川泽同盐湖全是国家的宝贝。国家富。人民就骄佚，邻近了宝藏，大家争利，公室就贫穷。这不可以说是欢乐。”晋君听了很高兴，就听从了他。夏天四月丁丑这天，晋国就迁都到新田。

经 公孙婴齐如晋。

经 秋，仲孙蔑、叔孙侨如帅师侵宋。

传 子叔声伯如晋，命伐宋。秋，孟献子、叔孙宣伯侵宋，晋命也[1]。

今注

1 晋命也：这是受了晋国的命令。

今译

鲁国的子叔声伯到晋国去，晋国命他伐宋国。秋天，孟献子同叔孙宣伯就侵略宋国，也是晋国的命令。

经 壬申，郑伯费卒。

传 六月，郑悼公卒[1]。

今注

1 郑悼公卒：杜预注：“终士贞伯之言。”

今译

六月，郑国的悼公死了。

经 楚公子婴齐帅师伐郑。

传 楚子重伐郑，郑从晋故也[1]。

今注

1 郑从晋故也：这是郑国前年同晋国盟会的缘故。

今译

楚国令尹子重伐郑国，这是郑国听从晋国的缘故。

经 冬，季孙行父如晋。

传 冬，季文子如晋，贺迁也[1]。

今注

1 贺迁也：恭贺晋国迁都于新田。

今译

冬天，季文子到晋国去，是祝贺晋国迁都。

经 晋栾书帅师救郑。

传 晋栾书救郑，与楚师遇于绕角[1]，楚师还。晋师遂侵蔡，楚公子申、公子成以申息之师救蔡，御诸桑隧[2]，赵同、赵括欲战，请于武子，武子将许之。知庄子[3]、范文子[4]、韩献子[5]谏曰："不可。吾来救郑，楚师去我，吾遂至于此[6]，是迁戮也[7]。戮而不已，又怒楚师，战必不克，虽克不令。成师以出，而败楚之二县，何荣之有焉？若不能败，为辱已甚，不如还也！"乃遂还。于是军师之欲战者众，或谓栾武子曰："圣人与众同欲，是以济事。子盍从众！子为大政[8]，将酌于民者也[9]。子之佐十一人，其不欲战者三人而已。欲战者可谓众矣！《商书》曰：'三人占，从二人[10]。'众故也。"武子曰："善钧从众[11]，夫善，众之主也。三卿为主，可谓众矣。从之，不亦可乎？"

今注

1 绕角：《一统志》说："绕角城在今河南鲁山县东南。"

2 桑隧：《一统志》说："今河南确山县东有桑里亭，即成公六年，晋侵蔡，楚救蔡，御诸桑隧处也。"

3 知庄子：即荀首，时为中军佐。

4 范文子：士燮，时为上军佐。

5 韩献子：韩厥，时为新中军将。

6　吾遂至于此：遂到了蔡国。

7　是迁戮也：这是把诛戮迁到别的地方去。

8　圣人与众同欲，是以济事。子盍从众！子为大政：圣人与大家同欲望，所以能够成功。你为什么不同众人的欲望？你是掌政权的中军元帅。

9　将酌于民者也：是要酌取人民的心理。

10　三人占，从二人：这是《书经·洪范》里的一句话："三个人要占卦，就要听从两人的话。"

11　善钧从众：大家的善要相等就从多数。

今译

晋国栾书带领军队去救郑国，同楚国军队在绕角这地方相遇，楚军就退却。晋军就去侵略蔡国，楚国的公子申同公子成用楚国申、息两县的军队去救蔡国，在桑隧这地方来抵抗晋国军队，晋国大夫赵同、赵括想着作战，就请示于栾书，栾书就要答应他们。但是荀首、士燮、韩厥全都谏诤说："不可以。我们是来救郑国，楚国军队走了，我们随着到蔡国这个地方，这是将杀戮搬家了。杀戮不止，又激怒楚国军队。打起仗来，必然失利，就是胜利了也没有荣誉。整顿军队出来打仗，只打败了楚国两个县的军队，有什么荣誉呢？假若打不败它，这羞辱就更厉害了，不如退回去吧。"就退兵。这时各军的将领，愿意打仗的很多，有的人对栾书说："圣人是与大家同欲望，所以事情可以办成。你为什么不从众人的欲望？你是掌政权的人，应该斟酌民心来做事。你的副佐十一个人，其中不愿打仗的只有三个人。要打仗的可以说是众多！《书经·洪范》篇说：'三个人占卜，就听从两个人的话。'因为两个人是多数。"栾书就说："大家的善要均等，就从多数，善是决定是否从众的主要因素。三卿为主，可以说是众多。听从他们不也可以吗？”

成公七年（公元前五八四年）

经 七年春王正月，鼷鼠[1]食郊牛角。改卜牛，鼷鼠又食其角，乃免牛[2]。

今注

1 鼷鼠：鼷音兮。这是一种灰色的小老鼠。此经无传。

2 乃免牛：于是就把牛废除不用。

今译

成公七年春天正月，小的老鼠吃了祭天的牛的角。另外再占卜祭天的牛，小老鼠又吃它的角，于是就把牛废除不用。

经 吴伐郯。

传 七年春，吴伐郯，郯成。季文子曰：“中国不振旅，蛮夷入伐，而莫之或恤，无吊者也夫。《诗》曰：‘不吊昊天，乱靡有定[1]。’其此之谓乎？有上不吊[2]，其谁不受乱？吾亡无日矣。”君子曰：“知惧如是，斯不亡矣[3]。”

今注

1 不吊昊天，乱靡有定：这是《诗经·小雅》中的一句诗。因为上天不能哀恤人民，所以乱事永远没办法解决。

2 有上不吊：这是说上面霸主不仁慈。

3 知惧如是，斯不亡矣：这样的害怕就不会亡国了。

今译

七年春，吴国讨伐小的郯国，郯同吴国讲和了。季文子说：“中原诸国不能振兴军队，蛮夷来侵犯而没有人能够哀恤人民，这是因为没有好的国君。《诗经》说：‘上天不仁慈，乱事永远不安定。’就是指这件事。上面霸主不仁慈，谁能够不受这个乱离呢？我的灭亡没有日子了。”君子就说：“如此知道害怕，就不会亡国了。”

传 郑子良相成公以如晋，见且拜师[1]。

今注

1 且拜师：并且拜谢以前晋国救郑国的军队。

今译

郑国大夫子良，为郑成公相礼，到晋国去。郑成公进见晋景公，并且道谢以前晋国救郑国军队。

经 夏五月，曹伯来朝。

传 夏，曹宣公来朝[1]。

今注

1 曹宣公来朝：这是曹伯到鲁国来朝见。

今译

夏天，曹宣公到鲁国朝见。

经 不郊犹三望[1]。

今注

1 此经无传。

今译

不祭天但是三望山川的礼。

经 秋，楚公子婴齐帅师伐郑。

经　公会晋侯、齐侯、宋公、卫侯、曹伯、莒子、邾子、杞伯救郑。八月戊辰，同盟于马陵。

传　秋，楚子重伐郑，师于氾[1]。诸侯救郑，郑共仲、侯羽军楚师[2]，囚郧公钟仪，献诸晋。八月，同盟于马陵[3]，寻虫牢之盟[4]，且莒服故也。

今注

1　氾：氾音凡。郑地，在今河南省成皋县（现在并入荥阳县）东。

2　郑共仲、侯羽军楚师：共仲与侯羽皆是郑大夫，用军队去抵抗楚军。

3　马陵：是郑地。《一统志》说："今河北省大名县东南十五里，有马陵城，即成公七年同盟处。亦即魏惠王三十年孙膑杀庞涓处。"

4　寻虫牢之盟：这是重申虫牢的盟会。虫牢的盟会在成公五年。

今译

秋天，楚令尹子重伐郑国，军队驻在氾这地方。诸侯去救郑国，郑国的大夫共仲同侯羽攻打楚国的军队，捕获楚国的郧公钟仪，献给晋国。八月，诸侯同盟于马陵，这是重申虫牢的旧盟会，并且莒国已经服从晋国的缘故。

经　公至自会[1]。

今注

1　此经无传。

今译

鲁成公自开会的地方回来。

传 晋人以钟仪归，囚诸军府[1]。

今注

1 囚诸军府：把他囚禁在存军械的库中。

今译

晋国人把楚国的钟仪带回到晋国，把他囚禁在军械库中。

经 吴入州来。

传 楚围宋之役[1]，师还，子重请取于申吕以为赏田[2]，王许之。申公巫臣曰："不可，此申吕所以邑也，是以为赋以御北方[3]。若取之，是无申吕也，晋郑必至于汉。"王乃止。子重是以怨巫臣，子反欲取夏姬，巫臣止之，遂取以行，子反亦怨之。及共王即位，子重、子反杀巫臣之族子阎、子荡及清尹弗忌[4]，及襄老之子黑要，而分其室。子重取子阎之室，使沈尹与王子罢分子荡之室，子反取黑要与清尹之室。巫臣自晋遗二子书[5]曰："尔以谗慝贪婪事君[6]，而多杀不辜，余必使尔罢于奔命以死[7]。"巫臣请使于吴，晋侯许之。吴子寿梦说之，乃通吴于晋。以两之一卒适吴[8]，舍偏两之一焉[9]。与其射御，教吴乘车[10]，教之战陈，教之叛楚。寘其子狐庸焉，使为行人于吴[11]。吴始伐楚、伐巢、伐徐[12]，子重奔命。马陵之会，吴入州来[13]，子重自郑奔命。子重、子反于是乎一岁七奔命[14]。蛮夷属于楚者，吴尽取之，是以始大通吴于上国[15]。

今注

1 楚围宋之役：楚国围宋都城的战役在鲁宣公十四年。

2 取于申吕以为赏田：把申同吕这两个地方的田地以为子重的赏赐。

3 是以为赋以御北方：拿这里的田赋组成军队，以抵抗北方。

4 子阎、子荡及清尹弗忌：他们都是巫臣的本家。

5　巫臣自晋遗二子书：巫臣自晋给子重、子反写信说。

6　尔以谗慝贪婪事君：你们用谗言，而且很贪财来侍奉君王。

7　余必使尔罢于奔命以死：我必使你们一再来回奔逃以至于死亡。罢音皮，同疲。

8　以两之一卒适吴：据《司马法》说："一百人为一卒，二十五人叫作两。"带了一百二十五人的军队到吴国去。

9　舍偏两之一焉：留下九辆车同二十五个步卒在吴国。

10　与其射御，教吴乘车：教给吴国人射箭同驾车，使吴国能够练习车战。

11　使为行人于吴：使他的儿子狐庸在吴国做行人的官。

12　伐巢、伐徐：巢同徐全是楚国的属国。

13　吴入州来：吴国攻入州来。

14　于是乎一岁七奔命：于是楚国的子重同子反一年的工夫为救各国而南北逃奔七次。

15　上国：到中原。

今译

楚国围宋国那次战役，军队回到楚国，令尹子重请求将申、吕两邑的田地赏给他，楚王答应了。申公巫臣说："不可以，申同吕所以做楚国的城邑，可以从这里征发军赋以抵御北方。假设拿它赏给子重，就等于没有申、吕这两个城，晋国同郑国必定一直打到汉水。"楚王就不给了。子重因此怨恨巫臣。子反要娶夏姬，巫臣亦阻止他，后来巫臣却把夏姬娶来一同出国，子反因而也怨恨他。等到楚共王即位以后，子重同子反两个人就杀掉巫臣的同族子阎、子荡及清尹弗忌及襄老的儿子黑要，并且分他们的家产。子重取了子阎的家产，又叫沈尹同王子罢瓜分了子荡的家产。子反取到黑要同清尹弗忌的家产。巫臣从晋国给子重、子反写信说：

“你们是以谗言以及贪财来侍奉君王，又杀了很多无罪的人，我一定叫你们疲于奔走，以至于死。”巫臣请派自己到吴国做使臣，晋侯答应了他。吴王寿梦喜欢他，于是他就使吴国同晋国通好。用一百二十五个人的军队到吴国去，他留下九辆兵车同二十五个步卒在吴国。教给吴国人射箭、驾车，并且教给吴国人练习车战，教给他们打仗的排阵，教给吴国反叛楚国。把他的儿子狐庸留下做吴国行人的官。吴国开始进攻楚国，伐巢、伐徐，子重奉命救他们。在马陵会见的时候，吴国侵入州来，子重因为正在救郑国，他就从郑国奔命来救州来。于是子重、子反一年的工夫，七次奔命。凡是蛮夷从前属于楚国的，吴国全占据了。吴国就变成大国，同中原各国开始交往。

经 冬，大雩[1]。

今注

1 此经无传。

今译

冬天，求雨。

经 卫孙林父出奔晋。

传 卫定公恶孙林父，冬，孙林父出奔晋。卫侯如晋，晋反戚焉[1]。

今注

1 晋反戚焉：晋国把戚这地方还给卫国。

今译

卫定公不喜欢孙林父，冬天，孙林父出奔到晋国。卫侯到晋国去，晋国就将孙林父的封邑戚还给卫国。

成公八年（公元前五八三年）

经　八年春，晋侯使韩穿来言汶阳之田，归之于齐。

传　八年春，晋侯使韩穿来言汶阳之田，归之于齐。季文子饯之，私焉[1]，曰："大国制义，以为盟主，是以诸侯怀德畏讨，无有贰心。谓汶阳之田敝邑之旧也，而用师于齐[2]，使归诸敝邑。今有二命曰：'归诸齐'，信以行义，义以成命，小国所望而怀也。信不可知，义无所立，四方诸侯，其谁不解体[3]？《诗》曰：'女也不爽，士贰其行，士也罔极，二三其德[4]。'七年之中一与一夺，二三孰甚焉，士之二三犹丧妃耦，而况霸主[5]？霸主将德是以[6]，而二三之，其何以长有诸侯乎[7]？《诗》曰：'犹之未远，是用大简[8]。行父惧晋之不远犹[9]，而失诸侯也，是以敢私言之。"

今注

1　私焉：季文子偷偷跟韩穿说。

2　用师于齐：对齐用兵，指鞍之战。

3　其谁不解体：诸侯哪一个不再对于晋国不服从？

4　女也不爽，士贰其行，士也罔极，二三其德：这是《诗经·卫风》里的一句话，意思是说你的女子没有丝毫的差错而男子改变了他的行为。男人不好，他的德行常常变化。

5　而况霸主：何况是天下的霸主呢？

6　霸主将德是以：霸主只能用德行。

7　其何以长有诸侯乎：怎么能够有诸侯很长久呢？

8　犹之未远，是用大简：这是《诗经·大雅》里的一句诗。意思是说：图谋的尚没有长远，所以必须大谏诤。

9　不远犹：晋国的图谋不太远。

今译

成公八年春天，晋侯派韩穿到鲁国来说汶阳之田，要求把成公二年鲁国所拿汶水北边的田地归还给齐国。季文子给他饯行，私下跟他说："大国制定了义礼，凭这个可以做盟主，所以各国诸侯全都怀念它的德行，怕它的讨伐，就没有二心。说到汶水北边这块田地，是鲁国本来所有的，用军队到齐国打仗，命令它归还给我国，今天有不同的命令说：'归还给齐国。'信用所以推行义礼，义礼为的是完成命令。这是小国所希望而怀念的。信用不可以得知，义礼也就没法成立，四方诸侯，哪一个不会涣散、瓦解呢?《诗经·卫风》篇说：'女的毫无差错，可是男人却变了行为，男人没有标准，他的行为前后不一。'七年之中，一次给鲁国田地，又一次夺回去，前后不一，还有比这更甚的吗？男人前后不一尚且可以丢掉配偶，何况是霸主呢？霸主应该尚德，但却前后不一，这样如何能够得到诸侯长久的拥护呢?《诗经·大雅·板》篇说：'因为王者谋略缺乏远见，所以就用大道理来谏诤他。'我行父恐怕晋国不能够深谋远虑而失掉诸侯，所以敢私自向你说说。"

经　晋栾书帅师侵蔡。

传　晋栾书侵蔡，遂侵楚，获申骊[1]。楚师之还也[2]，晋侵沈，获沈子揖[3]，初从知、范、韩也[4]。君子曰："从善如流，宜哉[5]。《诗》曰：'恺悌君子，遐不作人[6]。'求善也夫。作人斯有功绩矣。"是行也，郑伯将会晋师[7]，门于许东门，大获焉[8]。

今注

1　申骊：是楚大夫。

2　楚师之还也：这是指成公六年，楚师到了绕角，而回楚国。

3　沈子揖：是沈国的君。

4　初从知、范、韩也：这是晋国初次采用知氏、范氏同韩氏的计谋。

5　从善如流，宜哉：服从能说好话的人跟流水一样。

6　恺悌君子，遐不作人：这是《诗经·大雅》中的一句话。意思是说很祥和的君子能用远方人才。不，语助。

7　郑伯将会晋师：郑伯会见晋国伐蔡国的军队。

8　大获焉：得到很多的俘虏。

今译

晋国栾书领着军队侵蔡国，接着侵略楚国，捕获楚国大夫申骊。楚国军队回来的时候，晋国就侵略沈国，捕获沈国的君揖，这是初次采用知、范、韩三氏的计谋。君子说："听从好主意好像水流一样，这是多么恰当啊。《诗经·大雅》说：'这个很和善的君子能用远方人才。'这是指求善吧！用人就能有功劳了。"这次行动，郑伯将会合晋国伐蔡的军队，率领着郑国的军队攻打许国都城的东门，俘获很多。

经　公孙婴齐如莒。

传　声伯如莒，逆也[1]。

今注

1　逆也：他自己来迎接他的夫人。

今译

鲁国的声伯到莒国去，他自己来迎接他的夫人。

经　宋公使华元来聘。

经　夏，宋公使公孙寿来纳币。

传　宋华元来聘，聘共姬也[1]。夏，宋公使公孙寿来纳币[2]，礼也。

今注

1　聘共姬也：他是来聘求鲁国的女儿为宋共公的夫人。

2　宋公使公孙寿来纳币：公孙寿是宋大夫，来送聘共姬礼的货币。

今译

宋国华元来鲁国聘问，这是为的迎接宋共公的夫人共姬。夏天，宋共公派公孙寿来鲁国送纳币，这是合于礼的。

经　晋杀其大夫赵同、赵括。

传　晋赵庄姬为赵婴之亡故，谮之于晋侯[1]，曰："原屏将为乱，栾郤为徵[2]。"六月，晋讨赵同、赵括。武从姬氏畜于公宫[3]，以其田与祁奚。韩厥言于晋侯曰："成季之勋，宣孟之忠，而无后[4]，为善者其惧矣。三代之令王皆数百年，保天之禄，夫岂无辟王[5]，赖前哲以免也。《周书》曰：'不敢侮鳏寡[6]。'所以明德也。"乃立武而反其田焉[7]。

今注

1　谮之于晋侯：因为赵婴的逃亡，所以赵庄姬对晋景公说坏话。

2　原屏将为乱，栾郤为徵：赵同、赵括将作乱，栾氏同郤氏可以做证明。

3　武从姬氏畜于公宫：赵武是赵庄姬的儿子，随着母亲寄住在晋侯宫里。

4　成季之勋，宣孟之忠，而无后：成季是赵衰，宣孟是赵盾，他们两人全有忠心，而他的后人不能够继承他的事业。

5　夫岂无辟王：难道没有坏的君吗？

6　不敢侮鳏寡：这是《周书·康诰》篇的一句话。意为不敢侵侮没有太太的男人同守寡的女人。

7　乃立武而反其田焉：就立赵武为大夫而把田地归还给他。

今译

晋国赵庄姬因为赵婴逃亡到齐国，便向晋侯说赵同、赵括的坏话，她说："原、屏将作乱，栾氏同郤氏可以做证明。"六月，晋国就讨伐赵同与赵括。赵武同他母亲庄姬寄住在晋侯的宫里，晋景公把赵氏的田地给了祁奚。韩厥对晋侯说："赵衰的勋劳，赵盾的忠诚，而反倒没有后人，做好事的人看了这种情况就害怕了。三代贤明的君王，全能够几百年间保持着上天的福禄，这中间难道没有坏的君王吗？全是仰赖前辈忠诚的臣子得以免祸。《周书·康诰》篇说：'不敢欺侮没有妻的男人同寡妇。'用这样的做法来发扬道德。"于是就立了赵武为赵氏的继承人，归还赵氏的田地。

经　秋七月，天子使召伯来赐公命。

传　秋，召桓公来赐公命[1]。

今注

1　召桓公来赐公命：召桓公是周王的卿士，来赐周王对鲁成公的命令。

今译

秋天，周天子的卿士召桓公来赐鲁成公衮爵的命令。

传　晋侯使申公巫臣如吴，假道于莒，与渠丘公[1]立于池上，曰："城已恶[2]。"莒子曰："辟陋在夷，其孰以我为虞[3]？"对曰："夫狡焉，思启封疆以利社稷者[4]，何国蔑有？唯然故多大国矣，唯或思或纵也。勇夫重闭，况国乎[5]？"

今注

1　渠丘公：就是莒子朱。渠丘，是莒国的地名。《续山东考古录》说："以九年楚伐莒，渠丘先溃，次莒，次郓，自南而北，则渠丘在莒南明矣。至安丘渠丘亭，乃前汉北海安丘所改，非是。"

2　城已恶：这城已经太坏了。

3　其孰以我为虞：谁会算计我？

4　夫狡焉，思启封疆以利社稷者：狡猾的人很想扩充他的国境以对他的国家有利。

5　勇夫重闭，况国乎：勇夫睡觉都要关闭内外两门，何况国家呢？

今译

晋侯派申公巫臣到吴国去，向莒国借道，巫臣同莒国的君渠丘公站在护城河边，说："这个城池已经很坏了。"莒子说："敝国偏僻、简陋，处在蛮夷之地，谁还会算计我？"巫臣答说："狡猾的人，想着扩充他的疆土，为使他的国家得利，哪一国没有这种人？就因为这样，大的国家变成了很多，你们应该想到有的人想开辟疆土，有的人想在国外掠夺。勇敢的男人睡觉的时候必须关上内外两门，何况一个国家呢？"

经　冬十月癸卯，杞叔姬卒。

传　冬，杞叔姬卒，来归自杞故书[1]。

今注

1　归自杞故书：因为她从杞国见弃来归，所以特别写在《春秋》上。

今译

冬天，杞国的叔姬死了，因为她是以前从杞国回到鲁国的，所以写在《春秋》上。

经 晋侯使士燮来聘。

经 叔孙侨如会晋士燮、齐人、邾人伐郯。

传 晋士燮来聘，言伐郯也，以其事吴故。公赂之，请缓师，文子不可曰："君命无贰，失信不立，礼无加货，事无二成[1]，君后诸侯，是寡君不得事君也[2]，燮将复之[3]。"季孙惧，使宣伯帅师会伐郯。

今注

1 礼无加货，事无二成：照礼节不能够加贿赂，公事同私事不能都顾全。

2 是寡君不得事君也：这是我们晋国的君，不能侍奉你。意思是想跟鲁国断绝关系。

3 燮将复之：我将把这话带回去对我的君说。

今译

晋侯派士燮来聘问，表示晋国要伐郯国，因为郯国侍奉吴国。鲁成公送给他财礼，请求缓进兵，但是士燮不答应，他说："君的命令说一不二，失了君的信用就无法自立。照礼说没有加贿赂的，公的同私的两种事情，不能都成功，如鲁君比旁人来得晚，我们晋君就不能侍奉鲁君了。我将把这些话带回去告诉晋君。"季文子害怕，就叫叔孙宣伯率鲁国的军队会同晋国去伐郯国。

经 卫人来媵。

传 卫人来媵共姬，礼也。凡诸侯嫁女，同姓媵之，异姓则否[1]。

今注

1 同姓媵之，异姓则否：凡同姓的人可以派媵妾，异姓则不行。

今译

卫国人派女子来做共姬的媵妾，这是合于礼的。凡是诸侯嫁女儿给旁的国家，同姓的国就派人来做媵妾，异姓的国就不派。

成公九年（公元前五八二年）

经 九年春王正月，杞伯来逆叔姬之丧以归。

传 九年春，杞桓公来逆叔姬之丧，请之也[1]。杞叔姬卒，为杞故也[2]。逆叔姬，为我也[3]。

今注

1 请之也：这是鲁国的请求。

2 为杞故也：这是为杞国的缘故。

3 逆叔姬，为我也：她是被杞国遗弃的，而杞国迎接她的丧事，这是为鲁国的缘故。

今译

九年春天，杞桓公来迎接鲁国叔姬的灵柩，这是鲁国请求的。叔姬的死，是由于被杞国遗弃。杞伯迎接叔姬的灵柩，这是为鲁国的面子。

经 公会晋侯、齐侯、宋公、卫侯、郑伯、曹伯、莒子、杞伯同盟于蒲。

传 为归汶阳之田故，诸侯贰于晋[1]。晋人惧，会于蒲[2]，以寻马陵之盟。季文子谓范文子曰：“德则不竞，寻盟何为[3]？”范文子曰：“勤以抚之，宽以待之，坚强以御之，明神以要之，柔服而伐贰[4]，德之次也。”是行也，将始会吴，吴人不至。

今注

1　诸侯贰于晋：诸侯全都与晋国有了二心。

2　蒲：是卫地，在今河北省长垣县西南。

3　德则不竞，寻盟何为：德行不能加强，何必重申盟誓呢？

4　柔服而伐贰：安抚服从的国家，而讨伐有二心的人。

今译

由于晋国让鲁国退还齐国汶水北边的田地，诸侯对于晋国全有了二心。晋国人害怕，在蒲这地方会盟，以重申马陵的旧盟誓。鲁国大夫季文子就对晋国的大夫范文子说："晋国的德行不能加强，重申盟会有什么用？"范文子说："用勤劳以安抚诸侯，宽大以对待诸侯，坚忍强毅以驾驭诸侯，用盟誓来约束诸侯，安抚服从的诸侯而讨伐有二心的诸侯，这也是德行的第二等。"这次盟会是首次邀请吴国人，但是吴国人不来。

经　公至自会[1]。

今注

1　此经无传。

今译

鲁成公从开会的地方回来。

经　二月，伯姬归于宋。

传　二月，伯姬归于宋[1]。

今注

1　伯姬归于宋：鲁国的女儿伯姬出嫁到宋国。

今译

二月，鲁国的女儿伯姬出嫁到宋国。

传 楚人以重赂求郑，郑伯会楚公子成于邓[1]。

今注

1 邓：在今河南省郾成县东南三十五里的邓城。

今译

楚国人拿重的贿赂求郑国，郑伯就到邓这地方与楚大夫公子成会盟。

经 夏，季孙行父如宋致女。

传 夏，季文子如宋致女，复命。公享之，赋《韩奕》之五章[1]。穆姜[2]出于房，再拜曰："大夫勤辱，不忘先君以及嗣君，施及未亡人[3]，先君犹有望也[4]，敢拜大夫之重勤。"又赋《绿衣》之卒章[5]而入。

今注

1 赋《韩奕》之五章：《韩奕》是《诗经·大雅》的一篇，五章里面说，观察各处没有比韩再快乐的地方。

2 穆姜：是伯姬的母亲。

3 施及未亡人：未亡人是女子丈夫已死的自称。

4 先君犹有望也：先君也希望季文子如此。

5 《绿衣》之卒章：《绿衣》是《诗经·邶风》的一篇。卒章的意思是说季文子很得穆姜的心意。

今译

夏天，季文子到宋国去送女，回到鲁国复命。鲁成公设宴款待他，季文子就歌唱《诗经·大雅·韩奕》的第五章，意思是说观察各地，没有比韩国更快乐的地方了。成公的母亲穆姜从屋里出来拜谢两次，并且说："大夫勤劳，不忘记先君以及现在的君，延及于未亡人，先君也是这样希望你的，再谢大夫的多次辛劳。"

穆姜又歌唱《诗经·邶风·绿衣》末了一篇，然后回到屋里去。

经 晋人来媵。

传 晋人来媵，礼也[1]。

今注

1 晋人来媵，礼也：晋人与鲁人同姓，所以派来媵很合于礼。

今译

晋国人派媵妾来，这是合于礼的。

经 秋七月丙子，齐侯无野卒[1]。

今注

1 此经无传。

今译

秋七月丙子这天，齐侯无野死了。

经 晋人执郑伯。

传 秋，郑伯如晋，晋人讨其贰于楚也，执诸铜鞮[1]。

今注

1 铜鞮：《一统志》说："今山西沁县南十里，中有宫阙台基，即晋别宫。其北即晋大夫羊舌赤之邑。"

今译

秋天，郑伯到晋国去。晋国人惩罚他对晋国有二心而倾向楚国，把他逮到铜鞮的宫中。

经 晋栾书帅师伐郑。

传 栾书伐郑，郑人使伯蠲行成[1]，晋人杀之，非礼也。兵交使在其间[2]，可也。楚子重侵陈以救郑。晋侯观于军府，见钟仪，问之曰："南冠而絷者谁也[3]？"有司对曰："郑人所献楚囚也[4]。"使税之[5]。召而吊之，再拜稽首。问其族，对曰："泠人也[6]。"公曰："能乐乎？"对曰："先父之职官也，敢有二事[7]！"使与之琴，操南音[8]。公曰："君王何如？"对曰："非小人之所得知也。"固问之，对曰："其为大子也，师保奉之，以朝于婴齐而夕于侧也[9]，不知其他。"公语范文子。文子曰："楚囚君子也。言称先职，不背本也；乐操土风，不忘旧也；称大子，抑无私也[10]；名其二卿，尊君也[11]。不背本，仁也；不忘旧，信也；无私，忠也；尊君，敏也[12]；仁以接事，信以守之，忠以成之，敏以行之，事虽大必济。君盍归之，使合晋楚之成。"公从之，重为之礼，使归求成[13]。

今注

1 郑人使伯蠲行成：伯蠲是郑国的行人，到晋国去要求和平。

2 兵交使在其间：在打仗的时候使臣可以在中间。

3 南冠而絷者谁也：戴着南方的帽子而被拘禁的，这是谁？

4 郑人所献楚囚也：这是郑国所贡献的楚国囚人。

5 使税之：税音义同脱。就把拘禁他的器械打开。

6 泠人也：泠音义同伶。是指乐馆能奏乐的人。

7 先父之职官也，敢有二事：这是我们先人的职责，我不敢学旁的事情。

8 使与之琴，操南音：给他琴，他就奏楚国的音乐。

9 以朝于婴齐而夕于侧也：早晨到令尹子重那里去，而晚上到司马子反那里去。

10 称大子，抑无私也：大音泰。称呼楚王做大子的时候，表示他没私心。

11 名其二卿，尊君也：称婴齐同侧这是二卿的名字，这表示尊敬晋君。

12　尊君，敏也：尊重晋君，这是很敏达的。

13　使归求成：叫他回去以求晋楚两国的和平。

今译

晋将栾书讨伐郑国，郑国人派遣大夫伯蠲来求和平，晋国人把他杀掉，这是不合于礼的。打仗的时候，使臣可以在中间。楚国令尹子重侵伐陈国以救郑国。晋景公视察军用仓库，见了钟仪，便问道："那个戴了南边帽子而被拘禁的，是谁？"有司回答说："就是郑人献来的楚囚。"便命放了钟仪。召来安慰他一番，钟仪便再拜叩头。问他宗族，答说："是做乐工的。"公就问："能够奏乐吗？"答道："这是先父的职责，怎敢学其他事呢？"就叫他弹琴，他弹的是楚国的音乐。公又问："你的君王怎样？"答说："不是小人所能知道的。"再三问他，就答说："他做太子的时候，师保侍奉他，早起去见婴齐，晚上去见侧，尊卿敬老是这般的，其余便不知道了。"公把这些话告诉范文子，文子说："楚囚倒是个君子哩！说话称呼先父的官职，这是他的不忘本；奏乐奏家乡的乐调，这是不忘故旧；举出楚君做太子时候的事，这是他的无私心；称二卿的名字，这是他的尊重国君。不背本，就是仁；不忘旧，就是信；没有私心，就是忠；尊君，就是敏。用仁以接事，用信来守事，用忠成事，用敏行事，有这四德，哪怕大事，也定能成功的了。君为什么不使他回去，撮合晋和楚和好呢？"公听他的话，格外用礼貌待钟仪，使他归国去求和。

经　冬十有一月，葬齐顷公[1]。

今注

1　此经无传。

今译

冬天十一月，给齐顷公行葬礼。

经 楚公子婴齐帅师伐莒，庚申，莒溃，楚人入郓。

传 冬十一月，楚子重自陈伐莒，围渠丘，渠丘城恶，众溃奔莒。戊申，楚入渠丘[1]。莒人囚楚公子平[2]，楚人曰："勿杀，吾归而俘。"莒人杀之。楚师围莒，莒城亦恶，庚申莒溃，楚遂入郓，莒无备故也。君子曰："恃陋而不备，罪之大者也[3]。备豫不虞，善之大者也[4]。莒恃其陋而不修城郭，浃辰之间[5]，而楚克其三都，无备也夫。《诗》曰：'虽有丝麻，无弃菅蒯，虽有姬姜，无弃蕉萃。凡百君子，莫不代匮[6]。'言备之不可以已也。"

今注

1 渠丘：见成公八年。

2 公子平：是楚大夫。

3 恃陋而不备，罪之大者也：依仗城的简陋而不防备，这是罪状最大的。

4 备豫不虞，善之大者也：在没有状况的时候，就预备着，这是善政最大的。

5 浃辰之间：十二天的工夫。

6 虽有丝麻，无弃菅蒯，虽有姬姜，无弃蕉萃。凡百君子，莫不代匮：这是一首逸诗。意思是说虽然有好的织布的原料，也不要放弃坏的原料，虽有美女，也不要放弃陋贱的人。凡是各种君子，没有不准备好可以代用的以备匮乏。

今译

冬天十一月，楚国令尹子重自从陈国伐了莒国，围了渠丘这个城，渠丘城池破败，大众溃散了，逃到莒国都城。戊申这天，楚国军队进入渠丘城。莒国人抓住了楚国的公子平，楚人说："不要杀他，我归还你们的俘虏。"莒国人不听，就杀了公子平。楚国军队就围了莒国都城，这个城也很坏。庚申这天，莒国溃败，楚国军队就进入郓城，这是莒国没有防备的缘故。君子说："仗着简陋而不防备，这是罪恶中最大的。在平时就预做准备，这是最大的善策。莒国仗着它的简陋而不修理它的内城同外郭，十二天的工夫，而楚国得到三个大城，这是没有防备的缘故。逸诗说：'虽然有丝同麻，也不要舍弃坏一点的材料；虽然有姬姜的美女，不要舍弃微贱的女子；凡是君子，不要忘了准备替代可用的人。'意思是说，防备是不可以忘的。"

经 秦人、白狄伐晋。

传 秦人、白狄伐晋，诸侯贰故也[1]。

今注

1 诸侯贰故也：因为诸侯对晋国有了二心。

今译

秦国人同白狄全都去讨伐晋国，这都是各诸侯对晋国全有二心的缘故。

经 郑人围许。

传 郑人围许，示晋不急君也。是则公孙申谋之曰："我出师以围许，为将改立君者，而纾晋使[1]，晋必归君。"

今注

1 为将改立君者，而纾晋使：就是为表示要改立新君，而暂缓派人到晋国去。

今译

郑国人围了许国都城，这是向晋国表示他们不急于使郑伯回国。这是公孙申的计谋，他说：“我们出兵去围了许国都城，为表示要改立新的郑君，而暂缓派人到晋国，晋国必定把君送还。”

经 城中城。

传 城中城[1]，书时也。

今注

1 城中城：这是修鲁国曲阜的内城。因为楚国占了莒国的三个城，所以鲁国害怕。

今译

在鲁国曲阜都城里面修一小城，《春秋》中记载了这件事，因为合于时令。

传 十二月，楚子使公子辰如晋报钟仪之使，请修好结成[1]。

今注

1 请修好结成：请修好，并加以盟誓。

今译

十二月，楚王派公子辰到晋国去，是报答晋国派楚国的钟仪来修好，请求修好并且商定盟约。

成公十年（公元前五八一年）

传 十年春，晋侯使籴茷如楚[1]，报大宰子商[2]之使也。

今注

1 晋侯使籴茷如楚：晋景公叫籴茷到楚国去。籴茷是晋大夫。

2　子商：是楚公子辰。

今译

成公十年春天，晋侯叫籴茷到楚国去，是报答楚国太宰子商前年出使鲁国。

经　十年春，卫侯之弟黑背帅师侵郑。

传　卫子叔黑背侵郑，晋命也[1]。

今注

1　晋命也：这是晋国的命令。

今译

卫国子叔黑背侵略郑国，这是晋国的命令。

经　夏四月，五卜郊不从，乃不郊[1]。

今注

1　此经无传。

今译

夏天四月，五次占卜郊天，占卜不成，就不郊天。

经　五月，公会晋侯、齐侯、宋公、卫侯、曹伯伐郑。

传　郑公子班闻叔申之谋[1]，三月，子如立公子繻[2]。夏四月，郑人杀繻立髡顽[3]，子如奔许。栾武子曰："郑人立君，我执一人焉，何益？不如伐郑而归其君，以求成焉。"晋侯有疾，五月，晋立大子州蒲以为君[4]，而会诸侯伐郑，郑子罕赂以襄钟[5]，子然盟于修泽，子驷为质[6]。辛巳，郑伯归。

今注

1　郑公子班闻叔申之谋：郑公子班听见了叔申计划重新立君

的计谋。这件事情在鲁成公九年。

2　子如立公子繻：繻音须。子如就是公子班。

3　髡顽：是郑成公的太子。

4　晋立大子州蒲以为君：州蒲是晋景公的太子。

5　郑子罕赂以襄钟：子罕是郑穆公的儿子，襄钟是郑襄公庙里的钟。拿这个钟作为给晋国的贿赂。

6　子然盟于修泽，子驷为质：子然同子驷全是郑穆公的儿子。修泽据《河南通志》说："今河南原武县东北有修武亭即修泽，又名修鱼。"

今译

郑国的公子班听见叔申改立郑君的计谋，三月的时候，公子班就立了繻为郑君。四月，郑国人杀公子繻立郑成公太子髡顽，公子班逃到许国。晋国栾书就说："郑国人立了一个君，我也囚困的就是普通人，这有什么用处？不如讨伐郑国，而归还它的国君，以要求和平。"晋侯有病，五月，晋国立了他的太子州蒲为君，会合诸侯讨伐郑国，郑大夫子罕用郑襄公庙里的钟来贿赂晋国，郑国子然同诸侯在修泽这地方盟誓，子驷作为人质。辛巳这天，郑成公从晋国回到郑国。

经　齐人来媵[1]。

今注

1　此经无传。

今译

齐国人派媵妾来。

经　丙午，晋侯獳卒。

传 晋侯梦大厉[1]被发及地搏膺而踊[2]曰：“杀余孙不义[3]，余得请于帝矣。”坏大门及寝门而入，公惧入于室，又坏户。公觉，召桑田巫[4]。巫言如梦。公曰：“何如？”曰：“不食新矣[5]。”公疾病[6]，求医于秦，秦伯使医缓为之[7]。未至，公梦疾为二竖子，曰：“彼良医也，惧伤我，焉逃之[8]？”其一曰：“居肓之上、膏之下，若我何[9]？”医至曰：“疾不可为也！在肓之上、膏之下，攻之不可，达之不及，药不至焉，不可为也！”公曰：“良医也[10]。”厚为之礼而归之。六月丙午，晋侯欲麦[11]，使甸人献麦[12]，馈人为之，召桑田巫，示而杀之。将食，张如厕，陷而卒[13]。小臣有晨梦负公以登天，及日中，负晋侯出诸厕，遂以为殉[14]。

今注

1　大厉：大的鬼。

2　被发及地搏膺而踊：头发一直垂到地上，拍着胸脯，跳着脚。

3　杀余孙不义：杀我的孙子这是不合道理。这是指成公八年晋侯杀了赵同和赵括。

4　公觉，召桑田巫：晋景公睡醒了以后，就召桑田的巫人。桑田是晋地，在今河南省灵宝县，已见僖公二年。

5　不食新矣：说晋景公吃不到新麦子了。

6　公疾病：晋景公的病重了。

7　秦伯使医缓为之：秦伯就派了一个名医叫缓的给他治病。

8　彼良医也，惧伤我，焉逃之：他是一个很有名的医师，恐怕要伤害我们，逃避到什么地方去呢？

9　居肓之上、膏之下，若我何：肓音荒。《说文解字》说肓是在心下鬲上。在肓的上面、膏的下面，那对我怎么办呢？

10　良医也：这是一个好医生。

11　晋侯欲麦：晋侯想吃新的麦子。

12　使甸人献麦：甸人是管公田的人，叫他呈献新的麦子。

13　张如厕，陷而卒：肚子胀就到厕所去，跌到厕所就死了。

14　遂以为殉：就把这小臣来为晋景公殉葬。

今译

晋景公梦中看见一个大鬼，头发直披到地上，用手拍着胸膛跳跃着说："杀掉我的孙子这是不义，我要为他们报仇，已经得到上帝允许了。"就坏了大门和寝门一直进来。公心中害怕，逃进屋中，厉鬼又毁坏了屋门。公一惊，醒了，差人去招桑田这地方的巫人来问问吉凶。巫所说的话，和公的梦一样！公就问："主什么吉凶？"巫答说："君王吃不到新麦了。"公从此便重病，到秦国去请医生，秦伯差个医生叫缓的来给他医治。还没有到来，公又梦见那病化成两个小孩子，一个说："他是个好医生呢！恐怕他要伤害我们，逃避到什么地方去呢？"又一个说："我们居在肓上膏下，他能怎样对付我们呢？"后来医生到了，说："这病不可救了，在肓的上面、膏的下面，灸他不能，用针却又达不到，药力也行不到，真没法医治了。"公说："这真是个好医生呢！"遂用厚礼待他，送他回国去。六月丙午这一天，晋侯想吃麦，叫管田租的人献上麦来，又叫庖人煮了，然后召来巫人，把新麦给他看，便杀死了他。景公正要吃麦饭的时候，肚子偏胀起来，就到茅坑去，跌在坑里，就死了。有个小臣早晨做了一梦，梦背着公升上天去，等到日中，果真背了晋侯从茅坑中爬出来，于是就以他为景公殉葬。

传　郑伯讨立君者，戊申，杀叔申、叔禽[1]。君子曰："忠为令德[2]，非其人犹不可，况不令乎？"

今注

1　叔申、叔禽：叔申是郑大夫，叔禽是他的弟弟。

2　忠为令德：忠诚是好的德行。

今译

郑成公讨伐另立新君的人，戊申这天，杀了叔申、叔禽两个人。君子说："忠诚是好的德行，所忠的人不适合尚且不可以，何况是不好的德行呢？"

经　秋七月，公如晋。

传　秋，公如晋，晋人止公，使逆葬，于是籴茷未反[1]。冬，葬晋景公，公送葬，诸侯莫在，鲁人辱之，故不书，讳之也。

今注

1　籴茷未反：籴茷到楚国。为的是回来可以报告鲁国与楚国是否有勾结。

今译

秋天，鲁成公到晋国去，晋人叫他不要回来，等着行晋景公的葬礼，因为这个时间晋国派到楚国去的籴茷还没有回来。冬天，晋国行晋景公的葬礼，鲁成公参加送葬，其他的诸侯没有参加，鲁国人以为羞辱，所以不写在《春秋》上，因为要避讳。

经　冬十月[1]。

今注

1　此经无传。

今译

冬天十月。

卷十四　成公下

成公十有一年（公元前五八〇年）

经　十有一年春王三月，公至自晋。

传　十一年春王三月，公至自晋。晋人以公为贰于楚，故止公。公请受盟而后使归[1]。

今注

1　公请受盟而后使归：公请受盟誓，然后才使他回国。

今译

成公十一年春天三月，鲁成公从晋国回来。晋国人以为鲁成公倾向楚国而对晋国有二心，就扣留了鲁成公，待鲁成公接受盟誓后才让他回国。

经　晋侯使郤犨来聘，己丑，及郤犨盟。

传　郤犨来聘且莅盟[1]。

今注

1　莅盟：参加盟誓。

今译

晋国郤犨到鲁国来聘问，并且参加盟誓。

传　声伯之母不聘[1]。穆姜曰：“吾不以妾为姒[2]。”生声伯而出之，嫁于齐管于奚，生二子而寡，以归声伯。声伯以其外弟为大夫[3]，而嫁其外妹于施孝叔[4]。郤犨来聘，求妇于声伯。声伯夺施氏妇以与之[5]。妇人曰：“鸟兽犹不失俪[6]，子将若何？”曰：“吾不能死亡[7]。”妇人遂行，生二子于郤氏。郤氏亡。晋人归之施氏，施氏逆诸河，沈其二子[8]。妇人怒曰：“己不能庇其伉俪而亡之[9]，又不能字人之孤而杀之[10]，将何以终！”遂誓施氏[11]。

今注

1　声伯之母不聘：声伯的母亲就是叔肸的妻子，她没有经过正式的媒聘。

2　姒：弟兄的夫人互相称为姒。因为穆姜是鲁宣公的夫人，宣公是叔肸的同母弟兄。

3　声伯以其外弟为大夫：声伯拿管于奚的儿子为鲁国的大夫。

4　而嫁其外妹于施孝叔：而使管于奚的女儿嫁给鲁国的大夫施孝叔。施孝叔是鲁惠公的五世孙。

5　声伯夺施氏妇以与之：声伯就把施氏的夫人给郤犨。

6　鸟兽犹不失俪：飞鸟同走兽尚不能失去配偶。

7　吾不能死亡：施孝叔说假设不给郤犨，必定会死亡。

8　沈其二子：在黄河里把郤犨两个儿子全淹死了。

9　己不能庇其伉俪而亡之：自己不能保护他的配偶而使她出亡。

10　又不能字人之孤而杀之：又不能保护人家的孤儿，而把他杀掉。

11　遂誓施氏：就起誓不归施氏为夫人。

今译

声伯的母亲，没有行聘礼就和叔肸同居。成公的母亲穆姜说：

"我不能把姘妇当成嫂嫂。"声伯的母亲生了声伯以后，就被遗弃了，嫁给齐国的管于奚，生了两个儿子就守寡了，后来就回到鲁国声伯处。声伯使他的外弟为鲁国的大夫，而使他的外妹嫁给鲁国大夫施孝叔。晋国的郤犨来鲁国聘问，向声伯要妻子。声伯又将他的外妹施氏夫人夺去给了郤犨。他的外妹对丈夫施孝叔说："鸟与禽兽尚不能失掉配偶，你将怎么办呢？"施孝叔说："我不能够因此死去或逃亡。"施氏夫人就到晋国去了，生了两个儿子。等到郤犨亡了以后，晋国人把她归还给施孝叔。施孝叔迎接到黄河上，把她的两个儿子就扔到黄河里淹死。这个女子就生气地说："自己不能庇护自己的配偶，而使她出亡，又不能爱护人家的孤儿，而把他们杀掉，怎么样能有好结果！"就起誓不再归施孝叔。

经 夏，季孙行父如晋。

传 夏，季文子如晋报聘，且莅盟也[1]。

今注

1 莅盟也：参加盟会。

今译

夏天，季文子到晋国去报答郤犨来鲁国的聘问，并且参加盟誓。

传 周公楚恶惠襄之偪也[1]，且与伯与争政[2]，不胜，怒而出，及阳樊[3]。王使刘子复之，盟于鄄[4]而入。三日复出奔晋。

今注

1 恶惠襄之偪也：畏惧周惠王同周襄王的后人对他的逼迫。

2 且与伯与争政：伯与是周卿士，周公同伯与争政权。

3 阳樊：晋地，在今河南省济源县。

4 鄄：周地，在今河南省孟津县西。

今译

周王朝的周公楚畏惧周惠王及周襄王后人的逼迫，并且同周王的卿士伯与争政权失利，一生气就出奔到阳樊这地方。周王派卿士刘子使他回到周王城，在鄄这地方和他盟誓就回来。三天以后，他又逃奔到晋国。

经 秋，叔孙侨如如齐。

传 秋，宣伯聘于齐，以修前好[1]。

今注

1 以修前好：前好是在鞍战前的和好。

今译

秋天，叔孙宣伯到齐国聘问，以修鞍战以前的旧好。

传 晋郤至与周争鄇田[1]，王命刘康公、单襄公讼诸晋。郤至曰："温吾故也，故不敢失[2]。"刘子、单子曰："昔周克商，使诸侯抚封[3]，苏忿生[4]以温为司寇，与檀伯达封于河。苏氏即狄，又不能于狄而奔卫[5]。襄王劳文公而赐之温[6]，狐氏、阳氏先处之[7]，而后及子。若治其故，则王官之邑也，子安得之？"晋侯使郤至勿敢争。

今注

1 鄇田：杜注说是温的别邑。《河南通志》说："今河南武陟县西南十五里有鄇人亭。"

2 温吾故也，故不敢失：温是我的旧封地，所以我不敢失掉它。

3 诸侯抚封：诸侯各抚有他封内的地方。

4 苏忿生：是周武王的司寇。

5 又不能于狄而奔卫：他又不能跟狄人要好而奔到卫国去。这件事见鲁僖公十年。

6 劳文公而赐之温：这件事见鲁僖公二十五年。

7 狐氏、阳氏先处之：狐溱同阳处父先后全都食邑在这地方。

今译

晋国郤至与周室争鄇这地方的田地，周王命令刘季子、单襄公到晋国同他争讼。郤至说："温是我的旧封地，所以不敢丢掉它。"刘季子、单襄公就回答说："从前，周战胜商朝以后，使诸侯各抚有他的封疆，苏忿生据有温地，为周武王的司寇，和檀伯达全封在河边。苏忿生的后人后来投奔狄人，又不能安居于狄国而逃到卫国。周襄王因为看晋文公的功劳就赏给他温这地方，狐氏同阳氏两族先后受封在温这地方，然后传到郤至。若研究这块地的原始，这就是周天子属官的封邑，你如何能够得到它？"晋侯命令郤至不要跟周室争论。

经 冬十月。

传 宋华元善于令尹子重，又善于栾武子，闻楚人既许晋籴茷成而使归复命矣[1]。冬，华元如楚，遂如晋，合晋楚之成。

今注

1 使归复命矣：这件事在鲁成公十年。

今译

宋国的华元跟楚国令尹子重相好，又同晋国的栾武子也相好，听见楚国人已经答应了晋国籴茷的求和，让他回到晋国复命去了。冬天，宋国华元往楚国去，又到晋国去，想促成晋国、楚国的和平。

传 秦晋为成，将会于令狐，晋侯先至焉，秦伯不肯涉河，次于王城，使史颗[1]盟晋侯于河东。晋郤犫盟秦伯于河西。范文子曰："是盟也何益？齐盟所以质信也[2]，会所信之始也。始之不从，其何质乎？”秦伯归而背晋成。

今注

1　史颗：是秦大夫。

2　齐盟所以质信也：同盟所以表示相信。

今译

秦、晋两国和好，将在令狐这地方盟誓，晋侯先到达。秦伯不肯渡过黄河，只在河西的王城屯留，派遣秦国大夫史颗与晋侯在黄河东面去盟会。晋国的郤犨到黄河的西面与秦伯盟会。范文子说：“这个盟誓有什么用处？同心的盟誓是用来表示信用的，开会的处所是信用的开始。开始不从，还能够成功吗？”秦伯回去后就背弃了晋国。

成公十有二年（公元前五七九年）

经　十有二年春，周公出奔晋。

传　十二年春，王使以周公之难来告[1]。书曰周公出奔晋。凡自周无出，周公自出故也[2]。

今注

1　王使以周公之难来告：周公逃出是在十年的事情，现在方来通知鲁国。

2　周公自出故也：这是周公自己逃出的缘故。

今译

成公十二年春天，周王派人来告诉鲁国周公的祸难。所以，《春秋》上说周公逃奔到晋国。凡是从周朝外逃祸的，不能叫作“出”，周公因为是自己出奔，所以才用了“出”字。

经　夏，公会晋侯、卫侯于琐泽。

传　宋华元克合晋楚之成，夏五月，晋士燮会楚公子罢、许偃[1]，癸亥，盟于宋西门之外，曰："凡晋楚无相加戎，好恶同之，同恤灾危，备救凶患[2]。若有害楚，则晋伐之，在晋楚亦如之。交贽往来道路无壅[3]。谋其不协而讨不庭[4]。有渝此盟，明神殛之。俾队其师，无克胙国[5]。"郑伯如晋听成，会于琐泽[6]，成故也。

今注

1　楚公子罢、许偃：罢音皮。公子罢同许偃都是楚大夫。

2　同恤灾危，备救凶患：一同怜恤危险的事，并且全都互救凶的灾难。

3　交贽往来道路无壅：拿着货币来往，中间所经的道路也没有壅塞。

4　谋其不协而讨不庭：互相商量不同意的事，而讨伐背叛不来周王朝廷拜见的国家。

5　俾队其师，无克胙国：使他们的军队全都毁掉，也不能享有国家。队，音义同坠。

6　琐泽：在今河北省大名县北。

今译

宋国的华元终于完成晋国同楚国的和平。夏天五月，晋国士燮会见楚国的公子罢、许偃，癸亥，在宋国都西门的外边盟誓，誓词说："凡是晋国同楚国不要互相加兵，彼此所好所恶要相同，一同恤怜灾危，同救助凶患。若是有人加害楚国的，晋国就讨伐他。对于晋国，楚国也一样的。拿着货币互相往来，道路上没有壅塞。商量彼此不同意的事，而讨伐背叛不来周王朝廷拜见的国家。谁违背了这个盟誓，神明就来诛杀他，毁掉他的军队，使他不能够享有国家。"郑伯到晋国去接受合约，并在琐泽这地方开会，这是和平成功的缘故。

经 秋，晋人败狄于交刚。

传 狄人间宋之盟[1]以侵晋，而不设备，秋，晋人败狄于交刚[2]。

今注

1 间宋之盟：趁着在宋西门之外的盟会的时候。

2 交刚：在今山西省隰县境。

今译

狄人利用晋国在宋国盟誓的机会，去侵略晋国。狄人没有设防备，秋天，晋人在交刚这地方打败狄人。

经 冬十月。

传 晋郤至如楚聘，且莅盟，楚子享之，子反相，为地室而县焉[1]。郤至将登[2]，金奏作于下[3]，惊而走出。子反曰："日云莫矣，寡君须矣，吾子其入也。"宾曰："君不忘先君之好，施及下臣，贶之以大礼，重之以备乐[4]，如天之福，两君相见，何以代此？下臣不敢。"子反曰："如天之福，两君相见，无亦唯是，一矢以相加遗，焉用乐[5]？寡君须矣，吾子其入也。"宾曰："若让之以一矢，祸之大者，其何福之为？世之治也，诸侯间于天子之事，则相朝也，于是乎有享宴之礼。享以训共俭[6]，宴以示慈惠[7]。共俭以行礼，而慈惠以布政。政以礼成，民是以息。百官承事，朝而不夕[8]，此公侯之所以扞城其民也。故《诗》曰：'赳赳武夫，公侯干城[9]。'及其乱也，诸侯贪冒，侵欲不忌，争寻常以尽其民[10]，略其武夫[11]，以为己腹心股肱爪牙，故《诗》曰：'赳赳武夫，公侯腹心[12]。'天下有道则公侯能为民干城，而制其腹心，乱则反之[13]。今吾子之言，乱之道也，不可以为法。然吾子主也，至敢不从。”遂入卒事，归以语范文子，文子曰：“无礼必食言[14]，吾死无日矣夫。”冬，楚公子罢如晋聘且莅盟[15]。十二月，晋侯及楚公子罢盟于赤棘[16]。

今注

1 为地室而县焉：在地下室中悬有钟鼓，为作乐之用。

2 郤至将登：郤至要登到堂上的时候。

3 金奏作于下：在地下室中敲钟以奏乐。

4 重之以备乐：以完备的音乐加重礼节。

5 无亦唯是，一矢以相加遗，焉用乐：只能用一支箭以互相攻击，又何必用乐器？

6 享以训共俭：享是为表示恭敬同俭省。

7 宴以示慈惠：宴以表示慈悲同恩惠。

8 朝而不夕：早晨办公而不在夜晚。意思是事情不多。

9 赳赳武夫，公侯干城：这是《诗经·周南》里的一句话。意思是说勇敢的武夫，可以做公侯护卫的人。

10 争寻常以尽其民：寻是八尺，一尺六叫常。意思是争小的土地而打起战争而毁掉它的人民。

11 略其武夫：取武夫为己用。

12 赳赳武夫，公侯腹心：这是在同一首诗中的另一句。勇敢的武夫，可以做公侯的心腹。

13 乱则反之：如果天下乱就变成相反。

14 无礼必食言：没有礼貌必定食言。

15 且莅盟：这是为的报答郤至。

16 赤棘：晋地，在今山西省翼城县。

今译

晋国郤至到楚国聘问，并且参加盟誓。楚王宴请他，子反相礼，在地下室里悬着乐器，郤至要登到堂上，敲钟奏乐在下边，他就吓得走出来。子反说："天已经将黑了，我们的君王也正在等待你，你何不进入呢？"郤至就说："贵国君主不忘记对晋国先君的友好，施恩于我这个小官，赐给下臣以重大的礼节，更加以完备的乐章，要是上天降福，两国的君相见的时候，还能够用什么来替代这种礼节？下臣不敢接受。"子反说："要是上天降福，两国的君相见的时候，只能用一支箭来互相赠送，何必用这种乐章呢？我们的君王等待着，你请进去吧！"郤至又说："要是彼此相责，用一支箭相赠，这是祸难很大的，哪里是什么福气？世上安治的时候，诸侯在周王事情的余暇中，就互相朝见，于是就有享同宴的礼节。享是表示共俭的，宴是表示慈惠的。共俭是为推行礼节的，而慈惠是用以布告政治的。政治是由礼节来成功的，人民因此就可以安息。百官办理各种事情，只在早晨，而夜晚没事，这是公侯所以保护他的人民的措施。所以，《诗经·周南》里的一句诗说：'很雄壮的武夫，是公侯保护城池的人。'等到动乱的时候，诸侯贪婪，侵占的欲望已无所顾忌，为争很小的土地而毁尽它的人民，利用武人，作为自己的心腹爪牙。所以，同一首诗里说：'很雄壮的武夫，只能做公侯的心腹。'天下有道的时候，公侯就能为人民的干城而控制他的心腹。要是有动乱就反过来。现在你所说的话，是动乱的道理，不可以用作法则。但是，你是主人，我郤至不敢不从。"就进入堂上，办完这件事，回到晋国就告诉范文子，范文子说："无礼必然说话不算话，我们的死亡之日不远了。"冬天，楚国公子罢到晋国聘问，并且回报郤至的盟誓。十二月，晋侯与楚公子罢在赤棘盟会。

成公十有三年（公元前五七八年）

经 十有三年春，晋侯使郤锜来乞师。

传 十三年春，晋侯使郤锜来乞师，将事不敬[1]。孟献子曰："郤氏其亡乎！礼，身之干也；敬，身之基也。郤子无基。且先君之嗣卿也，受命以求师，将社稷是卫，而惰，弃君命也，不亡何为[2]？"

今注

1 将事不敬：他表达晋君的要求不恭敬。

2 弃君命也，不亡何为：这是背弃了君的命令，那么他怎能不灭亡？

今译

十三年春，晋侯派晋大夫郤锜来要求军队帮助，他表达晋君要求的时候不恭敬。孟献子说："郤氏恐怕要灭亡了。礼，是身体的骨干；敬，是身体的基础。郤氏已经没有基础了。并且，他是晋国先君的下一代的卿，受晋君的命令来请求出兵，这是为保护国家，却怠惰。这是背弃晋君的命令，那么他怎能不灭亡？"

经 三月，公如京师。

传 三月，公如京师。宣伯欲赐[1]，请先使，王以行人之礼礼焉。孟献子从，王以为介而重贿之[2]。公及诸侯朝王，遂从刘康公[3]、成肃公会晋侯伐秦。成子受脤于社不敬[4]。刘子曰："吾闻之，民受天地之中以生，所谓命也，是以有动作礼义威仪之则，以定命也[5]。能者养之以福，不能者败以取祸。是故君子勤礼，小人尽力。勤礼莫如致敬，尽力莫如敦笃[6]，敬在养神，笃在守业。国之大事在祀与戎[7]，祀有执膰，戎有受脤，神之大节也[8]。今成子惰，弃其命矣[9]。其不反乎？”

今注

1　宣伯欲赐：宣伯想让周王对自己赏赐。

2　王以为介而重贿之：周王以为他是相礼的人而加以重的赠贿。

3　刘康公：即王季子。

4　成子受脤于社不敬：成肃公到社庙中受祭祀的肉，不恭敬。

5　以定命也：这是以安定性命的。

6　勤礼莫如致敬，尽力莫如敦笃：关于勤劳礼节，没有比恭敬再好的，尽力气没有比勉励与笃厚再好的。

7　国之大事在祀与戎：国的大事情就在祭祀同打仗。

8　祀有执膰，戎有受脤，神之大节也：祭祀的时候要奉献祭肉，打仗以前有受祭社神肉的礼节，这全是与神明交往的大节目。

9　弃其命矣：他是放弃他的天命。

今译

三月，鲁成公到周朝都城去，叔孙宣伯想着叫周王赏赐他，就要求先派他去，周王用对普通外交官的礼节对待他。到了成公去的时候，孟献子随从他，周王以为孟献子是相礼的人而加重他的财礼赏赐。鲁成公与别国的诸侯朝见周王，就随从周国的两个卿士刘康公同成肃公会同晋侯去伐秦国。成肃公在周社庙中受祭肉的时候，不恭敬。刘康公说：“我听见说，人民受到天地的中和之气而降生，这就是所谓‘生命’。所以有各种动作礼仪上下贵贱的规则，以安定他的性命。能干的人遵守这些规则，可以得到幸福，不能干的人不遵守这些规则，因此得到祸患。所以，君子勤于礼仪，小人竭尽力量。勤于礼仪没有比恭敬再好的，竭尽力量没有比勉励与笃厚再好的。恭敬在于供奉神明，笃厚在于各安本分。一国的大事情在于祭祀同打仗。祭祀要献给宗庙祭肉，打仗的时候要接受祭社神的祭肉，这是与神交往的大节。现在成子懒惰了，是他丢掉他的命运，恐怕他是不能返国的。”

经 夏五月，公自京师，遂会晋侯、齐侯、宋公、卫侯、郑伯、曹伯、邾人、滕人伐秦。

经 曹伯卢卒于师。

传 夏四月戊午，晋侯使吕相绝秦[1]，曰：“昔逮我献公及穆公相好[2]，戮力同心，申之以盟誓，重之以昏姻[3]。天祸晋国，文公如齐[4]，惠公如秦[5]。无禄[6]，献公即世[7]，穆公不忘旧德，俾我惠公，用能奉祀于晋[8]。又不能成大勋[9]，而为韩之师[10]。亦悔于厥心[11]，用集我文公[12]。是穆之成也[13]。文公躬擐甲胄[14]，跋履山川[15]，逾越险阻[16]，征东之诸侯，虞夏商周之胤[17]，而朝诸秦，则亦既报旧德矣。郑人怒君之疆埸[18]，我文公帅诸侯及秦围郑。秦大夫不询于我寡君，擅及郑盟[19]。诸侯疾之，将致命于秦[20]，文公恐惧，绥静诸侯[21]，秦师克还[22]无害[23]，则是我有大造于西也[24]。无禄，文公即世[25]，穆为不吊[26]，蔑死我君，寡我襄公[27]。迭我殽地，奸绝我好[28]，伐我保城[29]，殄灭我费滑[30]。散离我兄弟，挠乱我同盟，倾覆我国家[31]。我襄公未忘君之旧勋[32]，而惧社稷之陨，是以有殽之师[33]，犹愿赦罪于穆公[34]。穆公弗听，而即楚谋我[35]，天诱其衷[36]，成王陨命[37]，穆公是以不克逞志于我。穆襄即世，康灵即位[38]。康公，我之自出[39]，又欲阙翦我公室，倾覆我社稷，帅我蝥贼，以来荡摇我边疆[40]，我是以有令狐之役[41]。康犹不悛[42]，入我河曲[43]，伐我涑川[44]，俘我王官[45]，翦我羁马[46]，我是以有河曲之战[47]。东道之不通，则是康公绝我好也[48]。及君之嗣[49]

也，我君景公，引领西望[50]，曰：‘庶抚我乎[51]。’君亦不惠称盟[52]，利吾有狄难[53]，入我河县，焚我箕部，芟夷我农功[54]，虔刘我边陲[55]，我是以有辅氏之聚[56]。君亦悔祸之延[57]，而欲徼福于先君献穆[58]，使伯车[59]来，命我景公曰：‘吾与女同好弃恶，复修旧德，以追念前勋。’言誓未就，景公即世[60]。我寡君是以有令狐之会[61]，君又不祥[62]，背弃盟誓[63]。白狄及君同州[64]，君之仇雠，而我之昏姻[65]也。君来赐命曰：‘吾与女伐狄。’寡君不敢顾昏姻，畏君之威，而受命于吏[66]，君有二心于狄[67]曰：‘晋将伐女。’狄应且憎[68]，是用告我。楚人恶君之二三其德也，亦来告我曰：‘秦背令狐之盟而来求盟于我，昭告昊天上帝[69]、秦三公[70]、楚三王[71]曰：“余虽与晋出入，余唯利是视[72]。”不穀[73]恶其无成德，是用宣之以惩不壹[74]。’诸侯备闻此言[75]，斯是用痛心疾首[76]，昵就寡人[77]，寡人帅以听命，唯好是求[78]，君若惠顾诸侯，矜哀寡人，而赐之盟，则寡人之愿也，其承宁诸侯以退[79]，岂敢徼乱[80]。君若不施大惠，寡人不佞[81]，其不能以诸侯退矣[82]。敢尽布之执事[83]，俾执事实图利之[84]。”秦桓公既与晋厉公为令狐之盟，而又召狄与楚，欲道以伐晋。诸侯是以睦于晋[85]。晋栾书将中军，荀庚[86]佐之。士燮将上军[87]，郤锜[88]佐之。韩厥将下军[89]，荀罃佐之[90]。赵旃将新军[91]，郤至佐之[92]。郤毅[93]御戎，栾鍼[94]为右。孟献子[95]曰：“晋帅乘和[96]，师必有大功。”五月丁亥，晋师以诸侯之师及秦师战于麻隧[97]，秦师败绩，获秦成差及不更女父[98]，曹宣公[99]卒于师，师遂济泾[100]，及侯丽[101]而还。迓晋侯于新楚[102]。成肃公卒于瑕。

今注

1　晋侯使吕相绝秦：晋侯，晋厉公。吕相，厨武子魏锜的儿子魏相，以食采于吕，亦称吕相，一称吕宣子，后为晋卿。绝秦，厉公口宣己命，使吕相往秦去绝交。以下皆绝秦的文辞。

2　昔逮我献公及穆公相好：谓晋献公与秦穆公交好。以追溯上世的事情，故说昔逮，昔即往昔，逮就是及。

3　重之以昏姻：秦穆公夫人是晋献公的女儿，所以说重之以婚姻。

4　天祸晋国，文公如齐：是指骊姬的乱事，晋文公以僖五年奔狄，处狄十二年而行。及齐，齐桓公妻之，故云文公如齐。不言奔狄而云如齐，举所恃的大国。

5　惠公如秦：晋惠公以僖六年奔梁，至僖九年，秦纳惠公，不言奔梁而云如秦者，也是举所恃的大国。

6　无禄：是死亡的别称，与"不禄"同意。盖云命尽无从享受禄命。此处作"不幸"解，下同。

7　即世：就是死，献公的死在僖九年。

8　俾我惠公，用能奉祀于晋：即指秦纳夷吾为晋君的事。

9　不能成大勋：意思是说秦不能始终其事，成就立惠公的大功。

10　韩之师：即僖十五年秦、晋战于韩，获惠公入秦事。

11　亦悔于厥心：言秦亦自悔，故放还惠公。

12　用集我文公：指僖二十四年秦纳文公事。

13　是穆之成也：言秦纳文公，是秦穆公在晋国的成功。

14　躬擐甲胄：亲自穿着戎衣，穿在身上的叫甲，戴在头上的叫胄。

15　跋履山川：登山涉水的意思。

16　逾越险阻：意思是不辞艰难跋涉，用有事于远方。

17　虞夏商周之胤：这是指陈、杞、宋、鲁诸国，为东方诸侯的主角。秦在西方，故称东方。胤是后裔。

18　郑人怒君之疆埸：谓郑人挑衅于秦国的边境。埸音易，一指境界。杜预注：晋自以郑贰于楚，故围之，郑非侵秦也，晋以此诬秦，事在僖公三十年。

19　秦大夫不询于我寡君，擅及郑盟：不欲称秦君，只称其大夫擅自作主张。

20　诸侯疾之，将致命于秦：各国皆愤怒而将致死命以讨秦。

21　绥静诸侯：文公使诸侯安定下来，以表示晋文公劝止各国的意思。

22　秦师克还：使秦国军队能全师回到秦国。

23　无害：并没有受到损伤。

24　是我有大造于西也：言晋国对于秦国有甚大的襄助。

25　文公即世：晋文公在鲁僖公三十二年死了。

26　穆为不吊：秦穆公不吊丧晋文公。

27　蔑死我君，寡我襄公：谓秦国轻蔑文公的死亡，又以晋襄公新立，并欺负他的幼弱。

28　迭我殽地，奸绝我好：言秦国侵略晋国的殽地，以破坏秦晋两国的旧和好。

29　伐我保城：杜预以为诬秦之辞。《左通补》则以为保城并非地名。

30　殄灭我费滑：指僖公三十三年秦袭郑灭滑事。滑国都城在费，在今河南省缑氏县，故叫作费滑。

31　倾覆我国家：此言秦之伐滑图郑，为欲倾危覆灭晋之国家也。

32　旧勋：谓纳文公的功勋。

33　殽之师：在僖三十三年。

34　犹愿赦罪于穆公：言晋虽胜，尚欲求解于秦。

35　即楚谋我：指秦穆公于殽战败后使鬭克归楚求和事。见文十四年传追叙的话。

36　天诱其衷：言上天使其暴露私衷。

37　成王陨命：指文元年楚成王被弑事。克归时，适逢其会，故秦的计谋未成。

38　穆襄即世，康灵即位：文六年，秦穆公、晋襄公皆卒，秦康公、晋灵公嗣立，故云穆、襄即世，康、灵即位。

39　康公，我之自出：秦康公为穆姬的儿子，晋的外甥。所以说“康公，我之自出”。

40　阙翦我公室，倾覆我社稷，帅我蝥贼，以来荡摇我边疆：亦晋文致秦罪之辞。阙犹阙掘也。翦是截断。蝥贼，食禾稼的害虫，比喻秦所纳的公子雍。

41　令狐之役：见文七年。

42　悛：改、更。

43　入我河曲：在文十二年。

44　涑川：《读史方舆纪要》说：“涑水城在（今山西省）永济县东北二十六里。”

45　俘我王官：在文三年。

46　翦我羁马：在河曲之战的年代。

47　河曲之战：河曲的战事见文十二年。

48　东道之不通，则是康公绝我好也：言康公自绝，故不复东通晋。

49　及君之嗣：谓宣五年，秦桓公即位。

50　引领西望：延颈西向秦国而遥望着。

51　庶抚我乎：希望之辞。言秦或自此可以抚恤晋国。

52　君亦不惠称盟：言秦桓公不肯满足晋国希望而结盟。

53　有狄难：谓宣十五年晋灭赤狄潞氏。

54　入我河县，焚我箕郜，芟夷我农功：言秦师阑入河东，焚烧近河之箕、郜二邑，妨害晋的农作。

55　虔刘我边垂：虔刘，杀也。边垂即边疆。垂音义同“陲”。

56　辅氏之聚：指宣十五年晋抗秦师，败秦军于辅氏。辅氏，晋地，在今陕西省朝邑县西北。

57　悔祸之延：悔祸乱的延长。

58　献穆：谓晋献公、秦穆公。

59　伯车：秦桓公子。

60　景公即世：见成公十年。

61　我寡君是以有令狐之会：成公十一年传：“秦、晋为成，将会于令狐，晋侯先至焉。秦伯不肯涉河，次于王城，使史颗盟晋侯于河东。晋郤犨盟秦伯于河西。范文子曰，是盟也何益，齐盟，所以质信也。会，所信之始也。始之不从，其可质乎？秦伯归而背晋成。”令狐之会指此。

62　不祥：不善。

63　背弃盟誓：详见注释61。

64　白狄与君同州：秦与白狄同处西方，当同属雍州。

65　我之昏姻：季隗是廧咎如赤狄的女儿，白狄伐而获之，纳诸文公，故晋称“我之昏姻”。

66　受命于吏：言晋受命于秦的执事。

67　君有二心于狄：言秦阴施挑拨于晋狄的中间。

68　狄应且憎：言狄虽应秦，而心实憎恨秦的无信。

69　昊天上帝：就是天帝。礼诸侯不得祭天。其盟不主天神。此辞多诬。未必是实，盖欲示楚人恨秦之深，言其所告处重耳。

70　秦三公：谓穆公、康公、共公。

71　楚三王：谓成王、穆王、庄王。

72　余虽与晋出入，余唯利是视：这是秦与楚昭告设誓的文辞。出入犹往来，言秦虽与晋相往来，秦实唯视它的利方听从，不以诚心与晋。

73　不穀：楚共王告晋时自称也。

74　宣之以惩不壹：宣示此不诚的文辞于诸侯，以惩创不专一其心的人。

75　备闻此言：悉听楚告诉的话。

76　疾首：犹言头痛。

77　昵就寡人：言诸侯皆来亲近晋君。

78　帅以听命，唯好是求：言晋帅亲近诸侯以听秦命，其意固在求修好也。

79　其承宁诸侯以退：承秦君的意，宁静诸侯以共退军。

80　岂敢徼乱：本不敢侥幸为战的意思。

81　不佞：自称谦辞，等于说不才。

82　其不能以诸侯退矣：谓当以诸侯的军队与秦大战。

83　尽布之执事：尽情布陈于秦君执事者的面前。

84　实图利之：图度其利害而施行。

85　秦桓公既与晋厉公为令狐之盟，而又召狄与楚，欲道以伐晋。诸侯是以睦于晋：杜预注："晋辞多诬秦，故传据此三事以正秦罪。"

86　荀庚：荀林父的儿子，袭将中行，故亦称中行伯，时代荀首为中军佐。

87　士燮将上军：代荀庚。

88　郤锜：郤克子，亦称驹伯，当时代士燮为上军佐。

89　韩厥将下军：代郤锜。

90　荀罃佐之：当时代赵同为下军佐。

91　赵旃将新军：当时代韩厥。

92　郤至：为新军佐，时代赵括。

93　郤毅：郤至弟，亦称步毅。

94　栾鍼：栾书子。

95　孟献子：即鲁卿仲孙蔑。

96　晋帅乘和：帅，军帅；乘，车士。帅乘和，言将士和协也。

97　麻隧：秦地，在今陕西省泾阳县北。

98　获秦成差及不更女父：成差、女父皆秦大夫。不更，秦爵名，自下溯上为第四级。

99　曹宣公：名卢，《史记》作彊，文公寿的儿子，在位十七年，为曹第十八君。其元年当周定王十三年丁卯岁，公历纪元前五九四年。

100　泾：水源出甘肃固原县南牛营，南流折东，经隆德、平凉会别源，别源出化平县西南大关山，东北流与本源合。东南流，至泾川县，入陕西境。经长武、邠县、淳化、醴泉，至高陵县入于渭。

101　侯丽：秦地，在今陕西省泾阳县境。

102　新楚：秦地，当在今陕西省朝邑县境。既战，晋侯止新楚，故师还，来迎。

今译

夏四月戊午这天，晋厉公差吕相去断绝与秦国的友好关系说："从前，我先君献公和你先君穆公，很是要好，大家合力同心，重申以前的盟誓，又有了婚姻的关系。哪知上天降祸于晋国，弄得文公到了齐国去，惠公到了你们秦国去。不幸献公去世了，穆公不忘从前的和好，使我们的惠公能够奉着晋国的祭祀。可是，秦穆公为德不终，和我国发生韩原的战争。后来，他自己也觉得心里有些懊悔，所以成就我文公回国为君。这是穆公安定晋国的功劳啊。文公因此就亲自穿起甲胄，跋山涉水，经历许多险地，征服了东方的诸侯，他们是虞、夏、商、周四代的后人，却都到秦国来朝贡，这已经算报还你国过去的恩德了。郑人侵犯了贵国的边界，我文公领了诸侯，和秦国一同围郑，你们秦国大夫却并不和寡君商量，擅自和郑国订了盟约。诸侯都很愤怒，要拼了死命攻打秦国。我文公恐怕秦国受害，便安抚了诸侯，使得秦兵能好好回国。这样说起来，是我文公大有恩德于你秦国了。不幸，文公去世以后，穆公非但不来吊丧，蔑视我死去的文公，欺负我襄公的寡弱，侵袭我殽地，和我绝交，伐我的保城，殄灭我的费滑，离散我兄弟的国家，扰乱我的同盟，还想覆灭我的国家。我襄公虽则不忘你君的旧德，但恐怕国家的灭亡，所以和秦有殽地的战争，还仍旧想赦你们穆公的罪，哪知穆公依然不听，反而结连了楚国来谋算我。不料上天保佑，楚成王偏被商臣杀死，穆公因此不能在我晋国为所欲为了。穆公、襄公去世以后，康公、灵公即了位。康公是我晋国的外甥，却也想剪除我们的公室，倾覆我们的社稷，率领我们的小贼，来扰乱我们的边疆，所以我们和秦发生令狐的战争。但是，康公还仍旧不肯改过，再来攻打我的河曲，侵伐我的涑川，掳掠我的王官，翦灭我的羁马，所以我们和秦发生河曲的战争。东方道路的不通，那是康公自己绝了我们的交好。等到你桓公即位，我君景公抬起头西望着说：'现在也许要来抚恤我晋国了！'但是，君王也不肯和我盟好，反而趁我有狄难的当儿，便侵入我的河县，烧毁我的箕部，抢割我国的庄稼，杀戮我的边境百姓，因此才有辅氏的战役。君王也懊悔灾祸的蔓延，而想求福于先君晋献公和秦穆公，差伯车来和我景公说：'我和你同结和好，丢开怨仇，再修复从前的情分，追念着前人的功劳。'哪知所说的盟誓还没有完成，景公就死去了，我厉公才和秦有令狐那次的会盟。君王却又生了不善的心，背弃了盟誓。白狄和你君同在雍州居住，虽然是你君的仇雠，却是我们的亲戚。君王来吩咐说：‘我和你一同去伐那狄人。’寡君惧怕你的威力，不敢顾及亲戚，便听了你来人的命令。哪知君王却又生了二心，对狄人说：‘晋国要来伐你了。’白狄虽然表现答应，心中却厌恶秦国，就把这事来告诉我们。楚人也厌恶你的反复无常，也来告诉我：‘秦国违背了令狐的盟誓，却来和我求盟。秦国人祷告着昊天上帝和秦国的三公、楚国的三王说：‘虽则和晋国来往，但我唯利是从。’我们厌恶他没有一定的主意，所以宣布出来，惩罚那言行不一的国家。’诸侯听到这话，因此痛心疾首，都来和我亲近。我现在领了诸侯，来听你吩咐，只要求与你永结和好。君如果肯施惠诸侯，哀怜寡人，肯来和我盟好，这是我很愿意的，便可承受了君的厚意，去安定诸侯，就此退去，不敢侥幸为战的。君王如果不肯施大惠，寡人也没有才能，不能率领着诸侯后退了，所以敢尽我所言，告诉你的执事，使你的执事对于或和或战，权衡一下哪一桩是对秦国有利的，便去做它才好。”秦桓公已经同晋厉公在令狐这地方做了盟誓，而另外号召狄国同楚国，想引导它们讨伐晋国。诸侯们因为这样，更同晋国和睦了。晋国栾书率领着中军，荀庚辅佐他。士燮替代荀庚带领着上军，郤锜为他的副佐。韩厥代郤锜统帅下军，荀罃做他的副佐。赵旃替代韩厥率领新军，郤至做他的副佐。郤毅为晋厉公驾着车，栾鍼做车右。鲁国的孟献子说：“晋国的军帅同车上的甲士全都很和睦，这种军队必能建立大功劳。”五月丁亥这天，晋国的军队同诸侯的军队，一起与秦国的军队在麻隧这地方打仗，秦国军队大败，晋国得到秦国的成差同不更爵位的女父。曹宣公死在军中，晋国军队就渡过泾水，攻到了侯丽这地方，方才回来。到新楚这地方去迎接晋侯。周国的卿士成肃公死在晋国瑕的地方。

传　六月丁卯夜，郑公子班自訾[1]求入于大宫[2]不能，杀子印、子羽[3]，反军于市。己巳，子驷[4]帅国人盟于大宫，遂从而尽焚之，杀子如、子駹、孙叔、孙知[5]。

今注

1　訾：郑地，江永以为："以公子班先奔许，又自訾求入，则訾地近许，在郑之东南，许昌西北，别有訾地。"

2　大宫：大音泰，是郑国的祖庙。

3　子印、子羽：皆是穆公的儿子。

4　子驷：也是穆公的儿子。

5　子如、子駹、孙叔、孙知：子如即公子班，子駹是公子班的弟弟。孙叔是子如的儿子，孙知是子駹的儿子。

今译

六月丁卯的夜里，郑国的公子班从訾这地方想着进入郑国的祖庙里头，未能成功。就杀了郑穆公的儿子子印同子羽，回来把军队驻到市场里。己巳这天，郑穆公的儿子子驷率领着贵族们在郑国的祖庙中盟誓，就率领着军队把市场全烧掉，并杀公子班同他弟弟子駹，和公子班的儿子孙叔，以及他的侄子孙知。

经　秋七月，公至自伐秦[1]。

今注

1　此经无传。

今译

秋七月，鲁成公从伐秦国回来。

经 冬，葬曹宣公。

传 曹人使公子负刍守，使公子欣时[1]逆曹伯之丧。秋，负刍杀其大子[2]而自立也，诸侯乃请讨之，晋人以其役之劳，请俟他年。冬，葬曹宣公。既葬，子臧将亡[3]，国人皆将从之[4]。成公乃惧[5]，告罪，且请焉[6]，乃反而致其邑[7]。

今注

1 使公子负刍守，使公子欣时：公子负刍、公子欣时皆是曹宣公的庶子。

2 负刍杀其大子：负刍把宣公的太子杀掉。

3 子臧将亡：子臧就是公子欣时，他将逃到别国去。

4 国人皆将从之：《春秋》所谓国人，全指贵族。贵族因为不愿意服从负刍，所以皆随从子臧逃亡。

5 成公乃惧：成公就是负刍，他就害怕了。

6 告罪，且请焉：他自己认为有罪，请求留下子臧。

7 乃反而致其邑：子臧就回来，但是将他的封邑交给曹成公，表示不受曹国的俸禄。

今译

曹国人派公子负刍看守都城，而派子臧去迎接曹伯的灵柩。秋天，负刍杀了曹宣公的太子而自己做了曹君。各诸侯全请晋国讨伐他，晋国因为负刍在讨伐秦国的作战中有功劳，请求等到以后再讨伐。冬天，曹宣公行葬礼。下葬以后，子臧将逃亡，贵族们都要跟着他逃亡。负刍害怕，承认罪过，并且请子臧留下。子臧就回到曹国，而把他的封邑退还给负刍。

成公十有四年（公元前五七七年）

经　十有四年春王正月，莒子朱卒[1]。

今注

1　此经无传。

今译

十四年春王正月，莒国的君死了。

经　夏，卫孙林父自晋归于卫。

传　十四年春，卫侯如晋，晋侯强见孙林父焉，定公不可。夏，卫侯既归，晋侯使郤犨送孙林父而见之，卫侯欲辞。定姜[1]曰："不可。是先君宗卿之嗣也[2]，大国又以为请，不许将亡。虽恶之，不犹愈于亡乎[3]？君其忍之。安民而宥宗卿[4]，不亦可乎？"卫侯见而复之[5]。卫侯飨苦成叔[6]，宁惠子相[7]，苦成叔傲。宁子曰："苦成家其亡乎？古之为享食也，以观威仪省祸福也[8]。故《诗》曰：'兕觥其觩，旨酒思柔，彼交匪傲，万福来求[9]。'今夫子傲，取祸之道也。"

今注

1　定姜：是卫定公的夫人。

2　是先君宗卿之嗣也：这是卫国先君同姓的卿的后人。

3　虽恶之，不犹愈于亡乎：虽然痛恨它，不尚较亡国为好吗？

4　安民而宥宗卿：能安定人民而饶恕了同姓的卿。

5　卫侯见而复之：卫定公见了孙林父使他恢复他的职位。

6　苦成叔：就是郤犨。

7　宁惠子相：宁殖相礼。

8　观威仪省祸福也：这是为的看礼仪，并且省视祸或福。

9　兕觥其觩，旨酒思柔，彼交匪傲，万福来求：这是《诗经·小雅·桑扈》篇的几句诗。意思是说拿水牛角做的酒杯很大，饮酒当思柔德，他们的交往不骄傲，各种的福禄反倒来求我来了。

今译

十四年春天，卫侯到晋国去了，晋厉公强迫他接见逃到晋国的孙林父，卫定公不肯。到夏天，卫定公回国，晋厉公就派郤犨送孙林父回来，希望卫定公接见他，卫侯想辞谢，他的夫人定姜说："不可以，这是先君同姓的卿的后人，大国的晋国又拿这个事请求，不答应它，卫国将会亡。虽然讨厌它，仍旧比亡国好一点，君王还是忍耐一下。安定人民同时赦宥同姓的卿，不也可以吗？"卫定公就见了孙林父，并且恢复了他的职位和采邑。卫侯有一次请郤犨吃饭，宁殖相礼，郤犨很骄傲。宁殖说："郤犨的家恐怕要灭亡了，古人设享宴，是用来观察威仪的，并看他的祸或者福，所以《诗经·小雅·桑扈》篇里说：'水牛角做的酒杯很大，饮酒当思柔德，不骄不傲，聚集万福。'现在这位先生骄傲，这是取祸之道。"

经　秋，叔孙侨如如齐逆女。

传　秋，宣伯如齐逆女。称族，尊君命也[1]。

今注

1　称族，尊君命也：在宣伯上面加叔孙，这是称他族，表示尊重鲁君的命令。

今译

秋天，鲁国的叔孙宣伯到齐国去，迎接齐国的女子。《春秋》称叔孙的族，表示尊重成公的命令。

经　郑公子喜帅师伐许。

传　八月，郑子罕伐许，败焉[1]，戊戌，郑伯复伐许。庚子，入其郛[2]。许人平，以叔申之封[3]。

今注

1　郑子罕伐许，败焉：郑国的大夫公子喜伐许国，打了败仗。

2　入其郛：郛音浮。进了它的都城的外郭。

3　以叔申之封：用了成公四年公孙申所定的封疆。

今译

八月，郑国大夫子罕讨伐许国，为许国所击败，戊戌这天，郑伯再度伐许国。庚子这天，进入许国都城的外郭，许国人要求和平，用鲁成公四年郑国公孙申所划的疆界。

经　九月，侨如以夫人妇姜氏至自齐。

传　九月，侨如以夫人妇姜氏至自齐，舍族，尊夫人也[1]。故君子曰："《春秋》之称，微而显[2]，志而晦[3]，婉而成章[4]，尽而不污[5]，惩恶而劝善[6]，非圣人谁能修之？"

今注

1　舍族，尊夫人也：这次不称叔孙，而直称侨如的名字，是表示尊敬夫人。

2　《春秋》之称，微而显：《春秋》的称谓，文辞细微，而其意思甚为显著。

3　志而晦：记载事情，但是文辞很微妙。

4　婉而成章：曲着他的文辞，而能成为一个篇章。

5　尽而不污：对于事实记载详尽而没有歪曲。

6　惩恶而劝善：惩戒坏人而劝好的人。

今译

九月，侨如迎接成公的夫人从齐国回来。这次《春秋》不称叔孙，为的是尊敬夫人。因此，君子说："《春秋》的称谓，文辞很细微，而意思很显著，记载史实而意义深远，婉转而能成篇章，说得很详细而没有歪曲。对于坏人惩戒，而对于善人勉励。这种历史书，要不是圣人，谁能够修它呢？"

经 冬十月庚寅，卫侯臧卒。

传 卫侯有疾，使孔成子[1]、宁惠子[2]立敬姒之子衎[3]以为大子。冬十月，卫定公卒。夫人姜氏既哭而息，见大子之不哀也，不内酌饮，叹曰："是夫也[4]，将不唯卫国之败，其必始于未亡人！乌呼！天祸卫国也夫！吾不获鱄[5]也使主社稷！"大夫闻之无不耸惧，孙文子自是不敢舍其重器于卫，尽寘诸戚[6]，而甚善晋大夫[7]。

今注

1 孔成子：是孔达的孙子。

2 宁惠子：是宁殖。

3 敬姒之子衎：敬姒是定公的妾。

4 是夫也：这个人。

5 鱄：是卫献公的母弟子鲜，非常贤明。

6 尽寘诸戚：全都摆到他的封邑戚这地方。

7 而甚善晋大夫：同晋国的各大夫甚为要好。

今译

卫定公有病，他就命令孔成子同宁惠子立了妾所生的卫献公做太子。冬十月，卫定公死亡，他的夫人定姜号哭以后就休息了。看见太子不悲哀，她就不再进去吃饭、喝水，叹气道："这个人啊，不仅会使卫国失败，而且必定从我这个未亡人身上开始。哎呀！这真是上天加祸乱于卫国，为什么不能使他的母弟鱄做君啊！"大夫们听见她的话，没有一个人不害怕的。孙林父从此不敢存放他的宝物在卫国都城，全都藏在他的封邑戚那儿，并且他同晋国的大夫们很亲善。

经 秦伯卒[1]。

今注

1 此经无传。

今译

秦桓公死了。

成公十有五年（公元前五七六年）

经 十有五年春王二月，葬卫定公[1]。

今注

1 此经无传。

今译

成公十五年二月，卫国给卫定公下葬礼。

经 三月乙巳，仲婴齐卒[1]。

今注

1 此经无传。

今译

三月乙巳这天，鲁国大夫仲婴齐死了。

经 癸丑，公会晋侯、卫侯、郑伯、曹伯、宋世子成、齐国佐、邾人同盟于戚。晋侯执曹伯归于京师。

传 十五年春，会于戚，讨曹成公也，执而归诸京师。书曰："晋侯执曹伯。"不及其民也[1]。凡君不道于其民，诸侯讨而执之，则曰某人执某侯[2]，不然则否。诸侯将见子臧于王而立之，子臧辞曰："前志有之曰：'圣达节[3]，次守节[4]，下失节[5]。'为君非吾节[6]也。虽不能圣，敢失守乎？"遂逃奔宋。

今注

1 不及其民也：这牵连不到曹国的人民。

2 某人执某侯：就写到竹简上说某人擒住某侯，这表示是人民同意逮捕的。

3 圣达节：圣人随着天命不拘于常礼。

4 次守节：第二种就指贤人是守礼的。

5 下失节：最下的是不遵守礼，轻举妄动。

6 为君非吾节：按礼我不该为君。

今译

十五年春天，鲁成公与各诸侯会盟于戚这地方，这是为的讨伐曹国成公，把他逮起来送到周国都城去。《春秋》上说："晋厉公把曹成公逮捕了。"这是表示曹伯的罪恶不会牵连到他的人民。凡是国君对他的人民无道，诸侯讨伐并把他逮起来，那么就写上某人执某侯，否则就不这样写了。诸侯们要让子臧去见周王而立他为曹君。子臧辞谢说："从前的书里面说过：'圣人可以不居常礼，第二种就是能够守着礼，最下的是妄动不守礼。'按礼，我不该做曹国的君。虽然不能像圣人那样，我岂敢失去礼呢？"他就逃亡到宋国去了。

经 公至自会[1]。

今注

1 此经无传。

今译

鲁成公从戚地开会回来。

经 夏六月，宋公固卒。

传 夏六月，宋共公卒[1]。

今注

1 宋共公卒：宋共公就是宋公固。他在夏天去世，宋国开始乱的原因。

今译

夏六月，宋共公死了。

经 楚子伐郑。

传 楚将北师[1]，子囊[2]曰："新与晋盟而背之，无乃不可乎？"子反曰："敌利则进，何盟之有[3]？"申叔时老矣在申，闻之曰："子反必不免。信以守礼，礼以庇身，信礼之亡，欲免得乎[4]？"楚子侵郑及暴隧[5]，遂侵卫及首止[6]，郑子罕侵楚取新石[7]，栾武子欲报楚，韩献子曰："无庸，使重其罪，民将叛之。无民孰战[8]？"

今注

1 楚将北师：楚国派军队向北去，为的侵伐郑国同卫国。

2 子囊：就是公子贞。

3 敌利则进，何盟之有：既然是敌人，有利就往前进，与盟誓有什么关系?

4 信礼之亡，欲免得乎：信和礼全都丢掉，想着能够免除灾祸，怎么能够呢?

5 暴隧：郑地，在今河南省原武县境。

6 首止：卫地，在今河南省睢县东南。

7　新石：楚邑，在今河南省叶县境。

8　无民孰战：没有人民怎么打仗呢？

今译

楚国将往北派军队，侵略郑国同卫国，这就是为的报十六年鄢陵之战。楚国令尹子囊说："我国新近同晋国盟誓而背弃它，恐怕不可以吧？"子反说："敌情要有利就往前进，与盟誓有什么关系呢？"申叔时已经告老了，住到他的家乡申。他听见了就说："子反必定不免于祸，信所以守礼的，礼是保护身体的，信同礼全都丢掉，想免得灾祸，怎么能够呢？"楚王侵略郑国到了暴隧这地方，接着侵略卫国到首止这地方。郑国的子罕侵略楚国，取楚国的新石，栾书想报复楚国。韩厥说："不用了，让它自己加重罪过，人民将要反叛它，没有人民怎么打仗呢？"

经　秋八月庚辰，葬宋共公。

经　宋华元出奔晋。宋华元自晋归于宋。宋杀其大夫山，宋鱼石出奔楚。

传　秋八月，葬宋共公。于是华元为右师，鱼石为左师，荡泽为司马[1]，华喜为司徒[2]，公孙师为司城[3]，向为人为大司寇，鳞朱为少司寇[4]，向带为大宰，鱼府为少宰，荡泽弱公室杀公子肥[5]，华元曰："我为右师，君臣之训师所司也。今公室卑而不能正[6]，吾罪大矣！不能治官，敢赖宠乎[7]？"乃出奔晋。二华戴族也[8]，司城庄族也[9]，六官者皆桓族也[10]。鱼石将止华元，鱼府曰："右师反必讨，是无桓氏也。"鱼石曰："右师苟获反，虽许之讨必不敢，且多大功，国人与之[11]，不反，惧桓氏之无祀于宋也。右师讨，犹有戌在[12]，桓氏虽亡必偏[13]。"鱼石自止华元于河上，请讨，许之乃反。使华喜、公孙师帅国人攻荡氏，杀子山。书曰："宋杀其大夫山。”言背其族也[14]。鱼石、向为人、鳞朱、向带、鱼府出舍于睢上[15]，华元使止之，不可。冬十月，华元自止之，不可乃反[16]。鱼府曰：“今不从，不得入矣[17]。右师视速而言疾，有异志焉。若不我纳，今将驰矣[18]。”登丘而望之，则驰，骋而从之，则决睢澨[19]，闭门登陴矣。左师、二司寇、二宰遂出奔楚[20]。华元使向戌为左师，老佐[21]为司马，乐裔为司寇，以靖国人。

今注

1　荡泽为司马：荡泽是公孙寿的孙子。

2　华喜为司徒：华喜是华父督的玄孙。

3　公孙师为司城：公孙师是宋庄公的孙子。

4　鳞朱为少司寇：鳞朱是鳞矔的孙子。

5　公子肥：肥是宋文公的儿子。

6　今公室卑而不能正：现在宋公室卑弱又不能够正杀人的罪。

7　敢赖宠乎：我还敢仗着宠爱吗？

8　二华戴族也：华元同华喜是宋戴公的后人。

9　司城庄族也：司城是宋庄公的后人。

10　六官者皆桓族也：六官指鱼石、荡泽、向为人、鳞朱、向带、鱼府，他们皆是宋桓公的后人。

11　且多大功，国人与之：华元能够有合晋楚的成功，并且同楚国子反商量以去除宋国都城的包围。这种大功，贵族全都支持他。

12　犹有戌在：就是有他讨伐还留下向戌能够存在。

13　桓氏虽亡必偏：桓氏就是亡了，必还能有存留下。

14　言背其族也：意思是说他背叛他的族人。

15　睢上：睢是水的名字，经过商丘县等处。

16　不可乃反：这几个人全不肯留下，华元乃自己回到都城。

17　今不从，不得入矣：现在不听从他的话，不能再回到宋国都城了。

18　若不我纳，今将驰矣：他要不叫我回去，必定就骑马快回去了。

19　则决睢澨：就把睢河旁边的堤防毁掉了。

20　左师、二司寇、二宰遂出奔楚：左师就是鱼石，另外的四个人不写在《春秋》上，因为宋国没有通知鲁国。

21　老佐：是宋戴公的五世孙。

今译

秋天八月，给宋共公下葬。这时华元做右师，鱼石做左师，荡泽做司马，华喜做司徒，公孙师做司城，向为人做大司寇，鳞朱做少司寇，向带做大宰，鱼府做少宰。荡泽想削弱公室，就杀了宋文公的儿子公子肥。华元说："我做右师的官，君臣的教导是师所管的。现在公室卑弱而不能将荡泽正法，我的罪状很大了，我不能治理官府，敢依赖宠信吗？"就逃奔到晋国。华元和华喜全都是戴公的后人，司城是庄公的孙子，另外六个官都是桓公的后人。左师鱼石将阻华元，鱼府说："右师要回来，必定讨伐罪人。这样一来，桓公的子孙将全没有官职了。"鱼石就说："华元假设能够回来，就是允许他讨伐，但是他怕桓公的后人，人多力强，必定不敢讨伐，并且华元有很多的大功劳，贵族们全都支持他。若不回来，恐怕桓公的后人将在宋国绝后。如果右师来讨伐，尚留下向戌，桓公的后人虽然灭亡，恐怕也有留下来的。"鱼石自己到黄河边上阻止华元，华元请求讨伐荡泽。鱼石答应了，他才回来。使华喜同公孙师率领贵族攻荡泽一族，杀子山。《春秋》上写着："宋国杀了他的大夫子山。"意思是说子山背叛了他的族人。鱼石、向为人、鳞朱、向带、鱼府离开都城到睢水上去住。华元派人去劝阻他们，他们不肯。冬十月，华元亲自去劝阻，他们也不肯，华元就回来了。鱼府说："现在不听从华元，就不能够回到宋国了。华元眼睛转得很快，而说的话也很急，必定有另外的心思。要不想叫我们回去，他必定将走得很快。"登到小丘陵上去远看，发现华元疾驰而去。这五个大夫也追了上去，华元已经把睢水的堤防决开了，并且关上宋国都城的门，登到城墙上守御。左师同两个司寇，大小二个宰就逃到楚国去。华元就令向戌做左师，老佐做司马，乐裔做司寇，以安定宋国的贵族。

传 晋三郤害伯宗，谮而杀之，及栾弗忌[1]，伯州犁[2]奔楚。韩献子曰："郤氏其不免乎！善人天地之纪也，而骤绝之，不亡何待[3]？"初，伯宗每朝，其妻必戒之曰："盗憎主人，民恶其上，子好直言，必及于难[4]。"

今注

1 栾弗忌：晋国贤大夫。

2 伯州犁：伯宗的儿子。

3 善人天地之纪也，而骤绝之，不亡何待：善人是天地的纪纲，骤然把他们断绝，这不死亡又等什么？

4 盗憎主人，民恶其上，子好直言，必及于难：强盗很恨主人，人民一定也很痛恨在他上面的人，你喜欢随便说话，必然会引出祸难来。

今译

晋国三个郤氏大夫陷害伯宗，就说他的坏话，再把他杀掉，并且杀了晋国贤人栾弗忌，伯宗的儿子伯州犁逃奔到楚国去。韩厥说："郤氏恐怕不能免于祸难吧，好人是天地的纲纪，骤然把他杀害了，这不灭亡还等待什么？"当初，伯宗每天上朝，他的妻子必定告诫他说："强盗是很不喜欢主人的，人民也一定痛恨在他上面的统治者，你喜欢说话直接，必定遭到祸难。"

经　冬十有一月，叔孙侨如会晋士燮、齐高无咎、宋华元、卫孙林父、郑公子鳍、邾人会吴于钟离。

传　十一月，会吴于钟离[1]，始通吴也。

今注

1　钟离：是楚邑，《一统志》说："钟离有东西二城。濠水流其中。古城在今安徽凤阳县东北五里。"

今译

十一月，鲁国连晋国等诸侯同吴国在钟离开会，这是初次同吴国交往。

经　许迁于葉。

传　许灵公畏偪于郑，请迁于楚。辛丑，楚公子申迁许于葉[1]。

今注

1　葉：楚邑。今河南省叶县南三十里有古叶城。

今译

许灵公怕郑国的威逼，请求迁到楚国去。辛丑这天，楚国公子申把许国迁到葉这地方。

成公十有六年（公元前五七五年）

经　十有六年春王正月，雨木冰[1]。

今注

1　雨木冰：因为冷得过度，所以雨落到树上全都结成冰。此经无传。

今译

成公十六年春正月，雨落到树上全结了冰。

传 十六年春，楚子自武城[1]，使公子成以汝阴之田[2]，求成于郑。郑叛晋，子驷从楚子盟于武城。

今注

1 武城：楚地，在今河南省南阳县北。

2 使公子成以汝阴之田：公子成是楚国的公子，用汝水南边的田地。汝水南就是汝阴。

今译

十六年春天，楚王从武城这地方，派遣公子成用汝水南边的田地与郑国求和。郑国就背叛了晋国，郑穆公的儿子子驷到武城同楚王盟誓。

经 夏四月辛未，滕子卒。

传 夏四月，滕文公[1]卒。

今注

1 滕文公：滕子。

今译

夏天四月，滕文公死了。

经 郑公子喜帅师侵宋。

传 郑子罕伐宋，宋将鉏、乐惧败诸汋陂，退舍于夫渠不儆，郑人覆之，败诸汋陵[1]，获将鉏、乐惧，宋恃胜也。

今注

1　宋将钼、乐惧败诸汋陂，退舍于夫渠不儆，郑人覆之，败诸汋陵：汋（音浊）陂、夫渠、汋陵皆宋地。《一统志》说：“汋陵城在今河南宁陵县南二十五里。”由汋陵退舍于夫渠，则汋陂应在汋陵西南。夫渠应在汋陵、汋陂之间。

今译

郑国的子罕趁着滕国有丧事，侵伐宋国，宋国的将钼和乐惧把郑子罕打败在汋陂这地方。宋军退到夫渠这地方而不戒备，郑国的伏兵把宋军在汋陵这地方打败了，捕获将钼同乐惧。这是因为宋国仗恃着战胜而不加戒备。

经　六月丙寅朔，日有蚀之[1]。

今注

1　此经无传。

今译

六月丙寅这天，有日食。

传　卫侯伐郑，至于鸣雁[1]，为晋故也。

今注

1　鸣雁：《一统志》说：“今河南杞县西北四十里有鸣雁亭，俗谓之白雁亭。”

今译

卫侯伐郑国到了鸣雁这地方，这是为了晋国的缘故。

经　晋侯使栾黡来乞师。

经　甲午晦，晋侯及楚子、郑伯战于鄢陵，楚子、郑师败绩。

楚杀其大夫公子侧。

传 晋侯将伐郑，范文子曰：“若逞吾愿，诸侯皆叛，晋可以逞[1]。若唯郑叛，晋国之忧可立俟也。”栾武子曰：“不可以当吾世而失诸侯[2]，必伐郑。”乃兴师。栾书将中军，士燮佐之[3]，郤锜将上军[4]，荀偃佐之[5]，韩厥将下军，郤至佐新军。荀罃居守[6]。郤犨如卫，遂如齐，皆乞师[7]焉。栾黡来乞师[8]，孟献子曰：“有胜矣[9]。”戊寅，晋师起。郑人闻有晋师，使告于楚，姚句耳与往[10]，楚子救郑，司马将中军[11]，令尹将左[12]，右尹子辛将右，过申，子反入见申叔时，曰：“师其何如？”对曰：“德、刑、详、义、礼、信，战之器也[13]。德以施惠，刑以正邪，详以事神，义以建利，礼以顺时，信以守物[14]，民生厚而德正[15]，用利而事节[16]，时顺而物成[17]，上下和睦，周旋不逆[18]，求无不具[19]，各知其极[20]。故《诗》曰：‘立我烝民，莫匪尔极[21]。’是以神降之福，时无灾害，民生敦厖[22]，和同以听[23]，莫不尽力，以从上命，致死以补其阙[24]。此战之所由克也。今楚内弃其民[25]，而外绝其好[26]。渎齐盟[27]，而食话言[28]。奸时以动[29]，而疲民以逞[30]。民不知信，进退罪也[31]。人恤所底，其谁致死[32]？子其勉之。吾不复见子矣。”姚句耳先归，子驷问焉[33]。对曰：“其行速，过险而不整[34]。速则失志[35]，不整丧列[36]。志失列丧，将何以战？楚惧不可用也。”五月，晋师济河，闻楚师将至，范文子欲反[37]，曰：“我伪逃楚，可以纾忧[38]。夫合诸侯，非吾所能也，以遗能者[39]。我若群臣辑睦以事君，多矣[40]。”武子曰：“不可。”六月，晋、楚遇于鄢陵[41]。范文子不欲战。郤至曰：“韩之战，惠公不振旅[42]。箕之役，先轸不反命[43]。邲之师，荀伯不复从[44]。皆晋之耻也。子亦见先君之事矣。今我辟楚，又益耻也。”文子曰：“吾先君之亟战也，有故[45]。秦狄齐楚皆强，不尽力，子孙将弱。今三强服矣，敌楚而已。唯圣人能外内无患，自非圣人，外宁必有内忧。盍释楚以为外惧乎[46]？”甲午晦，楚晨压晋军而陈[47]，军吏患之，范匄趋进[48]，曰：“塞井夷灶，陈于军中，而疏行首[49]。晋楚唯天所授，何患焉？”文子执戈逐之，曰：“国之存亡，天也，童子何知焉？”栾书曰：“楚师轻窕[50]，固叠而待之，三日必退，退而击之，必获胜焉。”郤至曰：“楚有六间[51]，不可失也。其二卿相恶[52]，王卒以旧[53]，郑陈而不整[54]，蛮军而不陈[55]，陈不违晦[56]，在陈而嚣，合而加嚣，各顾其后，莫有斗心[57]，旧不必良[58]，以犯天忌。我必克之。”楚子登巢车[59]以望晋军，子重使大宰伯州犁侍于王后。王曰：“骋而左右，何也[60]？”曰：“召军吏也[61]。”“皆聚于中军矣[62]。”曰：“合谋也[63]。”“张幕矣[64]。”曰：“虔卜于先君也[65]。”“彻幕矣[66]。”曰：“将发命也[67]。”“甚嚣，且尘上矣[68]。”曰：“将塞井夷灶而为行也[69]。”“皆乘矣，左右执兵而下矣[70]。”曰：“听誓也[71]。”“战乎[72]？”曰：“未可知也[73]。”“乘而左右皆下矣[74]。”曰：“战祷也[75]。”伯州犁以公卒告王[76]。苗贲皇在晋侯之侧，亦以王卒告[77]，皆曰：“国士在，且厚，不可当也[78]。”苗贲皇言于晋侯曰：“楚之良，在其中军王族而已[79]，请分良以击其左右[80]，而三军萃于王卒[81]。必大败之。”公筮之。史曰：“吉。其卦遇复䷗，曰：‘南国蹙，射其元，王中厥目[82]。’国蹙、王伤，不败何待？”公从之，有淖[83]于前，乃皆左右，相违于淖[84]。步毅御晋厉公，栾鍼为右；彭名[85]御楚共王，潘党为右；石首[86]御郑成公[87]，唐苟[88]为右；栾范以其族夹公行[89]，陷于淖。栾书将载晋侯[90]，鍼曰：“书退[91]，国有大任，焉得专之[92]？且侵官，冒也[93]。失官，慢也[94]。离局，奸也[95]。有三罪焉，不可犯也。”乃掀公以出于淖[96]。癸巳，潘尪之党[97]与养由基[98]蹲甲而射之，彻七札焉[99]，以示王，曰：“君有二臣如此，何忧于战[100]？”王怒曰：“大辱国[101]。诘朝，尔射死艺[102]。”吕锜[103]梦射月，中之，退入于泥[104]。占之，曰：“姬姓，日也[105]。异姓，月也[106]。

必楚王也，射而中之，退入于泥，亦必死矣[107]。”及战，射共王中目。王召养由基与之两矢，使射吕锜，中项，伏弢[108]。以一矢复命[109]。郤至三遇楚子之卒，见楚子必下，免胄而趋风[110]，楚子使工尹襄[111]问之以弓[112]，曰：“方事之殷也，有韎韦之跗注[113]，君子也，识见不穀而趋，无乃伤乎[114]？”郤至见客[115]，免胄承命[116]，曰：“君之外臣至[117]从寡君之戎事，以君之灵，间蒙甲胄[118]，不敢拜命[119]。敢告不宁，君命之辱[120]。为事之故，敢肃使者[121]。”三肃使者而退。晋韩厥从郑伯[122]，其御杜溷罗[123]曰：“速从之，其御屡顾，不在马[124]，可及也。”韩厥曰：“不可以再辱国君[125]。”乃止。郤至从郑伯，其右茀翰胡[126]曰：“谍辂之[127]，余从之乘而俘以下[128]。”郤至曰：“伤国君有刑[129]。”亦止。石首曰：“卫懿公唯不去其旗，是以败于荧[130]。”乃内旌于弢中[131]。唐苟谓石首曰：“子在君侧，败者壹大[132]。我不如子[133]。子以君免，我请止[134]。”乃死。楚师薄于险[135]，叔山冉[136]谓养由基曰：“虽君有命，为国故，子必射[137]。”乃射。再发，尽殪[138]。叔山冉搏人以投，中车折轼[139]。晋师乃止，囚楚公子茷[140]。栾鍼见子重之旌，请曰：“楚人谓夫旌子重之麾也[141]，彼其子重也[142]。日臣之使于楚也，子重问晋国之勇[143]。臣对曰：‘好以整众[144]。’曰：‘又何如[145]？’臣对曰：‘好以暇[146]。’今两国治戎，行人不使，不可谓整[147]。临事而食言，不可谓暇[148]。请摄饮焉[149]。”公许之，使行人执榼承饮[150]，造于子重[151]，曰：“寡君乏使[152]，使鍼御持矛[153]，是以不得犒从者，使某摄饮[154]。”子重曰：“夫子尝与吾言于楚，必是故也，不亦识乎[155]？”受而饮之。免使者而复鼓[156]。旦而战，见星未已[157]。子反命军吏察夷伤[158]，补卒乘[159]，缮甲兵[160]，展车马[161]，鸡鸣而食，唯命是听[162]。晋人患之。苗贲皇徇[163]曰：“蒐乘补卒[164]，秣马利兵[165]，修陈固列[166]，蓐食申祷[167]，明日复战。”乃逸楚囚[168]。王闻之，召子反谋。穀阳竖献饮于子反[169]，子反醉而不能见。王曰："天败楚也夫，余不可以待。"乃宵遁。晋入楚军，三日谷[170]。范文子立于戎马之前曰："君幼，诸臣不佞，何以及此？君其戒之！《周书》曰：'惟命不于常'，有德之谓[171]。"楚师还，及瑕[172]，王使谓子反曰："先大夫之覆师徒者，君不在[173]。子无以为过，不谷之罪也[174]。"子反再拜稽首曰："君赐臣死，死且不朽。臣之卒实奔，臣之罪也。"子重使谓子反曰："初陨师徒者，而亦闻之矣，盍图之[175]。"对曰："虽微先大夫有之[176]，大夫命侧[177]，侧敢不义[178]。侧亡君师，敢忘其死。"王使止之，弗及而卒。战之日，齐国佐、高无咎至于师[179]。卫侯出于卫[180]。公出于坏隤[181]。

今注

1　晋可以逞：晋国就可以畅快。

2　不可以当吾世而失诸侯：不可以在我们当政的时间失掉诸侯。

3　士燮佐之：士燮是替代荀庚。

4　郤锜将上军：郤锜替代士燮。

5　荀偃佐之：荀偃是荀庚的儿子。

6　荀罃居守：荀罃本来是下军佐，他不参加战役。

7　皆乞师：全都要求出动军队。

8　栾黡来乞师：栾黡也到鲁国来求出动军队。

9　有胜矣：晋国有胜算。

10　姚句耳与往：姚句耳是郑大夫，他也参加这件事情。

11　司马将中军：司马是子反。

12　令尹将左：令尹是子重。

13　德、刑、详、义、礼、信，战之器也：这六种全是战争的器物。

14　信以守物：信用可以守住事物。

15 民生厚而德正：人民生活富厚而道德合于纯正。

16 用利而事节：民用很有利而事神又有礼。

17 时顺而物成：时机既已顺当而事物就会成功。

18 上下和睦，周旋不逆：上下全都和睦，所以动作顺当不逆。

19 求无不具：上边所求的，下边没有不具备的。

20 各知其极：各人都知道行动的准则。

21 立我烝民，莫匪尔极：这是《诗经·周颂·思文》篇内的诗句，意思是说安置人民，没有不合乎准则。

22 民生敦厖：厖音旁。人民生下来是很敦厚而厖大的。

23 和同以听：联合着来听上边的命令。

24 致死以补其阙：拼命以补战死的人缺。

25 内弃其民：国内不施恩惠于人民。

26 外绝其好：外边断绝与别国的友好关系。

27 渎齐盟：把盟会的事全都毁弃。

28 而食话言：说的话都不算。

29 奸时以动：动的时候不合于时机。

30 疲民以逞：劳苦人民而为个人的畅快。

31 民不知信，进退罪也：人民不知何者为信，进同退全都是犯罪。

32 人恤所底，其谁致死：人们忧心自己的结局，还有谁敢拼命至死？

33 子驷问焉：子驷问他怎么样。

34 过险而不整：遇见险要的地方而不整齐。

35 速则失志：想着快进则失去思虑。

36 不整丧列：不整齐就丢掉行列。

37 范文子欲反：范文子想回去。

38　可以纾忧：可以免除忧患。

39　以遗能者：留下给能干的人去做。

40　我若群臣辑睦以事君，多矣：我们如果群臣和睦以侍奉晋君，这就足够了。

41　鄢陵：在今河南省鄢陵县西北四十里。

42　惠公不振旅：晋惠公不能够振兵作战。这件事在鲁僖公十五年。

43　先轸不反命：晋国元帅先轸不能够回去复命，因为他死在狄人的手中。这件事在僖公三十三年。

44　荀伯不复从：荀伯就是荀林父，他不从旧路回去。这件事在鲁宣公十二年。

45　吾先君之亟战也，有故：我们从前的晋君屡次打仗有缘故。

46　盍释楚以为外惧乎：何不留下楚国以为外边的戒惧呢？

47　甲午晦，楚晨压晋军而陈：楚国早晨就逼近晋国的军队来摆开阵势。

48　范匄趋进：范匄是士燮的儿子，赶紧往前进。

49　而疏行首：在晋国旧营盘中开出打仗的道路。

50　楚师轻窕：楚国的军队非常轻浮。

51　楚有六间：楚国有六种缺隙。

52　其二卿相恶：楚国子重与子反不相和。

53　王卒以旧：楚王的军队是用的旧人而不更换。

54　郑陈而不整：郑国是只能摆出阵势而不整齐。

55　蛮军而不陈：蛮人的军队只能有行列而不能摆阵势。

56　陈不违晦：摆阵不避开月的终了。这是兵家大的忌讳。

57　在陈而嚣，合而加嚣，各顾其后，莫有斗心：到了摆阵势，而大声地喧嚷，阵势联合起来，喧闹得更厉害，各军彼此观望、依赖，没有战斗意志。

58　旧不必良：用旧的军队，一定不是精兵。

59　巢车：是车上有一个加上巢的车，为的是远望。

60　骋而左右，何也：骑着马往左右跑，为什么？

61　召军吏也：这是为的召唤军中的官吏。

62　皆聚于中军矣：全都合聚在中军帐下。

63　合谋也：为的联合计谋。

64　张幕矣：张开帐幕了。

65　虔卜于先君矣：这是为的在先君前面祷告并占卜。

66　彻幕矣：弃掉帐幕。

67　将发命也：这是将发布命令。

68　甚嚣，且尘上矣：声音很大，并且尘土飞扬。

69　将塞井夷灶而为行也：将堵塞所发掘的井，弃掉了做饭的灶，而变成了行列。

70　皆乘矣，左右执兵而下矣：全都上到车上，左右的人全都拿着兵器下来。

71　听誓也：这为的是听军中的誓言。

72　战乎：是不是要打仗了？

73　未可知也：尚不可以知道。

74　乘而左右皆下矣：上兵车以后，左右全都下来了。

75　战祷也：这是为战争祷告于上天。

76　伯州犁以公卒告王：伯州犁就是伯宗的儿子，他逃到楚国，将拿晋国军队的情形告诉给楚王。

77　苗贲皇在晋侯之侧，亦以王卒告：苗贲皇是楚国鬬椒的儿子，他是在鲁宣公四年的时候逃到晋国去的，他也把楚王军队的情形来告诉晋侯。

78 国士在，且厚，不可当也：有国士在那里，并且很多，这是不可抵挡的。

79 楚之良，在其中军王族而已：楚国精良的军队，在它的中军，王的同姓中。

80 请分良以击其左右：请分晋国最好的军队，以攻击楚国的左军同右军。

81 而三军萃于王卒：然后晋国的三军就集合来对付楚国的王卒。

82 吉。其卦遇复䷗，曰：南国蹙，射其元，王中厥目：占卦的史官说，这很吉祥，这卦遇见复，南方的国家势蹙，射它的国王，中他的眼睛。

83 有淖：泥坑。

84 相违于淖：就左右的旁边避开这个泥坑。

85 彭名：是楚大夫。

86 石首：是郑大夫。

87 郑成公：郑国国君，随着晋军打仗。

88 唐苟：郑大夫。

89 栾范以其族夹公行：栾氏同范氏用他族人的军队，两面护卫着晋君前进。

90 栾书将载晋侯：栾书因为晋侯的车陷入泥淖中，所以他想以他的车来载晋侯。

91 书退：因为是在晋君的面前，所以栾鍼叫他父亲的名字。书，退下去。

92 焉得专之：你怎么能专任这件事。

93 且侵官，冒也：你用车来载晋厉公，这是侵犯别人的职责，这是冒昧。

94　失官，慢也：你替代驾车的，丢掉元帅的职责，这是怠慢。

95　离局，奸也：你离开你的军队，这是犯了过错。

96　乃掀公以出于淖：栾鍼就举起晋厉公的战车，离开泥淖。

97　潘尫之党：潘尫的儿子潘党。

98　养由基：是楚国善射的大夫。

99　彻七札焉：穿过七层甲胄。

100　君有二臣如此，何忧于战：你有二臣有这种本领，何必怕打仗呢？

101　大辱国：这对于国家是大的耻辱。

102　诘朝，尔射死艺：明天早晨，你会为射艺而战死。

103　吕锜：就是魏锜。

104　退入于泥：退下来到泥里头。

105　姬姓，日也：姬姓是周王，等于太阳。

106　异姓，月也：旁的姓，全是月亮。

107　亦必死矣：这等于也是死。

108　中项，伏弢：弢音涛。箭射中吕锜的脖子，他就伏在弓衣上死了。

109　以一矢复命：意思是说一箭就射中。

110　免胄而趋风：取下铁帽子而跑得很快。

111　工尹襄：楚大夫。

112　问之以弓：送给他一把弓。

113　方事之殷也，有韎韦之跗注：韎音魅。战事很厉害的时候，有一位穿着红色的戎衣。

114　识见不穀而趋，无乃伤乎：看见我就快跑，是不是他受伤了？

115　郤至见客：郤至见了工尹襄。

116　免胄承命：摘下帽子，接受命令。

117　君之外臣至：君主的外臣郤至。

118　间蒙甲胄：近来也戴着甲胄。

119　不敢拜命：因为穿着甲胄的人不能行礼。

120　君命之辱：感谢君王给我的命令。

121　敢肃使者：只能对使者拜谢。

122　晋韩厥从郑伯：晋国韩厥追逐郑君。

123　杜溷罗：溷音混。是晋大夫。

124　其御屡顾，不在马：赶车的人屡屡地后看，不注意前面的马。

125　不可以再辱国君：因为在鞍之战的时候，他曾经将假冒齐顷公的人逮捕。所以说，不可以两次侮辱国君。

126　茀翰胡：是晋大夫。

127　谍辂之：使轻兵阻挡郑伯的车。

128　余从之乘而俘以下：我赶上郑伯的车子就把他逮下来。

129　伤国君有刑：伤了国君是犯了刑法。

130　卫懿公唯不去其旗，是以败于荧：卫懿公跟狄人打仗，他不拿下他的旗，所以在荧这地方被打败。这一战在鲁闵公二年。

131　乃内旌于弢中：把旌旗放在弓衣里头。

132　败者壹大：打败了后果更严重。

133　我不如子：我不如你。

134　子以君免，我请止：你带着郑国的君逃跑，我就在这里战斗。

135　楚师薄于险：楚国军队被迫在险要的地方，不能够退了。

136　叔山冉：叔山是双姓，名冉，是楚大夫。

137　虽君有命，为国故，子必射：虽然楚王有命令，说你必死在射箭上，但是为了国家的缘故，你必须射。

138 再发，尽殪：射了两箭，被射的晋军全部死了。

139 中车折轼：他把捉来的晋人，抛出去砸中晋国的车，折断了轼。

140 公子茷：楚国的公子。

141 楚人谓夫旌子重之麾也：楚国人说这个旌旗是子重的指挥旗。

142 彼其子重也：这一定是子重。

143 子重问晋国之勇：子重曾经问过，晋国怎么样叫作勇。

144 好以整众：喜欢军队很多，但是整齐。

145 又何如：又问其余的怎么样。

146 好以暇：喜欢从容。

147 不可谓整：这不可以说整齐。

148 不可谓暇：这也不可以说从容不迫。

149 请摄饮焉：请拿着酒杯去请子重喝酒。

150 使行人执榼承饮：使行人官拿着酒器请子重喝酒。

151 造于子重：送酒到子重那儿。

152 寡君乏使：我们的君缺乏保卫的人。

153 使鍼御持矛：使栾鍼拿着矛守卫。

154 是以不得犒从者，使某摄饮：所以不能给你们的人酒喝，使我来献酒给你。

155 不亦识乎：这不也记得很清楚从前的话吗？

156 免使者而复鼓：等到使者走了，就重新敲战鼓。

157 见星未已：一直到晚上看见星星，战事还没完。

158 子反命军吏察夷伤：看受伤的人数。

159 补卒乘：增补死亡的军队。

160　缮甲兵：修理甲胄和兵器。

161　展车马：陈列着车同马。

162　唯命是听：就听号令行动。

163　苗贲皇徇：苗贲皇巡视晋国的军队。

164　蒐乘补卒：检阅车辆，补充兵卒。

165　秣马利兵：喂好马，整好兵器。

166　修陈固列：修好了阵势，把它摆得很坚强。

167　蓐食申祷：早起赶紧吃饭，并祷告战胜。

168　乃逸楚囚：就放了楚国的囚人，使他们可以去报告晋国的备战情况。

169　縠阳竖献饮于子反：縠阳竖是子反的用人，给他酒喝。

170　三日谷：三天吃楚军的屯粮。

171　惟命不于常，有德之谓：这是《周书·康诰》篇的一句话，天命不是常给的，只是对有德行的人方给天命。

172　瑕：楚地，江永说："楚师自鄢陵还荆州，不当回远由今之蒙城，《水经注》误也。桓公六年，楚武王侵随军于瑕以待之，当是此瑕，应在今湖北随县境。"

173　君不在：因为楚王不在军中。

174　子无以为过，不縠之罪也：你不要以为错了，这是我的错。

175　盍图之：你何不细想一下。

176　虽微先大夫有之：就是没有先大夫自杀的例子。

177　大夫命侧：侧是子反的名字。大夫命我自杀。

178　侧敢不义：我也不敢不遵从。

179　高无咎至于师：高无咎是高固的儿子，到了军队里。

180　卫侯出于卫：卫侯也刚从国都出来。

181　坏隤：鲁邑。《大事表》说：“以公待于坏隤，申宫儆备，设守而后行，则坏隤在曲阜城内，去公宫不远。”

侗按：“栾范易行以诱之”这句话实在费解，但若参考襄公二十六年的话，当能更明了。兹据臧琳《经义杂记》所列表如下：（兹据《皇清经解》卷二百九十七转刊《经义杂记》。）

晋三军及新军表

上军	中军	下军	新军
郤锜、荀偃	栾书、士燮	韩厥	郤至

晋三军中下相易新军合下军表

上军	中军	下军		新军
郤锜、荀偃	韩厥	士燮	栾书	郤至

楚三军表

左军	中军	右军
令尹子重	司马子反	右尹子辛

楚国的军队没有变化。

今译

晋侯将要去伐郑。范文子说：“若逞我的愿，要等到诸侯都背叛了楚国，晋国方才可以有畅快的日子。如果只是郑国背叛楚国，晋国的忧患可能马上就会来了。”栾武子说：“不可以在我执政的时候失去诸侯，定要去伐郑国。”便兴起兵来，栾书做了中军的元帅，士燮帮着他，郤锜领了上军，荀偃帮着他，韩厥领了下军，郤至帮办着新军，荀䓨留守在国中。郤犨先到卫国去，又转到齐国去，都是去请兵的。栾黡到鲁国来请兵，孟献子说：“晋人很有取胜的样子了。”戊寅这天，晋师便出发，郑人听得有晋兵到来，便差使臣去告诉楚国，郑国大夫姚句耳同行。楚子带了兵出来救郑国，司马子反领了中军，令尹子重领了左军，右尹子辛领了右军。经过申地，子反入见申叔时说：“这次出兵，你看会怎样？”申叔时回答说：“德行、刑罚、休祥、义气、礼法、信用这六种都是战争的器具：德泽是靠它施恩惠的，刑法是靠它正奸邪的，休祥是靠它侍奉神明的，义气是靠它建立利益的，礼法是靠它抓住时机的，信用是靠它守住事物的，人民生活优厚，道德就很正直，民用既有利益，侍神又有礼节，时机顺当，事物又都成功，所以上下和睦，相处没有矛盾，需要的没有不预备，又各自知道行动的准则。所以，《诗经》上说：'安定我的人民，没有不合乎准则的。'所以，神明降给他福泽，四时没有灾害，民生很是厚道，齐心协力听从君命，没一个不尽力服从在上的人的命令，都愿意出死力去补救阙失，这就是战争所以能得胜的原因。现在，楚国国内丢弃了人民，国外又断绝交好，亵渎盟誓，自食其言，妨碍了农时，发动战争，疲惫了人民的气力逞他的心，人民不知道君上的信用在哪里，进退都犯着罪呢！人人都愁着自己的结局，还有谁肯出死力和晋国作战呀？你勉力去做吧，我不能再看见你了。"姚句耳先回郑国去，子驷问他怎样。姚句耳回答道："楚军的行军很快，经过险要的地方却没有秩序。行军快了，就会考虑不周，没有秩序，就会乱掉队伍。考虑不周，行列不整，怎样打仗呢？楚国救郑国的军队，恐怕不可用吧？"五月间，晋师渡过黄河去，听说楚师快要到了，范文子想领兵回国，便说："我假作畏怯，逃避楚兵，可以宽缓晋国的忧患。那种联合诸侯的事，不是我能做的，只可留给能干的人做了。我们群臣能够和睦侍奉着国君，已经足够了。"栾书说："不可以的！"六月中，晋楚两国的军队，相遇于鄢陵。范文子不想战，郤至说："韩原的战争，惠公不能整顿军队战败而回；箕的战争，先轸战死不能复命；邲的战争，荀伯不再从旧路回来，又战败了。这都是晋国的耻辱啊！你也见过了先君战败的事情了。如今，我们再逃避楚国，这越发增加耻辱了。"范文子说："先君的屡次尽力作战，是有原因的。秦、狄、齐、楚都很强大，如果我们不尽自己的力量作战，子孙将会被削弱。如今，齐、秦、狄三强都已屈服了，只要敌过楚国就可以了。只有圣人能够使国内国外都没有忧患，自己不是圣人，外患既平，以后难免会生起内忧来的，为什么不留下楚国做个国外的忧惧呀？”甲午这天晦日，楚军早晨就逼近晋军排着阵势，晋国的军吏都很担心。范匄跑进来说：“我们没有余地出队，只赶快塞了井、平了灶，在营垒中摆开阵势，就在头排前开了营墙作战就是了。晋楚的胜负只听由天，有什么可担心的？”文子便搦了戈赶范匄说：“国家的存亡，自有天意，你小孩子懂得什么？”栾书说：“楚军很轻佻，我们只要坚守了营垒等他便了。过了三天，他们定要退去的。等到退去的时候追击他，定可得胜的。”郤至说：“楚军有六个罅缝，我们不可错掉机会的：他们二卿子反、子重不和；楚王的亲兵又都衰老；郑国的兵，虽排了阵，却不齐整；跟从楚国的蛮夷，虽则是军队，却并不能排成阵势；楚军列成阵势，却不避晦日的忌；士兵在阵上喧哗不安静，结了阵却越发嚷闹。各军彼此观望、依赖，没有战斗的意志，王卒又衰老，定不是精兵，再加冒犯着天忌，我们一定能够战胜他。”楚王立在巢车上望着晋军。子重使太宰伯州犁侍立在王的后面。王问：“战车向左右驰骋，干什么？”回答道：“那是召集军吏呀。”王说：“都聚集在中军了。”回答道：“那是聚着谋划呀。”王说：“张起帐幔了。”回答道：“那是诚心卜于先君呀。”王又说：“帐幔已撤掉了。”回答道：“那是快要发命令了。”王说：“喧哗得很，并且尘土飞扬起来了。”答道：“将要塞掉井，平了灶，预备出发呢。”“都坐上车子了，左右都执兵器下来了。”答道：“这是听誓师呢。”“要战斗了吗？”答道：“未可知呢！”“上车以后，左右又都下来了。”答道：“这是祈祷战胜呢！”伯州犁又把晋侯的亲兵的情况向楚王报告。

苗贲皇在晋侯的旁边，也把楚王的亲兵的情况向晋侯报告，晋侯的左右都说道："有国士在楚，而且兵力雄厚，不可抵挡。"苗贲皇对晋侯道："楚国的精兵，都在中军，也只有王族罢了，请你分了晋国的精兵，攻击楚国的左右二军，再把晋国的三军聚着攻楚国中军的王卒，定能打得他大败。"公便差太史筮，太史道："吉的，是个复卦，卦象上说：'南国局促得很，射它的君王，中他的眼睛。'国势既促，王又受伤，不败还等什么呢？"晋侯就听他的话出战，恰正有片烂泥在前面，晋师就都从左右避走。步毅驾了晋厉公的车子，栾鍼做了车右。彭名驾了楚王的车子，潘党做了车右。石首驾了郑成公的车子，唐苟做了车右。栾、范领着族人武装两边护卫着晋侯前进，晋侯的车子陷在烂泥中，栾书想要载了晋侯走，他的儿子栾鍼道："书，你退下去，你既受了元帅的大责任，哪里还可以擅自做驾兵车的呢！而且，侵犯别人的职责，就是冒昧；丢掉原来的职责，就是傲慢；离了自己的军队，就是扰乱。有此三罪，不可犯的！"他便举起晋厉公的战车离开烂泥。癸巳这一天，潘尪的儿子潘党，和养由基聚集了甲铠而射他，一箭竟穿过七层铠甲。给楚王观看，说："君王有这般两个臣子，哪里还要愁战不胜呢？"楚王发怒说："这倒是大大地羞辱了国家了！明天作战，你单讲射箭，将会死在你这武艺上哩！"吕锜梦着射那月亮，射中了，自己退下去，却走入烂泥中。占卜，得一辞说："姬姓是日，异姓是月，这个月亮一定是楚王啊！自己退下进了泥中，也是必死的了。"等到作战的时候，果然射中了共王的眼睛，共王招养由基，给他两支箭，使他射吕锜，射中了吕锜的颈项。吕锜伏在弓袋上就死了，养由基便拿着剩下的一支箭去复命。郤至三次遇见楚子的兵，看见了楚子，一定要下车去，脱下头盔，走得像疾风一般快。楚王差工尹襄，送一张弓给郤至，对他说道："当战事正要紧的时候，有个穿浅红色牛皮军服的人，是个君子！他见到我就快走过去，是受了伤吗？"郤至见到客人，去掉头盔，才接受楚王命令，道："君王的外臣郤至，跟随寡君作战，靠君的威灵，恰正穿了甲胄，不能拜受你的命令，谨向君王报告我没有受伤。感谢君王的问候，由于战事，不能回答你的问话，敢向你的使者敬礼！"三次对使者作揖后，才退了下去。晋大夫韩厥追赶郑伯，他的车夫杜溷罗说："赶快追着他，他的车夫屡次回头来看，心不在马，定可追得着的。"韩厥道："我前次辱过齐侯了，不可两次辱了国君的。"便停止不追。郤至追赶郑伯，他的车右茀翰胡说："快差个轻兵迎前去，拦住郑伯的车子，我从后面登上他的车子去捉住他。"郤至说："伤害国君要受刑罚的。"也停止不追。石首说："从前，卫懿公只因不拔去他那旗子，所以大败在荧地！"便收起旗子放在弓袋中。唐苟对石首说："你在君的旁边，战败了后果很严重，我不如你，你应当驾了君的车子退去，我请求留下！"就战死了。楚军被逼到险要的地方，叔山冉对养由基说："虽然君王有命不让你射箭，为保存国家的缘故，你定要射箭！"养由基便射，连发几箭，晋军都被他射死。叔山冉捉住晋人丢上车子，折断了车前的横木。晋兵便停止不进，囚禁了楚国的公子茷。栾鍼看见子重的旗，请于晋侯说："楚人说那旗，是子重的指挥旗呢！想来那个人就是子重了。从前臣出使到楚国的时候，子重问晋国的勇武是怎样的。臣答道：'喜欢军队又多又整齐。'他又问道：'其余怎样？'臣答道：'哪怕急遽的当儿，也喜欢从容不迫的。'现在两国发生战争，不派遣使者，不能说是按部就班；临着战事就忘了从前的话，说不得从容不迫。请使人拿着酒去给子重敬酒。"晋侯允许了他，便差个军使拿了榼子捧着酒，送到子重那里道："寡君缺乏使臣，让栾鍼执矛侍立在他左右，所以不能来慰劳你，派我前来代他送酒。”子重说：“栾鍼曾经在楚国和我说过从容不迫的话，一定就是这个缘故，这不也记得很清楚从前的话吗？”受了酒便喝，等到使者走了，才打鼓进兵。从早晨战起，直到见了星光还没有停歇。子反吩咐军吏检查受伤的，补充死亡的，修理了甲胄兵器，排列开车马，只听得鸡啼，便起来吃饭，都听着号令干事。晋人很是忧虑。苗贲皇就在军中宣布说：“检阅车辆，添补兵卒，喂饱战马，磨快兵器，修明军阵，扎住队伍，早起赶快吃东西，重重地祈祷，到了明天再战！”就故意放掉楚国的俘虏。楚王听到这个消息，招子反来商量。子反的小厮穀阳竖献酒给子反，子反喝醉了，不能进见。楚王说：“这是天要败楚国了吗？我不可以再等了。”便连夜逃跑。晋军于是进入楚国的营中，吃了它三天的谷。范文子立在兵马的前面说道：“君上年纪轻，诸臣又没有才干，怎能到这地步呢？你们要留神啊！《周书》上说：‘天命没有一定的。’只给有德的人。”楚师回国，到了瑕这地方，楚王差人对子反说：“先大夫在城濮那次战争中，丧失了兵众，那时君王并不在军中。这次战争，有寡人在军中，你并没有差错，都是我的罪过。”子反再拜叩头道：“君赏给臣死，死了还感恩不尽呢！臣的兵卒实在是先逃的，原是臣的罪呢。”子重差人对子反说：“从前子玉丧失兵众，你也该听得他是自杀的了，你为什么还不自己打算着呢？”子反答道：“就是没有先大夫子玉的事，大夫拿义来责备侧，侧也哪敢不据义自裁呢？侧既然丧失了兵众，哪敢忘掉死呢？”楚王使人去拦阻他，还没有到，他已经死了。打仗的那一天，齐国的国佐、高无咎来到军中。卫侯从卫国出来，鲁成公从坏隤出来。

经 秋，公会晋侯、齐侯、卫侯、宋华元、邾人于沙随，不见公。

传　宣伯通于穆姜[1]，欲去季孟而取其室[2]。将行，穆姜送公而使逐二子，公以晋难告[3]，曰：“请反而听命。”姜怒，公子偃、公子钼趋过[4]，指之曰[5]：“女不可，是皆君也[6]。”公待于坏陨，申宫儆备[7]，设守而后行，是以后。使孟献子守于公宫。秋，会于沙随[8]，谋伐郑也。宣伯使告郤犨曰：“鲁侯待于坏陨以待胜者[9]。”郤犨将新军，且为公族大夫，以主东诸侯[10]，取货于宣伯，而诉公于晋侯[11]，晋侯不见公。

今注

1　穆姜：是鲁成公的母亲。

2　欲去季孟而取其室：想着把季孙氏、孟孙氏全都除掉，而取得他们的财产。

3　公以晋难告：因为这次是鲁成公想联合晋国伐郑国，他就告诉穆姜这个原因。

4　公子偃、公子钼趋过：两个人全都是成公的庶弟，他们两人在那儿路过。

5　指之曰：就指着他们两人说。

6　女不可，是皆君也：你要不答应，这两个人全可以做鲁君。

7　申宫儆备：他敕令鲁宫中戒备。

8　沙随：据《一统志》说：“在今河南省宁灵县西北，沙随亭。”

9　以待胜者：以等待胜利者。

10　以主东诸侯：他是管晋国东边的诸侯。

11　诉公于晋侯：他就在晋侯面前说鲁成公的坏话。

今译

鲁国的叔孙宣伯与成公的母亲穆姜私通，想把季孙氏同孟孙氏除掉并且取得他们的家产。成公要出国，穆姜送成公的时候，就要他驱逐这两个人，成公就以他要联合晋国讨伐郑国的困难告诉她，说："等着我回来再听候你的命令。"穆姜很不高兴。这时候，成公的两位庶出的弟弟公子偃同公子钼由这儿走过。穆姜就指着他们说："你若不答应，他们全可以做鲁君。"于是成公害怕，就在坏隤这地方等待，敕令鲁宫中戒备，预先设了防守，然后才走，所以他没有赶上鄢陵的战争。他就派孟献子在公宫看守，秋天，在沙随与各诸侯会盟，计谋讨伐郑国。叔孙宣伯派人去告诉晋国大夫郤犨说："鲁侯在坏隤等候，以观察晋国同楚国的胜败。"郤犨这时率领着新军，并且担任公族大夫的官职，主持着东方诸侯国的事务，向叔孙宣伯拿了财物，就对晋侯说鲁成公的坏话，晋侯所以不见鲁成公。

经 公至自会[1]。

今注

1 此经无传。

今译

鲁成公从开会的地方回来。

传 曹人请于晋曰："自我先君宣公即世，国人曰：'若之何，忧犹未弭[1]。'而又讨我寡君，以亡曹国社稷之镇公子[2]，是大泯曹也，先君无乃有罪乎？若有罪，则君列诸会矣！君唯不遗德刑[3]，以伯诸侯，岂独遗诸敝邑，敢私布之[4]。"

今注

1 忧犹未弭：忧患尚没有止息。

2 镇公子：指曹国的公子臧，现在已经逃到宋国去。

3 君唯不遗德刑：晋君只是不失掉德同刑法。

4 敢私布之：把这意思特别向你们国家声明。

今译

曹国人向晋国请求说："自从我们的先君宣公去世，我们国家的贵族全说：'怎么办呢？忧患还没有止息。'而晋国又讨伐我们的君，使曹国国家的主要公子子臧逃亡，这是在大举灭曹，先君是不是有罪呢？假设他有罪，君王怎么会让他参加会盟？晋君不失掉道德同刑法，所以能够称霸于诸侯，岂独丢掉我们曹国吗？谨私下向贵国表达请求。"

经 公会尹子、晋侯、齐国佐、邾人伐郑。

传 七月，公会尹武公及诸侯伐郑，将行，姜又命公如初[1]，公又申守而行。诸侯之师次于郑西，我师次于督扬[2]，不敢过郑，子叔声伯使叔孙豹[3]，请逆于晋师，为食于郑郊，师逆以至[4]，声伯四日不食以待之，食使者[5]，而后食。

今注

1 姜又命公如初：穆姜又命令鲁成公跟上回所说的话一样。

2 督扬：在郑国都城的东边。

3 叔孙豹：是叔孙侨如的弟弟。

4 师逆以至：声伯告诉他，必须所请的晋国军队来了以后，方能吃。

5 食使者：使者是叔孙豹的副使。

今译

七月，鲁成公会合周王的卿士尹武公及各诸侯讨伐郑国，将走的时候，穆姜又命令成公和上回一样，成公又申戒守备方才走。诸侯的军队就停在郑国的西方。鲁国的军队停在督扬这地方，不敢越过郑国的都城，子叔声伯派遣叔孙豹，请晋国派晋军来迎接鲁成公，并在郑国都城的郊外预备下食饮，要等着晋国军队来，子叔声伯四天不吃饭以等待，等到叔孙豹的副使回来吃饭以后，自己方才食饮。

传　诸侯迁于制田[1]，知武子[2]佐下军，以诸侯之师侵陈，至于鸣鹿[3]，遂侵蔡。未反，诸侯迁于颍上[4]。戊午，郑子罕宵军之[5]，宋齐卫皆失军。

今注

1　制田：郑地，《一统志》说："在今河南省新郑县东北。"

2　知武子：就是知罃。

3　鸣鹿：陈地，在今河南省鹿邑县西十三里，古鹿邑城。

4　颍上：颍水的上边。

5　郑子罕宵军之：郑国的子罕夜里用军队来攻打他们。

今译

诸侯迁到郑国的制田，荀罃为下军的副帅，率领诸侯的军队侵略陈国，到了鸣鹿这地方，就侵略蔡国。在这些军队还没有回来的时候，诸侯的军队又迁移到颍水的上边。戊午这天，郑国子罕夜里领着军队来攻打他们，宋、齐、卫三国全都溃不成军。

经　曹伯归自京师。

传　曹人复请于晋，晋侯谓："子臧反，吾归而君。"子臧反[1]，曹伯归。子臧尽致其邑与卿而不出[2]。

今注

1　子臧反：子臧由宋国回到曹国。

2　尽致其邑与卿而不出：把他的封邑同卿的位子全交给曹成公而不再出任官职。

今译

曹国人又向晋国请求，晋厉公说："子臧要能返回曹国，我就把你的曹君归还给曹国。"子臧回到曹国，曹成公由晋国回来，子臧把他所有的封邑同卿的位子交还给成公，不再出仕。

经 九月，晋人执季孙行父，舍之于苕丘。冬十月乙亥，叔孙侨如出奔齐。

经 十有二月乙丑，季孙行父及晋郤犨盟于扈。

经 公至自会[1]。

今注

1 此经无传。

经 乙酉，刺公子偃。

传 宣伯使告郤犨曰："鲁之有季孟，犹晋之有栾范也，政令于是乎成。今其谋曰：'晋政多门，不可从也，宁事齐楚，有亡而已，蔑从晋矣！'若欲得志于鲁，请止行父而杀之，我毙蔑也[1]，而事晋蔑有贰矣。鲁不贰，小国必睦，不然，归必叛矣！"九月，晋人执季文子于苕丘[2]，公还待于郓[3]，使子叔声伯请季孙于晋。郤犨曰："苟去仲孙蔑而止季孙行父，吾与子国亲于公室[4]。"对曰："侨如之情，子必闻之矣。若去蔑与行父，是大弃鲁国而罪寡君也。若犹不弃，而惠徼周公之福，使寡君得事晋君，则夫二人者[5]，鲁国社稷之臣也。若朝亡之，鲁必夕亡。以鲁之密迩仇雠[6]，亡而为雠[7]，治之何及？"郤犨曰："吾为子请邑。"对曰："婴齐鲁之常隶也[8]，敢介大国以求厚焉？承寡君之命以请，若得所请，吾子之赐多矣，又何求？"范文子谓栾武子曰："季孙于鲁相二君矣[9]，妾不衣帛，马不食粟，可不谓忠乎？信谗慝而弃忠良，若诸侯何？子叔婴齐奉君命无私，谋国家不贰，图其身不忘其君，若虚其请，是弃善人也。子其图之。”乃许鲁平，赦季孙。冬十月，出叔孙侨如而盟之，侨如奔齐。十二月，季孙及郤犨盟于扈，归刺公子偃[10]，召叔孙豹于齐而立之。

今注

1　我毙蔑也：我就把孟献子杀掉。

2　苕丘：晋地，恐怕就是晋国的召亭，在今山西省垣曲县东六十里。

3　郓：就是鲁国的西郓，在今山东省郓城县。

4　吾与子国亲于公室：我对你的鲁国比对于晋国的公室更加亲善。

5　则夫二人者：夫是指定词。这两个人。

6　鲁之密迩仇雠：因为鲁国离仇敌很近。仇敌指楚国与齐国。

7　亡而为雠：鲁国要是亡了，必定为晋国的仇敌。

8　鲁之常隶也：鲁国寻常的官吏。

9　于鲁相二君矣：曾在鲁国做过宣公同成公两个君的宰相。

10　归刺公子偃：回来以后就去刺公子偃。鲁国的规则对于内臣不说杀，只说刺。

今译

叔孙宣伯派人告诉郤犨说：“鲁国有季孙同孟孙两个人，等于晋国的有栾氏同范氏，两国的政令全都是由他们制定的。现在，季孙同孟孙计谋说：‘晋国的政令多门，不可听从，宁可侍奉齐国同楚国，不过亡国而已，不能够听从晋国。’晋国如果想在鲁国行使自己的意志，请把季孙行父留在晋国，并且把他杀掉。我杀掉孟孙蔑，侍奉晋国，鲁国就没有二心了。鲁国要是没有二心，其他小国对晋国必然和睦。要不如此，季孙行父回国必定反叛晋国。”九月，晋国人就把季孙行父捕获，在苕丘这地方。成公回来，就在鲁国的郓这地方等待着季孙行父，派子叔声伯请求晋国释放季孙行父。郤犨说：“你们要把孟孙蔑去掉而阻止季孙行父，我对你鲁国的亲善更高于晋国的公室。”子叔声伯就回答他：“叔孙宣伯的情形，你必定早已听说了。要是去掉孟孙蔑同季孙行父，这是大大地放弃鲁国而加罪鲁君。如果您不放弃鲁国，而上承周公的福祚，使我们鲁君能够侍奉晋君，那么这两个人是鲁国的社稷之臣。若早晨使他们死亡，晚上鲁国必定亡国。鲁国离着晋国的仇敌齐、楚两国很近，要是鲁国灭亡了，必定变成晋国的仇敌，还来得及补救吗？”郤犨就说：“我给你申请封邑。”声伯就回答说：“婴齐是鲁国寻常的官吏，岂敢利用晋国以求到厚禄？我是奉了鲁君的命令来请求，晋国若准许我的请求，那你对我的赏赐就很多了，除此以外我还敢有什么要求呢？”士燮对栾书说：“季孙行父做鲁国的宰相，已经经过宣公同成公两个君，他的妾全部穿粗布的衣服，马不吃好的食物，不可以说他不忠心。我们若信坏人的话，而抛弃忠良的人，那么我们如何对得起诸侯？子叔婴齐奉着鲁君的命令，没有私意，计谋国家没有二心，计谋他自己，不忘记鲁国的国君，要是否决他的请求，这是弃掉好人啊。你还是考虑一下吧！”于是就许鲁国的和平而赦免了季孙行父。冬天十月，放逐叔孙侨如而鲁国诸大夫自相盟誓，叔孙宣伯就逃到齐国去。十二月，季孙行父与郤犨在扈盟誓，回到鲁国就杀了公子偃，从齐国叫回侨如的弟弟叔孙豹，而立他为叔孙氏的后人。

传　齐声孟子[1]通侨如，使立于高国之间[2]，侨如曰：“不可以再罪。”奔卫，亦间于卿。

今注

1 齐声孟子：是齐灵公的母亲，宋国的女儿。

2 使立于高国之间：使叔孙侨如位置在齐国的卿高氏与国氏之间。

今译

齐灵公的母亲声孟子，同侨如私通，使他的位置在于齐国的卿高氏同国氏之间，侨如就说："不可以再得罪了。"就逃到卫国，位子也在卿的中间。

传 晋侯使郤至献楚捷于周，与单襄公语，骤称其伐[1]。单子语诸大夫曰："温季其亡乎[2]？位于七人之下，而求掩其上[3]，怨之所聚，乱之本也。多怨而阶乱，何以在位[4]？《夏书》曰：'怨岂在明？不见是图[5]。'将慎其细也。今而明之，其可乎？"

今注

1 骤称其伐：他忽然夸耀自己的战功。

2 温季其亡乎：温季就是郤至，恐怕要死了。

3 而求掩其上：而求掩盖上边的位子。

4 多怨而阶乱，何以在位：怨恨多，就会逐渐造成乱子，那他怎么能够在上位？

5 怨岂在明？不见是图：这是一种逸书，意思是说，怨恨岂是能看得出来的吗？只是在细微的地方，不容易看见的。

今译

晋厉公派郤至到成周去献晋对楚作战所得的战利品，他和周王的卿士单襄公说话，忽然夸耀自己的战功。单襄公对周室的大夫们说："郤至恐怕要灭亡了，他的位子在七个人之下，而夸耀自己的功劳，掩盖在他上边的七个人。这是聚集怨恨，是祸乱的本源。怨恨甚多，逐渐走上祸乱阶梯，怎么样能保住他的位子呢？《夏书》中说：‘怨恨岂在明处呢？是在不容易看见的细微的地方。’这是说细微的地方也要慎重。现在，郤至把这怨恨说明，那怎么可以呢？”

成公十有七年（公元前五七四年）

经　十有七年春，卫北宫括帅师侵郑。

传　十七年春王正月，郑子驷侵晋虚、滑[1]，卫北宫括救晋侵郑，至于高氏[2]。夏五月，郑大子髡顽、侯獳[3]为质于楚。楚公子成、公子寅戍郑。

今注

1　虚、滑：虚在今河南省偃师县东南虚城，滑在虚的西北。

2　高氏：郑地，《一统志》说：“今河南省禹县西南有高氏亭。”

3　侯獳：是郑大夫。

今译

成公十七年春天正月，郑国大夫子驷侵略晋国虚同滑的地方，卫国的北宫括为了救晋国，就侵略郑国，军队到了高氏这地方。夏天五月，郑国太子髡顽同郑国大夫侯獳就到楚国去做人质。楚国的公子成同公子寅戍守在郑国。

经　夏，公会尹子、单子、晋侯、齐侯、宋公、卫侯、曹伯、邾人伐郑。

传　公会尹武公、单襄公及诸侯伐郑，自戏童至于曲洧[1]。

今注

1　戏童至于曲洧：《汇纂》说：“戏童即戏，亦称浮戏，在今河南省汜水县南四十里，汜水所出也。”《水经注》说：“汜水出浮戏之山。”曲洧，据《汇纂》说：“汉置新汲县，今改称洧川县。曲洧城临洧水，即今河南省洧川县。”

今译

鲁成公会同周天子的卿士尹子、单襄公及很多的诸侯去讨伐郑国，军队从戏童这地方一直排列到曲洧。

传 晋范文子反自鄢陵，使其祝宗祈死[1]曰：“君骄侈而克敌，是天益其疾也，难将作矣。爱我者唯祝我，使我速死，无及于难，范氏之福也。”六月戊辰，士燮卒[2]。

今注

1 使其祝宗祈死：使他的主祭的官请求上天令他死。

2 士燮卒：他请祝宗祷告以后就自杀了。

今译

晋国的士燮从鄢陵返回晋国，就使他的主祭官请求上天令他死，说：“君王骄横奢侈而居然战胜了楚国，这是上天增加他的毛病，祸难就将发作了。如果上天喜欢我，就让我赶紧死，不会遭到祸难，这是范家的福啊！”六月戊辰这天，士燮自杀了。

经 六月乙酉，同盟于柯陵。

传 乙酉，同盟于柯陵[1]，寻戚之盟也。

今注

1 柯陵：是郑国西边的地方。在今河南省临颍县北十里。

今译

乙酉这天，诸侯在柯陵这地方开盟会，这是重申鲁成公十五年在戚的盟会。

传　楚子重救郑，师于首止[1]，诸侯还[2]。

今注

1　首止：卫地，在今河南省睢县东南。

2　诸侯还：因惧怕楚国，诸侯就回来了。

今译

楚国令尹子重救援郑国，军队驻扎在首止，诸侯怕楚国的强大，就退回去了。

经　秋，公至自会[1]。

今注

1　此经无传。

今译

秋天，鲁成公从开会的地方回来。

经　齐高无咎出奔莒。

传　齐庆克[1]通于声孟子，与妇人蒙衣乘辇而入于闳[2]。鲍牵[3]见之，以告国武子。武子召庆克而谓之，庆克久不出，而告夫人曰："国子谪我[4]！"夫人怒，国子相灵公以会[5]，高鲍处守[6]，及还将至，闭门而索客[7]，孟子诉之曰："高鲍将不纳君而立公子角[8]，国子知之。"秋七月壬寅，刖鲍牵而逐高无咎，无咎奔莒，高弱[9]以卢叛，齐人来召鲍国[10]而立之。初，鲍国去鲍氏而来为施孝叔臣，施氏卜宰，匡句须吉。施氏之宰有百室之邑，与匡句须邑，使为宰。以让鲍国而致邑焉。施孝叔曰："子实吉。"对曰："能与忠良，吉孰大焉？"鲍国相施氏忠，故齐人取以为鲍氏后。仲尼曰："鲍庄子之知不如葵，葵犹能卫其足。"

今注

1　齐庆克：是齐桓公的儿子公子无亏的后人。

2　与妇人蒙衣乘辇而入于闳：穿了女子的衣服坐一个小车而进到闳巷中。

3　鲍牵：是鲍叔牙的曾孙。

4　国子谪我：国子责备我。

5　国子相灵公以会：国子为灵公相礼去开会。

6　高鲍处守：高、鲍看守着齐国。

7　闭门而索客：关上城门而搜索间谍。

8　公子角：是齐顷公的儿子。

9　高弱：是高无咎的儿子。

10　鲍国：是鲍牵的弟弟。

今译

齐国的庆克和齐灵公的母亲声孟子私通，他穿着女子的衣服又同一个女人一起乘车进入齐国宫中的小巷中。齐国大夫鲍牵看见了，就转告国武子。国武子就请庆克来，想同他说这件事。庆克害怕就躲在家中很久不敢出来，告诉他的夫人说："国子责备我。"夫人就发怒了，这时候国子作为齐灵公的相礼去开会，为的是讨伐郑国。而高无咎同鲍牵在齐国留守。到了齐灵公将回来的时候，齐国都城就关上城门，而搜索间谍。声孟子对齐灵公说："高、鲍两个人想着不让你进城，而改立公子角，这件事国子也知道。"秋天七月壬寅，将鲍牵的脚砍断了，而驱逐高无咎。高无咎就逃奔到莒国去了，他的儿子高弱凭借他的封邑卢地造反。齐国人来鲁国召鲍牵的弟弟鲍国回到齐国去，立他为大夫。当初，鲍国离开鲍氏来到鲁国，做鲁国大夫施孝叔的家臣。施家里占卜，要立一个家宰，匡句须很吉祥，施氏的宰有百家的封邑，就给了匡句须这封邑，让他做宰。匡句须把宰职让给鲍国，只接受了封邑。施孝叔说："你实在很吉祥。"匡句须回答说："能够推荐贤者，这种吉祥还有再大的吗？"鲍国在施氏家中很忠心，所以齐国人立他做鲍氏的后嗣。孔子说："鲍牵的聪明，还不如葵菜，葵菜尚能保住它的脚。"

经　九月辛丑，用郊[1]。

今注

1　此经无传。

今译

九月辛丑这天，用祭天的礼。

经　晋侯使荀罃来乞师[1]。

今注

1　此经无传。

今译

晋侯派荀罃到鲁国来求军队。

经　冬，公会单子、晋侯、宋公、卫侯、曹伯、齐人、邾人伐郑。

传　冬，诸侯伐郑。十月庚午，围郑。楚公子申救郑，师于汝上。十一月，诸侯还[1]。

今注

1　诸侯还：因为诸侯怕楚国军队，所以就退回。

今译

冬天，各诸侯讨伐郑国。十月庚午，围了郑国的都城，楚国的公子申率军队救郑国，驻扎在汝水的河上。十一月诸侯就退兵了。

经 十有一月，公至自伐郑[1]。

今注

1 此经无传。

今译

十一月，成公从讨伐郑国回来。

经 壬申，公孙婴卒于貍脤。

传 初，声伯梦涉洹[1]，或与己琼瑰[2]食之，泣而为琼瑰，盈其怀[3]。从而歌之曰："济洹之水，赠我以琼瑰，归乎归乎，琼瑰盈吾怀乎。"惧不敢占也。还自郑，壬申至于貍脤[4]，而占之曰："余恐死，故不敢占也，今众繁而从余三年矣[5]，无伤也。"言之之莫而卒。

今注

1 洹：在今河南省安阳县北四里。

2 琼瑰：琼是玉，瑰是珠子。

3 盈其怀：满身全是。

4 貍脤：在今山东省曲阜县西境。

5 众繁而从余三年矣：众人追随我已经三年了。

今译

最初，鲁国的声伯梦见步行渡过洹水，有人给他琼瑰吃，他哭出来的眼泪变成满怀的珠玉。因此，他就歌唱说："渡过了洹水，赠给我珠玉，回去吧！回去吧！我已经满怀的珠玉了。"他不敢占卜。从郑国开会回来，壬申到了貍脤这地方，就占卜说："我因为恐怕死，所以不敢占卜。现在看很多的人追随着我已经三年了，没有关系了。"说了这件事，到晚间，他就死了。

经 十有二月丁巳朔，日有食之[1]。

今注

1 此经无传。

今译

十二月丁巳，有日食。

经 邾子貜且卒[1]。

今注

1 此经无传。

今译

邾国君貜且死了。

传 齐侯使崔杼为大夫，使庆克佐之，帅师围卢[1]。国佐从诸侯围郑，以难请而归[2]。遂如卢师，杀庆克，以穀叛。齐侯与之盟于徐关而复之。十二月，卢降，使国胜[3]告难于晋，待命于清[4]。

今注

1 卢：是齐国的地方，在今山东省长清县东南。

2 以难请而归：因国内有难，请求各诸侯准许他回齐国。

3 国胜：是国佐的儿子。

4 清：在今山东省堂邑县东南三十里。

今译

齐灵公叫崔杼为大夫，又派庆克为他的佐理，率领军队围了卢地。国佐跟从诸侯去包围郑国。他以齐国国内有难，请求各诸侯准许他回国。就到包围卢地的军队里，杀掉了庆克，占据穀地来反叛。齐灵公就和国佐盟誓于徐关，才恢复了他的职位。十二月，卢地投降，齐灵公派国胜到晋国去告患难，让他在清这地方等候命令。

经 晋杀其大夫郤锜、郤犨、郤至。

传 晋厉公侈，多外嬖，反自鄢陵，欲尽去群大夫而立其左右。胥童[1]以胥克之废也，怨郤氏，而嬖于厉公。郤锜夺夷阳五田[2]，五亦嬖于厉公。郤犨与长鱼矫争田[3]，执而梏之，与其父母妻子同一辕[4]，既矫亦嬖于厉公。栾书怨郤至，以其不从己而败楚师也[5]，欲废之。使楚公子茷告公曰："此战也，郤至实召寡君，以东师之未至也[6]，与军帅之不具[7]也。曰：'此必败，吾因奉孙周以事君[8]。'"公告栾书，书曰："其有焉，不然，岂其死之不恤，而受敌使乎[9]？君盍尝使诸周而察之[10]。"郤至聘于周，栾书使孙周见之。公使觇之，信[11]，遂怨郤至。厉公田，与妇人先杀而饮酒，后使大夫杀[12]。郤至奉豕，寺人孟张夺之[13]，郤至射而杀之。公曰："季子欺余[14]。"厉公将作难，胥童曰："必先三郤，族大多怨[15]，去大族不偪，敌多怨有庸[16]。"公曰："然。"郤氏闻之，郤锜欲攻公，曰："虽死，君必危。"郤至曰："人所以立，信、知、勇也。信不叛君，知不害民，勇不作乱，失兹三者，其谁与我？死而多怨，将安用之？君实有臣而杀之，其谓君何？我之有罪，吾死后矣。若杀不辜，将失其民，欲安得乎[17]？待命而已。受君之禄，是以聚党。有党而争命[18]，罪孰大焉？"壬午，胥童、夷羊五帅甲八百，将攻郤氏，长鱼矫请无用众，公使清沸魋[19]助之，抽戈结衽[20]，而伪讼者[21]。三郤将谋于榭[22]，矫以戈杀驹伯、苦成叔于其位[23]。温季曰："逃威也。"遂趋，矫及诸其车，以戈杀之，皆尸诸朝[24]。胥童以甲劫栾书、中行偃于朝，矫曰："不杀二子，忧必及君。"公曰："一朝而尸三卿，余不忍益也[25]。"对曰："人将忍君[26]。臣闻乱在外为奸，在内为轨。御奸以德，御轨以刑[27]。不施而杀，不可谓德，臣偪而不讨，不可谓刑。德刑不立，奸轨并至，臣请行！"遂出奔狄。公使辞于二子[28]，曰："寡人有讨于郤氏，郤氏既伏其辜矣。大夫无辱，其复职位。”皆再拜稽首曰：“君讨有罪，而免臣于死，君之惠也。二臣虽死，敢忘君德。”乃皆归，公使胥童为卿。公游于匠丽氏[29]，栾书、中行偃遂执公焉。召士匄，士匄辞[30]，召韩厥，韩厥辞曰：“昔吾畜于赵氏，孟姬之谗吾能违兵[31]。古人有言曰：‘杀老牛莫之敢尸[32]。’而况君乎？二三子不能事君，焉用厥也？”

今注

1 胥童：胥克的儿子。

2 夺夷阳五田：夺掉夷阳五的田地。

3 长鱼矫争田：长鱼是双姓，名矫，为田产来争执。

4 同一辕：同拴在一个车辕上。

5 以其不从己而败楚师也：因为他不听自己的话，而结果打败了楚国军队。

6 东师之未至也：因为东方齐、鲁、卫各国的军队还没有到来。

7 军帅之不具：因为是荀罃佐下军居首，所以说是军队不完备。

8 吾因奉孙周以事君：我就可以使孙周来事奉你楚王。孙周就是晋悼公。

9 受敌使乎：在鄢陵打仗时，楚王派使臣来问候郤至，郤至接见过使臣。

10 君盍尝使诸周而察之：你何不派他到周国去，再侦察他。

11 公使觇之，信：厉公将去测探他，他果然见着孙周了。

12 后使大夫杀：后来才让大夫们杀野兽。

13 寺人孟张夺之：太监名叫孟张的夺去他的猪。

14 季子欺余：季子就是郤至。他太欺负我。

15 族大多怨：他家族很大，并且内部有很多矛盾。

16　敌多怨有庸：如果敌人有很多人怨恨他，我们讨伐他就很容易成功。

17　欲安得乎：厉公想安居在君位，那还能够吗？

18　有党而争命：有了亲族而与国君死命相争。

19　清沸魋：他是厉公的嬖人之一。

20　抽戈结衽：拿着枪捆上衣服。

21　而伪讼者：而假作打官司的人。

22　三郤将谋于榭：郤氏三弟兄将在讲武堂上计谋。

23　于其位：在他们位置上。

24　皆尸诸朝：全都把死尸摆到朝上。

25　余不忍益也：我不忍心再增加。

26　人将忍君：栾书同中行偃可忍心对你。

27　御轨以刑：对于内乱的，用刑法。

28　公使辞于二子：厉公就使人辞谢栾书同中行偃。

29　公游于匠丽氏：厉公到嬖大夫匠丽氏家去游玩。

30　士匄辞：士匄是士燮的儿子，他辞谢不去。

31　吾能违兵：我能够顶住不出兵。

32　杀老牛莫之敢尸：杀一只老的牛，还没有人敢做主。

今译

晋厉公很骄侈，他有很多宠信的大夫，从鄢陵战胜回来，想除掉很多大夫，而立他左右的人。胥童因为他父亲胥克的被废，而怨恨郤氏。他得到厉公的宠爱。郤锜夺去夷阳五的田地，而夷阳五也得宠于厉公。郤犨和长鱼矫争夺田地，把他逮起来跟他的父母妻子同系到一个车辕上。不久，长鱼矫也得到厉公的宠信。栾书怨恨郤至，因为郤至不听他的话，可是打败了楚国的国队，想废除郤至。栾书让楚国的公子茷告诉晋厉公说：“鄢陵这一战役，实在是郤至召来楚君的，因为东方齐、鲁、卫各国的军队还没有来，晋国军队的指挥官不齐全。说：‘这一战，晋国必定打败，我就可以拥护晋悼公做君王了。’”晋厉公把这话告诉栾书。栾书回答说：“可能是有的，要不如此，郤至岂能不怕死，而接见敌国的使臣？你何不派他去周朝而察看他。”郤至到周朝去聘问，栾书想办法让晋悼公去见他。晋厉公派人去察看，证实郤至与晋悼公有联系，因而就怨恨郤至。晋厉公去打猎，与妇人先杀射猎，然后喝酒，后使大夫再去射猎。郤至猎到一头猪去献给晋厉公，太监孟张夺走野猪，郤至射太监就把他杀掉了。晋厉公说：“郤至真是欺负我。”晋厉公将要发难除去群大夫，胥童说：“必须由三郤来开始，他族人很多，内部矛盾很多，去了大族，公室就不再受逼迫。讨伐内部矛盾多的人，容易成功。”晋厉公说：“很对。”郤氏听见这个消息，郤锜想先攻打晋厉公，说：“虽然我们死了，但是晋君也必定危险。”郤至不同意，说：“信、知、勇是人立身的要件，信用就是对君不反叛，聪就不害人民，勇敢就不作乱。失去了这三者，谁还拥护我们？死了得到很多怨恨，这还有什么用处呢？君实在有臣而杀掉他，能把君怎么样呢？我若是有罪，我的死已经很晚了。若国君杀了无罪的人，将失去民心，想着安稳君位，还能够得到吗？还是等待命令吧。受君的俸禄，所以聚亲族。有了新族而和国君争，还有比这罪过更大的吗？”壬午这天，胥童与夷阳五率甲兵八百，想攻打郤氏。长鱼矫请求不要用重兵，晋厉公就使清沸魋来帮助他。长鱼矫抽出枪系上衣服，假装着同清沸魋打官司。三郤将在讲武堂上计谋，长鱼矫用枪杀郤锜同郤犨在他们的位置上。郤至说：“无罪被杀，须要逃走。”就驱车而逃，长鱼矫追上他的车，用枪把他杀掉，把他们的尸身全陈列到朝廷上。胥童带甲兵劫持栾书、中行偃在朝上，长鱼矫说：

“不杀他们两个人，忧必定连到君。”晋厉公说：“一天而杀了三位卿，我不愿意再增添了。”长鱼矫回答说：“栾书同中行偃将忍心杀你。我听说，祸乱在外边叫奸，在里边叫轨。对奸的驾驭是用德行，对于轨的驾驭是用刑法。不施教化而杀人，这不可以算是德行；人臣偪乱而不讨伐，不可以叫作刑。德与刑全不树立，外患内忧会一起来到。下臣请求离开。”就逃奔到狄国去。晋厉公派人对栾书同中行偃说：“我是专为讨伐郤氏的，郤氏已经服罪。大夫们不要感到羞辱，赶紧回到原位上吧。”他们全都再拜稽首说：“君讨有罪的人，而赦免下臣死，这是君王的恩惠。我们两个人即使死了，也不敢忘君王的恩德。”于是就回家了。晋厉公就派胥童做卿。一次，晋厉公到大夫匠丽氏家去游玩，栾书同中行偃就把晋厉公逮起来。他们叫士匄去，士匄不去，又叫韩厥去，韩厥也辞谢说：“我从前在赵氏家里长大，孟姬诬陷赵氏，我能够顶住不出兵。古人说过：‘杀老牛没有人敢做主。’何况是国君呢！你们不能侍奉国君，又哪里用得到我呢？”

经 楚人灭舒庸。

传 舒庸人[1]以楚师之败也，道吴人围巢，伐驾，围厘、虺[2]，遂恃吴而不设备。楚公子橐师袭舒庸，灭之。

今注

1 舒庸人：舒庸在今安徽省舒城县境。

2 道吴人围巢，伐驾，围厘、虺：巢、驾、厘、虺是楚国四邑。《春秋大事表》说：“驾、厘皆在无为县，虺在庐江县境。”

今译

舒庸人看见楚师打败仗了，就引导着吴国人去围巢地、伐驾地，围了厘地同虺地，因此就依仗着吴国而不设防。楚国公子橐的军队袭击舒庸，把它灭掉。

传 闰月乙卯晦，栾书、中行偃杀胥童[1]，民不与郤氏、胥童道君为乱，故皆书曰晋杀其大夫[2]。

今注

1 栾书、中行偃杀胥童：因为胥童曾经劫持他们。

2 晋杀其大夫：就指杀胥童。

今译

在闰月乙卯晦，栾书、中行偃把胥童杀掉，人民也不赞同郤氏、胥童引导晋厉公作乱，所以《春秋》上写着晋国人杀了他们的大夫。

成公十有八年（公元前五七三年）

经 十有八年春王正月，晋杀其大夫胥童[1]。

今注

1 传在成公十七年。此经无传。

今译

成公十八年春天正月，晋国杀它的大夫胥童。

经 庚申，晋弑其君州蒲。

传 十八年春王正月庚申，晋栾书、中行偃使程滑[1]弑厉公，葬之于翼东门之外，以车一乘[2]。使荀罃、士鲂逆周子[3]于京师而立之，生十四年矣。大夫逆于清原[4]，周子曰："孤始愿不及此，虽及此，岂非天乎？抑人之求君，使出命也，立而不从，将安用君？二三子用我今日，否亦今日。共而从君，神之所福也。"对曰："群臣之愿也。敢不唯命是听！"庚午，盟而入[5]，馆于伯子同氏[6]。辛巳，朝于武宫[7]。逐不臣者七人[8]。周子有兄而无慧，不能辨菽麦[9]，故不可立。

今注

1 程滑：是晋大夫。

2 以车一乘：照道理是君下葬要用七乘，现在车一乘，可见是不合君的礼。

3 周子：即悼公，名周。晋襄公的儿子。

4 清原：据《一统志》说："在山西省稽山县东南与闻喜县相接。"

5 盟而入：和大夫盟誓就进了都城。

6 馆于伯子同氏：住到晋大夫伯子同氏的家中。

7 朝于武宫：武宫是曲沃武公的庙。

8 逐不臣者七人：这就是夷阳五之类的人。

9 不能辨菽麦：分不清豆子同麦子。

今译

十八年春天正月庚申这日，晋国的栾书、中行偃使晋国大夫程滑弑晋厉公，就葬在翼东门的外边，用车辆一辆，这是比国君的葬礼应当用的车辆七辆少得多。另派荀罃、士鲂到周国的都城迎接悼公立他为君，他已经十四岁了。大夫们到清原迎接他，晋悼公说："我最初的愿望到不了这里，现在居然到了这里，岂不是天命如此？然而，人们要求有国君，就是使他发布命令。如果立了他，而不听从他的命令，那立君有什么用处？你们用我在今天，不用我也在今天。恭敬而听从君的命令，这是神灵所保佑的。"大夫们回答说："这是我们诸臣的愿望，不敢不听从你的命令。"庚午这天，晋悼公同诸大夫盟誓后进入国都，暂时住在晋大夫伯子同氏的家中。辛巳这天，到曲沃武公的庙中去朝见。驱逐不肯做臣的七个人。晋悼公有个哥哥是白痴，不能够分辨豆子同麦子，所以他不能够立。

经 齐杀其大夫国佐。

传 齐为庆氏之难故，甲申晦，齐侯使士华免[1]以戈杀国佐于内宫之朝，师逃于夫人之宫[2]。书曰齐杀其大夫国佐，弃命、专杀，以穀叛故也。使清人杀国胜[3]，国弱来奔[4]，王湫奔莱[5]。庆封为大夫，庆佐为司寇。既齐侯反国弱，使嗣国氏，礼也。

今注

1 华免：齐士官，掌刑政。

2 师逃于夫人之宫：埋伏的兵逃到夫人的宫里。

3 使清人杀国胜：使清这地方的人杀掉国佐的儿子国胜。

4 国弱来奔：国弱是国胜的弟弟，逃到鲁国。

5 王湫奔莱：王湫是国佐的党羽，逃到莱国去。

今译

齐国由于国佐杀掉庆克的祸难，甲申三十这天，齐侯派他的士官华免用枪在夫人的宫中杀了国佐，埋伏的兵逃到夫人的宫里去。《春秋》上说，齐国杀掉他的大夫国佐，是因为他背弃齐君的命令，专权杀戮，据有穀地而反叛。使清这地方的人杀国佐的儿子国胜，国胜的弟弟国弱就逃奔到鲁国，而国佐的党徒王湫逃奔到莱国。庆封就做了大夫，庆佐就做了司寇。后来不久，齐侯就叫国弱回到齐国，接续着国氏的宗嗣，这是合于礼的。

传 二月乙酉朔，晋侯悼公即位于朝[1]。始命百官，施舍已责[2]，逮鳏寡[3]，振废滞[4]，匡乏困，救灾患，禁淫慝，薄赋敛，宥罪戾[5]，节器用[6]，时用民[7]，欲无犯时[8]，使魏相、士鲂、魏颉、赵武为卿[9]，荀家、荀会、栾黡、韩无忌[10]为公族大夫，使训卿之子弟，共俭孝弟，使士渥浊[11]为大傅，使修范武子之法，右行辛为司空，使修士蒍之法[12]，弁纠[13]御戎，校正属焉，使训诸御知义，荀宾为右，司士属焉，使训勇力之士时使[14]，卿无共御，立军尉以摄之[15]。祁奚为中军尉，羊舌职佐之，魏绛[16]为司马，张老为候奄，铎遏寇[17]为上军尉，籍偃为之司马，使训卒乘亲以听命。程郑[18]为乘马御，六驺属焉，使训群驺知礼。凡六官之长，皆民誉也。举不失职，官不易方[19]，爵不逾德[20]，师不陵正，旅不偪师，民无谤言[21]，所以复霸也[22]。

今注

1 即位于朝：在朝上即君位。

2 施舍已责：布施恩惠，舍除劳役，停止债务。

3 逮鳏寡：惠及鳏夫同寡妇。

4 振废滞：把从前废官在家的，使他重新做官。

5 宥罪戾：把犯罪的人全都宽赦。

6 节器用：节省所用的物品。

7 时用民：按天时来用人民工作。

8 欲无犯时：不纵私欲以侵犯民时。

9 魏相、士鲂、魏颉、赵武为卿：魏相是魏锜的儿子，士鲂是士会的儿子，魏颉是魏颗的儿子，赵武是赵朔的儿子，这四个人皆做到卿的官阶。

10 荀家、荀会、栾黡、韩无忌：栾黡是栾书的儿子，荀家、荀会是荀氏的族人，韩无忌是韩厥的儿子。

11 士渥浊：是士贞子。

12 使修士蒍之法：使他修明士蒍的成法。士蒍在晋献公时曾经做过司空。

13 弁纠：即栾纠。

14 使训勇力之士时使：叫他教训勇敢有力量的人，以备临时的使用。

15 立军尉以摄之：设立军尉来代理他。

16 魏绛：是魏犨的儿子。

17 铎遏寇：铎遏是双姓，名字叫寇。

18 程郑：是荀氏族中的一个人。

19 官不易方：官都守着他的事业，不变他的常度。

20 爵不逾德：官爵不超过他的德行。

21 民无谤言：人民没有毁谤的话。

22 所以复霸也：所以恢复了晋国的霸业。

今译

二月乙酉初一这天，晋悼公在朝廷上即位。开始任命百官，布施恩惠，舍除劳役，免除百姓对国家的欠债，加恩给鳏夫同寡妇，并且起用有贤才而废除在家里的人，使他重新做官，救济困苦的人，援救受灾患的人，禁止淫邪的坏人，减税收，赦免犯罪的人，节省各种用度，按时节来使用人民，不纵私欲来侵犯民时。派魏相、士鲂、魏颉、赵武做卿的官，荀家、荀会、栾黡、韩无忌皆做公族大夫的官，使他们教训卿的儿子或兄弟，恭敬、节俭、孝顺、友爱；使士渥浊做太傅，修整范武子从前的法令，右行辛做司空，使他修整士蒍的法令；弁纠驾戎车，凡是主持马政的官皆属他管，叫他训练凡驾车的人全知道节义；荀宾做车右，凡做车右的官全归他管，使他训勉勇力的人，待时选用；卿没有固定的御者，立军尉兼管这些事。祁奚做中军的尉官，羊舌职做他的副佐，魏犨的儿子魏绛做司马的官；张老做候奄的官，铎遏寇做上军的尉官，籍偃做司马，使他们训练兵卒同战车卒，互相亲近，以听候上边的命令。程郑做乘马御，马官全都归他管，使他训练马官们全都知道礼节。凡是六官的首领，全是人民所称誉的人。举拔的人不失职，当官的人不改变常规，爵位皆合于他的德行。不欺凌师正，旅不能偪陵师，人民没有毁谤的话。晋悼公之所以再称霸主，就是如此。

经 公如晋。

传 公如晋，朝嗣君也[1]。

今注

1 朝嗣君也：这是为朝见新即位的晋悼公。

今译

鲁成公到晋国去，就是为的朝见晋悼公。

经 夏，楚子、郑伯伐宋，宋鱼石复入于彭城。

传 夏六月，郑伯侵宋，及曹门[1]外，遂会楚子伐宋，取朝郏[2]，楚子辛、郑皇辰侵城郜[3]，取幽丘[4]，同伐彭城，纳宋鱼石、向为人、鳞朱、向带、鱼府[5]焉，以三百乘戍之而还。书曰复入。凡去其国，国逆而立之曰入，复其位曰复归。诸侯纳之曰归，以恶曰复入[6]。宋人患之，西钮吾[7]曰："何也？若楚人与吾同恶[8]，以德于我，吾固事之也，不敢贰矣。大国无厌，鄙我犹憾[9]。不然而收吾憎，使赞其政[10]，以间吾衅，亦吾患也。今将崇诸侯之奸而披其地[11]，以塞夷庚[12]，逞奸而携服[13]，毒诸侯而惧吴晋，吾庸多矣，非吾忧也。且事晋何为？晋必恤之。"

今注

1 曹门：是宋国都城的西北门。

2　朝郏：宋邑，在今河南省夏邑县境。

3　城郜：宋邑，在今安徽省萧县西南境。

4　幽丘：宋邑，在今安徽省萧县境内。

5　鱼石、向为人、鳞朱、向带、鱼府：这五个人皆在鲁成公十五年逃奔到楚国。

6　以恶曰复入：意思说要是反叛的就写成复入。

7　西钼吾：西钼是双姓，名吾，是宋大夫。

8　与吾同恶：和我们相同，恨鱼石他们。

9　大国无厌，鄙我犹憾：大国根本对我们仍旧有怨恨，把我们当作一个属国，那还不满意。

10　使赞其政：要不然他就收买我们憎恨的人，使辅佐他的政治。

11　崇诸侯之奸而披其地：掌握诸侯的奸恶，而分散他们的疆土。

12　以塞夷庚：堵塞晋国同吴国的要道。

13　逞奸而携服：使奸人快乐，而使服从的国家分散。

今译

夏天六月，郑伯侵犯宋国，到了宋国的都城西北方面的曹门，于是就会同楚王一起伐宋国，得到朝郏这地方。楚国的令尹子辛同郑国大夫皇辰，侵了城郜这地方，又取得幽丘，一同去讨伐彭城，纳入从前逃奔到楚国的鱼石、向为人、鳞朱、向带、鱼府这五个人。楚王派三百辆军车去戍守，然后回国。《春秋》上记载说“复入”。凡是离开他的国，本国迎接他回来就叫入，恢复他的位子就写上复归。诸侯使他回来就写上归，反叛的进来叫复入。宋国人很害怕，宋国的大夫西钼吾说：“这有什么呢？要是楚国人和我们全都恨鱼石他们，施恩德于我们，那么我们就侍奉楚国不敢有二心了。

假设楚国有无厌的要求，拿我们当作属国尚不满意；要不然它收留我们不满意的人，使这些人帮助楚国的政权，钻我们的空子，这才是我们的祸患。现在利用诸侯的好恶而分裂他的地方，以堵塞吴、晋两国的要塞，这是使奸人快心，而使服从楚国的离心。毒害诸侯并且使吴、晋惧怕，我们的好处很多了，这不是我们的忧患，并且我们侍奉晋国为什么呢？晋国必然来帮助我们。”

经　公至自晋。

经　晋侯使士匄来聘。

传　公至自晋。晋范宣子来聘，且拜朝也[1]。君子谓晋于是乎有礼。

今注

1　且拜朝也：且拜谢鲁成公往晋国的朝见。

今译

鲁成公从晋国回到鲁国。晋大夫范宣子到鲁国来聘问，并且拜谢鲁成公往晋国的朝见。君子说晋国在这件事上是合乎礼的。

经　秋，杞伯来朝。

传　秋，杞桓公来朝，劳公，且问晋故，公以晋君语之[1]，杞伯于是骤朝于晋，而请为昏[2]。

今注

1　公以晋君语之：鲁成公把晋悼公的德政告诉他。

2　而请为昏：同时要求和晋国做婚姻。

今译

秋天，杞桓公来朝见，慰劳鲁成公，并且问晋国的情况。成公把晋悼公的德政告诉他，于是杞桓公就马上到晋国去朝见，并且请求婚姻。

经　八月，郳子来朝。

传　七月，宋老佐、华喜围彭城，老佐卒焉[1]。八月，郳宣公来朝，即位而来见也。

今注

1　老佐卒焉：老佐死在那里，所以没能攻下彭城。

今译

七月，宋国大夫老佐同华喜以军队包围彭城，老佐死在那里了。八月，郳宣公到鲁国朝见，他方才即君位，所以来朝见。

经　筑鹿囿。

传　筑鹿囿。书不时也[1]。

今注

1　书不时也：这是记载不合于建筑的时候。

今译

修筑养鹿的园子，《春秋》记载这件事，是因为不合于建筑的时令。

经　己丑，公薨于路寝。

传　己丑，公薨于路寝，言道也[1]。

今注

1　言道也：这是很合于正道的。

今译

己丑这天，鲁成公死在路寝，这是说他很合于为君的道理。

经　冬，楚人、郑人侵宋。

经　晋侯使士鲂来乞师。

传　冬十一月，楚子重救彭城伐宋。宋华元如晋告急。韩献子为政，曰："欲求得人，必先勤之[1]，成霸安疆，自宋始矣。"晋侯师于台谷[2]以救宋，遇楚师于靡角之谷[3]，楚师还。晋士鲂来乞师，季文子问师数于臧武仲[4]。对曰："伐郑之役，知伯实来，下军之佐也。今彘季[5]亦佐下军，如伐郑可也。事大国无失班爵而加敬焉，礼也。"从之。

今注

1　欲求得人，必先勤之：想得到旁国拥戴，必须对它先付出勤劳。

2　台谷：在今山东省曹县东南。

3　靡角之谷：靡角是宋地。《方舆纪要》说："永城县东北有磨山，为砀山之别阜，是时属于宋。"

4　臧武仲：是臧宣叔的儿子。

5　彘季：就是士鲂。

今译

冬天十一月，楚国令尹子重派兵救彭城，讨伐宋国，宋国的华元到晋国去告急。这时韩厥当政权，就说："想求得到旁人拥戴，必定要先对他的急难勤恤。成霸主，安定疆业，必定由宋国打仗开始。"晋国的军队就到台谷这地方以救援宋国，到靡角之谷这地方遇见楚国军队。楚军害怕就回去了。晋国的士鲂来请求鲁国出兵，季文子问臧武仲出多少兵。他回答说："上回讨伐郑国的时候，知伯来过，他是晋国下军佐。现在士鲂也是下军佐，所出兵数，可以跟讨伐郑国那次战事一样。侍奉大国不要弄错爵位，再加上恭敬，这是合于礼的。"就听从了他。

经 十有二月，仲孙蔑会晋侯、宋公、卫侯、邾子、齐崔杼同盟于虚朾。

传 十二月，孟献子会于虚朾[1]，谋救宋也。宋人辞诸侯而请师以围彭城。孟献子请于诸侯而先归会葬。

今注

1 虚朾：朾音厅。据说就是宋国的虚，在今河南省柘城县境。

今译

十二月，孟献子到虚朾去开会，这是计谋救宋国，宋国人辞谢各诸侯，只请求各国的军队包围彭城。孟献子向诸侯们申请先回来葬成公。

经 丁未，葬我君成公。

传 丁未，葬我君成公，书顺也[1]。

今注

1 书顺也：在记载上说是很顺时的。

今译

丁未这天，葬鲁成公，《春秋》上这样说是表示一切安排顺当。

卷十五　襄公一

襄公元年（公元前五七二年）

经　元年春王正月，公即位[1]。

今注

1　按：襄公名午，成公的儿子，母亲叫定姒。谥法："因事有功曰襄，或辟土有德曰襄。"此经无传。

今译

襄公元年春天正月，鲁襄公行即位礼。

经　仲孙蔑会晋栾黡、宋华元、卫宁殖、曹人、莒人、邾人、滕人、薛人围宋彭城。

传　元年春己亥[1]，围宋彭城，非宋地[2]，追书也。于是为宋讨鱼石，故称宋，且不登叛人也[3]，谓之宋志。彭城降晋，晋人以宋五大夫在彭城者归，寘诸瓠丘[4]。齐人不会彭城，晋人以为讨，二月，齐大子光[5]为质于晋。

今注

1　己亥：按此己亥必是正月。

2　非宋地：这不是宋国的地方。因为在鲁成公十八年楚国取彭城这地方以封鱼石等，所以说它不是宋国的地方。

3 且不登叛人也：并且是不愿意使反叛的人成功。

4 瓠丘：晋地。据《寰宇记》说："在今山西省垣曲县东南，南边临着黄河。"

5 齐大子光：是齐灵公的太子。

今译

元年春己亥这天，围了宋国的彭城，这不是宋国的地方，《春秋》之所以这样记载，这是追记以前的情况。当时是为宋国伐讨鱼石，所以称宋，因为鱼石反叛过宋国。《春秋》不赞成使叛人成功，这是宋国的志愿。彭城就投降晋国，晋国人将在彭城的宋国五个大夫带回晋国，安置在瓠丘这地方。齐国人不到彭城来开会，晋国人因此来讨伐齐国，二月，齐灵公的太子光到晋国作为人质。

经 夏，晋韩厥帅师伐郑。

经 仲孙蔑会齐崔杼、曹人、邾人、杞人次于鄫。

传 夏五月，晋韩厥、荀偃帅诸侯之师伐郑，入其郛，败其徒兵于洧上[1]。于是东诸侯之师次于鄫[2]以待晋师。晋师自郑以鄫之师侵楚焦夷及陈。晋侯、卫侯次于戚，以为之援[3]。

今注

1 败其徒兵于洧上：徒兵是步兵。打败了郑国的步兵在洧水的上游。

2 东诸侯之师次于鄫：东方的诸侯指齐、鲁、曹、邾、杞等国的军队，驻在鄫这地方。鄫，据江永说："在今河南省睢县东南有鄫亭。"

3 以为之援：来做韩厥的援助。

今译

夏五月，晋国的韩厥、荀偃率领诸侯的军队讨伐郑国，进入它的外城，在洧水上游打败了它的步兵。于是东方齐、鲁、曹、邾、杞等国的军队全留在郑国的鄫这地方，等候着晋国的军队。晋国的军队从郑国用鄫这地方的军队侵略楚国的焦夷并侵犯陈国。晋悼公同卫侯就住在戚这地方，作为韩厥的后援。

经 秋，楚公子壬夫帅师侵宋。

传 秋，楚子辛救郑，侵宋吕留[1]，郑子然侵宋，取犬丘[2]。

今注

1　吕留：宋地，《江南通志》说："吕在今江苏铜山县东五十里，留在江苏沛县东南五十里。"

2　犬丘：《一统志》说："今河南永城县西北三十里有犬邱集。"

今译

秋天，楚国的令尹子辛救郑国，于是侵了宋国的吕同留两个地方，郑国的子然也侵略宋国，夺到犬丘这地方。

经 九月辛酉，天王崩[1]。

今注

1　此经无传。

今译

九月辛酉这天，周简王死了。

经 邾子来朝。

传 九月，邾子来朝[1]，礼也。

今注

1 邾子来朝：邾宣公到鲁国朝见。

今译

邾宣公到鲁国朝见，这是合于礼的。

经 冬，卫侯使公孙剽来聘。

经 晋侯使荀罃来聘。

传 冬，卫子叔、晋知武子来聘，礼也。凡诸侯即位，小国朝之，大国聘焉，以继好、结信、谋事、补阙[1]，礼之大者也。

今注

1 继好、结信、谋事、补阙：继续和好，巩固信誉，计谋事情，补正阙失。

今译

冬天，卫国子叔、晋国知武子来聘问，这是合于礼的。凡是诸侯初即位的时候，小国来朝见他，大国来聘问他，这是所以继续和好、巩固信用、商量计谋、补正阙失，这是礼仪中的大事。

襄公二年（公元前五七一年）

经 二年春王正月，葬简王[1]。

今注

1 此经无传。

今译

二年春正月，葬周天子简王。

经 郑师伐宋。

传 二年春，郑师侵宋，楚令也[1]。

今注

1 楚令也：这是楚国所命令的。

今译

二年春，郑国的军队侵略宋国，这是楚国所命令的。

传 齐侯伐莱，莱人使正舆子赂夙沙卫[1]以索马牛皆百匹，齐师乃还，君子是以知齐灵公之为灵也[2]。

今注

1 夙沙卫：是齐国太监。

2 是以知齐灵公之为灵也：谥法说灵是乱而不损。意思说他的行为同他的谥号相同。

今译

齐侯讨伐莱国，莱国人使莱国的大夫正舆子贿赂齐国的太监夙沙卫，用精选的马同牛各一百匹，齐国军队就回去了。君子所以知道齐灵公很合于他的谥法的称谓。

经 夏五月庚寅，夫人姜氏薨。

传 夏，齐姜薨[1]。初，穆姜使择美檟[2]。以自为榇与颂琴[3]，季文子取以葬。君子曰："非礼也，礼无所逆[4]。妇养姑者也，亏姑以成妇[5]，逆莫大焉。《诗》曰：'其惟哲人，告之话言，顺德之行[6]。'季孙于是为不哲矣。且姜氏君之妣也。《诗》曰：'为酒为醴，烝畀祖妣，以洽百礼，降福孔偕[7]。'"

今注

1 齐姜薨：齐姜是成公的夫人。

2 穆姜使择美檟：穆姜是成公的母亲，选择一种好的檟树。

3　自为榇与颂琴：自己做了棺木同殉葬的颂琴。

4　礼无所逆：凡事不可逆礼而行。

5　亏姑以成妇：亏待了婆婆以成就儿媳妇。

6　其惟哲人，告之话言，顺德之行：这是《诗经·大雅·抑》篇的一句诗。意思是说明哲的人告诉他好话，他就顺从德行来做。

7　为酒为醴，烝畀祖妣，以洽百礼，降福孔偕：这是《诗经·周颂》篇的一句诗。意思是说做酒同做好的酒，敬忌祖先同祖母，这是合于百种礼节的，而鬼神会降很大的福禄。

今译

夏天，鲁成公的夫人齐姜死了。当初，成公的母亲穆姜使人选了好的檟木，自己做了贴身的棺木、送终的颂琴，季文子就拿了这些来给齐姜下葬。君子说："这是不合于礼的，凡事不可逆礼而行。儿媳妇是奉养婆婆的，亏待了婆婆而成全了儿媳妇，没有再比这更大的违礼。《诗经·大雅》说：'唯独明智的人，才能告诉他好的话，他就能够顺着德行来做。'季孙这样就是不明哲了。并且姜氏是襄公的嫡母。《诗经·周颂》也说过：'做酒，做好酒给祖妣用，这是合乎各种礼节的，神就能够降给很多福禄。'"

传　齐侯使诸姜宗妇来送葬，召莱子，莱子不会，故晏弱城东阳[1]以偪之。

今注

1　东阳：今山东省临朐县东。

今译

齐侯使姜姓的宗妇皆来给齐姜送葬，召莱子，莱子不来，所以晏弱修筑齐国边境的东阳城来逼迫莱国。

传 郑成公疾，子驷请息肩于晋。公曰："楚君以郑故，亲集矢于其目[1]，非异人任，寡人也[2]。若背之，是弃力与言，其谁昵我？免寡人唯二三子。"

今注

1 亲集矢于其目：谓鄢陵之战楚共王被射中眼睛。

2 非异人任，寡人也：这不是为的别人，而是为我自己。

今译

郑成公有病了，郑国大夫子驷请求与晋国和好，以免除侍奉楚国的负担。郑成公就说："楚王由于郑国，他自己的眼睛被箭射中，这不是为的旁人，而是为着我。要是违背他，这是丢弃他的功劳同我自己的誓言，以后谁还敢亲近我？只有你们几个人可以纠正我的阙失，使我免于罪过。"

经 六月庚辰，郑伯睔卒。

经 晋师、宋师、卫宁殖侵郑。

经 秋七月，仲孙蔑会晋荀罃、宋华元、卫孙林父、曹人、邾人于戚。己丑，葬我小君齐姜。

传 秋七月庚辰，郑伯睔卒。于是子罕当国[1]，子驷为政，子国为司马。晋师侵郑，诸大夫欲从晋，子驷曰："官命未改[2]。"会于戚，谋郑故也。孟献子曰："请城虎牢以偪郑[3]。"知武子曰："善。鄫之会，吾子闻崔子之言，今不来矣[4]。滕、薛、小邾之不至，皆齐故也。寡君之忧不唯郑，罃将复于寡君而请于齐，得请而告[5]，吾子之功也。若不得请，事将在齐[6]。吾子之请，诸侯之福也，岂唯寡君赖之？"

今注

1 子罕当国：子罕是郑穆公的儿子，主持政权。

2 官命未改：成公还没有下葬，所以说是先君的政见还没有改。

3 请城虎牢以偪郑：请把虎牢这个城修整以逼迫郑国。虎牢是从前郑国的城，现已归属晋国。在今河南省汜县西。

4 今不来矣：现在已经不再来开会。

5 得请而告：得请假设齐人答应来开会，就告诉各国来筑虎牢城。

6 事将在齐：那么我们将对齐国实行讨伐。

今译

秋七月庚辰，郑成公死了。于是，子罕就主持政权，子驷做正卿，子国做管军队的官。晋国军队来侵略郑国，郑国的大夫们全要服从晋国，子驷说："现在成公还没有下葬，不能够违背他的意思。"于是诸侯在戚这地方会盟，这是为着谋算郑国的缘故。孟献子就说："请把虎牢这地方的城修理好，以逼迫郑国。"晋国知武子说："很好。在鄫这地方开会的时候，你听见过齐国崔杼的话，果然他不再来了。滕、薛同小邾各国皆不来，都是因为齐国。我们君的忧虑不只是郑国，我将报告我的君，而请齐国来开会。要是齐国接受，就告诸侯城虎牢，这完全是大夫的功劳。要是齐国不听，我们将讨伐齐国。大夫这个请求，是诸侯全体的福禄，岂止我们君依赖他呢？"

经 叔孙豹如宋。

传 穆叔聘于宋，通嗣君也[1]。

今注

1 通嗣君也：这是为着来通告宋国的新君即位的事。

今译

叔孙穆叔到宋国去聘问，这是为的通告宋国的新君即位的事。

经 冬，仲孙蔑会晋荀罃、齐崔杼、宋华元、卫孙林父、曹人、邾人、滕人、薛人、小邾人于戚，遂城虎牢。

传 冬，复会于戚，齐崔武子及滕、薛、小邾之大夫皆会，知武子之言故也[1]。遂城虎牢[2]，郑人乃成。

今注

1 知武子之言故也：这是知武子所说的话的缘故。

2 遂城虎牢：就修理虎牢的城。

今译

冬天，再在戚开会，齐国崔杼同滕、薛、小邾各大夫全来开会，这是知武子所说的话的缘故。就修筑虎牢城，郑国人这才要求讲和。

经 楚杀其大夫公子申。

传 楚公子申为右司马，多受小国之赂，以偪子重、子辛[1]，楚人杀之。故书曰楚杀其大夫公子申。

今注

1 以偪子重、子辛：对于子重同子辛实行压迫。

今译

楚国公子申做右司马，经常接受小国的贿赂，以压迫子重同子辛，楚国人把他杀了。所以《春秋》上说楚国杀了它的大夫公子申。

襄公三年（公元前五七〇年）

经 三年春，楚公子婴齐帅师伐吴。

传 三年春，楚子重伐吴，为简之师[1]，克鸠兹至于衡山[2]，使邓廖帅组甲三百，被练三千[3]，以侵吴。吴人要而击之，获邓廖，其能免者组甲八十，被练三百而已。子重归既饮至[4]，三日，吴人伐楚取驾[5]。驾，良邑也，邓廖亦楚之良也，君子谓子重于是役也，所获不如所亡[6]。楚人以是咎子重，子重病之，遂遇心病而卒。

今注

1 为简之师：训练好的军队。

2 克鸠兹至于衡山：鸠兹是吴地，《一统志》说："今安徽芜湖县东四十里有鸠兹港，今讹称勾兹港。"衡山也是吴地，《汇纂》说："乌程去芜湖甚远，今安徽当涂县东北六十里有横山，似为近之。"

3 使邓廖帅组甲三百，被练三千：邓廖是楚大夫，他率领着组甲。组甲是一种盔甲上面载着组的花纹。被练是甲上有练条的。

4 既饮至：当时子重尚不知道邓廖的失败，所以就饮酒贺胜利。

5 驾：在今安徽省巢县左近。

6 所获不如所亡：所得到的不如所失掉的多。

今译

三年春，楚国子重讨伐吴国，选练好的军队，侵占了鸠兹一直到衡山，派邓廖率领穿组甲的军队三百，穿被练的军队三千，以侵略吴国。吴人由中途来攻打他，逮着邓廖，只有组甲军队八十、被练的军队三百人逃走了。子重回来的时候，他还不知道邓廖的失败，依旧庆贺喝酒，三天以后，吴国人就讨伐楚国，夺取驾这地方。驾是一个好的地方，邓廖也是楚国的良将，君子说子重在这次战役中所得的不如他所失的多。楚国人也就因此归罪于子重，子重就以为憾事，恰巧碰到心脏病发作死了。

经 公如晋。

传 公如晋，始朝也[1]。

今注

1 始朝也：开始朝见晋悼公。

今译

鲁襄公到晋国去，这是他即位以后，初次朝见晋悼公。

经 夏，四月壬戌，公及晋侯盟于长樗。

传 夏，盟于长樗[1]，孟献子相，公稽首[2]。知武子曰："天子在而君辱稽首，寡君惧矣。"孟献子曰："以敝邑介在东表，密迩仇雠[3]，寡君将君是望，敢不稽首。"

今注

1 长樗：大约在今山西省汾城县及新绛县的中间。

2 公稽首：襄公稽首，稽首是头到地面的礼节。

3 密迩仇雠：离着仇敌的国家很近，仇敌是指楚国及齐国。

今译

夏天，在长樗这地方盟会，孟献子相礼，襄公就叩首一直到地上。知罃说："天子尚且在，而你竟至于叩首，我们的君很害怕了。"孟献子就说："因为我们国家在东方，离着齐国同楚国这种仇敌很近，我们的国君只有希望晋君帮助，所以不敢不稽首。"

传 晋为郑服故，且欲修吴好，将合诸侯，使士匄告于齐曰："寡君使匄以岁之不易，不虞之不戒[1]，寡君愿与一二兄弟相见，以谋不协，请君临之，使匄乞盟。"齐侯欲勿许而难为不协，乃盟于耏外[2]。

今注

1 以岁之不易，不虞之不戒：因为这一年很困难，不能不戒备意想不到的事情。

2 祁外：祁音而。祁水就是时水。

今译

晋国因为郑国服从，并且想与吴国修好，将要会合诸侯，派士匄告于齐国说："我们的君使我匄前来，因为今年的多祸难，不能不戒备意外，我们的君很想和各国相见，以商讨解决彼此不和睦的事，请君来参加，所以使我来求盟会。"齐侯本想不答应，但是又觉得不合适，只好在祁水的外边盟会。

经 公至自晋[1]。

今注

1 此经无传。

今译

鲁襄公从晋国回来。

传 祁奚请老[1]，晋侯问嗣焉[2]，称解狐，其仇也，将立之而卒[3]。又问焉，对曰："午也可[4]。"于是羊舌职死矣，晋侯曰："孰可以代之？"对曰："赤也可[5]。"于是使祁午为中军尉，羊舌赤佐之。君子谓祁奚于是能举善矣，称其仇不为谄，立其子不为比，举其偏不为党。《商书》曰："无偏无党，王道荡荡[6]。"其祁奚之谓矣。解狐得举，祁午得位，伯华得官，建一官而三物成[7]，能举善也夫。唯善故能举其类。《诗》云："惟其有之，是以似之[8]。"祁奚有焉。

今注

1　祁奚请老：祁奚请求归老还乡。

2　晋侯问嗣焉：晋悼公就问什么人可继续他的职务。

3　将立之而卒：将要立解狐，解狐就死了。

4　午也可：祁午是祁奚的儿子。

5　赤也可：羊舌赤是羊舌职的儿子。他的号叫伯华。

6　无偏无党，王道荡荡：这是《商书·洪范》篇的话，意思是没有偏心，也没有党派，王的道路是很直的。

7　建一官而三物成：建立了一个官而三件事情完全成功。

8　惟其有之，是以似之：这是《诗经·小雅·裳裳者华》篇的一句诗。意思是说只是有德的人方能推行同类的人物。

今译

祁奚想告老，晋悼公问什么人可以继续他的职务，他就推举解狐，这正是他的仇人，将要立时而解狐死了。晋悼公又问他，他就回答说："午也可以。"这时间，羊舌职已经死了，晋悼公说："谁可以替代他？"他又回答说："赤就可以。"所以祁午就做了中军尉，羊舌赤辅佐他。君子说祁奚真是能够推举善人，推举他的仇人，不算是谗谄，立他的儿子，不算是有私，推举他的属掾，不算是党派。《商书·洪范》篇里说："没有偏心也没有党派，王道是很直的。"这不就是祁奚吗？解狐被推举，祁午得到位子，羊舌赤得到官，建立一个官而成全三件事，这是能推举贤人的缘故。唯独善人才能推举他的同类。《诗经·小雅》篇说："因为他是有德，所以能够推举同类的人。"祁奚就是这样的人。

经　六月，公会单子、晋侯、宋公、卫侯、郑伯、莒子、邾子、齐世子光，己未，同盟于鸡泽。

传　六月，公会单顷公及诸侯，己未，同盟于鸡泽[1]。晋侯使荀会逆吴子于淮上，吴子不至。

今注

1　鸡泽：在今河北省永年县西南。

今译

六月，鲁襄公同周王卿士单顷公以及诸侯们己未这天在鸡泽盟会。晋悼公派荀会到淮水上迎接吴王，吴王没有来。

经　陈侯使袁侨如会。戊寅，叔孙豹及诸侯之大夫及陈袁侨盟。

传　楚子辛为令尹，侵欲于小国，陈成公使袁侨[1]如会求成。晋侯使和组父告于诸侯。秋，叔孙豹及诸侯之大夫及陈袁侨盟，陈请服也[2]。

今注

1　袁侨：是陈国涛涂的四世孙。

2　陈请服也：陈国请求服从晋国。

今译

楚国子辛做令尹官，对小国都有侵占的欲望，陈成公因此害怕了，就派袁侨到会中跟晋国求和。晋悼公就派和组父告诉各国说陈国服从晋国了。秋天，鲁国的叔孙豹同诸侯的大夫们以及陈国的袁侨盟会，因为陈国服从晋国了。

经　秋，公至自会[1]。

今注

1　此经无传。

今译

秋天，襄公自盟会回来。

传　晋侯之弟扬干乱行于曲梁[1]。魏绛戮其仆[2]。晋侯怒，谓羊舌赤曰："合诸侯以为荣也，扬干为戮，何辱如之？必杀魏绛，无失也。"对曰："绛无贰志，事君不辟难，有罪不逃刑，其将来辞，何辱命焉[3]？"言终，魏绛至，授仆人书[4]，将伏剑，士鲂、张老止之。公读其书曰："日君乏使，使臣斯司马[5]，臣闻师众以顺为武[6]，军事有死无犯为敬[7]，君合诸侯，臣敢不敬。君师不武，执事不敬，罪莫大焉。臣惧其死，以及扬干，无所逃罪[8]，不能致训，至于用钺[9]。臣之罪重，敢有不从，以怒君心[10]。请归死于司寇。"公跣而出曰："寡人之言亲爱也，吾子之讨军礼也。寡人有弟，弗能教训，使干大命，寡人之过也。子无重寡人之过[11]，敢以为请。"晋侯以魏绛为能以刑佐民矣，反役与之礼食，使佐新军。张老为中军司马[12]，士富为候奄[13]。

今注

1　扬干乱行于曲梁：扬干乱了行列，曲梁的故城，在今河北省永年县东北。

2　魏绛戮其仆：魏绛把他的驾车的人杀掉。

3　其将来辞，何辱命焉：他必定有话来说，何必你下命令来拘他？

4　授仆人书：交给晋悼公的用人一封信。

5　使臣斯司马：就叫我担任这司马的重任。

6　臣闻师众以顺为武：臣听说行兵要能服从才算威武。

7　军事有死无犯为敬：在军队里就是有死也不敢违背就是恭敬。

8　无所逃罪：魏绛恐怕犯了不武不敬的罪状。

9　至于用钺：一直到用斧钺来杀扬干的车夫。

10　以怒君心：不敢不听从你的话，使你君的心更发怒。

11　子无重寡人之过：你不要再加重我的过错。

12　张老为中军司马：张老就替代魏绛做中军司马。

13　士富为候奄：士富是士会的族人，他替代张老做候奄的官。

今译

晋侯的兄弟名叫扬干，在曲梁乱了军阵，魏绛就杀死他驾车的仆人。晋侯便大怒，对羊舌赤说："会合诸侯，是件荣耀的事，扬干受了罚，还有什么侮辱比这更大呢？一定要杀死魏绛，出这口气，快给我将他拘执起来，不要被他逃走。"羊舌赤答说："魏绛一心为公！他服侍君王，能不避患难，有了罪孽，也定不肯逃避刑罚的。他就要亲自来说明了，何用你差人去拘执呢？"话方才说完，魏绛已到了。给了晋侯的仆人一封奏书，便要去伏在剑上自杀。幸亏有士鲂、张老阻止他，才得不死。晋侯读魏绛所上的奏书，见他书上说道："日前，君缺乏了使臣，差臣充当司马。臣听说行兵要能使士兵服从才算威武，在军队里就是死也不敢违反命令，才算敬呢。君会合诸侯，做臣的谁敢不敬吗？你的军队，还不威武，臣治理的军队，还是不敬，罪没有再大的了。臣怕犯了死罪，以致累及扬干，罪责无可逃避；不能够用训诲感化他，甚至于动用斧钺。臣的罪真很重了，哪还敢不服从惩罚来激怒君王呢？请容我死到司寇那里去吧。"晋悼公感悟了，便赤着脚走出来说："寡人的话，是为对弟弟的亲爱，你处罚他，是为维持军纪。寡人有个兄弟，不能教训他，使他犯着军中的号令，这是寡人的过错。你快不要自杀了，加重寡人的过错，谨以此事求你。"晋侯从此以为魏绛能用刑法治理百姓，从鸡泽回国后，设了礼食优待他，差他帮办新军，差张老做了中军司马，差士富做了候奄。

传　楚司马公子何忌侵陈，陈叛故也[1]。

今注

1　陈叛故也：陈国反叛了楚国的缘故。

今译

楚国的司马公子何忌侵略陈国，因为陈国背叛了楚国。

经　冬，晋荀罃帅师伐许。

传　许灵公事楚，不会于鸡泽，冬，晋知武子帅师伐许。

今译

许灵公侍奉楚国，不到鸡泽来开会。冬天，晋国的荀罃率军队去讨伐他。

襄公四年（公元前五六九年）

经　四年春王三月，己酉，陈侯午卒。

传　四年春，楚师为陈叛故，犹在繁阳[1]，韩献子患之，言于朝曰："文王帅殷之叛国以事纣，唯知时也[2]。今我易之，难哉。"三月，陈成公卒，楚人将伐陈，闻丧乃止。陈人不听命[3]。臧武仲闻之曰："陈不服于楚必亡，大国行礼焉而不服，在大犹有咎，而况小乎？"夏，楚彭名侵陈，陈无礼故也。

今注

1　繁阳：据《一统志》说："今河南新蔡县北有繁阳亭。"

2　唯知时也：就是因为知道那个时间还不能够相争。

3　陈人不听命：陈人不听楚人的命令。

今译

四年春，楚国的军队因为陈国的反叛，仍旧驻在繁阳这地方，晋国的韩厥以之为患，就在朝廷上说："周文王率领着殷朝很多反叛的国家来侍奉商纣，就是因为他知道这时间不可以和纣相争。现在我们反过来，这是很难的。”三月，陈成公死了，楚国人正要讨伐他，听见这个丧事，就停止前进，但是陈人仍不听楚国的命令。臧武仲听见就说：“陈国不服从楚国，必定就亡了，大国有礼，而小国仍不服从，在大国如此尚有灾害，何况是小国呢？”夏天，楚国的彭名侵略陈国，是因为陈国无礼。

经 夏，叔孙豹如晋。

传 穆叔如晋，报知武子之聘也。晋侯享之，金奏《肆夏》[1]之三，不拜，工歌《文王》之三，又不拜，歌《鹿鸣》之三，三拜[2]。韩献子使行人子员[3]问之曰：“子以君命辱于敝邑，先君之礼藉之以乐，以辱吾子，吾子舍其大而重拜其细，敢问何礼也？”对曰：“三《夏》天子所以享元侯也[4]，使臣弗敢与闻[5]。《文王》两君相见之乐也，臣不敢及。《鹿鸣》君所以嘉寡君也，敢不拜嘉[6]？《四牡》君所以劳使臣也，敢不重拜[7]？《皇皇者华》，君教使臣曰：‘必谘于周[8]。’臣闻之：访问于善为咨[9]，咨亲为询[10]，咨礼为度[11]，咨事为诹[12]，咨难为谋[13]，臣获五善[14]，敢不重拜[15]？”

今注

1 《肆夏》：是一种夏朝的曲名。

2 歌《鹿鸣》之三，三拜：《鹿鸣》是《诗经·小雅》的头一篇，第三篇就是《皇皇者华》。

3 行人子员：是晋国的行人官，名叫子员。

4 天子所以享元侯也：这是天子所宴会牧伯的。

5 使臣弗敢与闻：我是使臣，不敢听此音乐。

6 敢不拜嘉：我不敢不拜这个好意。

7 敢不重拜：所以我不敢不拜第二次。

8 必诹于周：必要询问忠信的。

9 访问于善为咨：访问善道就叫着咨。

10 咨亲为询：问亲戚叫作询。

11 咨礼为度：问礼节叫作度。

12 咨事为诹：问政事叫作诹。

13 咨难为谋：询问患难叫作谋。

14 臣获五善：五善就是指着咨、询、度、诹、谋五种。

15 敢不重拜：敢不拜很多次。

今译

鲁国的叔孙豹到晋国去，是报答知罃的聘问。晋侯设享礼招待，乐奏《肆夏》的乐曲三篇，他不拜谢；乐工歌唱《文王》的三篇，他又不拜谢；歌《鹿鸣》的三篇，他就行了三拜礼。韩厥使行人名子员的问他说："你奉着鲁国的君命来到我们的国，我们行着先君所行的礼并再加以奏乐来招待大夫，你为什么舍去那大节目而特别拜那小节目，我敢问这是什么礼仪？"他回答说："三《夏》是周天子所以用以宴享诸侯之长的，我这个使臣不敢来听。《文王》这篇诗是两国的君见面时所奏的乐，我也不敢听。《鹿鸣》的诗是晋君用来嘉颂我们鲁君的，这种嘉颂我敢不拜谢吗？《四牡》这诗是晋君用它来慰劳使臣的，我敢不再拜一次吗？至于《皇皇者华》这篇，晋君叫我说：'必定去询问忠信的人。'我听见说过访问善道叫作咨，访问亲戚叫作询，访问礼仪叫作度，访问政事叫作诹，访问患难叫作谋。我得到这五种善事，我敢不多拜谢吗？"

经 秋，七月戊子，夫人姒氏薨。

传 秋，定姒[1]薨，不殡于庙，无榇不虞[2]。匠庆[3]谓季文子曰：

“子为正卿，而小君之丧不成，不终君也[4]，君长谁受其咎[5]？”初，季孙为己树六榎于蒲圃东门之外，匠庆请木，季孙曰：“略[6]。”匠庆用蒲圃之榎，季孙不御[7]。君子曰：“志所谓多行无礼，必自及也，其是之谓乎。”

今注

1 定姒：是鲁襄公的生母。是成公的妾。

2 无榇不虞：榇是贴身的棺材。没有贴身的棺材，也不行反哭礼。

3 匠庆：是鲁国的大匠。

4 不终君也：不优待他的生母，那是没有尽事君之道。

5 君长谁受其咎：等到襄公年长以后，必定责备季孙。

6 略：是不用正式地去取。

7 季孙不御：季孙不禁止他。

今译

秋，襄公生母定姒死了，不在庙里出殡，没有贴身的棺木，也不反哭。鲁国的大匠叫庆的对季文子说：“你是最高的卿，而君的生母的丧不照仪式，这是没有尽事君之道，等到君年长了以后必定要责备你的。”起初，季文子为他自己种了六棵榎树，在鲁国都城东门的外面。匠庆请用它来做定姒棺椁的木料，季文子说：“简单点吧。”匠庆还是用了蒲圃这个榎木，季文子也没有阻止。君子说：“书上所说多做没有礼仪的事情，祸患必定到了自己身上，说的就是这个吧？”

经 葬陈成公[1]。

今注

1 此经无传。

今译

给陈成公举行葬礼。

经 八月辛亥，葬我小君定姒[1]。

今注

1 此经无传。

今译

八月辛亥，给我小君定姒举行葬礼。

经 冬，公如晋。

传 冬，公如晋听政[1]。晋侯享公，公请属鄫[2]，晋侯不许。孟献子曰："以寡君之密迩于仇雠，而愿固事君，无失官命[3]，鄫无赋于司马[4]，为执事朝夕之命敝邑，敝邑褊小，阙而为罪[5]，寡君是以愿借助焉[6]。"晋侯许之。

今注

1 公如晋听政：鲁襄公到晋国去听受晋国所要的贡赋多少。

2 请属鄫：请求将鄫国暂时归鲁国管。鄫国在今山东省峄县东八十里。

3 无失官命：不要完不成晋国官吏下达的任务。

4 鄫无赋于司马：鄫国对于晋国的司马并没有上缴赋税。

5 阙而为罪：有所阙失，就有罪了。

6 寡君是以愿借助焉：所以我们想着借助鄫国的力量。

今译

冬天，襄公到晋国去，他为的是听晋国所要求的贡赋是多少。晋悼公设享礼招待鲁襄公，襄公就请把鄫国归到鲁国的属下，晋侯先不答应。孟献子就说："因为我们国家离仇人太近，又愿意坚决侍奉晋国，不要耽误执行君王的命令，鄫国并没有向晋国的司马缴纳赋税，而晋国的官吏却经常对鲁国发布命令，鲁国太小了，无法执行这些命令就犯了罪，所以我们想得到鄫国作为助力。”晋侯就答应了。

经 陈人围顿。

传 楚人使顿间陈[1]而侵伐之，故陈人围顿。

今注

1 顿间陈：楚国人使顿国利用陈的不防备来侵伐陈国。

今译

楚国人使顿国乘着陈国不防备的时候去讨伐它，所以陈国人包围了顿国都城。

传 无终子嘉父[1]使孟乐[2]如晋，因魏庄子纳虎豹之皮以请和诸戎。晋侯曰：“戎狄无亲而贪，不如伐之。”魏绛曰：“诸侯新服，陈新来和，将观于我。我德则睦，否则携贰，劳师于戎，而楚伐陈，必弗能救，是弃陈也，诸华必叛。戎，禽兽也，获戎失华，无乃不可乎？夏训有之曰：‘有穷后羿[3]。’”公曰：“后羿何如？”对曰：“昔有夏之方衰也，后羿自鉏迁于穷石[4]，因夏民以代夏政，恃其射也[5]，不修民事，而淫于原兽[6]，弃武罗、伯困、熊髡、龙圉[7]，而用寒浞。寒浞伯明氏之谗子弟也[8]，伯明后寒弃之，夷羿收之[9]，信而使之，以为己相。浞行媚于内，而施赂于外，愚弄其民，而虞羿于田[10]，树之诈慝，以取其国家，外内咸服。羿犹不悛[11]，将归自田，家众杀而享之，以食其子，其子不忍食诸，死于穷门。靡奔有鬲氏[12]，浞因羿室[13]，生浇及豷，恃其谗慝诈伪，而不德于民，使浇用师灭斟灌及斟寻氏[14]，处浇于过，处豷于戈[15]。靡自有鬲氏收二国之烬，以灭浞而立少康[16]。少康灭浇于过，后杼[17]灭豷于戈，有穷由是遂亡，失人故也[18]。昔周辛甲[19]之为大史也，命百官官箴王阙，于《虞人之箴》[20]曰：‘芒芒禹迹，画为九州，经启九道[21]，民有寝庙，兽有茂草，各有攸处，德用不扰[22]。在帝夷羿，冒于原兽，忘其国恤而思其麀牡[23]，武不可重，用不恢于夏家[24]。兽臣司原，敢告仆夫。’虞箴如是，可不惩乎？”于是晋侯好田，故魏绛及之。公曰：“然则莫如和戎乎？”对曰：“和戎有五利焉，戎狄荐居，贵货易土[25]，土可贾焉，一也。边鄙不耸[26]，民狎其野，穑人成功，二也。戎狄事晋，四邻振动，诸侯威怀，三也。以德绥戎，师徒不勤，甲兵不顿[27]，四也。鉴于后羿，而用德度，远至迩安，五也。君其图之。”公说，使魏绛盟诸戎，修民事，田以时。

今注

1　无终子嘉父：江永引顾炎武曰：“无终之为今玉田，无可疑者，然比年无终子使孟乐如晋，请和诸戎。昭公元年，晋中行穆子败无终及狄于太原。《汉书·樊哙传》，击陈豨，破得綦毋卬、尹潘军于无终、广昌。则去玉田千有余里。岂无终之国，先在云中代郡之境，经中行穆子败后，迁至右北平欤？”

2　孟乐：戎国的使臣。

3　有穷后羿：《一统志》说：“有穷在安徽省霍邱县境，一说在英山县境。”后羿是有穷的君。

4　后羿自鉏迁于穷石：鉏，据《汇纂》说：“今河南滑东十五里有鉏城，后归卫。”江永说穷石就是穷国，当在今河南省洛阳县南边。

5　恃其射也：仗着他能够射箭。

6　不修民事，而淫于原兽：他不管民间的事情而喜欢打猎。

7　弃武罗、伯困、熊髡、龙圉：他们全是羿的贤臣，而后羿不用。

8　寒浞伯明氏之谗子弟也：《一统志》说："寒在今山东省潍县东北三十里。"寒浞是伯明氏一个不好的儿子。

9　夷羿收之：后羿用他。

10　而虞羿于田：他使后羿一天到晚打猎。

11　羿犹不悛：后羿也不改变。

12　靡奔有鬲氏：靡是夏后氏的旧臣，而侍奉后羿的，他就逃到有鬲氏去。据《山东考古录》说："有鬲在今山东省德县东南二十五里之五甲庄。"

13　浞因羿室：寒浞就用羿的妻妾。

14　使浇用师灭斟灌及斟寻氏：就派他的儿子浇用军队灭了斟灌同斟寻两国。斟灌同斟寻是夏的同姓国。《续山东考古录》说："以观国故城在观城县，斟权故城在寿光县。"

15　处浇于过，处豷于戈：过，据《大事表》说："在今山东掖县北。"戈，在今河南杞县。

16　少康：是夏后相的儿子。

17　后杼：是少康的儿子。

18　失人故也：这是失掉人心的缘故。

19　辛甲：是周武王的太史。

20　于《虞人之箴》：在管打猎的箴言。

21　经启九道：开启九州的道路。

22　德用不扰：人民的德行同禽兽的用途各不相扰害。

23　思其麀牡：而想猎获的兽是公或母。

24　用不恢于夏家：他不能扩大夏国。

25　戎狄荐居，贵货易土：戎狄聚在一块来住，他以货物为重，而轻视土地。

26　边鄙不耸：边疆不会发生战事。

27　甲兵不顿：各种军器全都不会毁坏。

今译

无终国的国王名叫嘉父，差他的臣子孟乐到晋国来，靠了魏绛的介绍，献虎豹的皮给晋侯，请求晋国同诸戎讲和。晋侯说："戎狄没有什么情义，却只有贪心，不如伐他得好。"魏绛说："诸侯新近来归附，陈国新近来求和，都将观察我们的行动。我有德的，便同我和睦，否则便有二心了。劳动了晋国的军队去伐戎狄，倘使楚国趁势去伐陈国，晋国一定不能够去救它，这便是弃掉陈国了。中原诸侯一定都会背叛我们的。戎狄是和禽兽一般的，得了戎狄，失去中原各国，恐怕不可以吧！《夏书》上说：'有穷国的君叫后羿。'……"晋悼公说："后羿怎么样？"魏绛回答："从前夏朝刚刚衰败的时候，羿从钼的地方迁居到穷石，依靠夏民的拥戴取代了夏政，仗着他自己会射箭，不肯修明政治，却放肆地只管打猎，抛弃了武罗、伯因、熊髡、龙圉几个贤臣，而任用寒浞。寒浞是伯明氏的坏子弟，寒国的君王伯明氏不要他，夷羿却收留了他，并且相信而使用他，叫他做了宰相。寒浞对内媚着宫人，对外大肆贿赂，愚弄他的人民，而使羿专心打猎为乐，扶植了奸诈邪恶，靠这个取得了后羿的国家，里里外外都服从他的统治。羿却还不警醒，将要从打猎地方回来，他的手下竟杀了后羿把他煮了，拿肉给羿的儿子吃，他的儿子不忍吃，就把他杀死在穷门的地方。夏朝有个遗臣名叫靡，便逃奔到有鬲氏去；寒浞把羿的妃妾当作自己的妃妾，生了浇和豷两个儿子。仗着谗慝诈伪，对于人民不肯修德，差浇用兵去灭了斟灌和斟寻两国。使浇住在过国，豷住在戈国。靡从有鬲氏集合了斟灌斟寻两国的遗民，依靠他们灭掉寒浞，立了少康。少康灭浇于过国，后杼灭豷于戈国。

有穷国从此就亡了。这都是失掉人心的缘故。从前周武王时候有个太史,名叫辛甲,差百官各做箴规的歌辞,以鉴戒君王的过失。《虞人之箴》上说:‘很广大的禹迹,划分成九个州,开通九州的道路,人民有房屋可以安生,有宗庙可以祭祀,禽兽有很茂盛的草木,可以栖息,人和神各有安处的所在,所以两不相扰。后羿身居帝位,贪恋打猎,忘记了国家的忧患,却专想猎获的兽是公是母。武事不可太多,太多就不能扩大夏后氏的国家。兽臣是管原野的,敢于告诉君的仆夫。’警戒田猎的箴言,是这般说法的,可以不戒惧吗?”因为这时候晋悼公喜欢打猎,所以魏绛讲到后羿的这件事。悼公说:“照你说来,那么最好是和戎吗?”魏绛回答说:“和戎有五种利益:戎人逐水草而居,看重货财,看轻土地,我们可以给他货而获得土地,这是第一种好处;晋国的边境没有狄患,百姓安心于田野中劳作,管农业的人容易成功,这是第二种好处;戎狄服从晋国,四邻各国都惊动起来,诸侯便畏威怀德而慑服,这是第三种好处;用德行安抚戎狄,军队不要出力,兵甲又不会败坏,这是第四种好处;把后羿做个鉴戒,用明德做诸侯的法度,使远的来归附,近的都安乐着,这是第五种好处,请君谋算着吧。”悼公心中欢乐,便差魏绛和诸戎会盟,又致力于治理百姓,按照时令去打猎。

传 冬十月,邾人、莒人伐鄫,臧纥救鄫侵邾,败于狐骀[1]。国人逆丧者皆髽[2],鲁于是乎始髽。国人诵之曰:“臧之狐裘败我于狐骀。我君小子,朱儒是使。朱儒朱儒,使我败于邾。”

今注

1 狐骀:《一统志》说:“今山东滕县东南二十里,有狐骀山。”

2 国人逆丧者皆髽:髽音抓。是妇人丧服之髻。

今译

冬天十月，邾国人同莒国人讨伐鄫国，臧武仲因为救鄫国就去侵邾国，在狐骀这地方打了败仗。鲁国的贵族来迎接战死的人，全都束上髽，鲁国人于是开始束髽。鲁国人悲哀地唱道：“臧纥穿着狐裘的皮袄在狐骀这地方打了败仗。我们的国君派遣这个矮人。矮人啊，矮人，使我们在邾国打了败仗。”

襄公五年（公元前五六八年）

经　五年春，公至自晋。

传　五年春，公至自晋[1]。

今注

1　公至自晋：鲁襄公从晋国回来。

今译

五年春，鲁襄公从晋国回来。

传　王使王叔陈生[1]诉戎于晋，晋人执之。士鲂如京师，言王叔之贰于戎也[2]。

今注

1　王叔陈生：是周的卿士。

2　言王叔之贰于戎也：说明王叔对戎有二心。

今译

周王使周卿士王叔陈生向晋国控告戎人，晋国人把他逮起来。晋国士鲂到京师去，说明王叔倾向于戎人，对晋国有二心。

经　夏，郑伯使公子发来聘。

传 夏，郑子国来聘，通嗣君也[1]。

今注

1 通嗣君也：这是郑僖公初即位的缘故。

今译

夏天，郑国派公子发来鲁国聘问，这是因为郑僖公刚刚即位的缘故。

经 叔孙豹、鄫世子巫如晋。

传 穆叔觌鄫大子于晋[1]，以成属鄫。书曰叔孙豹、鄫大子巫如晋，言比诸鲁大夫也[2]。

今注

1 觌鄫大子于晋：引见鄫太子于晋国。

2 言比诸鲁大夫也：等于说是给鄫太子同鲁国大夫一样的待遇。

今译

鲁国的叔孙豹领着鄫国的太子巫到晋国去引见，以完成鄫国属于鲁国的手续。《春秋》上说叔孙豹、鄫太子巫如晋，这是把鄫国的太子巫比作鲁国的大夫。

经 仲孙蔑、卫孙林父会吴于善道。

传 吴子使寿越[1]如晋，辞不会于鸡泽之故，且请听诸侯之好。晋人将为之合诸侯，使鲁、卫先会吴，且告会期，故孟献子、孙文子会吴于善道[2]。

今注

1 寿越：吴国大夫。

2 善道：《汇纂》说："案：阮胜之《南兖州记》所说盱眙

本吴善道地，秦置盱眙县。”即今江苏省盱眙县。

今译

吴王派吴大夫寿越到晋国去说明不到鸡泽去开会的缘故，并且请求听从命令和诸侯和好。晋国就要为他会合诸侯，于是使鲁国同卫国先与吴相会，并且告诉他开会的日期，所以鲁国的孟献子、卫国的孙文子到善道去会见吴国人。

经 秋，大雩。

传 秋，大雩，旱也[1]。

今注

1 大雩，旱也：大雩是因为天旱而求雨的祭祀。

今译

秋天，行求雨的礼节，这是因为鲁国天旱的缘故。

经 楚杀其大夫公子壬夫。

传 楚人讨陈叛故，曰：“由令尹子辛实侵欲焉。”乃杀之。书曰：“楚杀其大夫公子壬夫。”贪也[1]。君子谓楚共王于是不刑。《诗》曰：“周道挺挺，我心扃扃，讲事不令，集人来定[2]。”已则无信，而杀人以逞，不亦难乎[3]？《夏书》曰：“成允成功[4]。”

今注

1 贪也：多要贿赂。

2 周道挺挺，我心扃扃，讲事不令，集人来定：这是一首逸诗，不见于现在《诗经》中，意思是说周的道路是很直的，我的心中也很明亮，要是谋划得不好，就应当集会很多贤人来决定。

3 杀人以逞，不亦难乎：杀人来得意，这不也是很难吗？

4 成允成功：这是一句逸书。意思是说信用要能成立，功业就能成立。

今译

楚国人讨伐陈国，质问陈国反叛的原因，陈人说："实在是由于令尹子辛贪求无厌。"楚国就杀了子辛。《春秋》记载说："楚杀其大夫公子壬夫。"这是因为他贪婪的缘故。君子说楚共王这样做不合于刑律。逸诗上说："周道是很正直的，我心里是很清楚的，要是谋划得不好，应当集合很多贤人来决定。"自己没有信用，反而通过杀人以达到目的，这不也是很难的吗？夏朝的逸书说："有了信用就能够成功。"

经 公会晋侯、宋公、陈侯、卫侯、郑伯、曹伯、莒子、邾子、滕子、薛伯、齐世子光、吴人、鄫人于戚。

传 九月丙午，盟于戚，会吴且命戍陈也[1]。穆叔以属鄫为不利，使鄫大夫听命于会。

今注

1 会吴且命戍陈也：这是为会合吴国并且命令诸侯戍守陈国。

今译

九月丙午这一天，在戚会盟，这是会合吴国且命诸侯去戍守陈国。叔孙豹以为鄫国属鲁国对鲁国不利，他就叫鄫大夫以独立国家的身份参加会见并听取命令。

经 公至自会[1]。

今注

1 此经无传。

今译

鲁襄公从开会的地方回来。

经 冬，戍陈。

经 楚公子贞帅师伐陈，公会晋侯、宋公、卫侯、郑伯、曹伯、齐世子光救陈。

传 楚子囊为令尹[1]，范宣子曰："我丧陈矣。楚人讨贰而立子囊，必改行[2]，而疾讨陈[3]。陈近于楚，民朝夕急，能无往乎？有陈非吾事也。无之而后可。"冬，诸侯戍陈[4]，子囊伐陈。十一月甲午，会于城棣[5]，以救之。

今注

1 子囊为令尹：子囊是公子贞。

2 必改行：必定改了子辛所做的事。

3 而疾讨陈：而赶快地去讨伐陈国。

4 诸侯戍陈：诸侯防备楚国就到陈国戍守。

5 城棣：是郑地，《汇纂》说："在今河南阳武县北十里，有南北二城棣。"

今译

楚国的公子贞做令尹，晋国的范宣子说："我国必定丢掉陈国了。楚国人讨伐三心二意的国家，而立了公子贞为令尹，他必定改变以前子辛的行为，必定很快地去讨伐陈国。陈国离楚国很近，百姓时时刻刻害怕兵患，能不归向楚国吗？保有陈国并不是我们的事情。放弃陈国，以后反倒好办。"冬天，诸侯往陈国戍守。公子贞去讨伐陈国。十一月甲午在城棣开会，以援救陈国。

经 十有二月，公至自救陈[1]。

今注

1 此经无传。

今译

十二月，鲁襄公从救陈国前线回来。

经 辛未，季孙行父卒。

传 季文子卒，大夫入敛，公在位[1]，宰庀[2]家器为葬备，无衣帛之妾，无食粟之马，无藏金玉，无重器备[3]。君子是以知季文子之忠于公室也，相三君[4]矣，而无私积，可不谓忠乎？

今注

1 公在位：襄公就立在阼阶的西边。

2 庀：预备。

3 无重器备：是指珍宝兵器等物。

4 三君：宣公、成公、襄公。

今译

季文子死了，鲁国的大夫全参加他的敛礼，鲁襄公在阼阶的西边站立。季孙氏的家宰预备各种的器物做下葬的准备。季文子没有穿着绸布衣服的妾，没有吃粟的马匹，所收藏的没有金同玉，也没有各种珍宝甲兵之类。君子所以知道季文子对鲁国公室很忠心，他辅相了三个鲁君而没有私人的积蓄，还不能说他是忠心吗？

襄公六年（公元前五六七年）

经 六年春王三月壬午，杞伯姑容卒。

传 六年春，杞桓公卒，始赴以名[1]，同盟故也。

今注

1 始赴以名：头一次用名字来赴告。

今译

六年春天，杞桓公死了，头一次用名字来赴告，因为是同盟的缘故。

经 夏，宋华弱来奔。

传 宋华弱与乐辔，少相狎，长相优[1]，又相谤也。子荡[2]怒以弓梏[3]华弱于朝。平公见之曰："司武而梏于朝，难以胜矣[4]。"遂逐之。夏，宋华弱来奔。司城子罕曰："同罪异罚非刑也，专戮于朝，罪孰大焉？"亦逐子荡。子荡射子罕之门曰："几日而不我从[5]？"子罕善之如初。

今注

1 长相优：年长了以后就互相开玩笑。

2 子荡：就是乐辔。

3 以弓梏：拿弓当作枷戴在华弱的颈上。

4 难以胜矣：就难打胜仗了。

5 几日而不我从：过不了几天你就跟我一样被赶走。

今译

宋国的华弱同乐辔少时很要好，长大以后就时常互相开玩笑，但是又互相毁谤。有一次乐辔发怒，就用弓在朝上套住了华弱的脖子，如同戴枷一样。宋平公看见了说："司武在朝廷上戴了枷，这很难打胜仗。"就把华弱驱逐出国。夏天，宋华弱逃到鲁国来。宋国的司城乐喜说："同样的罪状而不同的惩罚，这是不合于刑律的。在朝廷上专横和侮辱别人，没有比这再大的罪过了。"于是，也驱逐了乐辔。乐辔射乐喜的门说："过几天你就会跟我一样被赶走了。"乐喜害怕，对乐辔像以前一样好。

经 秋，葬杞桓公[1]。

今注

1　此经无传。

今译

秋天，给杞桓公举行葬礼。

经　滕子来朝。

传　秋，滕成公来朝，始朝公也[1]。

今注

1　始朝公也：滕成公头一次来朝见鲁襄公。

今译

秋天，滕成公来朝见鲁襄公，这是头一次来朝见。

经　莒人灭鄫。

传　莒人灭鄫，鄫恃赂也[1]。

今注

1　恃赂也：鄫仗着自己贿赂过鲁国，而以鲁国为靠山，疏于防备。

今译

莒国人灭了鄫国，鄫国人仗着自己贿赂过鲁国，而以鲁国为靠山，疏于防备。

经　冬，叔孙豹如邾。

传　冬，穆叔如邾聘，且修平[1]。

今注

1　且修平：并且重修在狐骀打仗以后的友好关系。

今译

冬天，叔孙豹到邾国去聘问，并且重修在狐骀打仗以后的友好关系。

经 季孙宿如晋。

传 晋人以鄫故来讨曰："何故亡鄫[1]？"季武子如晋见，且听命[2]。

今注

1 何故亡鄫：你为什么使鄫国灭亡？

2 且听命：且听受晋国的处分。

今译

晋国人因为鄫国的缘故来讨伐鲁国，说："为什么使鄫国灭亡了？"季孙去见晋国的君，并且听候晋国的处分。

经 十有二月，齐侯灭莱。

传 十一月，齐侯灭莱，莱恃谋也[1]，于郑子国之来聘也，四月，晏弱城东阳而遂围莱[2]，甲寅，堙之环城，傅于堞[3]。及杞桓公卒之月[4]，乙未，王湫帅师及正舆子、棠人军齐师[5]，齐师大败之[6]，丁未，入莱，莱共公浮柔奔棠[7]，正舆子、王湫奔莒，莒人杀之。四月，陈无宇献莱宗器于襄宫[8]，晏弱围棠，十一月丙辰而灭之，迁莱于郳[9]。高厚[10]崔杼定其田。

今注

1 莱恃谋也：因为莱国仗着贿赂夙沙卫的计谋。

2 晏弱城东阳而遂围莱：此事发生在五年四月。

3 堙之环城，傅于堞：在环绕着莱的四面筑了一个小土山，同莱的城墙一般高。

4　杞桓公卒之月：这在此年三月。

5　王湫帅师及正舆子、棠人军齐师：王湫率领着军队同莱的大夫正舆子及棠的军队一起攻打齐国的军队。

6　齐师大败之：齐国军队反把王湫的军队打败了。

7　莱共公浮柔奔棠：莱国的君浮柔逃到棠的地方。棠，据《汇纂》说："在今山东省即墨县西南八十里。"

8　陈无宇献莱宗器于襄宫：陈无宇是陈完的玄孙，他把莱国所有的宝器献到齐襄公的庙里。（我在所著的《中国古代社会新研》中说古代同一辈的人只有一个庙，所以齐襄公的庙也就是齐桓公的庙。）

9　郳：山东《黄县志》说："县南十里有归城，土人曰灰城，齐迁莱于郳，即此。"

10　高厚：高固的儿子。

今译

十一月，齐侯灭了莱国，因为莱国依仗着上次贿赂楚国夙沙卫使其退兵的计谋，而不切实防备。在郑子国来聘问鲁国那年的四月，齐国的晏弱修理齐莱两国边境上的东阳城，就围了莱国都城。甲寅这天，在这都城的四围，修了一个和它的城墙同高的土山。到了杞桓公死的那月乙未那天，王湫率领军队同莱国的大夫正舆子以及棠人攻击齐国的军队，齐国军队把他们打得大败，丁未这天就进入莱国的都城。莱共公叫浮柔逃到棠这地方，正舆子同王湫逃到莒国，莒人把他们杀了。四月，齐国的大夫陈无宇把莱国宗庙的器皿献到齐襄公的庙中。晏弱将棠包围了，十一月丙辰这天把它灭了，把莱国的百姓迁到郳地。齐大夫高厚同崔杼划定分配莱国的田地疆界。

襄公七年（公元前五六六年）

经 七年春，郯子来朝。

传 七年春，郯子来朝，始朝公也[1]。

今注

1 始朝公也：头一次朝见鲁襄公。

今译

七年春，郯子来朝见鲁襄公，这是头一次朝见鲁襄公。

经 夏四月，三卜郊不从，乃免牲。

传 夏四月，三卜郊不从，乃免牲。孟献子曰："吾乃今而后知有卜筮。夫郊祀后稷以祈农事也，是故启蛰而郊，郊而后耕。今既耕而卜郊[1]，宜其不从也。"

今注

1 既耕而卜郊：现在已经耕农田而后又占卜祭天。

今译

夏天四月，鲁国三次占卜郊天，都不吉利，就把用于祭祀的牛免除了。孟献子就说："我从今以后才能明白占卜拈签。郊天以周的祖先后稷配享，而祈求农事顺利，所以一到启蛰节就郊天，郊天以后方才种地。现在已经开始耕种了，而然后再郊天，所以占卜不吉利，是很相宜的。"

传 南遗为费宰[1]，叔仲昭伯为隧正[2]，欲善季氏而求媚于南遗，谓遗请城费，吾多与而役，故季氏城费。

今注

1 费宰：费是季孙氏的邑。费宰是费邑的主持人。

2 叔仲昭伯为隧正：叔仲昭伯是叔仲惠伯的孙子，隧正是管理公土的长官。

今译

南遗做季孙所管的费邑的首领，叔孙昭伯做隧正的官，想结好于季孙氏，而巴结南遗，就告诉南遗说："你去请求修费这个城，我多给你公家的工人。"所以季孙氏就修费这个城。

经 小邾子来朝。

传 小邾穆公来朝，亦始朝公也[1]。

今注

1 亦始朝公也：他也和郯子一样，头一次来朝见鲁襄公。

今译

小邾穆公来朝见，也是头一次朝见鲁襄公。

经 城费。

今译

鲁国修筑费城。

经 秋，季孙宿如卫。

传 秋，季武子如卫，报子叔之聘，且辞缓报非贰也[1]。

今注

1 辞缓报非贰也：表示来报答甚晚而并不是三心二意。

今译

秋天，季孙宿到卫国，这是报答子叔的聘问，并且说明延迟回报，并非三心二意。

经 八月，螽[1]。

今注

1 此经无传。

今译

八月，鲁国有蝗虫的灾害。

传 冬，十月，晋韩献子告老，公族穆子有废疾[1]，将立之，辞曰："《诗》曰：'岂不夙夜，谓行多露[2]。'又曰：'弗躬弗亲，庶民弗信[3]。'无忌不才，让其可乎？请立起也[4]。与田苏游，而曰好仁[5]。《诗》曰：'靖共尔位，好是正直，神之听之，介尔景福[6]。'恤民为德[7]，正直为正[8]，正曲为直[9]，参和为仁[10]，如是则神听之，介福降之，立之，不亦可乎？"庚戌，使宣子朝，遂老。晋侯谓韩无忌仁，使掌公族大夫[11]。

今注

1 公族穆子有废疾：长子无忌有不易治好的病。

2 岂不夙夜，谓行多露：意思说哪里是不敢夜里走路，就是因为夜里露水很多。

3 弗躬弗亲，庶民弗信：这是《诗经·小雅·节南山》的诗句。意思是说假设在上位的，不亲自管理政事，则人民不敢轻易信仰他的命令。

4 无忌不才，让其可乎？请立起也：无忌我没有才干，可以不可以让位给旁人？韩起是韩无忌的弟弟韩宣子。

5 与田苏游而曰好仁：他和田苏要好，而田苏说他能好仁义。

6 靖共尔位，好是正直，神之听之，介尔景福：这是《诗经·小雅·小明》篇的诗句。意思是说你很恭敬地在你的位置上，求到正直的人，神明听到了，就可以帮助你的大福气。

7 恤民为德：安定人民就是德行。

8 正直为正：正直你的心就是正。

9 正曲为直：正旁人的心为直。

10 参和为仁：把德、正、直三种和在一块就叫作仁。

11 使掌公族大夫：叫他做公族大夫的长官。

今译

冬天十月，晋国韩厥要告老，他的大儿子韩无忌有不容易治好的疾病，晋侯要使他接任韩厥的职务，他就辞谢说："《诗经》曾经说过：'岂是不愿意夜中走路，就是怕露水多的缘故。'又说：'不亲自管理政事，人民就不会信任他。'我无忌没有才干，可以不可以让位呢？请立我的弟弟韩起吧。他与晋国贤人田苏相好，田苏说韩起喜欢仁慈。《诗经》上说过：'安于你的位子，求得正直的贤人，神听到这些，就会给你福禄的。'体恤人民叫作德，正自己的心叫作正，正旁人的心叫作直，德正直三种全都齐备了就叫作仁，有这样的人，神就会听从他，大福就降于他，立他为卿，不也可以吗？"庚戌这天，使韩起上朝见晋悼公，韩厥就告老还乡了。晋悼公认为韩无忌有仁德，就叫他掌管公族大夫。

经 冬十月，卫侯使孙林父来聘，壬戌，及孙林父盟。

传 卫孙文子来聘，且拜武子之言，而寻孙桓子之盟[1]，公登亦登[2]。叔孙穆子相，趋进曰："诸侯之会，寡君未尝后卫君[3]，今吾子不后寡君，寡君未知所过，吾子其少安[4]。"孙子无辞，亦无悛容[5]，穆叔曰："孙子必亡，为臣而君，过而不悛，亡之本也。《诗》曰：'退食自公，委蛇委蛇。'谓从者也[6]，衡而委蛇必折[7]。"

今注

1　寻孙桓子之盟：孙桓子的盟在鲁成公三年。

2　公登亦登：鲁襄公上台阶的时候，孙文子也上台阶。

3　寡君未尝后卫君：我们的国君也未尝在卫国君的后面上台阶。

4　吾子其少安：你可以慢点儿走。

5　亦无悛容：也没有改变的样子。

6　谓从者也：这是指顺从者。

7　衡而委蛇必折：衡行不顺道，必定会摧毁。

今译

卫国孙林父来聘问鲁国，同时拜谢季孙宿的解释，且重申孙恒子的盟誓。鲁襄公上台阶，孙林父也同时上台阶。叔孙豹做相礼，赶快走近说："在诸侯会盟的时候，我们鲁国的君没有在卫国君的后面，现在你不在我们君的后面，我们君不知道有什么错误了，你可以慢一点走吗？"孙林父无话要说，但是也没有改变的意思。叔孙豹就说："孙林父必定要失败，作为臣子而与国君并行，有错误又不改正，这是失败的原因，《诗经》上说过：'由公家办公回来必定要谦顺的。'这就是所说的顺从，专横而又自得，必然要遭受挫折。"

经　楚公子贞帅师围陈。

传　楚子囊围陈，会于鄬[1]以救之。

今注

1　鄬：据《释地》说："鄬在今河南省偃师县。"

今译

楚国令尹公子贞围了陈国都城，晋悼公就召各诸侯在鄬会见，以救援陈国。

经　十有二月，公会晋侯、宋公、陈侯、卫侯、曹伯、莒子、邾子于鄬。郑伯髡顽如会，未见诸侯，丙戌，卒于鄵。

传　郑僖公之为大子也，于成之十六年[1]，与子罕适晋，不礼焉，又与子丰[2]适楚，亦不礼焉。及其元年，朝于晋[3]，子丰欲诉诸晋而废之，子罕止之。及将会于鄬，子驷相，又不礼焉。侍者谏，不听；又谏，杀之。及鄵[4]，子驷使贼夜弑僖公而以疟疾赴于诸侯，简公[5]生五年，奉而立之。

今注

1　于成之十六年：这是鲁成公十六年。

2　子丰：是郑穆公的儿子。

3　其元年，朝于晋：这是郑僖公六年，等于鲁襄公三年。

4　鄵：在今河南省密县南。

5　简公：是僖公的儿子。

今译

郑僖公做太子的时候是在鲁成公十六年。和郑国的子罕到晋国去，他对子罕不加礼遇，又同子丰到楚国去，也不加礼遇。到了郑僖公的元年，到晋国朝见，子丰想要向晋国控告，把僖公废掉，子罕把他劝住了。这次到鄬这地方开会，公子驷做相礼，郑僖公又不以礼相待。用人规谏他，他不听，再谏他，就把用人杀掉。到了鄵这地方，子驷使人夜里把他杀掉，而用暴病致死赴告诸侯。郑僖公的儿子简公只有五岁，子驷就侍奉立了他做国君。

经　陈侯逃归。

传　陈人患楚[1]，庆虎、庆寅[2]谓楚人曰："吾使公子黄[3]往而执之。”楚人从之。二庆使告陈侯于会，曰：“楚人执公子黄矣。君若不来，群臣不忍社稷宗庙，惧有二图。”陈侯逃归。

今注

1　陈人患楚：陈人因为楚国包围了陈国都城，所以以楚国为心头大患。

2　庆虎、庆寅：是陈国掌政权的大夫。

3　公子黄：是陈哀公的弟弟。

今译

陈国因为楚国包围了陈国都城，所以以楚国为心头大患，两个执政的大夫庆虎、庆寅就告诉楚国说：“我叫公子黄到楚国去，你们就把他逮起来。”楚国人就照样办了，二庆派人到会报告陈侯说：“楚国人已经把公子黄逮捕了，你要不回来，我们诸臣不忍心国家宗庙被楚人占领，恐怕他们有别的想法。”陈侯就从会中逃回来了。

襄公八年（公元前五六五年）

经　八年春王正月，公如晋。

传　八年春，公如晋朝，且听朝聘之数[1]。

今注

1　听朝聘之数：打听应该有多少数目的贡献。

今译

八年春正月，鲁襄公到晋国去朝见，并且打听应该有多少数目的贡献。

经　夏，葬郑僖公[1]。

今注

1　此经无传。

今译

夏天，郑僖公下葬。

传　郑群公子以僖公之死也，谋子驷，子驷先之。夏四月庚辰，辟杀子狐、子熙、子侯、子丁[1]，孙击、孙恶[2]出奔卫。

今注

1　辟杀子狐、子熙、子侯、子丁：假造罪名来杀这四个人。

2　孙击、孙恶：这二人全是子狐的儿子。

今译

郑国的很多公子，因为僖公的突然死去，筹划杀死子驷，子驷先下手。夏天四月庚辰，假造罪名杀了子狐、子熙、子侯、子丁这四个人，子狐的儿子孙击和孙恶逃奔到卫国。

经　郑人侵蔡，获蔡公子燮。

传　庚寅，郑子国、子耳侵蔡，获蔡司马公子燮[1]。郑人皆喜，唯子产不顺[2]，曰："小国无文德而有武功，祸莫大焉，楚人来讨，能勿从乎？从之，晋师必至。晋楚伐郑，自今郑国不四五年弗得宁矣。"子国怒之曰："尔何知，国有大命，而有正卿，童子言焉[3]，将为戮矣。"

今注

1　公子燮：是蔡庄公的儿子。

2　唯子产不顺：唯子产不随着他们一起喜欢。

3　童子言焉：小孩子为什么这样说话。

今译

庚寅那天，郑国的子国、子耳率领军队侵略蔡国，捕获了蔡国司马公子燮。郑国人都高兴，只有子产不如此，说："小的国家没有文德而只有武功，没有比这再大的祸患了。楚国人来讨伐能不顺从吗？要顺从楚国，晋国军队必定要来。晋国同楚国来讨伐郑国，从今以后四五年的工夫，郑国不得安宁。"他的父亲子国生气地说："你又知道什么，国家所有的大事情皆由正卿来主持，小孩子说这些话，会被杀的。"

经 季孙宿会晋侯、郑伯、齐人、宋人、卫人、邾人于邢丘。

传 五月甲辰，会于邢丘[1]，以命朝聘之数，使诸侯之大夫听命，季孙宿、齐高厚、宋向戌、卫宁殖、邾大夫会之。郑伯献捷于会[2]，故亲听命。大夫不书，尊晋侯也。

今注

1 邢丘：晋地，在今河南省温县东二十里。

2 献捷于会：他贡献战胜蔡国的战利品到会盟地点。

今译

五月甲辰这天，在邢丘开会，由晋国提出诸侯们朝聘财礼的数目，使各国的大夫们进来听命，鲁国季孙宿、齐国高厚、宋国向戌、卫国宁殖、邾国大夫都来开会。郑伯献蔡捷的战利品到会中，所以亲自来听晋国的号令。《春秋》上不写大夫们的名字，是尊敬晋悼公的缘故。

经 公至自晋[1]。

今注

1 此经无传。

今译

鲁襄公从晋国回来。

经 莒人伐我东鄙。

传 莒人伐我东鄙，以疆鄫田[1]。

今注

1 以疆鄫田：目的是划定鄫国田地的界线。

今译

莒国人伐鲁国的东部边境，目的是划定鄫国田地的疆界。

经 秋九月，大雩。

传 秋九月，大雩，旱也。

今译

秋九月，行求雨的典礼，因为鲁国大旱。

经 冬，楚公子贞帅师伐郑。

传 冬，楚子囊伐郑，讨其侵蔡也。子驷、子国、子耳欲从楚，子孔、子蟜、子展欲待晋。子驷曰："《周诗》有之曰：'俟河之清，人寿几何？兆云询多，职竞作罗[1]。'谋之多族，民之多违[2]，事滋无成。民急矣，姑从楚以纾吾民。晋师至吾又从之，敬共币帛，以待来者，小国之道也。牺牲玉帛，待于二竟[3]，以待强者而庇民焉。寇不为害，民不罢病，不亦可乎？"子展曰："小所以事大，信也。小国无信，兵乱日至，亡无日矣。五会之信[4]，今将背之，虽楚救我，将安用之？亲我无成[5]，鄙我是欲[6]，不可从也[7]，不如待晋，晋君方明，四军无阙，八卿和睦，必不弃郑。楚师辽远，粮食将尽，必将速归，何患焉？舍之[8]闻之，杖莫如信，完守以老楚，杖信以待晋，不亦可乎？”子驷曰：“《诗》云：‘谋夫孔多，是用不集，发言盈庭，谁敢执其咎？如匪行迈谋，是用不得于道[9]。’请从楚，骈[10]也受其咎。”乃及楚平。使王子伯骈[11]告于晋曰：“君命敝邑修而车赋，儆而师徒，以讨乱略。蔡人不从，敝邑之人不敢宁处，悉索敝赋[12]，以讨于蔡，获司马燮，献于邢丘。今楚来讨曰：‘女何故称兵于蔡？’焚我郊保[13]，冯陵我城郭[14]，敝邑之众，夫妇男女，不遑启处以相救也。翦焉倾覆无所控告[15]，民死亡者非其父兄，即其子弟，夫人愁痛[16]，不知所庇，民知穷困而受盟于楚，孤也与其二三臣不能禁止，不敢不告。”知武子使行人子员对之曰：“君有楚命[17]，亦不使一介行李[18]告于寡君，而即安于楚，君之所欲也，谁敢违君？寡君将帅诸侯以见于城下，唯君图之。”

今注

1　兆云询多，职竞作罗：占卜很多，计谋也很多，所以也就没有成功的希望。

2　谋之多族，民之多违：计谋出于多家族，人民也多有违拗。

3　待于二竟：等待在晋国同楚国的两国边境上。

4　五会之信：这是指三年会鸡泽，五年会戚，又会城棣，七年会鄬，八年会邢丘。

5　亲我无成：亲近我的国家不能和平，指晋国而言。

6　鄙我是欲：把我当作偏僻地方的国家为所欲为，指楚国而言。

7　不可从也：意思说子驷的话，不可以听从。

8　舍之：是子展的名字。

9　谋夫孔多，是用不集，发言盈庭，谁敢执其咎？如匪行迈谋，是用不得于道：这是《诗经·小雅·小旻》的诗句，意思是说谋划的人越多就越不能成功，满庭的人都发言，谁敢担责任呢？如同在路上，随便问人道路，终究不能到达。

10 騑：驷的名字。

11 伯骈：是郑大夫。

12 悉索敝赋：用尽了我们的军队。

13 焚我郊保：焚烧我郊外的房舍。

14 冯陵我城郭：并围困我们的内城同外城。

15 翦焉倾覆无所控告：完全被他们毁灭，没有地方可以去申告。

16 夫人愁痛：每个人全发愁痛苦。

17 君有楚命：你得到楚国讨郑国的命令。

18 一介行李：一个使者。

今译

冬天，楚国的公子贞带兵来伐郑国，是讨它侵略蔡国的罪。郑国大夫子驷、子国、子耳想要服从楚国，子孔、子蟜、子展想要等着晋兵来救。子驷说：“《周诗》上说：‘要等到黄河澄清，人的寿命能有多少？占卜太多，计谋也太多，难以成功的。’我们郑国的计谋出自很多家族，人民又多违拗，越发难成功了。如今百姓危急了，姑且服从了楚国，宽缓我们人民眼前的困难，等晋兵到来，我便再服从他。恭恭敬敬地备办了礼物，接待那来的大国，这就是小国的生存之道。把牲畜和玉帛摆在晋楚二国的边境上，等那强的国家来庇护我们的人民。来寇掠的，可以不为祸害，人民又不疲劳困乏，不也是可以的吗？”子展说：“小国所以服侍大国的，全靠着信用。要是小国没有信用，那么兵乱很快到来，灭亡没有日子了！我国从前同晋国五次盟誓，不能算不多了，如今却要违背它，虽是楚国肯来救我，有什么用处呢？晋国和我是同姓的亲属，却不和它要好，楚国要想把我看作它的边鄙，不能顺从他们。不如等晋国来救的好。现在晋君非常贤明，他们四支兵没有缺少，八个卿又很和睦，一定不肯抛弃我们郑国的。楚兵离开我们郑国很远，粮食快要吃完了，一定会很快回去的，怕什么？我舍之听说过，最靠得住的，莫如守信用，完善了城池的守备以等楚兵日久疲劳，依靠信用以等候晋兵来救，不也是可以的吗？”子驷说：“《诗经》上说：‘谋算的人太多了就不会成功。发言的满庭，有哪个敢担责任？好像是同所有过路人问路一般，最后不知依了哪个好。’请你们服从了楚国，让我騑来担这责任吧！”郑国便同楚国讲和。一面又差王子伯骈告诉晋国说：“君主吩咐敝邑：‘整修你的战车，叮嘱你们的士兵保持戒备，准备讨伐来扰乱侵略的人！’只因蔡国人不依你的吩咐，我这里的人不敢贪图安逸，出动了我们所有的兵车，去讨伐蔡人，捉到个司马燮，献于邢丘那里。现在楚国来讨伐我说：‘你为什么举兵伐蔡呢？’他们烧掉我们郊外的屋宇，围困我们的城池；我国的百姓，夫妇男女，都顾不得休息而互相救护。郑国怕要完全被他们毁灭，没有地方可去申冤呢！人民死亡的，不是他们的父兄，便是他们的子弟，每个人都悲愁痛苦，不知在哪里可得到庇护。人民穷苦得没法可想，只得接受楚国的盟约，我和我的臣子们，不能禁止，不敢不来报告。”晋国的知武子便派行人子员回答说：“君主既有了楚国讨伐的消息，也不赶紧派个使臣来通告我君一声，反而立刻同楚国和好，这原来是你的愿望呀，谁敢反对你呢？不过我君却要带领诸侯，同您在城下见面呢，只请君主考虑一下！”

经 晋侯使士匄来聘。

传 晋范宣子来聘，且拜公之辱[1]，告将用师于郑。公享之，宣子赋《摽有梅》[2]。季武子曰："谁敢哉[3]？今譬于草木，寡君在君，君之臭味也[4]。欢以承命，何时之有。"武子赋《角弓》[5]。宾将出，武子赋《彤弓》[6]，宣子曰："城濮之役，我先君文公献功于衡雍，受彤弓于襄王，以为子孙藏[7]。匄也先君守官之嗣也，敢不承命[8]。"君子以为知礼。

今注

1 拜公之辱：来道谢襄公春天到晋国朝见。

2 《摽有梅》：是《诗经·召南》的一篇诗。

3 谁敢哉：谁敢不服从晋国的命令呢？

4 君之臭味也：这意思言同晋君趣味相同。

5 武子赋《角弓》：范武子就歌唱《诗经·小雅·角弓》这篇诗。

6 《彤弓》：也是《诗经·小雅》的一篇诗。

7 以为子孙藏：这是藏在宫中给子孙看的。

8 敢不承命：我怎敢不接受你的命令。

今译

晋国士匄来鲁国聘问，拜谢鲁襄公到晋国的朝见，并且告诉鲁国，晋国将同郑国打仗。鲁襄公设享礼招待他，士匄歌唱《诗经·召南·摽有梅》这篇诗。季孙宿就说："谁敢不服从晋国的命令？譬如草木一样，我们鲁国的君对于晋国的君是气味相同的。高高兴兴地接受命令，有什么时间早晚之分呢。"季孙宿就歌唱《角弓》这篇诗。客人将退出的时候，季孙宿又歌唱了《彤弓》这篇诗，士匄就说："在城濮打仗时，我晋国的先君文公到衡雍这地方去献功劳给周天子，周襄王就赏给他彤弓，这是藏在宫中给子孙看的。我士匄是从前守官官吏的后人，敢不接受你的命令。"君子以为士匄很懂得礼。

襄公九年（公元前五六四年）

经 九年春，宋灾。

传 九年春，宋灾，乐喜为司城以为政[1]，使伯氏司里[2]，火所未至，彻小屋，涂大屋[3]，陈畚挶，具绠缶[4]，备水器[5]，量轻重，蓄水潦，积土涂，巡丈城，缮守备[6]，表火道；使华臣具正徒[7]，令隧正纳郊保，奔火所；使华阅讨右官[8]，官庀其司，向戌讨左亦如之；使乐遄庀刑器，亦如之；使皇郧命校正出马，工正出车[9]，备甲兵，庀武守；使西鉏吾庀府守[10]，令司宫巷伯儆宫[11]，二师[12]令四卿正敬享，祝宗用马于四墉[13]，祀盘庚于西门之外。晋侯问于士弱[14]曰："吾闻之宋灾，于是乎知有天道，何故？"对曰："古之火正或食于心，或食于咮[15]，以出内火，是故咮为鹑火，心为大火。陶唐氏之火正阏伯居商丘[16]，祀大火而火纪时焉，相土因之[17]，故商主大火。商人阅其祸败之衅，必始于火，是以日知其有天道也。"公曰："可必乎？"对曰："在道，国乱无象，不可知也。"

今注

1　乐喜为司城以为政：乐喜即子罕。他是以司城的官当政权。

2　伯氏司里：伯氏是宋大夫，司里是里的首领。

3　涂大屋：大屋没法拆，用泥涂在上边以避火。

4　陈畚挶，具绠缶：畚是畚挶，绠是汲水用的绳子，缶是装水的器具。

5　备水器：预备装水盆之类的物器。

6　缮守备：完善守城的预备，大约是因为恐怕火灾引起变乱。

7　华臣具正徒：华臣是华元的儿子，他预备工役。

8　华阅讨右官：华阅也是华元的儿子，他替华元做右师的官，治理右师所管的各官。

9　使皇郧命校正出马，工正出车：皇郧是皇父充石的后人，校正是管马的官，工正是管车的官。

10　西钽吾庀府守：西钽吾是太宰，府守是六官的典册。

11　司宫巷伯儆宫：司宫是管太监的，巷伯就是太监，管理宫中的事。

12　二师：即左师同右师。

13　祝宗用马于四墉：祝是太祝，宗是宗人，用马来祭四城，以求火的止息。

14　士弱：是士渥浊的儿子士庄子。

15　食于心，或食于咮：食是配享于心星，或者配享于柳星。

16　阏伯居商丘：阏伯是高辛氏的后人，住在商丘。即今河南省商丘县。

17　相土因之：相土是商的祖先，也就是宋国的祖先，也住在那里。

今译

九年春天，宋国起火灾，乐喜做司城的官执掌政权，他就派宋大夫伯氏管理里政，火还没有到的地方，就拆去小房子，把大的房子涂上湿泥，预备了挑泥的畚挶，并预备了汲水的绳子同罐子，又预备了各种装水的器皿，估量输水所需人力，储满水塘，堆了很多湿泥，并且巡视城堡，完善城防守备，标示火所经行的道路；又派华臣预备了工匠，并且命隧正的官，把郊区的人民聚在一起，可以到火场那里去救火；又使华阅管理右师，管他所有的下属，向戌管左师，也一样办理；叫司寇乐遄准备刑具，也如此；叫皇郧命令校正出马，工正出车，备了甲兵，预备军队来守城；叫西钽吾保护六官的典册，又叫太监的头目巷伯儆戒宫中。左右两个师令各卿大夫各处祭祀神灵，太祝同宗人杀马来祭四城神灵，祭祀盘庚在西门的外边。晋侯问士弱说：“我听说由宋灾可以知道天道，这是什么缘故？”士弱回答说：“古代的火正祭祀火星的时候，或者配享于心星，或者配享在柳星，由于火星运行在这两个星宿中间，所以柳星也叫鹑火，心星也叫大火。陶唐氏的火正阏伯住在商丘这地方，祭祀大火星，而用火星来确定时节。商人的祖先相土沿袭这个办法，所以商人以大火星为祭祀的主星。商人观察祸败的预兆是由火灾开始的，所以在过去自以为掌握了天道。”晋悼公又说：“必定如此吗？”他又回答说：“这在于道，要是国家无道，上天不给预兆，也就不容易知道了。”

经　夏，季孙宿如晋。

传　夏，季武子如晋，报宣子之聘也[1]。

今注

1　报宣子之聘也：范宣子的聘问在襄公八年。

今译

夏天，季孙宿到晋国去了，这是报答去年士匄的聘问。

经　五月辛酉，夫人姜氏薨。

传　穆姜薨于东宫[1]。始往而筮之，遇艮之八䷳，史曰：“是谓艮之随䷐[2]，随其出也，君必速出。”姜曰：“亡[3]。是于《周易》曰：‘随元亨利贞，无咎。’元，体之长也；亨，嘉之会也；利，义之和也；贞，事之干也。体仁足以长人，嘉德足以合礼，利物足以和义，贞固足以干事，然故不可诬也，是以虽随无咎[4]。今我妇人而与于乱，固在下位，而有不仁，不可谓元。不靖国家，不可谓亨。作而害身，不可谓利。弃位而姣[5]，不可谓贞。有四德者，随而无咎，我皆无之，岂随也哉？我则取恶，能无咎乎？必死于此，弗得出矣。”

今注

1 穆姜薨于东宫：穆姜是成公的母亲，死于太子的宫中。

2 是谓艮之随䷐：占卜的太史说：“这是艮䷳卦变到随䷐卦。”

3 亡：没有。

4 故不可诬也，是以虽随无咎：这是不可以诬赖的，虽然是随卦，也没有过错。

5 弃位而姣：穆姜与叔孙侨如相通，所以等于舍弃夫人的位子而淫乱。

今译

成公的母亲穆姜死在太子的宫中。在起初住进去的时候，占筮，得到艮卦的第八爻。占卜的太史就说：“这叫作艮卦变到随卦了。随卦是出去的意思，你一定要赶快出去。”穆姜说：“没有这回事。这卦象在《周易》里边说：‘随元亨利贞，无咎。’元是头一个，亨是嘉好的会合，利是义气的总和，贞是事情的本体。体现仁就可以领导别人；嘉德行就可以合于礼；利万物足以和义气；贞可以做事情，但是这四种德行的存在是不可以诬赖的，所以就是随卦，也没有过错。现在我一个女人参加乱事，本来地位低下又没有仁德，所以不能叫作元；不能使国家安宁，不可以叫作亨；我的作为害了自己，不能叫作利；弃了我的位子而淫乱，不能叫作贞。有这四种德行的，遇见随卦才可以没有祸乱，我四种德行全没有，岂是合于随卦吗？我自己造了祸，能没有祸乱吗？必定死在这里，我不能出去啊。”

经 秋八月癸未，葬我小君穆姜[1]。

今注

1　此经无传。

今译

秋八月癸未这天，葬我小君穆姜。

传　秦景公使士雃[1]乞师于楚，将以伐晋，楚子许之。子囊曰："不可，当今吾不能与晋争，晋君类能而使之[2]，举不失选[3]，官不易方[4]，其卿让于善，其大夫不失守，其士竞于教[5]，其庶人力于农穑[6]，商工皂隶不知迁业[7]。韩厥老矣，知罃禀焉以为政，范匄少于中行偃而上之，使佐中军[8]；韩起少于栾黡而栾黡、士鲂上之，使佐上军[9]；魏绛多功，以赵武为贤而为之佐[10]。君明臣忠，上让下竞[11]。当是时也，晋不可敌，事之而后可，君其图之。"王曰："吾既许之矣！虽不及晋，必将出师。"秋，楚子师于武城以为秦援。秦人侵晋，晋饥弗能报也。

今注

1　士雃：是秦大夫。

2　类能而使之：随着他的能力而使用人。

3　举不失选：所选举的人各得其所。

4　官不易方：官吏没有不合宜的。

5　其士竞于教：士争先奉上面的命令。

6　其庶人力于农穑：庶人全都用力耕田。

7　商工皂隶不知迁业：商人同工人同下级的皂隶不会改变职业。

8　佐中军：范匄佐中军。

9　佐上军：韩起佐上军。

10　赵武为贤而为之佐：魏绛以赵武为贤才使他将新军而魏

绛为佐。

11　君明臣忠，上让下竞：悼公很明白，臣下全都很忠心，各军将们上边退让，下边尽力。

今译

秦景公叫秦大夫士雃到楚国求军队，预备讨伐晋国。楚王答应了他。公子贞说："不可以。现在我们不能跟晋国争夺，晋君随着人的能力大小而用他，所推举的人不违背了他的能力，所派的官也没有不相宜的。他的卿全都让位给比自己好的人，他的大夫不失职守，他的士也全都遵守命令，庶人也全努力耕田，商工皂隶全都不想改换职业。韩厥告老，知䓨继承他来掌政权，士匄比中行偃年轻但是超过中行偃，就使士匄为中军佐；韩起比栾黡年轻，栾黡同士鲂推举他，使他为上军佐；魏绛功劳很多，他以为赵武很有贤才，就做赵武的副佐。君明臣忠，上边推让，下边尽力。这个时候不可以和晋国为敌，必须要侍奉它才可以，君王还是考虑一下。"楚王说："我已经答应他了，虽然打不倒晋国，但是必须出军队。"秋天，楚王派军队驻到武城作为对秦国的援助。秦国人侵略晋国，晋国有荒年所以没法抵抗。

经　冬，公会晋侯、宋公、卫侯、曹伯、莒子、邾子、滕子、薛伯、杞伯、小邾子、齐世子光伐郑。十有二月己亥，同盟于戏。

传　冬十月，诸侯伐郑[1]，庚午，季武子、齐崔杼、宋皇郧从荀䓨、士匄门于鄟门[2]，卫北宫括、曹人、邾人从荀偃、韩起门于师之梁[3]，滕人、薛人从栾黡、士鲂门于北门[4]，杞人、郳人从赵武、魏绛斩行栗[5]。甲戌，师于汜[6]，令于诸侯曰："修器备[7]，盛糇粮，归老幼，居疾于虎牢[8]，肆眚围郑[9]。"郑人恐，乃行成，中行献子曰："遂围之以待楚人之救也而与之战，不然无成。"知武子曰："许之盟而还师以敝楚人，吾三分四军[10]与诸侯之锐以逆来者[11]，于我未病，楚不能矣，犹愈于战。暴骨以逞，不可以争，大劳未艾，君子劳心，小人劳力，先王之制也。"诸侯皆不欲战，乃许郑成。十一月己亥，同盟于戏[12]，郑服也。将盟，郑六卿公子骓[13]、公子发[14]、公子嘉[15]、公孙辄[16]、公孙虿[17]、公孙舍之[18]及其大夫、门子[19]皆从郑伯。晋士庄子为载书[20]曰："自今日既盟之后，郑国而不唯晋命是听，而或有异志者，有如此盟。"公子骓趋进曰："天祸郑国，使介居二大国之间[21]，大国不加德音，而乱以要之，使其鬼神不获歆其禋祀，其民人不获享其土利，夫妇辛苦垫隘无所底告[22]。自今日既盟之后，郑国而不唯有礼与强可以庇民者是从，而敢有异志者，亦如之。"荀偃曰："改载书[23]。"公孙舍之曰："昭大神要言焉，若可改也，大国亦可叛也。"知武子谓献子曰："我实不德，而要人以盟，岂礼也哉？非礼何以主盟？姑盟而退，修德息师而来，终必获郑，何必今日？我之不德，民将弃我，岂唯郑？若能休和，远人将至，何恃于郑？"乃盟而还[24]。

今注

1　诸侯伐郑：因为郑国听从楚国。

2　鄟门：《方舆纪要》：郑城门有渠门、皇门、鄟门、墓门、师之梁门、纯门（西门）、时门（南门）、桔秩之门（南门）、闺门（内宫北门）等。鲁、齐、宋三国皆从晋中军。

3　师之梁：卫、曹、邾三国皆从上军。

4　北门：滕、薛两国皆从下军。

5　行栗：道边上的树木。

6　汜：郑地，在河南省中牟县南。

7　修器备：修整军队所用的军器。

8 居疾于虎牢：要是有病的人可以住到虎牢城去休息。

9 肆眚围郑：眚，过失。使军中有罪的人缓判罪，让他们去围郑国都城。

10 吾三分四军：把四军分成三部。

11 以逆来者：以便迎接来侵犯的楚国军队。

12 戏：在今河南汜水县南。

13 公子騑：是子驷。

14 公子发：是子国。

15 公子嘉：是子孔。

16 公孙辄：是子耳。

17 公孙虿：是子蟜。

18 公孙舍之：是子展。

19 门子：是卿的嫡子。

20 载书：是盟誓的文件。

21 介居二大国之间：处在晋楚两大国的中间。

22 夫妇辛苦垫隘无所底告：夫妇终年辛苦，没有处所去告诉。

23 改载书：因为子驷所说的话写在载书中，所以荀偃说再修改载书。

24 乃盟而还：就两用盟誓的话，意思是说晋国的盟词也用，郑国的盟词也用。

今译

冬天十月，诸侯讨伐郑国，庚午这天，季孙宿、齐国崔杼、宋国皇郧跟从晋国的荀罃、士匄进攻鄟门，卫国北宫括、曹人、邾人跟从荀偃、韩起进攻师之梁门，滕国人、薛国人跟从栾黡、士鲂进攻北门，杞国人、郳国人跟从赵武、魏绛斩伐路旁的树木。甲戌这天，军队驻扎在汜这地方，就命令诸侯们说："修补军械，预备干粮，把年老的年幼的全送回去，使有病的暂时住到虎牢城，把军中有罪的人暂时不定罪，派他们围郑国。”郑国人害怕了，就要求讲和。荀偃说：“仍旧包围它，等着楚国军队来救，我们就同它打仗，要不然就没法讲和。”知罃说：“答应他盟会，我们就把兵撤回去，使楚人疲劳，把我们的四军分成三部，联合诸侯的军队，用以迎战楚军，如此我们并不困乏，而楚国不能持久了，这比打仗更好。用人命来拼，不可以用这样的办法和敌人争胜，大的劳苦还没有完，君子是劳心，小人就劳力，这是先王的训示。”各国的诸侯全不愿意打仗，就答应郑国和平了。十一月己亥，在戏同盟，这是因为郑国已经服从了。将盟会的时候，郑国的六个卿公子騑、公子发、公子嘉、公孙辄、公孙虿、公孙舍之同他的大夫同卿的嫡子全随从着郑伯与会。晋国士弱写了一个盟书说：“自从今天盟会以后，郑国要不对晋国唯命是从，或有旁的心的时候，就照着违盟的办法处理。”郑国的公子騑就急着走近说：“天降祸给郑国，使它居在晋楚两大国中间，大国不加恩惠给它，而用军队的力量来要挟我们结盟，使郑国的鬼神不能够得到祭享，它的人民不能得到土田的利益，夫妇们辛苦委顿，无处去告诉。自今天盟会以后，郑国如果不对有礼貌同强健可以保护郑国人民的国家唯命是从，而敢有异心的话，应照着违盟的办法处理。”荀偃说：“改这盟书。”公孙舍之就说：“起誓是告诉神明的，如果可以改动，大国也可以违约了。”知罃就对荀偃说：“我们实在不够有德，而强求人盟会，这岂是合于礼的吗？没有礼怎么主持盟会？姑且结盟就回国，修养德行并休整军队再来，终必得到郑国，何必今天呢？我要仍旧没有德行，人民全要舍弃我，岂止郑国？若能够休养和气，远方的国家将会顺服，何必专仗着郑国呢？”就两用盟书后回到晋国。

传 晋人不得志于郑，以诸侯复伐之。十二月癸亥，门其三门[1]。闰月戊寅[2]，济于阴阪[3]，侵郑，次于阴口[4]而还。子孔曰：“晋师可击也，师老而劳，且有归志，必大克之。”子展曰：“不可。”

今注

1 门其三门：三门是鄟门、师之梁门同北门。

2 闰月戊寅：据杜预推算这年不得有闰月戊寅，《春秋》上原本是写的门五日，在那里攻打它的城门五天的工夫。后人遂改为闰月。

3 阴阪：是洧水的渡口。《一统志》说：“在河南省新郑县的西边。”

4 阴口：郑地。《水经注》说：“阴口者水口也，参阴声相近，盖传呼之谬耳。”

今译

晋人没有从郑国得到好处，就拿诸侯的军队再去讨伐。十二月癸亥攻打它的鄟门、师之梁门、北门三个城门，闰月戊寅在阴阪这地方渡河，侵略郑国都城，驻扎阴口这地方就回国。子孔就说：“晋国军队可以打，军队长期在外作战因而劳苦并且有归晋国的心，必定能大败它。”子展说：“不可以。”

传 公送晋侯，晋侯以公宴于河上，问公年。季武子对曰：“会于沙随之岁，寡君以生[1]。”晋侯曰：“十二年矣，是谓一终，一星终也[2]。国君十五而生子，冠而生子，礼也。君可以冠矣。大夫盍为冠具[3]？”武子对曰：“君冠必以祼享之礼行之[4]，以金石之乐节之[5]，以先君之祧处之[6]，今寡君在行，未可具也，请及兄弟之国而假备焉。”晋侯曰：“诺。”公还及卫，冠于成公之庙[7]，假钟磬焉[8]，礼也。

今注

1 会于沙随之岁，寡君以生：在沙随开会那年我国的君就生了，沙随开会在鲁成公十六年。

2　是谓一终，一星终也：这是岁星十二年走了一周天。

3　大夫盍为冠具：大夫为什么不预备给他行冠礼呢？

4　君冠必以祼享之礼行之：祼是灌鬯，享是祭祀，必行这两种礼。

5　以金石之乐节之：用钟磬来调节。

6　以先君之祧处之：在先君始祖的庙中来举行。

7　冠于成公之庙：我在《中国古代社会新研》补充说："按所以冠于成公之庙者，疑亦因鲁襄公与卫成公同昭穆。以周公康叔为文之昭，则卫成公与鲁襄公同属昭位。盖若以成公为当时卫君之曾祖，因须假其祖庙而冠，何不冠于卫之始祖康叔之庙乎？"

8　假钟磬焉：借用卫国庙中的钟磬。

今译

鲁襄公送晋悼公回国，晋悼公同鲁襄公在河边上宴会，问襄公几岁了。季孙宿就回答说："在沙随开会那一年，我们的君生了。"晋悼公就说："已经十二年了，这叫作一终，这是岁星周绕了天际一圈。国君应该十五岁就娶夫人，行冠礼而后生孩子，这是合于礼的，你可以行冠礼了，大夫何不给他预备冠礼的仪注？"季孙宿就回答说："国君行冠礼的时候必定拿祼享的礼来实行，用金石乐章来调节，并在始祖的庙中来举行，现在我们的鲁君正在途中，没有办法预备的。请到了同姓兄弟的国家，再去借它的地方来实行。"晋悼公说："好吧！"鲁襄公回来途经卫国，就到卫成公的庙中行冠礼，借用钟同磬，这是合于礼的。

经　楚子伐郑。

传　楚子伐郑，子驷将及楚平，子孔、子蟜曰："与大国盟，口血未干而背之，可乎？"子驷、子展曰："吾盟固云唯强是从，今楚师至，晋不我救，则楚强矣。盟誓之言，岂敢背之，且要盟无质，神弗临也。所临唯信，信者言之瑞也，善之主也。是故临之。明神不蠲要盟，背之可也。”乃及楚平，公子罢戎入盟，同盟于中分[1]。楚庄夫人卒[2]，王未能定郑而归。

今注

1 中分：杜预注：“郑城中里名。”

2 楚庄夫人卒：楚共王的母亲死了。

今译

楚王去讨伐郑国。郑国的执政大夫子驷想着与楚国讲和。另两个大夫子孔、子蟜就说：“同晋国盟誓以后，当时盟誓用的血在嘴里边，尚且没有干，我们就违背了，可以吗？”子驷同子展就回答说：“我们的盟誓曾经说过，只遵从强有力的国家，现在楚国军队来了，而晋国没有来救我们，岂不是楚国有力量吗？盟誓里所说的话，我们也不敢违背，并且这是强迫的盟誓，没有诚信可言，神灵不会降临。只有信实神才降临，信用是语言的祥瑞、善良的主体，所以神降临。明察一切的神不管要挟之下的盟誓，违背了也没关系。”就同楚国和解了。楚国的公子罢戎，到郑国中分地方去盟誓，这时恰好楚共王的母亲死了，共王也就没法安定郑国，就回去了。

传 晋侯归，谋所以息民。魏绛请施舍[1]，输积聚以贷[2]，自公以下，苟有积者尽出之，国无滞积[3]，亦无困人，公无禁利[4]，亦无贪民，祈以币更[5]，宾以特牲[6]，器用不作[7]，车服从给[8]。行之期年，国乃有节，三驾而楚不能与争[9]。

今注

1 施舍：施恩惠，舍去劳役。

2 输积聚以贷：把所有积存的钱财借给旁人。

3 国无滞积：国中没有积存的钱财。

4　公无禁利：公自己没有专利的事情。

5　祈以币更：祈祷的时候不用牲畜，而改用货币。

6　宾以特牲：请客的时候用特牛特羊等。

7　器用不作：器用全不改成新的。

8　车服从给：车同衣服全都够用就可以。

9　三驾而楚不能与争：三次出兵，指十年在牛首、十一年在向、十一年的秋天在郑国的东门。而楚国不敢和晋国争夺郑国。

今译

晋悼公回国以后，谋划如何安息人民。魏绛就请求施恩惠废除劳役，把积存的钱财借给人民，自悼公以下的官员，假设有积攒的钱财就全拿出来，国中没有积存的钱财，也没有贫困的人，公家不禁止人民谋利，人民也没有贪利的。祷告的时候只用货币来替代牲畜，请客的时候，只用大的牲畜，各种器用不做新的，车辆同衣服足用就可以。这些措施推行一年，晋国就有节度了，晋悼公三次出兵，而楚国不敢与他争夺郑国。

卷十六 襄公二

襄公十年（公元前五六三年）

经 十年春，公会晋侯、宋公、卫侯、曹伯、莒子、邾子、滕子、薛伯、杞伯、小邾子、齐世子光，会吴于柤。

传 十年春，会于柤[1]，会吴子寿梦[2]也。三月癸丑，齐高厚相大子光，以先会诸侯于钟离[3]，不敬。士庄子曰："高子相大子以会诸侯，将社稷是卫，而皆不敬[4]，弃社稷也，其将不免乎[5]？"夏四月戊午，会于柤。

今注

1 柤：宋地，在今江苏省邳县西北九十里。

2 寿梦：是吴国王。因为在吴国有时候将名字缓念，就叫作"寿梦"，急着念就变成"乘"。

3 钟离：楚地，在今安徽省凤阳县东四里。

4 皆不敬：高厚同太子光全都不恭敬。

5 将不免乎：他们将不免于灾难。

今译

十年春天，在柤这地方开会，这是为的会见吴王寿梦。三月癸丑这天，齐国高厚为太子光相礼，在钟离这地方，先会见诸侯，不恭敬。晋国的士庄子就说："高厚为齐太子相礼以会见诸侯，这是为的保护齐国的社稷，而高厚和太子光全不恭敬，这是放弃他们的社稷了，恐怕他们将不免于遭受祸难。"夏四月戊午，在相再会盟。

经 夏，五月甲午，遂灭偪阳。

传 晋荀偃、士匄请伐偪阳，而封宋向戌焉[1]，荀罃曰："城小而固，胜之不武，弗胜为笑。"固请，丙寅围之，弗克。孟氏之臣秦堇父辇重如役[2]，偪阳人启门，诸侯之士门焉[3]，县门发[4]，郰人纥抉之以出门者[5]。狄虒弥[6]，建大车之轮，而蒙之以甲，以为橹[7]，左执之，右拔戟以成一队。孟献子曰："《诗》[8]所谓有力如虎者也。"主人县布，堇父登之，及堞而绝之，队，则又县之，苏，而复上者三[9]，主人辞焉，乃退，带其断以徇于军三日[10]。诸侯之师久于偪阳，荀偃、士匄请于荀罃曰："水潦将降，惧不能归，请班师。"知伯怒[11]，投之以机，出于其间[12]，曰："女成二事，而后告余，余恐乱命以不女违。女既勤君而兴诸侯，牵帅老夫以至于此，既无武守，而又欲易余罪曰：'是实班师，不然克矣[13]。'余羸老也，可重任乎[14]？七日不克，必尔乎取之[15]。"五月庚寅，荀偃、士匄帅卒攻偪阳，亲受矢石[16]，甲午灭之。书曰遂灭偪阳[17]，言自会也[18]。以与向戌，向戌辞，曰："君若犹辱镇抚宋国，而以偪阳光启寡君，群臣安矣，其何贶如之[19]？若专赐臣，是臣兴诸侯以自封也，其何罪大焉？敢以死请。"乃予宋公。

今注

1 封宋向戌焉：拿偪阳来封宋国向戌。

2 孟氏之臣秦堇父辇重如役：这是孟献子的家臣名叫秦堇父步行推着车子，载有重器物到阵前。

3　士门焉：军队全去攻打城门。

4　县门发：在城门里头，有一个拿机器操控的门，有时可以上升，有时可以下降。

5　聊人纥抉之以出门者：鲁国聊邑的大夫。聊邑在今山东省曲阜县东十里，有西邹集。他把县门用力举起，使攻打的人可以出来。

6　狄虒弥：是鲁国人。

7　以为橹：做一个大楯。

8　诗：是《诗经·邶风》。

9　苏，而复上者三：晕过去又醒来，再爬上城三次。

10　带其断以徇于军三日：带着断的布去给军队看三天。

11　知伯怒：荀罃生气了。

12　出于其间：在荀罃同士匄的中间飞出去。

13　是实班师，不然克矣：说是荀偃想着班师回去，要不然我们就可以把偪阳城攻克了。

14　余羸老也，可重任乎：我已经很老了，能敢担任这种重大的责任吗？

15　必尔乎取之：必定把你们杀掉。

16　亲受矢石：亲自不躲避箭同石块。

17　偪阳：妘姓国，《山东通志》说："在今山东峄县西南五十里，有偪阳故城。"

18　言自会也：从开会中就决定灭了偪阳。

19　其何贶如之：还有什么赏赐比这再好的呢？

今译

晋大夫荀偃、士匄请求去伐偪阳，说是要把那地方作为宋国向戌的封邑。荀罃说："偪阳城池虽小，却很坚固，打胜了，算不得威武，打不胜，反倒被人家嘲笑！”他们俩却再三要求，便只得应许了他。四月九日那天，便围住偪阳，果然攻打不破。鲁国孟氏的家臣，有个叫秦堇父的拉了很重的车子到兵中来。偪阳人故意开着城门骗他们，诸侯的士卒看见城门开了，便赶紧攻进去，哪知到了门里，守城的闸板门忽然放下来，攻城的兵士，有关在里面的。郰地方人叫叔梁纥，便两手撑起那闸板，放出门内的人来；又有个狄虒弥竖起大车的轮盘，外面包了铁甲，当作大盾牌用，左手搦着，右手又拔了一枝戟，独自领兵当成一队。孟献子说：“这真是《诗经》上说的‘有力像老虎’的了！”偪阳守城人又荡着一匹布在城外，秦堇父便拉着那匹布爬上城去，等到快要到女墙的时候，偪阳人却忽然剪断那布，堇父便掉了下去；偪阳人又荡布在城外。堇父醒了过来故意再爬上去，总共爬了三次。偪阳人便不敢再让他上去，不再挂布。他于是退了回来，带着那断布，走在兵中给人们看，共走了三天。诸侯的军队，长久围在偪阳那里。荀偃、士匄便请求荀罃说：“快要落黄梅雨了！怕不得回去，请下令退兵吧！”知伯便大发雷霆，用弩机砸他们两人，弩机从两人中间飞了出来，口中大骂：“你们完成伐偪阳、封向戌二事，再来和我讲话！我怕乱了君命，才不反对你们的建议，你们既会在君主那里献勤，又发动了诸侯的兵，带累老夫到这地步！你们既然没有能力进攻，却又想归罪于我，回去说：‘这都是他要退兵啦！不然，早已破城了。’但你们须知我现在已是不中用的老头儿了，哪里还担当得起这种重责呢？倘再过了七天攻不破城池，我定要你们的命！”五月初四那天，荀偃、士匄带兵去攻打偪阳，不躲避矢石，奋勇向前，甲午这天攻下了偪阳。《春秋》上记载：“遂灭偪阳。”说的是因会盟而被灭的。后来便把偪阳送给向戌，向戌推辞说：“君王如果还肯照应我宋国，而用这偪阳扩大我寡君的疆土，下臣们就安心了！还有什么赏赐能比这更好的？如果专门赐给我，这是我兴了诸侯的兵，专为自己要封地去了，还有什么罪过比这更大的呢？就是死，也不敢要的。”便把偪阳送给宋公。

经　公至自会[1]。

今注

1　此经无传。

今译

襄公开会回来。

传　宋公享晋侯于楚丘，请以《桑林》[1]，荀罃辞。荀偃、士匄曰：“诸侯宋鲁于是观礼[2]，鲁有禘乐，宾祭用之，宋以《桑林》享君，不亦可乎？”舞师题以旌夏[3]，晋侯惧而退入于房，去旌，卒享而还。及著雍，疾[4]，卜桑林见[5]，荀偃、士匄欲奔请祷焉[6]，荀罃不可，曰：“我辞礼矣，彼则以之[7]。犹有鬼神，于彼加之[8]。”晋侯有间[9]，以偪阳子归献于武宫，谓之夷俘。偪阳，妘姓也，使周内史选其族嗣纳诸霍人[10]，礼也。师归，孟献子以秦堇父为右，生秦丕兹，事仲尼。

今注

1　《桑林》：是因为成阳曾在这地方祈求过雨，所以称桑林，后来宋国都城也有桑林，并且有一种音乐也叫作《桑林》。

2　诸侯宋鲁于是观礼：对诸侯，只有宋国同鲁国他们的礼乐可以观看。

3　舞师题以旌夏：舞师是奏乐的指挥，拿旌夏大旗来表示奏乐的次序。

4　及著雍，疾：到了著雍这地方，晋悼公病了。著雍是晋地，

《释地》说："在今河南省沁阳县东。"

5 卜桑林见：占卜以后发现有桑林的现象。

6 欲奔请祷焉：他们想着回到宋国去祷告。

7 彼则以之：是宋国强用之。

8 于彼加之：就对宋国加罪。

9 晋侯有间：晋侯渐渐好了。

10 霍人：是晋邑，在今山西省繁峙县东南。

今译

宋公于是设享礼在楚丘招待晋侯，请奏《桑林》的乐曲，荀罃推辞不敢当。荀偃、士匄就说："诸侯中间，只有宋鲁二国都是用着天子的礼乐，可以看得的，鲁国有三年大祭的乐，待宾客时候可以应用的；宋国便把《桑林》宴享我们国君，不也是可以的吗？"乐师手举旌夏之旗率领乐队进来，晋侯害怕而退进换衣的房中去。宋公命乐师撤去大旗，晋侯方才再出来，完了享礼回去。到了著雍地方，晋侯生起病来，吩咐太史占卜一下，说是《桑林》作怪呢。荀偃、士匄要赶回宋国去祈祷，荀罃不许，说："我起先已经推辞过了，是他们宋国一定要用这礼。如果真有鬼神，自然应该让他们受去。"后来晋侯的病果然好了，便带了偪阳子回国，把他献俘在武宫中，叫他夷俘。偪阳是姓妘的，便派周的内史拣选他族中的子孙，叫他住到霍人那里去。这是合于礼的。鲁军回国，仲孙蔑便派秦堇父做车右。后来生一个儿子，名叫秦丕兹，拜仲尼为师。

经 楚公子贞、郑公孙辄帅师伐宋。

传 六月，楚子囊、郑子耳伐宋，师于訾毋[1]，庚午围宋，门于桐门[2]。

今注

1　訾毋：宋地，在今河南省鹿邑县境内。

2　桐门：宋都城门。《纪要》说："宋城的北门叫桐门。"

今译

六月，楚公子贞同郑子耳伐宋国，军队在訾毋这地方驻扎，庚午这天就围了宋国都城，攻打桐门。

经　晋师伐秦。

传　晋荀罃伐秦，报其侵也[1]。

今注

1　报其侵也：秦侵略晋国在鲁襄公九年。

今译

晋国荀罃伐秦国，报复它的侵略。

传　卫侯救宋，师于襄牛[1]。郑子展曰："必伐卫，不然，是不与楚也。得罪于晋，又得罪于楚，国将若之何？"子驷曰："国病矣[2]。"子展曰："得罪于二大国必亡，病不犹愈于亡乎？"诸大夫皆以为然，故郑皇耳[3]帅师侵卫，楚令也[4]。孙文子卜追之，献兆于定姜。姜氏问繇[5]，曰："兆如山陵，有夫出征，而丧其雄。"姜氏曰："征者丧雄，御寇之利也[6]，大夫图之。"卫人追之，孙蒯[7]获郑皇耳于犬丘[8]。

今注

1　襄牛：江永以为就是卫国的襄丘。在今山东省蒲县东南。

2　国病矣：国家因为屡次打仗，很疲倦了。

3　皇耳：是郑大夫皇成子。

4　楚令也：服从楚国的命令。

5　繇：卜兆的文辞。

6　御寇之利也：这是抵抗敌人的利益。

7　孙蒯：是孙林父的儿子。

8　犬丘：卫地，在今山东省菏泽县北三十里。

今译

卫侯救援宋国，军队驻扎在襄牛，郑大夫子展说："必定讨伐卫国，不然就是不跟楚国合作了。得罪了晋国，又得罪了楚国，国家怎么办呢？"郑国另一位大夫子驷就说："郑国因为屡次出兵，已经很疲倦了。"子展就说："得罪了两个大国，郑国必定要灭亡，困乏，不比死亡较好吗？"各位大夫全都以为这话对，所以郑国的皇耳率领着军队，去侵略卫国，这是服从楚国命令。孙林父就占卜能不能追逐郑国的军队，把所得的卜辞献给卫夫人定姜。定姜问卜辞怎么说，回答说："卜辞说卜兆如同山陵，有一个男子出征，丧失他的英雄。"定姜就说："来侵犯的人丢掉英雄，这是有利于抵抗敌人的，大夫考虑一下。"卫国人就追逐郑国的军队，孙林父的儿子孙蒯在犬丘这地方，捕获郑国的皇耳。

传　秋七月，楚子囊、郑子耳伐我西鄙，还围萧[1]，八月丙寅，克之。九月，子耳侵宋北鄙。孟献子曰："郑其有灾乎，师竞已甚。周犹不堪竞，况郑乎？有灾，其执政之三士乎[2]？"

今注

1　萧：宋邑，在今安徽省萧县北十里。

2　其执政之三士乎：这恐怕就是掌郑国政权的三个人的过错，三士指子驷、子国、子耳。

今译

秋七月，楚公子贞、郑国子耳侵犯鲁国的西部边境，在回去的时候，把宋国的萧邑包围了。八月丙寅，攻克萧邑。九月，子耳又侵略宋国北部边境。鲁国的仲孙蔑说："郑国恐怕要遇到灾难了。军队争战得过甚，周王尚且不堪经常用兵，何况郑国呢？郑国有灾难，恐怕过错在执掌政权的三位身上。"

经 秋，莒人伐我东鄙。

传 莒人间诸侯之有事也[1]，故伐我东鄙。

今注

1 间侯诸之有事也：乘着诸侯讨伐郑国的时候。

今译

莒人趁着诸侯讨伐郑国的时候，就侵略鲁国的东部边境。

经 公会晋侯、宋公、卫侯、曹伯、莒子、邾子、齐世子光、滕子、薛伯、杞伯、小邾子，伐郑。

传 诸侯伐郑，齐崔杼使大子光先至于师，故长于滕。己酉归于牛首[1]。

今注

1 牛首：郑地，在今河南省陈留县西南十一里。

今译

诸侯去讨伐郑国，齐国的崔杼叫齐太子光先到军队去，所以《春秋》上将他排在滕国的前面。己酉这天，军队在牛首这地方会合。

经 冬，盗杀郑公子騑、公子发、公孙辄。

传 初，子驷与尉止有争，将御诸侯之师而黜其车[1]。尉止获，又与之争[2]，子驷抑尉止曰："尔车非礼也。"遂弗使献[3]。初，子驷为田洫，司氏、堵氏、侯氏、子师氏皆丧田焉。故五族聚群不逞之人因公子之徒以作乱[4]。于是子驷当国，子国为司马，子耳为司空，子孔为司徒。冬十月戊辰，尉止、司臣、侯晋、堵女父、子师仆帅贼以入，晨攻执政于西宫之朝[5]，杀子驷、子国、子耳，劫郑伯以如北宫，子孔知之故不死。书曰盗，言无大夫焉[6]。子西[7]闻盗，不儆而出[8]，尸而追盗[9]，盗入于北宫，乃归授甲，臣妾多逃，器用多丧。子产[10]闻盗，为门者[11]，庀群司[12]，闭府库，慎闭藏，完守备，成列而后出[13]，兵车十七乘，尸而攻盗于北宫，子蟜帅国人助之，杀尉止、子师仆，盗众尽死，侯晋奔晋，堵女父、司臣、尉翩、司齐奔宋。子孔当国[14]，为载书以位序听政辟[15]，大夫、诸司、门子弗顺，将诛之[16]，子产止之，请为之焚书[17]。子孔不可，曰："为书以定国，众怒而焚之，是众为政也，国不亦难乎[18]？"子产曰："众怒难犯，专欲难成，合二难以安国，危之道也。不如焚书以安众，子得所欲[19]，众亦得安，不亦可乎？专欲无成，犯众兴祸，子必从之。"乃焚书于仓门之外[20]，众而后定。

今注

1　黜其车：减少他的车辆。

2　尉止获，又与之争：尉止得到囚俘，子驷又跟他争。

3　遂弗使献：就不许他献俘虏。

4　因公子之徒以作乱：因为鲁襄公八年，子驷所杀的公子熙的党羽。

5　西宫之朝：西宫是郑君上朝的地方，在今河南省新郑县西北。

6　无大夫焉：意思说全都是士，不是大夫。

7　子西：公孙夏，指的是子驷的儿子。

8　不儆而出：不警戒就出去。

9　尸而追盗：他到他父亲那儿看尸首，然后再追强盗。

10　子产：公孙侨是子国的儿子。

11　为门者：布置看门的人。

12　庀群司：把各官员全安排好。

13　成列而后出：摆成战列，而后再出去。

14　子孔当国：子孔替子驷管理郑国政权。

15　为载书以位序听政辟：做盟书各按着次序以管理政权。

16　将诛之：子孔想要诛杀不听他的话的人。

17　焚书：把盟书烧掉。

18　国不亦难乎：国家就难治理了。

19　子得所欲：你也得到政权。

20　焚书于仓门之外：按：《纪要》所说，郑都城的城门共有八门，而并没有仓门，可见仓门大约是郑国公宫的外门。在那里焚书，为的是大家全都看见。

今译

当初，郑国的子驷跟尉止有争执，将抵抗诸侯在牛首的军队时，把尉止的兵车减少。尉止俘虏了敌人，子驷又与他争抢功劳。子驷对尉止说："你的车过于华丽，不合于礼节。"就不让他献所捕获的敌人。更早的时候，子驷管田洫的事，司氏、堵氏、侯氏、子师氏各族，都丢失了田地。所以这五个族聚集了很多不满意的人，利用以前子驷所杀害的公子熙的党羽发动叛乱。这时，子驷掌着郑国的政权，子国做司马，子耳做司空，子孔做司徒。冬天十月戊辰，尉止、司臣、侯晋、堵女父、子师仆率领贼人进入，早晨就攻执政官在西宫上朝的地方，杀了子驷、子国、子耳，劫了郑国君到北宫去，因为子孔先就知道这件事，所以没有死。《春秋》记载的是盗，意思是说参与叛乱的全是士，没有大夫的官。子驷的儿子子西听说有叛乱，不设警戒就出来了，收了他父亲子驷的尸骨，然后才追。叛乱分子逃到北宫去了。子西回来，召集军队，但是下级的官吏同子驷的妾，全都逃走了，器物全都丧失。子国的儿子子产听说有叛乱发生，他就先派人守他的宅门，配齐了各级官吏，把府库全都封闭，把所有的物件全都慎重地把守，预备好了看守的人，摆成了阵势，然后出去，共有兵车十七辆，先收了父亲的尸首，然后到北宫去攻击叛乱分子。子耳的儿子子蟜，率领着贵族帮助他，杀了尉止、子师仆，叛乱分子全都死了。侯晋逃到晋国去，堵女父、司臣、尉止的儿子尉翩、司臣的儿子司齐逃到宋国去了。于是子孔掌郑国政权，制作盟书，规定官员各守其位，听取执政的法令。大夫、官员们、卿的嫡子不顺从子孔，子孔就想把他们杀掉，子产就拦住他，请求把盟书烧掉。子孔不肯就说："制作盟书以安定国家，众人不高兴就烧掉它，这就是众人来当政了，治理国家不是很难吗？"子产说："众人的怒气很难触犯，专权的欲望也就难成功，合两种难事以安定国家，这是危险的办法。我想不如焚了盟书以安定众人的心。你得到所希望的掌政权，众人的心也得安宁，这不也是可以的吗？一个人的欲望没有方法成功，侵犯了众人，必定兴起祸患，你必须听从我的办法。"于是，就在仓门的外面，把盟书烧掉，众人看见，然后心就安定了。

经 戍郑虎牢。

传 诸侯之师城虎牢而戍之，晋师城梧及制[1]，士鲂、魏绛戍之。书曰戍郑虎牢，非郑地也，言将归[2]焉。郑及晋平。

今注

1 城梧及制：梧同制全是郑国的旧地方，《汇纂》说："按：今河南省荥阳县南有梧通涧，大概就是梧这地方。"制在今河南省汜水县东十里，现在叫上街镇。

2　言将归：意思是说将来还给郑国。

今译

诸侯的军队，把虎牢这城修好，加以戍守。晋国军队也把梧同制两城修好，晋国的士鲂同魏绛来戍守它。《春秋》记载，戍守郑国的虎牢，这不是郑国的地方。这样的说法，是表示将归还给郑国。郑国于是与晋国和平了。

经　楚公子贞帅师救郑。

传　楚子囊救郑。十一月，诸侯之师还郑，而南至于阳陵[1]，楚师不退。知武子[2]欲退曰："今我逃楚，楚必骄，骄则可与战矣。"栾黡曰："逃楚，晋之耻也，合诸侯以益耻，不如死，我将独进。"师遂进，已亥，与楚师夹颍而军[3]。子蟜曰："诸侯既有成行[4]，必不战矣。从之将退，不从亦退，退[5]，楚必围我，犹将退也。不如从楚，亦以退之。"宵[6]涉颍与楚人盟。栾黡欲伐郑师，荀罃不可，曰："我实不能御楚，又不能庇郑，郑何罪？不如致怨焉[7]，而还。今伐其师，楚必救之。战而不克，为诸侯笑，克不可命，不如还也。"丁未，诸侯之师还，侵郑北鄙而归[8]。楚人亦还。

今注

1　阳陵：郑地，《汇纂》说："在今河南省许昌县西北。"

2　知武子：是荀罃。

3　夹颍而军：在颍水的两面摆军队。

4　诸侯既有成行：诸侯既然有离开的意思。

5　退：我们要退了。

6　宵：夜晚。

7　不如致怨焉：不如使他们怨恨，然后再回国。

8　侵郑北鄙而归：侵略郑国的北部边境就回到晋国去，这就是所谓招致怨恨。

今译

楚国令尹公子贞救郑国。十一月，诸侯的军队环绕郑国，往南到了阳陵，楚国军队不退。晋国荀罃想退兵，说："我现在逃避了楚国，楚国必定要骄傲，骄傲了就可以跟它打仗了。"栾黡说："逃避楚国是晋国的羞耻，联合诸侯而增加羞耻，还不如死，我将独自往前进。"军队因此也就往前进。己亥这天，与楚国的军队，各占了颍水的一边，而成阵势。郑国的子蟜说："诸侯既有走的意思，必定不会打仗。服从他们将退，不服从他们也会退，等到他们退了以后，楚国必定围了郑国，也等于是退。不如现在就服从了楚国，使楚国可以退兵。"夜里渡过颍水与楚人会盟。栾黡想讨伐郑国的军队，荀罃不肯，就说："我们不能抵抗楚国，也不能庇护郑国，郑国有什么罪？不如使他们怨恨楚国，然后回晋国。现在伐郑国的军队，楚国必救援它，这战必不能胜，这会令诸侯耻笑，没有方法必定战胜郑国，不如回晋国。"丁未这天，诸侯的军队撤退，侵略郑国的北部边境，然后回国，楚国人也回去了。

经 公至自伐郑[1]。

今注

1 此经无传。

今译

鲁襄公从伐郑国回来。

传 王叔陈生与伯舆争政[1]，王右伯舆。王叔陈生怒，而出奔，及河，王复之，杀史狡以说焉[2]，不入，遂处之。晋侯使士匄平王室，王叔与伯舆讼焉，王叔之宰与伯舆之大夫瑕禽[3]坐狱于王庭，士匄听之。王叔之宰曰：“筚门闺窦之人而皆陵其上[4]，其难为上矣。”瑕禽曰：“昔平王东迁，吾七姓从王[5]，牲用备具，王赖之，而赐之骍旄之盟[6]曰：‘世世无失职。’若筚门闺窦其能来东底乎？且王何赖焉？今自王叔之相也，政以贿成，而刑放于宠[7]，官之师旅不胜其富[8]，吾能无筚门闺窦乎？唯大国图之。下而无直，则何谓正矣[9]？”范宣子曰：“天子所右，寡君亦右之，所左亦左之。”使王叔氏与伯舆合要，王叔氏不能举其契[10]。王叔奔晋，不书不告也。单靖公为卿士，以相王室。

今注

1　王叔陈生与伯舆争政：王叔陈生与伯舆全是周王的卿士，互相争夺政权。

2　杀史狡以说焉：周王就杀掉史狡以对王叔有解释。

3　瑕禽：是伯舆属下大夫。

4　筚门闺窦之人而皆陵其上：筚门是木材做的门，闺窦是小门，这种下贱的人，全都欺负他的上面的人。

5　七姓从王：伯舆的祖先同旁的六姓跟随着平王东迁。

6　骍旄之盟：是用赤色的牛来做盟誓。

7　而刑放于宠：刑法全随着宠来做，就是不听从刑律。

8　官之师旅不胜其富：司旅的长官，受的贿赂没法形容有多少。

9　下而无直，则何谓正矣：下面没有直爽的人就怎么算是正呢？

10　王叔氏不能举其契：王叔没有方法拿出他的证契。

今译

周王的两个卿士王叔陈生与伯舆争夺政权，周王帮助伯舆，王叔陈生甚不愉快，就出奔，想到晋国，到了黄河，周王就叫他回来，把史狡杀了，以取悦王叔陈生，但是王叔陈生仍旧不肯回来，就住在黄河边上。晋悼公派士匄去给王室讲和，王叔同伯舆争讼，王叔的家臣同伯舆所属的大夫瑕禽在王庭中争讼，士匄听讼，判断曲直。王叔的家臣说："柴门小户的人，全都欺负他的上面的人，上面的人真难做。"瑕禽说："以前周平王东迁的时候，我们七个姓从王来，各种祭祀用的牲畜，全是由我们预备的，平王很仰赖我们，而用赤色的牛做盟誓，就说：'世世代代不要失掉职位。'要是柴门小户的人还能随着平王东迁吗？并且平王为何仰赖我们？现在自从王叔掌政权以后，政治全是以贿赂来完成，有宠的臣专管刑法，师旅的官富得不成样子，我们能够不是柴门小户吗？希望大国细想想。下边没有直爽的人，怎么叫作正呢？"士匄说："周天子所愿意帮助的，我们晋国君也愿意帮助，他所不愿帮助的，我们晋国君也不愿帮助。"叫王叔同伯舆将他们的讼词对比，王叔这人不能提出他的证据。王叔就逃到晋国去了。《春秋》上没有写，因为周朝没有告诉鲁国，单靖公就替代王叔为卿士，执掌王室的政权。

襄公十一年（公元前五六二年）

经　十有一年春王正月，作三军。

传　十一年春，季武子将作三军[1]，告叔孙穆子曰："请为三军，各征其军。"穆子曰："政将及子，子必不能[2]。"武子固请之，穆子曰："然则盟诸。"乃盟诸僖闳[3]，诅诸五父之衢[4]。正月作三军，三分公室而各有其一[5]，三子各毁其乘。季氏使其乘之人，以其役邑入者无征[6]，不入者倍征[7]。孟氏使半为臣若子若弟[8]，叔孙氏使尽为臣[9]，不然不舍[10]。

今注

1　季武子将作三军：因为鲁国只有两军，遇到战事的时候，就由三卿轮流着来率领，现在加设中军变成三军。

2　子必不能：你一定不能如此办理。

3　乃盟诸僖闳：僖闳是僖公的庙门，在那里盟誓。

4　诅诸五父之衢：据《山东通志》说："在今曲阜县东南五里。"我们要注意的是盟同诅不太一样，盟是贵族所举行的，而诅是小人阶级所举行的，由《左传》各年皆能考见。

5　三分公室而各有其一：将公家所有的人民分成三份，而每一个卿有一份。

6　以其役邑入者无征：拿他邑中的人归入季氏的，就不必缴纳公家赋税。

7　不入者倍征：要是不归季氏的，就加倍纳税。

8　使半为臣若子若弟：使他的子弟的一半归他自己，可以说有三份归于公家，而自己留了四分之一。

9　使尽为臣：把他子弟留下而把父兄归到公家。

10　不然不舍：要不听他的话，就不肯舍置。

今译

十一年春天，季孙宿预备加设一军为三军，告诉叔孙豹说："请作三个军，我们三家各征他的军的税收。"叔孙豹说："鲁国的政权将要轮到你管，你一定不能如此办理。"季孙宿一再地请求。叔孙豹就说："那么我们就盟誓吧。"就到僖公庙门口去盟誓，又在五父之衢起誓。正月作成三军，把鲁国的公室三分，每个人各得一份，三家各把他的车乘部伍解散，重新编为三军。季氏叫他私人武装中的人，加入军队的就不给公家纳税，不加入军队的，就加倍给公家纳税。孟氏让他私邑士兵中的一半，或子或弟归公家；

叔孙氏把他的私邑士兵全部归到公家。要不这样做，不肯舍置。

经 夏四月，四卜郊不从，乃不郊[1]。

今注

1 此经无传。

今译

夏天四月，四次占卜祭天，都不吉祥，就不郊天。

经 郑公孙舍之帅师侵宋。

传 郑人患晋楚之故，诸大夫曰："不从晋，国几亡。楚弱于晋，晋不吾疾也[1]。晋疾，楚将辟之，何为而使晋师致死于我？楚弗敢敌，而后可固与也[2]。"子展曰："与宋为恶，诸侯必至，吾从之盟，楚师至，吾又从之，则晋怒甚矣。晋能骤来[3]，楚将不能，吾乃固与晋。"大夫说之，使疆埸之司恶于宋。宋向戌侵郑，大获。子展曰："师而伐宋可矣。若我伐宋，诸侯之伐我必疾，吾乃听命焉，且告于楚。楚师至，吾乃与之盟，而重赂晋，师乃免矣[4]。"夏，郑子展侵宋。

今注

1 晋不吾疾也：晋国不会侵略我们。

2 而后可固与也：然后就可以和晋国很牢固地和好。

3 晋能骤来：晋国可以急着来。

4 师乃免矣：战祸就可以免了。

今译

郑国人很以晋楚两个大国的争夺为患，诸大夫说："不从晋国，郑国几乎灭亡。楚国较晋国为弱，晋国不会很快来攻我。晋国若很快来攻我，楚国将躲避它，有何计使晋国的军队用力来攻打我们？楚不敢抵抗，然后我们可以和晋国牢固地和好。"子展就说："为恶于宋国，诸侯必定全都来到，我们就同晋国盟会，楚国军队来了，我们又服从楚国，晋国的愤怒，必然很厉害。晋国可以很快来，而楚国不能够，如此，我们就能同晋国牢固地和好。"大夫们全赞成，使守边疆的官侵犯宋国。宋国向戌侵犯了郑国，收获很多。子展说："我们的军队可以伐宋国了。我们要讨伐宋国，诸侯的军队必定很快地来讨伐我们，我就听从命令并且通知楚国。楚国军队来了，我们又跟它定盟誓，并且加重贿赂晋国，如此我们就能免除战祸。"夏天，郑国子展侵略宋国。

经 公会晋侯、宋公、卫侯、曹伯、齐世子光、莒子、邾子、滕子、薛伯、杞伯、小邾子，伐郑。

经 秋七月己未，同盟于亳城北。

传 四月，诸侯伐郑。己亥，齐太子光、宋向戌先至于郑，门于东门；其莫，晋荀罃至于西郊，东侵旧许；卫孙林父侵其北鄙。六月，诸侯会于北林[1]，师于向[2]，右还，次于琐[3]，围郑，观兵于南门，西济于济隧[4]，郑人惧，乃行成。秋七月，同盟于亳[5]。范宣子曰："不慎必失诸侯，诸侯道敝而无成，能无贰乎？"乃盟，载书曰："凡我同盟，毋蕴年[6]，毋壅利[7]，毋保奸[8]，毋留慝[9]，救灾患，恤祸乱，同好恶，奖王室[10]，或间兹命，司慎司盟[11]，名山名川，群神群祀[12]，先王先公，七姓十二国之祖[13]，明神殛之，俾失其民，队命亡氏，踣其国家。"

今注

1 北林：郑地，在今河南省新郑县东北。

2 向：《汇纂》说："今河南省尉氏县西南四十里有向城。"

3 琐：《一统志》说："今河南省新郑县东北有镇侯亭。"

4　济隧：水名。《汇纂》引《水经注》说："荥泽在荥阳县东南，盖即济水、汴水、荥泽分流处。"

5　亳：江永说："《左传》作亳城，公穀作京城。以诸侯围郑，当同盟于京城，应从公穀。"京城在荥阳县东南二十里。

6　毋蕴年：不要屯谷类。

7　毋壅利：不要垄断山川利益。

8　毋保奸：不要藏着罪犯。

9　毋留慝：不要藏着坏心在心里。

10　奖王室：奖助周王室。

11　司慎司盟：两个天上的神。

12　群神群祀：各种的神同各种祭典中的神。

13　七姓十二国之祖：七姓是指姬姓、曹姓、子姓、姜姓、巳姓、姒姓、任姓，共十二国的祖先。

今译

四月，诸侯们伐郑。己亥这天，齐国太子光同宋国的向戌先到郑国，攻击郑国首都的东门，到了晚间，晋国的荀罃到了郑国的西郊，向东攻击了旧许国的地方，卫国孙林父攻击了郑国的北部边境。六月，诸侯在北林聚会，把军队迁到向地，然后向北走再向西走，到了琐地，围郑国都城，到南门去示威，西边渡过济隧，郑国人害怕了，乃要求和好。秋，七月，诸侯和郑国在亳这地方盟誓。士匄说："如果盟辞不谨慎，必定要丢掉诸侯，诸侯们经过这么多的道路，辛苦而没有成功，能没有二心吗？"就盟会了，盟书上说："凡是我们同盟的国家，不要屯粮，不要垄断山川的利益，不要藏慝罪人，不要存心不良，必定要救旁国的灾患，怜恤旁国的祸乱，好恶同心，协助周王室，如果违犯了这个盟誓，司慎、司盟两个天神，各名山名川的神，各种神和在誓典上盟誓的神，所封的国家先王同先公，姬、曹、子、姜、已、姒、任七姓，共十二国的祖先，各明神全都来诛殛他，使他丢掉他的人民，坠掉他的天命，丢掉他的姓氏，颠覆他的国家。”

经 公至自伐郑[1]。

今注

1 此经无传。

今译

鲁襄公从伐郑回来。

经 楚子、郑伯伐宋。

传 楚子囊乞旅于秦[1]，秦右大夫詹帅师从楚子将以伐郑，郑伯逆之，丙子伐宋。

今注

1 楚子囊乞旅于秦：楚国公子贞请求秦国派遣军队。

今译

楚国令尹公子贞向秦国请求派遣军队，秦国的右大夫詹率领军队追随楚王，将要讨伐郑国，郑伯迎接他们，表示顺服，丙子伐宋国。

经 公会晋侯、宋公、卫侯、曹伯、齐世子光、莒子、邾子、滕子、薛伯、杞伯、小邾子，伐郑。

传 九月，诸侯悉师以复伐郑，郑人使良霄、大宰石臭如楚，告将服于晋曰：“孤以社稷之故，不能怀君，君若能以玉帛绥晋，不然则武震以摄威之[1]，孤之愿也。”楚人执之。书曰行人，言使人也。

今注

1　武震以摄威之：你要是能够拿武力来使它害怕。

今译

九月，诸侯用全部的军队，再次讨伐郑国，郑国人派良霄同太宰石臭到楚国去，告诉楚国他们将服从晋国，说："孤以国家的缘故，不能够怀念你，你若能够以用玉帛来安抚晋国，要不然就用武力以威吓它，这是我的愿望。"楚国人把他们逮起来。《春秋》记载说："行人"，表示这是郑国的使者。

经　会于萧鱼。

传　诸侯之师观兵于郑东门，郑人使王子伯骈行成。甲戌，晋赵武入盟郑伯。冬十月丁亥，郑子展出盟晋侯。十二月戊寅，会于萧鱼[1]。庚辰，赦郑囚，皆礼而归之，纳斥候[2]，禁侵掠。晋侯使叔肸告于诸侯[3]。公使臧孙纥对曰："凡我同盟，小国有罪，大国致讨，苟有以藉手，鲜不赦宥，寡君闻命矣。"

今注

1　萧鱼：郑地。在今河南省许昌县西。

2　纳斥候：不再相防备。

3　晋侯使叔肸告于诸侯：叔肸即叔向。晋侯派叔向布告给诸侯。

今译

诸侯的军队到郑国的东门去示威，郑国人叫王子伯骈去要求和好。甲戌这天，晋国的赵武到郑国去盟会郑伯。冬十月丁亥这一天，郑国子展去盟誓晋悼公，十二月戊寅，在萧鱼开会。庚辰那天，把郑国囚犯都赦免，皆加以礼貌遣送回去。取消国境内监视的人，禁止侵夺。晋悼公叫叔向告诉各诸侯。鲁襄公叫臧孙纥回答说："凡是我们同盟的国家，小国有了罪，大国就讨伐它，假设能够稍有所得，没有不赦免的，我们鲁君听到命令了。"

经 公至自会[1]。

今注

1 此经无传。

今译

鲁襄公开会回来。

经 楚人执郑行人良霄。

传 郑人赂晋侯以师悝、师触、师蠲[1]，广车軘车淳[2]十五乘，甲兵备，凡兵车百乘[3]，歌钟二肆[4]，及其镈磬[5]，女乐二八。晋侯以乐之半赐魏绛曰："子教寡人和诸戎狄，以正诸华，八年之中九合诸侯，如乐之和，无所不谐[6]，请与子乐之。"辞曰："夫和戎狄，国之福也。八年之中九合诸侯，诸侯无慝，君之灵也，二三子之劳也，臣何力之有焉？抑臣愿君安其乐而思其终也。《诗》曰：'乐只君子，殿天子之邦。乐只君子，福禄攸同，便蕃左右，亦是帅从[7]。'夫乐以安德[8]，义以处之[9]，礼以行之，信以守之，仁以厉之，而后可以殿邦国，同福禄，来远人，所谓乐也[10]。书曰：'居安思危[11]。'思则有备，有备无患，敢以此规。"公曰："子之教敢不承命，抑微子，寡人无以待戎，不能济河[12]。夫赏国之典也，藏在盟府[13]，不可废也，子其受之。"魏绛于是乎始有金石之乐，礼也。

今注

1 师悝、师触、师蠲：这三个人全都是乐师的名字。

2 广车軘车淳：广车、軘车全是车的名字，淳是一对。

3 凡兵车百乘：其他的兵车同广车、軘车一共一百辆。

4 歌钟二肆：一肆等于十六个，二肆一共三十二个。

5 及其镈磬：是全部的乐器。

6 如乐之和，无所不谐：跟乐器的相和没有不和谐的。

7 乐只君子，殿天子之邦。乐只君子，福禄攸同，便蕃左右，亦是帅从：这是《诗经·小雅·采菽》的一句诗，意思是说周王能礼乐君子来镇抚天子的邦国，万福来同，远处的人全都来服从，便藏在天子的左右。

8 夫乐以安德：夫乐是用来安和德行。

9 义以处之：义是用来处理事宜。

10 所谓乐也：意思是说乐、义、礼、信、仁五种德行全都完备的时候，就成了乐。

11 居安思危：这是一句逸书的话，处在安乐的时候，要考虑危险的事。

12 不能济河：不能够渡过黄河到南边去打郑国。

13 藏在盟府：这种赏赐记载在司盟的府中。

今译

郑国人用师悝、师触、师蠲同广车、軘车各十五乘，甲兵齐备，共有兵车一百辆，歌钟一共三十二个，同镈磬的各种乐器，同女乐十六人，来贿赂晋悼公。晋悼公拿乐队的一半赏给魏绛说：“你教给我联合各部落的戎狄，以整顿中原诸侯，在八年的中间九次会合诸侯，这如音乐的相和，没有不和谐，请同你一同来享受。”魏绛辞谢说：“论起和诸戎狄，这是晋国的福祉，八年之中九次会合诸侯，诸侯全没有不听从的，这是君主的威灵，诸位臣子的功劳，我有什么力量呢？并且我很希望你安于这乐趣，同时想到终身享有，《诗经·小雅·采菽》说过：‘有德的君子，就能镇守天子的邦国，有德行的君子，福禄聚在一块，远方的人也来到天子的左右服从。’用乐来安和德行，用义来处理事情，用礼来行教令，用信来守所行，用仁来厉风俗，然后可以安定邦国，福禄同来，远人也到了，这就是所谓音乐。逸书上说：‘居住安定的地方，就想到危险的时候。’想到了就有防备，有防备就没有危险，谨以这种话来规谏。”晋悼公说：“你的教导我敢不承命吗？没有你，我就无法对付戎人，渡河攻郑。赏赐是国家的典章，藏在盟府，不可以废，你还是接受吧！”魏绛从此以后，开始有了金石的乐，这是合乎礼的。

经 冬，秦人伐晋。

传 秦庶长鲍、庶长武帅师伐晋以救郑，鲍先入晋地，士鲂御之，少秦师而弗设备。壬午，武济自辅氏[1]，与鲍交伐晋师。己丑，秦晋战于栎[2]，晋师败绩，易秦故也[3]。

今注

1 武济自辅氏：秦国的庶长由辅氏渡黄河。辅氏在今陕西省朝邑县西北十三里。

2 栎：晋地，《方舆纪要》说：“栎阳城在陕西省临潼县北三十里，渭水之北。”

3 易秦故也：因为看秦国太容易的缘故。

今译

秦国庶长鲍、庶长武率领军队伐晋国，以救郑国。鲍先进入晋国地方，士鲂去抵御，认为秦国军队人少，不设防备。壬午这天，武从辅氏这地方渡过黄河，同鲍一起攻伐晋国军队。己丑这天，秦晋在栎这地方作战，晋师被打败了，是因为他们看不起秦国军队。

襄公十有二年（公元前五六一年）

经 十有二年春王二月，莒人伐我东鄙，围台。季孙宿帅师救台，遂入郓。

传 十二年春，莒人伐我东鄙，围台[1]。季武子救台，遂入郓[2]，取其钟以为公盘[3]。

今注

1 台：《山东通志》说："今山东省费县南，有台亭。"

2 郓：是为莒郓，在山东省沂水县东北四十里。

3 取其钟以为公盘：把郓这地方的钟，做成鲁襄公用的铜盘。

今译

十二年春天，莒国人讨伐鲁国东部边境，围了台这个地方。季孙宿救台，就侵入莒国的郓城，拿了它的铜钟熔化了做成鲁襄公所用的铜盘。

经 夏，晋侯使士鲂来聘。

传 夏，晋士鲂来聘，且拜师[1]。

今注

1 且拜师：并且来拜谢前年鲁国伐郑的军队。

今译

夏天，晋国派士鲂来聘问，且来拜谢前年鲁国参加伐郑国的军队。

经 秋九月，吴子乘卒。

传 秋，吴子寿梦卒，临于周庙[1]，礼也。凡诸侯之丧，异姓临于外，同姓于宗庙[2]，同宗于祖庙[3]，同族于祢庙[4]，是故鲁为诸姬临于周庙，为邢、凡、蒋、茅、胙、祭临于周公之庙[5]。

今注

1　临于周庙：到周文王的庙中去哭临。

2　同姓于宗庙：同姓的人就到宗庙里哭临。

3　同宗于祖庙：同一个宗的就到祖庙里哭临。

4　同族于祢庙：凡是同高祖以下的，就到父亲的庙里哭临。

5　邢、凡、蒋、茅、胙、祭临于周公之庙：这六个全都是周公的儿子，所以就到周公的庙中哭临。

今译

秋天，吴王寿梦死了，鲁襄公到周文王的庙中哭临，这是很合于礼的。凡是诸侯死了以后，不同姓的就到都城以外哭临，同姓的就到宗庙哭临，同宗的人就到始封的君的庙中哭临，同高祖的就到父亲庙中哭临。鲁国为姬姓，到周庙中去哭临，邢、凡、蒋、茅、胙、祭六国，到周公庙那儿哭临。

经　冬，楚公子贞帅师侵宋。

传　冬，楚子囊、秦庶长无地伐宋师于杨梁[1]，以报晋之取郑也。

今注

1　杨梁：宋地。《一统志》说："今河南省商邱县东南三十里有阳亭，即杨梁。"

今译

冬天，楚国令尹公子贞、秦国的庶长无地讨伐宋国，出兵到杨梁这个地方，以报复晋国取郑国。

传　灵王求后于齐，齐侯问对于晏桓子[1]，桓子对曰："先王之礼辞有之，天子求后于诸侯，诸侯对曰：‘夫妇所生若而人[2]，妾妇之子若而人，无女而有姊妹及姑姊妹，则曰先守某公之遗女若而人。’”齐侯许昏，王使阴里[3]逆之。

今注

1 晏桓子：是晏弱。

2 若而人：这些个人，指女儿。

3 阴里：周大夫。

今译

周灵王到齐国去求王后，齐侯就问晏桓子怎样回答，晏弱回答说：“从前先王的礼辞有一句话，天子要对诸侯求皇后，就回答说：‘我们夫妇所生女儿若干，妾妇所生女儿若干，没有女儿而有姊妹同姑姊妹等，就说：‘先君某公的遗女若干。’”齐侯答应这段婚姻，周王就派周大夫阴里去迎亲。

经 公如晋。

传 公如晋朝，且拜士鲂之辱，礼也[1]。

今译

鲁襄公到晋国朝见，并且拜谢士鲂的聘问，这是合于礼的。

传 秦嬴归于楚[1]，楚司马子庚[2]聘于秦，为夫人宁，礼也。

今注

1 秦嬴归于楚：秦景公的妹妹嫁到楚国为楚共王的夫人。

2 子庚：是楚庄王的儿子子午。

今译

秦景公的妹妹秦嬴嫁给楚共王，楚国的司马子庚到秦国聘问，这是为的楚国夫人归宁，这是合于礼的。

襄公十有三年（公元前五六〇年）

经 十有三年春，公至自晋。

传 十三年春，公至自晋，孟献子书劳于庙[1]，礼也。

今注

1 书劳于庙：在庙中竹简上记载襄公的勋劳。

今译

十三年春天，鲁襄公从晋国回来，仲孙蔑到鲁国宗庙中，写上襄公的勋劳，这是合于礼的。

经 夏，取邿。

传 夏，邿乱分为三[1]，师救邿[2]，遂取之。凡书取，言易也。用大师焉曰灭[3]，弗地曰入[4]。

今注

1 邿乱分为三：邿国乱了，分成三部分。

2 邿：《山东通志》说："在今山东省济宁县东南五十里。"

3 用大师焉曰灭：用很多的军队就叫作灭。

4 弗地曰入：不指名那地方，就是打败它，而不占领那地方叫作入。

今译

夏天，邿国发生乱事，分成三部分，鲁国军队去救邿国，就占据它了。凡是写取，就是说很容易，用很多军队就叫作灭，不指明地方，就叫作入。

传 荀罃、士鲂卒，晋侯蒐于绵上以治兵[1]，使士匄将中军，辞曰：“伯游长[2]，昔臣习于知伯，是以佐之，非能贤也，请从伯游。”荀偃将中军[3]，士匄佐之。使韩起将上军，辞以赵武。又使栾黡，辞曰：“臣不如韩起，韩起愿上赵武。君其听之。”使赵武将上军[4]，韩起佐之[5]。栾黡将下军，魏绛佐之[6]。新军无帅，晋侯难其人，使其什吏率其卒乘官属以从于下军，礼也。晋国之民是以大和，诸侯遂睦。君子曰：“让，礼之主也，范宣子让，其下皆让，栾黡为汰，弗敢违也，晋国以平，数世赖之，刑善也夫。一人刑善，百姓休和，可不务乎？《书》曰：‘一人有庆，兆民赖之，其宁惟永[7]。’其是之谓乎？周之兴也，其《诗》曰：‘仪刑文王，万邦作孚[8]。’言刑善也。及其衰也，其《诗》曰：‘大夫不均，我从事独贤[9]。’言不让也。世之治也，君子尚能而让其下，小人农力以事其上，是以上下有礼，而谗慝黜远，由不争也，谓之懿德[10]。及其乱也，君子称其功以加小人，小人伐其技以冯君子，是以上下无礼，乱虐并生，由争善也，谓之昏德[11]。国家之敝，恒必由之。”

今注

1　晋侯蒐于绵上以治兵：晋悼公在绵上行军礼，以治理军队。江永说：“绵上应当近于晋国都城，在今山西省翼城县西。”

2　伯游长：伯游即荀偃。年纪长。

3　荀偃将中军：荀偃替代荀罃。

4　赵武将上军：赵武自新军将超四等替代荀偃。

5　韩起佐之：韩起仍旧故位不动。

6　魏绛佐之：魏绛自新军佐代士鲂。

7　一人有庆，兆民赖之，其宁惟永：一人指天子。天子好善，人民全都仰赖他，这种安宁是永远的，这是《尚书·吕刑》篇的一句。

8　仪刑文王，万邦作孚：这是《诗经·大雅·文王》的一句诗。意思是说文王善用法，所以为万国所信赖。

9 大夫不均，我从事独贤：这是《诗经·小雅·北山》的诗句。意思是说大夫处事不公平，只有我为王事效力独多。

10 谓之懿德：这是好的德行。

11 谓之昏德：这叫作昏乱的德行。

今译

晋国的荀罃与士鲂死了，晋悼公在晋都城左近的绵上这地方以治理军队，派士匄将中军，他辞谢说："荀偃年纪比我长，因为我从前学习于荀罃，所以辅佐他，不是我真比旁人好。请派遣荀偃。"于是荀偃就将中军，士匄为中军佐。派韩起将上军，他辞让给赵武。又派栾黡，他辞谢说："我不如韩起，韩起愿意让赵武在上位，君王不如听他的意见。"就派赵武为上军将，韩起做上军佐；栾黡做下军将，魏绛做下军佐。新军没有统帅，晋悼公很难找到合适的人选，就派新军的十名将吏，领着他们的兵卒、兵车和所属官员，附在下军里，这是合于礼的。晋国的人民于是大大和顺，诸侯也对晋国和睦。君子说："让是礼的主人，士匄让，他的下属也都让。栾黡虽然专横，也不敢违背，晋国就和平了，几代都受益，这是由于取法于善的缘故。君王取法于善，老百姓全都和平，能不朝这方向努力吗？《尚书·吕刑》篇说过：'天子好善，人民全仰赖他，这种安宁是很长的。'是指这件事说的吧？周朝兴起的时候，《大雅·文王》里说：'文王善用法典，各邦国全都相信他。'意思是说取法于善。等周朝衰微的时候，在《小雅·北山》那篇诗里说：'大夫不公平，只有我为王事尽心力。'这是表示不能谦让。在世上太平的时候，君子重用能干的人并对下谦让，小人们耕地以侍奉他的上司，所以上下有礼，而废黜远离谗佞邪恶之人，由于没有争端，所以叫作好的德行。等着乱的时候，君子自称他的功劳来压迫小人，小人自以他的技术来欺辱君子，于是上下没有礼貌，乱虐同时生出，全自以为好，而不相让，这叫作昏德。国家的衰败，常常由于这种情形。”

经 秋九月庚辰，楚子审卒。

传 楚子疾，告大夫曰：“不穀不德，少主社稷，生十年而丧先君，未及习师保之教训，而应受多福[1]，是以不德，而亡师于鄢，以辱社稷，为大夫忧，其弘多矣[2]。若以大夫之灵，获保首领以殁于地。唯是春秋窀穸之事，所以从先君于祢庙者[3]，请为灵若厉[4]，大夫择焉。”莫对，及五命乃许。秋，楚共王卒。子囊谋谥，大夫曰：“君有命矣[5]。”子囊曰：“君命以共，若之何毁之？赫赫楚国而君临之，抚有蛮夷，奄征南海，以属诸夏，而知其过，可不谓共乎？请谥之共[6]。”大夫从之。

今注

1 而应受多福：多福是指做君王。

2 其弘多矣：这是很大的事情。

3 所以从先君于祢庙者：将来随着先君于父庙。

4 请为灵若厉：请将谥号作为灵王或厉王。乱而不损为灵，戮杀无辜为厉。

5 君有命矣：君已经有命令了。

6 请谥之共：就请给他谥号叫作共王。

今译

楚共王有病，告诉大夫们说：“我没有德行，很年轻的时候，就掌管这个国家，才十岁就失了先君，没来得及学习师父们的教训，就成了君王，所以没有德行，而把军队毁在鄢这地方，使国家受羞辱，让大夫们忧虑，这是很大的事。如果托大夫们的福，我得以保全首级而善终。关于祭祀埋葬的事，得到在祢庙中追随先君，请给我一个谥号，叫作灵或是厉，你们选择吧。”没有人回答，他说了五次以后，才答应。秋天，楚共王死了。公子贞筹谋他的谥号，大夫们说：“君王已经有了命令了。”公子贞说：“君王命令用共，为什么来毁掉它？声威赫赫的楚国，而君做王，安抚了蛮夷，征服了南海，让他们从属于中原诸国，而国君又知道他的过错，能不说他是恭敬吗？就请给他谥号为共王。”各大夫都听从他。

传 吴侵楚，养由基奔命，子庚[1]以师继之。养叔[2]曰：“吴乘我丧，谓我不能师也，必易我而不戒。子为三覆[3]以待我，我请诱之。”子庚从之，战于庸浦[4]，大败吴师，获公子党。君子以吴为不吊，《诗》曰：“不吊昊天，乱靡有定[5]。”

今注

1 子庚：是楚国的司马。

2 养叔：即养由基。

3 三覆：三个埋伏军队。

4 庸浦：楚地，在今安徽省无为县南，濒江之浦。

5 不吊昊天，乱靡有定：意思是说上天不怜恤他，所以乱事永远没有安定的时候。

今译

吴国侵略楚国，养由基到各处去救援楚军，楚国的司马子庚，领着军队跟从他，养由基说：“吴国利用我们的丧事，认为我们不能用兵，必看不起我们而不戒备，你设置三处伏兵，等着我，我请去引诱吴国。”子庚听了他的话，在庸浦这个地方作战，把吴国军队打败了，捕获了吴国公子党。君子以为吴国不恤他人之丧，《诗经》上说过："要是不为上天所怜恤，乱事永远没有安定的时候。"

经 冬，城防。

传 冬，城防，书事，时也。于是将早城，臧武仲请俟毕农事[1]，礼也。

今注

1 请俟毕农事：等着农事完毕以后再做。

今译

冬天，修筑鲁国防的城，《春秋》记载此事，因为合于时节。本来想早修城，臧武仲要求等到农事完了以后再修城，这是合于礼的。

传 郑良霄、大宰石臭[1]犹在楚[2]，石臭言于子囊曰："先王卜征五年，而岁习其祥，祥习则行[3]，不习则增修德而改卜。今楚实不竞，行人何罪？止郑一卿[4]，以除其偪，使睦而疾楚以固于晋，焉用之？使归而废其所[5]，怨其君以疾其大夫而相牵引也[6]，不犹愈乎？"楚人归之。

今注

1 石臭：石臭在鲁襄公十一年为楚国所逮捕，留在楚国一直到现在。

2 犹在楚：现在还在楚国。

3 祥习则行：要占卜全都吉祥就做。

4 止郑一卿：一卿是指良霄，他是郑国卿。

5 使归而废其所：使他回去就废除他被使派的原意。

6 怨其君以疾其大夫而相牵引也：他会怨恨郑国的君而恨他的大夫们，使郑国全不相和。

今译

郑国的良霄同太宰石㚟，仍旧在楚国，石㚟对公子贞说："先王为了征伐占卜五年，而每年看吉祥不吉祥，吉祥就办，不吉祥就努力修养德行，再来占卜。现在楚国真正不能同晋国竞争，做行人官的何罪？只留下郑国一个卿良霄，实在是去掉了对郑国君王的威逼，使郑国的大夫们和睦而恨楚国，因此牢固地与晋国和好，这有什么用处呢？叫他回国，使他没有完成出使任务，他回国怨恨他的君，又恨他的大夫们，因而互相牵制，那不更好吗？"楚国人就把他们送回去。

襄公十有四年（公元前五五九年）

经 十有四年春王正月，季孙宿、叔老会晋士匄、齐人、宋人、卫人、郑公孙虿、曹人、莒人、邾人、滕人、薛人、杞人、小邾人，会吴于向。

传 十四年春，吴告败于晋[1]。会于向[2]，为吴谋楚故也。范宣子数吴之不德也[3]，以退吴人；执莒公子务娄[4]，以其通楚使也。将执戎子驹支[5]，范宣子亲数诸朝，曰："来！姜戎氏！昔秦人迫逐乃祖吾离于瓜州[6]，乃祖吾离被苫盖[7]，蒙荆棘以来归我先君，我先君惠公有不腆之田，与女剖分而食之，今诸侯之事我寡君不如昔者，盖言语漏泄，则职女之由[8]，诘朝之事，尔无与焉，与将执女。"对曰："昔秦人负恃其众，贪于土地，逐我诸戎。惠公蠲其大德，谓我诸戎是四岳之裔胄也[9]，毋是翦弃[10]，赐我南鄙之田，狐狸所居，豺狼所嗥，我诸戎除翦其荆棘，驱其狐狸豺狼，以为先君不侵不叛之臣，至于今不贰[11]。昔文公与秦伐郑，秦人窃与郑盟而舍戍焉[12]，于是乎有殽之师[13]，晋御其上，戎亢其下[14]，秦师不复，我诸戎实然，譬如捕鹿，晋人角之，诸戎掎之[15]，与晋踣之[16]，戎何以不免？自是以来，晋之百役，与我诸戎，相继于时[17]，以从执政，犹殽志也。岂敢离逷？今官之师旅无乃实有所阙，以携诸侯，而罪我诸戎？我诸戎饮食衣服不与华同，贽币不通，言语不达，何恶之能为？不与于会，亦无瞢焉[18]。”赋《青蝇》而退。宣子辞焉，使即事于会，成恺悌也[19]。于是子叔齐子[20]为季武子介以会，自是晋人轻鲁币而益敬其使。

今注

1 吴告败于晋：吴国来报告晋国，前年吴国被楚国打败。

2 向：杜预说是郑地。在今河南省尉氏县西南四十里。

3 范宣子数吴之不德也：士匄数说吴国不应该伐楚共王的丧事。

4 莒公子务娄：莒国的公子名务娄。

5 驹支：是戎子的名字。

6 迫逐乃祖吾离于瓜州：驱逐你的祖先叫吾离的到瓜州的地方，今甘肃省安西县西南五里有瓜州城。

7 被苫盖：披着草编的衣服。

8 盖言语漏泄，则职女之由：把话全泄露了就是因为你们的缘故。

9 是四岳之裔胄也：四岳是姜姓，他们也是姜姓的后人。

10 毋是翦弃：不要把他们毁掉。

11 至于今不贰：一直到今天我们对你没有二心。

12 秦人窃与郑盟而舍戍焉：这件事发生在鲁僖公三十年。

13 有殽之师：这事发生在鲁僖公三十三年。

14 戎亢其下：戎人当他的下边。

15 晋人角之，诸戎掎之：晋人抓鹿的角，戎人抓鹿的腿。

16　与晋踣之：同晋国军队一起把它逮起来。

17　相继于时：继续不断地做。

18　亦无瞢焉：也没有什么烦闷。

19　成恺悌也：恺悌是表示不信谗言。

20　子叔齐子：是叔老的号。

今译

十四年春天，吴国到晋国去告诉前年它被楚国打败。在向这地方开会，为的是为吴国谋算楚国。士匄数说吴国在楚共王丧事之际侵伐楚国不合于道德，用以使吴人退步。晋国逮捕了莒国的公子务娄，因为他通楚国使臣的缘故。将把戎子驹支逮捕，士匄亲自在朝廷上责备他，说："来！姜戎氏！以前秦国的人，在瓜州迫逐你的祖先吾离，你的祖先吾离披着草编的衣服，冒着荆棘来归附我们的先君，我先君惠公的田地并不太多，同你分了一半而养着你们。现在诸侯们侍奉我们晋国的君，不如从前，大概是因为语言之间泄露了秘密，皆因你的缘故，明天开会的事情，你不要参加好了，你要参加就把你逮起来。"戎子回答说："以前秦国人仗着他们人数众多，想着我们的土地，把我们各戎狄全驱逐出来，惠公显示了他的大德行，说我们各戎皆是四岳的后人，不要再削弱他们，赏给我们晋国南边的土地，这是狐狸所住的地方，豺狼叫唤的地方，我们剪除所有的荆棘，轰走了狐狸豺狼，作为晋国先君不侵略也不反叛的臣子，一直到现在也没有二心。以前晋文公同秦国军队一起讨伐郑国，秦国人偷着跟郑国接盟，并且派兵戍卫，就发生了殽的战役。晋国在上面抵御，戎人在下边抵抗，秦国的军队没能完全退回去，这是我们戎人帮忙的缘故。譬如逮鹿一样，晋国人抓它的角，戎人抓它的腿，跟晋国一起使鹿仆倒，戎人为什么还不免于责难呢？自从这以后，晋国的多次战役，不断地有我们戎人参与，戎人跟从晋国的执政，如同支援殽的战役，岂敢远离？现在晋国的各级官吏，也许是实在有所缺失，因此使诸侯有二心，怎么能够把这罪状加在我戎身上？我们诸戎的饮食衣服，不与中原人相同，财礼也不通，言语也不能明白，能够做什么坏事呢？不参加会议，这也没有什么可烦闷的。”就歌唱《青蝇》这篇诗，退下去。士匄就表示歉意，让他参加会议，这是表示不信谗言的意思。于是子叔齐子做季孙宿的副使前往开会，由此晋人减轻鲁国进贡的货币，更恭敬它的使臣。

经 二月乙未朔，日有食之[1]。

今注

1 此经无传。

今译

二月乙未初一，鲁国有日食。

传 吴子诸樊既除丧，将立季札[1]。季札辞曰：“曹宣公之卒也，诸侯与曹人不义曹君，将立子臧。子臧去之，遂弗为也，以成曹君。君子曰能守节。君义嗣也[2]，谁敢奸君？有国非吾节也，札虽不才，愿附于子臧以无失节。”固立之，弃其室而耕，乃舍之。

今注

1 季札：是吴王诸樊最小的弟弟。

2 君义嗣也：你是合理的后嗣。

今译

吴王诸樊葬了他的父亲以后，将立他最小的弟弟季札为国君。季札辞谢说：“曹宣公死的时候，诸侯同曹国人皆不赞成曹成公为国君，将要立子臧为国君。子臧就离开曹国，而不答应立自己为君，以成就曹成公。君子就说子臧是能守节。你是合理的继嗣人，谁敢反对你？有国家，不是我应当有的节操，札虽然没有才干，我愿意追随子臧，使我的节操不失掉。”后来诸樊仍旧想立他，季札把他的家产全部丢掉，去耕地，只好舍弃他了。

经　夏四月，叔孙豹会晋荀偃、齐人、宋人、卫北宫括、郑公孙虿、曹人、莒人、邾人、滕人、薛人、杞人、小邾人伐秦。

传　夏，诸侯之大夫从晋侯伐秦，以报栎之役也。晋侯待于竟，使六卿帅诸侯之师以进，及泾不济[1]。叔向见叔孙穆子，穆子赋《匏有苦叶》[2]，叔向退而具舟，鲁人、莒人先济。郑子蟜见卫北宫懿子曰：“与人而不固，取恶莫甚焉，若社稷何？”懿子说，二子见诸侯之师而劝之济，济泾而次。秦人毒泾上流，师人多死[3]。郑司马子蟜帅郑师以进，师皆从之，至于棫林[4]，不获成焉。荀偃令曰：“鸡鸣而驾，塞井夷灶，唯余马首是瞻[5]。”栾黡曰：“晋国之命未是有也，余马首欲东。”乃归，下军从之。左史谓魏庄子[6]曰：“不待中行伯乎？”庄子曰：“夫子[7]命从帅，栾伯吾帅也，吾将从之，从帅所以待夫子也。”伯游曰：“吾令实过，悔之何及，多遗秦禽。”乃命大还，晋人谓之迁延之役[8]。栾鍼曰：“此役也，报栎之败也。役又无功，晋之耻也。吾有二位于戎路[9]，敢不耻乎？”与士鞅[10]驰秦师，死焉。士鞅反，栾黡谓士匄曰：“余弟不欲往，而子召之，余弟死而子来，是而子杀余之弟也。弗逐，余亦将杀之。”士鞅奔秦。于是齐崔杼、宋华阅、仲江会伐秦，不书，惰也[11]。向之会亦如之。卫北宫括不书于向，书于伐秦，摄也[12]。秦伯问于士鞅曰：“晋大夫其谁先亡？”对曰：“其栾氏乎？”秦伯曰：“以其汰乎？”对曰：“然，栾黡汰虐已甚，犹可以免，其在盈乎[13]？”秦伯曰：“何故？”对曰：“武子之德在民，如周人之思召公焉，爱其甘棠，况其子乎[14]？栾黡死，盈之善未能及人，武子所施没矣，而黡之怨实章，将于是乎在。"秦伯以为知言，为之请于晋而复之。

今注

1 及泾不济：到泾水河边，诸侯军队不肯渡过。

2 穆子赋《匏有苦叶》：这是《诗经·邶风》的一篇，意思是说："深则厉，浅则揭。"表示志在渡过河水。

3 师人多死：因为受秦国人毒水的缘故，所以军队很多人死掉了。

4 棫林：秦地，《方舆纪要》说："在今陕西省华县。"

5 唯余马首是瞻：眼睛看着我的马的行动。意思是说进退全看我自己。

6 魏庄子：即魏绛。

7 夫子：指荀偃。

8 迁延之役：这是一种迁延后退却的战役。

9 吾有二位于戎路：这指栾鍼同他哥哥栾黡在军队中做将领。

10 士鞅：士匄的儿子。

11 不书，惰也：《春秋》不写姓名，是因为他们惰慢的缘故。

12 摄也：这是因为他很能整摄军队的缘故。

13 其在盈乎：这必是在栾黡的儿子栾盈。

14 爱其甘棠，况其子乎：这是《召南》的一篇诗，因为周人喜爱召公常坐在底下的甘棠树，何况他的儿子呢？

今译

夏天四月里，诸侯的大夫都跟了晋侯去讨伐秦国，是专为报复栎那次战争。晋侯却等在边境上，并不亲自前去，只派六卿带领诸侯的兵向西进发。到了泾水边，不肯渡过去。叔向便来见叔孙穆子。穆子向他念《邶风·匏有苦叶》的一章诗句。叔向便退下来，预备船只，鲁人、莒人先渡过去，郑大夫子蟜见卫大夫北宫懿子说："亲附别人而不坚定，最使人讨厌了，对于自己的国家怎么说得过去呢？"懿子听到这话，快活得很。于是他两人见了诸侯的军队，便劝他们渡过去，军队渡过了以后，便宿营在那里。秦人在泾水的上流放毒物，诸侯的兵士饮了这毒水，死得很多。郑国的司马子蟜，却头一个领了郑国军队前进，诸侯的军队便跟他前去。到了棫林地方，不能和平解决；荀偃便发令说："明天只听鸡一啼，便起来驾好车马，塞了井，平了灶，进退只要看我的马头便了。"栾黡说："晋国的发令，从来没有这样的，我的马头却要向东去了。"便回国了，下军也都跟他回国。左史对魏庄子说："你也不等中行伯吗？"魏庄子说："夫子吩咐人们跟从元帅，栾伯是我的元帅，我应当跟他的；跟了他，就是听夫子的吩咐呢。"伯游说："我的号令差了，改悔也来不及了，多留下人马徒然都给秦国捉去。"便下令全体回国。晋国人称这次战争，叫作迁延之役。栾鍼说："这次战争，是报复栎地的战败，作战但没有功劳，这是晋国的羞耻。我们姓栾的有两位在军营中，哪能不感到耻辱呢？"便同士鞅冲到秦军中去，死在那里，士鞅却逃回来；栾黡同士匄说："我的兄弟本不愿去，你的儿子招了他去；现在我兄弟死了，你的儿子倒回来了，这好比就是你的儿子杀害我的兄弟一样。你如果不赶他出去，我也要杀他。"士鞅便逃到秦国去。这次伐秦，有齐国的崔杼，宋国的华阅、仲江，会齐了一同去的，《春秋》上不写出他们的名字，是因他们临时懒惰的缘故。向的那次会盟，写齐人、宋人，也是这种意思。卫国的北宫括不记在向的那一次会盟，却记在伐秦这一次，因为他能够整顿军队的缘故。秦伯同士鞅说："晋国的大夫，哪个该先灭亡？"士鞅答："大概栾氏要先灭亡的。"秦伯说："因为他的骄横吗？"

答说："是的，栾黡过于作威作福，却还可以免掉杀身之祸，祸难大约在栾盈身上吧？"秦伯又问："为什么？"答说："武子的功德，还有些留在民间，好像周朝人的想念召公一样，爱护他的甘棠树，况且他的儿子呢？若栾黡死了，盈的好处还及不到人，武子那时给他们的一些好处已经没有了。对于栾黡的怨恨，渐渐地显明起来，那么灭亡将会落在栾盈身上了。"秦伯以为这是有见识的话，便替士鞅请求晋国恢复了他的职位。

经 己未，卫侯出奔齐。

传 卫献公戒孙文子、宁惠子食，皆服而朝，日旰不召[1]，而射鸿于囿。二子从之，不释皮冠[2]而与之言，二子怒。孙文子如戚，孙蒯入使。公饮之酒，使大师歌《巧言》之卒章[3]。大师辞，师曹[4]请为之。初，公有嬖妾，使师曹诲之琴，师曹鞭之，公怒，鞭师曹三百，故师曹欲歌之以怒孙子以报公。公使歌之，遂诵之[5]，蒯惧，告文子。文子曰："君忌我矣！弗先必死。"并帑于戚[6]，而入见蘧伯玉[7]曰："君之暴虐，子所知也。大惧社稷之倾覆，将若之何？"对曰："君制其国，臣敢奸之。虽奸之，庸知愈乎？"遂行，从近关出[8]。公使子蟜、子伯、子皮与孙子盟于丘宫，孙子皆杀之。四月己未，子展[9]奔齐，公如鄄[10]。使子行于孙子，孙子又杀之。公出奔齐，孙氏追之，败公徒于河泽[11]，鄄人执之。初，尹公佗学射于庾公差，庾公差学射于公孙丁，二子追公[12]，公孙丁御公。子鱼[13]曰："射为背师，不射为戮，射为礼乎？"射两軥而还[14]。尹公佗曰："子为师，我则远矣。"乃反之[15]。公孙丁授公辔而射之，贯臂[16]。子鲜从公[17]。及竟，公使祝宗告亡，且告无罪[18]。定姜曰："无神何告，若有不可诬也。有罪若何告无？舍大臣而与小臣谋，一罪也。先君有冢卿以为师保，而蔑之，二罪也。余以巾栉事先君，而暴妾使余，三罪也。告亡而已，无告无罪。”公使厚成叔[19]吊于卫曰：“寡君使瘠[20]，闻君不抚社稷而越在他竟，若之何不吊？以同盟之故，使瘠敢私于执事曰：‘有君不吊，有臣不敏[21]，君不赦宥，臣亦不帅职，增淫发泄，其若之何？’”卫人使大叔仪[22]对曰：“群臣不佞，得罪于寡君，寡君不以即刑而悼弃之，以为君忧，君不忘先君之好，辱吊群臣，又重恤之[23]，敢拜君命之辱，重拜大贶。”厚孙归复命，语臧武仲曰：“卫君其必归乎！有大叔仪以守，有母弟鱄以出，或抚其内，或营其外，能无归乎？”齐人以郲[24]寄卫侯，及其复也，以郲粮归。右宰穀[25]从而逃归，卫人将杀之，辞曰：“余不说初矣[26]，余狐裘而羔袖[27]。”乃赦之。卫人立公孙剽[28]，孙林父、宁殖相之，以听命于诸侯。卫侯在郲，臧纥如齐唁卫侯，与之言虐，退而告其人曰：“卫侯其不得入矣，其言粪土也。亡而不变，何以复国？”子展、子鲜闻之，见臧纥与之言道[29]，臧孙说，谓其人曰：“卫君必入。夫二子者或挽之，或推之，欲无入得乎？”

今注

1 日旰不召：等到天很晚也不召见他。

2 皮冠：田猎用的帽子。

3 使大师歌《巧言》之卒章：大师是掌乐大夫，巧言是《诗经·小雅》的一篇，末了一章说没有拳没有勇就敢作乱事，意在刺激孙林父。

4 师曹：是一个乐人。

5 遂诵之：歌唱恐怕孙蒯不理解，他就又念出来。

6 并帑于戚：就让他的妻子们全住在戚这个地方。

7 蘧伯玉：是卫大夫。

8 从近关出：由最近的通往外国的关门出去。

9　子展：卫献公的弟弟。

10　鄄：卫地，《一统志》说："在今山东省濮县东二十里之旧城集。"

11　河泽：卫地，《水经注》说："河水右历柯泽，《春秋左传·襄公十四年》，卫孙文子败公徒于柯泽者也。"

12　二子追公：二子就是尹公佗与庾公差，追赶卫献公。

13　子鱼：就是庾公差。

14　射两軥而还：两軥就是在车辕子上拴马的器具。

15　乃反之：他就独自回去了。

16　贯臂：穿过手臂。

17　子鲜从公：子鲜是卫献公同母的弟弟。

18　且告无罪：并且说他没犯什么罪。

19　厚成叔：是鲁孝公的后人。

20　瘠：是厚成叔的名字。

21　有臣不敏：有臣不达于礼。

22　大叔仪：是卫大夫，就是大叔文子。

23　又重恤之：又加以怜恤。

24　郲：齐所灭郲国。《一统志》说："在今山东黄县东南二十五里。"

25　右宰穀：卫大夫。

26　余不说初矣：我当初从着卫献公逃出，并不喜欢他。

27　余狐裘而羔袖：我等于是穿着狐的皮袄，只有袖子是羊皮。意思说全身很美，只是袖子差一点。

28　公孙剽：是卫穆公的孙子。

29　与之言道：跟他讲道理。

今译

卫献公约孙林父、宁殖吃饭，两人都穿着朝服，在朝廷上等候，直到很晚了，卫献公还不来召他们，却只管自己在园中射天鹅。二人走到园中去，卫侯却又不脱猎帽，便和他们讲话。孙、宁二人便大怒。孙文子便到戚邑去，派他的儿子孙蒯到献公那里。献公给他酒喝，吩咐管音乐的唱《巧言》末了一章。乐官推辞，以为不可以。乐工师曹，出来请求唱这诗；只因当初献公有个宠妾，叫师曹教她弹琴，师曹用鞭子打她，献公便大怒，打了师曹三百鞭，所以师曹记恨在心，现在要唱这章诗，激怒孙蒯出这口气。献公叫他唱，他恐怕孙蒯不懂，唱完后又读了一遍，孙蒯吓得不得了，回去告诉文子，文子说："君主疑忌我了！我如果不先发难，一定要被他害死的。"就将妻、子都搬到戚地去，自己去见蘧伯玉，说："君主的暴虐，你是素来知道的，我恐怕国家快要覆亡了呢！你准备怎么办？"蘧伯玉回答说："君主控制着国家，臣子怎好触犯他呢？就是触犯了他，立了新的君主又哪里知道后来的君主会比他好呢？"及文子去后，蘧伯玉便逃走，从最近的关走出国境。献公派子蟜、子伯、子皮三人和孙文子会盟在丘宫那里，孙文子却都把他们杀死。四月己未这天，献公的兄弟子展逃到齐国去，献公自己到了鄄，派子行到孙文子那里去请求和解，孙文子又把他杀死，献公便逃到齐国去。孙文子家人追他，在河泽地方打败公的徒众。公的徒众因战败散回，鄄地方人便把公拘执起来。当初，尹公佗学射箭于庾公差，庾公差学射箭于公孙丁，佗与差二人替孙文子追赶献公，公孙丁替献公驾着车子。庾公差说："如果射，便叫作违背师恩，不射，便要被戮刑，我们只照射礼的方法，不求命中吧。"就向车辕上射了两箭，便回去。尹公佗说："你对于他，是师生，我却远了一级了。"就回转去要想射公孙丁，公孙丁便把马缰绳交给献公，自己抽取弓箭射他，那箭竟贯穿了尹公佗的臂膊。献公的同母弟子鲜，跟了公一同出逃。到了边境上，公便叫祝宗向祖先报告逃亡，同时说自己没有罪。公的母亲定姜说：“如说没有鬼神，还祷告什么？若有，却欺瞒不过他；既有罪，为什么还说没有罪呢？他丢掉大臣，专和小臣谋算，这就是第一种罪；先君有大臣给你做师保，你却看轻他们，这就是第二种罪；我用手巾木梳服侍过先君，你却很暴虐地对待我，和婢妾一般，这就是第三种罪。现在只要报告逃亡就好了，不必说自己是无罪的。”鲁襄公派大夫厚成叔到卫国去吊慰献公，说：“寡君派我瘠来，因听说君王不能安抚社稷，却跑到他国去，怎可不来吊慰呢？因为是同盟国家的缘故，所以使瘠敢私下对大夫们说：‘做人君的，不能体谅人臣，做人臣的，不达于礼。君不能宽赦人臣的过失，臣也不能尽自己的职责，积怨很久，一朝发泄，怎么办呢？’”卫国人派太叔仪回答说：“群臣没有才能，得罪了寡君，寡君不把群臣依法惩处，却是自己伤痛着，远离国家，使你君忧愁，你君不忘却先君的盟好，难为你来慰问我们群臣，又加以怜恤，敢拜谢你的辱临，并且拜谢重赐！”厚成叔回鲁国去，复了命以后，对臧武仲说：“卫君一定能回国的，有太叔仪守在国中，有同母弟鱄一同出奔，有人镇抚在国内，有人经营在国外，能够不回去么？”齐国人把郲邑给卫侯寄居，等到他回国的时候，却把郲邑的粮食都带了回去。卫大夫右宰縠，也想跟着逃回去，卫人因他跟着国君，没有廉耻，要杀死他，右宰縠答说：“我当初跟着君，也不是喜欢他呢！叫作不得已啊。我的人好像一件狐裘，通身是好的，只袖上的羔皮有些不好罢了。比较起来，还是好的多，坏的少。”卫人就赦免了他。卫人立了公孙剽做君，孙林父、宁殖做相，准备执行诸侯盟会的命令。卫侯住在郲邑，臧纥到齐国去安慰卫侯。卫侯和他说话，态度粗暴。臧纥退下来对旁人说：

"卫侯不能回国了，他所讲的话，和粪土一般；既逃亡在外，却还不知悔改，怎可回国呢？"子展、子鲜听了这话，来见臧纥，和他讲道理，臧武仲大悦，对他的手下人说："卫君定能回国的，因为这两人，一个拉他，一个推他，要想不进卫国，还能够吗？"

经 莒人侵我东鄙[1]。

今注

1 此经无传。

今译

莒国人侵略鲁国东部边境。

传 师归自伐秦，晋侯舍新军，礼也。成国不过半天子之军，周为六军，诸侯之大者三军可也。于是知朔生盈而死[1]，盈生六年而武子卒，彘裘亦幼，皆未可立也。新军无帅，故舍之。师旷[2]侍于晋侯，晋侯曰："卫人出其君，不亦甚乎？"对曰："或者其君实甚！良君将赏善而刑淫，养民如子，盖之如天，容之如地，民奉其君，爱之如父母，仰之如日月，敬之如神明，畏之如雷霆，其可出乎？夫君，神之主也，民之望也。若困民之主，匮神乏祀，百姓绝望，社稷无主，将安用之？弗去何为？天生民而立之君，使司牧之，勿使失性。有君而为之贰[3]。使师保之，勿使过度，是故天子有公，诸侯有卿，卿置侧室[4]，大夫有贰宗[5]，士有朋友，庶人、工、商、皂、隶、牧圉皆有亲昵，以相辅佐也。善则赏之，过则匡之，患则救之，失则革之，自王以下各有父兄子弟以补察其政[6]，史为书[7]，瞽为诗[8]，工诵箴谏[9]，大夫规诲[10]，士传言[11]，庶人谤[12]，商旅于市[13]，百工献艺[14]。故《夏书》曰：'遒人以木铎徇于路[15]。'官师相规[16]，工执艺事以谏[17]，正月孟春于是乎有之，谏失常也。天之爱民甚矣，岂其使一人肆于民上[18]，以从其淫而弃天地之性，必不然矣。”

今注

1 知朔生盈而死：知朔是知罃的长子，知盈是知朔的儿子，生了知盈，知朔就死了。

2 师旷：是晋国掌乐的太师。

3 有君而为之贰：有君以后就给他设了卿佐。

4 卿置侧室：卿下边有侧室。

5 大夫有贰宗：大夫底下也有宗子的副二。

6 补察其政：为补救他的过失，察明他的得失。

7 史为书：太史编成史书。

8 瞽为诗：盲人就作诗来讥刺。

9 工诵箴谏：乐工念规谏的话。

10 大夫规诲：大夫可以直接谏诤。

11 士传言：士因为比大夫低，他不能直接规谏，所以把话传给大夫。

12 庶人谤：庶人的谤诲。

13 商旅于市：商人在市上陈列货物。

14 百工献艺：各种工人贡献他的技巧。

15 遒人以木铎徇于路：逸书说，行人用木头做的铎，上面有金铃，在路上摇着宣布政令。

16 官师相规：大夫们自己互相规正。

17 工执艺事以谏：百工拿着技巧来谏诤。

18 岂其使一人肆于民上：岂能使为君的一个人在人民上放肆。

今译

晋国的军队从讨伐秦国回来，晋悼公就取消了新军，这是合于礼的，大国军队不超过周天子军队的一半，周有六个军，诸侯最大的国家，三军就够了。这时候荀罃的长子知朔生了知盈就死了，知盈生了六年，荀罃也死了。士鲂的儿子彘裘很年轻，全都不能够立为卿。新军没有能率领的人，所以就取消了。晋国的乐大师叫师旷的坐在晋悼公的旁边，晋悼公说："卫国人把他的君放逐了，不是过分了吗？"师旷回答说："也许是他们的君实在太过分！好的君将赏善良的人而刑罚不善良的人，抚养人民如养儿子一样，保护百姓如天一样，容纳他们如地一样，人民侍奉他的君，爱慕他如同对父母一样，尊仰他如同对日月一样，恭敬他如对神明一样，怕他如对天上的雷一样，这样的君会被驱逐出去吗？国君就是祭神的主持者，是人民所仰望的。如果使人民困穷，使神也匮乏没有祭祀，百姓也失掉了希望，国家没有主人，那又何必用他？为什么不放逐他呢？天生了人民而给他立了君，使君王管理着人民，不要失掉应有的人性。有了君以后，就给他设了卿佐，让他们教育保护君主，不要使君主过了常度，所以天子有公，诸侯有卿，卿又有侧室的官，大夫底下宗子有副二，士也有朋友，庶人、工、商、皂、隶、牧圉皆有亲密的人，以互相帮助，有好事就赏赐他，有过错就匡正他，遇到患难就来救援他，有过错就帮助他改正。从王以下全都有父兄子弟以考察他政治的得失，太史记在竹简上，盲人作诗，乐工念谏诤的话，大夫可以规正他的君，士不能直接传达，有的话就传给大夫，庶人就谤诲，商人陈列货物在市场上，各种工匠全贡献他的技艺。所以《夏书》说：'行人的官用木头做的铎在路中摇着铃宣布政令。'大夫们互相的规正，工人献他的技艺，这在春天正月的时候方才有，这是谏箴失常的缘故。上天爱护人民，可以说是很厉害，哪能够叫一个在人民头上肆意妄为，以放纵他的荒淫，而舍弃了天地的本性，一定不会如此吧！”

经 秋，楚公子贞帅师伐吴。

传 秋，楚子为庸浦之役故，子囊师于棠[1]以伐吴，吴不出而还，子囊殿[2]，以吴为不能而弗儆。吴人自皋舟之隘[3]要而击之，楚人不能相救，吴人败之，获楚公子宜穀。

今注

1 棠：楚地。《汇纂》：“今江苏省六合县古棠邑。”

2 子囊殿：子囊在军队最后。

3 皋舟之隘：皋舟，据《释地》说：“在今江西湖口。”一皋舟险地。

今译

秋天，楚王因为从前庸浦那一战役的缘故，派令尹公子贞率军队到棠这个地方，以讨伐吴国，吴国人不出战，楚国军队就退回了，公子贞殿后，他以为吴国人无能，并不警戒。吴国人从皋舟的险要的地方拦腰截击楚军，楚国人不能互相援救，吴人把楚人打败了，捕获了楚国公子宜穀。

传 王使刘定公[1]赐齐侯命，曰：“昔伯舅大公，右我先王，股肱周室，师保万民，世胙大师，以表东海，王室之不坏，繄伯舅是赖。今余命女环[2]，兹率舅氏之典，纂乃祖考，无忝乃旧。敬之哉，无废朕命。”

今注

1 刘定公：即刘夏。

2　环：是齐灵公的名字。

今译

周王派刘定公将荣宠赐给齐灵公，说："以前伯舅太公辅佐我们的先王，为周室股肱，百姓的师保，世世代代铭记太师的功劳，为东海各国的表率，周王室不毁坏，完全仰赖着伯舅们。现在我命你环，遵守着伯舅的旧典章，继续你祖父的旧章程，不要失掉你的旧功劳。要恭敬呀！不要废掉我的命令。"

经　冬，季孙宿会晋士匄、宋华阅、卫孙林父、郑公孙虿、莒人、邾人于戚。

传　晋侯问卫故于中行献子，对曰："不如因而定之，卫有君矣[1]，伐之未可以得志而勤诸侯。史佚有言曰：'因重而抚之[2]'仲虺[3]有言曰：'亡者侮之，乱者取之。推亡固存，国之道也'[4]。君其定卫以待时乎。"冬，会于戚，谋定卫也[5]。

今注

1　卫有君矣：卫国已经立了剽为君。

2　因重而抚之：不如就此安抚他。

3　仲虺：是成汤的左相。

4　亡者侮之，乱者取之。推亡固存，国之道也：有灭亡之道的就侮之，国家乱的就拿他，使该亡的亡国，该存的强固，这是治国家的道理。

5　谋定卫也：这是为了立公孙剽为君。

今译

晋悼公问荀偃卫国驱逐献公的事情，他就回答说："不如根据现状而安定他，卫国已经立了公孙剽为君，要讨伐卫国，必劳动诸侯们，不一定能达到愿望。从前史佚说过：'因为不可改易就安抚他。’仲虺也说过这话：‘有灭亡之道的就侮之，乱者就取他的国家，使该亡的亡国，该存的强固，这是治理国家的常道。’君王还是安定卫国，等待时机吧。”冬天，在戚这个地方开会，这是为的安定卫国，立了公孙剽为君。

传 范宣子假羽毛于齐而弗归[1]，齐人始贰。

今注

1 假羽毛于齐而弗归：他向齐国借了装饰仪仗的羽毛而不还给他。

今译

士匄向齐国借用装饰仪仗的羽毛，而很久不归还，齐国人开始有了二心。

传 楚子囊还自伐吴，卒。将死，遗言谓子庚，必城郢。君子谓子囊忠，君薨不忘增其名[1]，将死不忘卫社稷，可不谓忠乎？忠，民之望也，《诗》曰：“行归于周，万民所望[2]。”忠也。

今注

1 增其名：楚共王死了，他忘不了给他起好的谥号。

2 行归于周，万民所望：这是《诗经·小雅·都人士》这篇的诗句，意思是说德行要归到忠信，这就是万民所瞻望的。

今译

楚国令尹公子贞从讨伐吴国回来就死了。将要死以前，告诉子庚说必定把楚国的都城郢修好。君子说公子贞很忠，楚王死了以后，不忘增美他的谥号。自己将要死时，又不忘保卫他的国家，这可以不说是忠吗？忠是人民的仰望。《诗经·小雅·都人士》说：“德行要归到忠信，这是老百姓们所仰望的。”这就是忠的意思。

襄公十有五年（公元前五五八年）

经　十有五年春，宋公使向戌来聘，二月己亥，及向戌盟于刘。

传　十五年春，宋向戌来聘，且寻盟[1]。见孟献子，尤其室[2]曰："子有令闻而美其室，非所望也。"对曰："我在晋，吾兄为之。毁之重劳，且不敢间。"

今注

1　宋向戌来聘，且寻盟：宋国的向戌来聘问鲁国，并且来重申襄公十一年亳的盟誓。

2　尤其室：责备他的屋子太好。

今译

十五年春天，宋国的向戌到鲁国来聘问，并且重申亳的盟誓。见了仲孙蔑，责备他的房屋太讲究，说："你有很好的名望，而修的房屋很讲究，这不是我所希望的。"仲孙蔑回答说："我在晋国，我的哥哥给我修的，要把它毁了，又要劳动众人，也不敢说是我哥哥的过错。"

经　刘夏逆王后于齐。

传　官师[1]从单靖公逆王后于齐，卿不行，非礼也。

今注

1　官师：就指刘夏。他只是大夫而不是卿。

今译

刘夏追随着单靖公，到齐国去迎接王后，卿不去，这是不合于礼的。

传　楚公子午为令尹[1]，公子罢戎为右尹，𫇭子冯[2]为大司马，公子橐师为右司马，公子成为左司马，屈到[3]为莫敖，公子追舒[4]为箴尹，屈荡为连尹，养由基为宫厩尹，以靖国人。君子谓楚于是乎能官人，官人国之急也。能官人，则民无觎心[5]，《诗》云："嗟我怀人，寘彼周行[6]。"能官人也。王及公侯伯子男甸采卫大夫各居其列，所谓周行也。

今注

1　公子午为令尹：他是接续公子贞的职位。

2　𫇭子冯：孙叔敖的侄子。

3　屈到：屈荡的儿子。

4　公子追舒：楚庄王的儿子子南。

5　能官人，则民无觎心：能够使做官的人合宜，则人民没有觊觎的心。

6　嗟我怀人，寘彼周行：这是《周南·卷耳》篇的一句。意思是说我怀念这些人，使他们全部安置到应当有的位子上。

今译

楚国公子午做令尹，公子罢戎做右尹，𫇭子冯做大司马，公子橐师做右司马，公子成做左司马，屈到做莫敖，公子追舒做箴尹，屈荡做连尹，养由基做宫厩尹，以安定楚国的人民。君子说楚国真是能够合理地安排官职的人选，合理地安排官职的人选是国家的急政。能够合理地安排官职的人选，则人民没有觊觎的心，《诗经·周南·卷耳》的诗篇说："嗟叹我所怀念的人，各安置在他们恰当的位置上。"这就是能够给每个贤人适当的官。王同公、侯、伯、子、男以及甸、采、卫各级大夫各就各位，这就是所谓周行啊。

传　郑尉氏、司氏之乱[1]，其余盗在宋，郑人以子西、伯有、子产之故，纳赂于宋，以马四十乘[2]，与师茷、师慧[3]。三月，公孙黑为质焉。司城子罕以堵女父、尉翩、司齐与之，良司臣而逸之[4]，托诸季武子，武子寘诸卞。郑人醢之，三人也[5]。师慧过宋朝，将私焉[6]。其相曰："朝也。"慧曰："无人焉。"相曰："朝也！何故无人？"慧曰："必无人焉！若犹有人，岂其以千乘之相易淫乐之蒙，必无人焉故也。"子罕闻之，固请而归之[7]。

今注

1 郑尉氏、司氏之乱：这次乱事在襄公十年。

2 以马四十乘：共一百六十匹马，一乘是四匹马。

3 师茷、师慧：全是乐工，茷与慧是他们的名字。

4 良司臣而逸之：认为司臣这人很好，就放他走了。

5 郑人醢之，三人也：郑人把他们剁成肉酱，他们是堵女父、尉翩、司齐三个人。

6 将私焉：他要小解。

7 固请而归之：子罕坚持请求把他们送还。

今译

郑国尉氏、司氏那次的叛乱，他的余党都逃避在宋国。郑国人因子西、伯有、子产的父亲都被叛贼杀了，想报仇，便送马一百六十匹与乐师花茷及慧给宋国。三月又使公孙黑去做人质，宋国的司城子罕就把堵女父、尉翩、司齐送给郑国。认为司臣是好人，便放了他，把他托给鲁国的季武子，武子叫他住在卞那里。郑人既得了那三人，便把他们都剁成肉酱。有一天乐师慧走过宋国朝廷，想要小便。扶他的人说："这是朝廷呢！"师慧说："没有人，不妨碍小便的。"扶他的人说："朝上哪里会没人的？"师慧说："一定没有人的，如果还有人，难道肯把拥有千乘战车的国家的国相，去交换一个只会唱淫乐的盲人吗？一定是没有人了，才会这样的。”子罕听了这话，便坚决请求宋君，把师慧送还郑国。

经 夏，齐侯伐我北鄙，围成。公救成至遇[1]。

今注

1 此经无传。

今译

夏天，齐国伐鲁国的北部边境，围了成这地方。鲁襄公救成到了遇这地方。

经 季孙宿、叔孙豹帅师城成郛。

传 夏，齐侯围成，贰于晋故也。于是乎城成郛[1]。

今注

1 于是乎城成郛：就修理城的外郭。

今译

夏天，齐侯围了成，因为齐国对晋国有二心，于是修成这地方的外郭。

经 秋八月丁巳，日有食之[1]。

今注

1 此经无传。

今译

秋天八月丁巳，鲁国有日食。

经 邾人伐我南鄙。

经 冬，十有一月癸亥，晋侯周卒。

传 秋，邾人伐我南鄙，使告于晋。晋将为会以讨邾、莒[1]，晋侯有疾，乃止。冬，晋悼公卒，遂不克会。

今注

1 以讨邾、莒：这次是邾国侵犯鲁国，而在襄公十二年、襄公十四年，莒人两次侵犯鲁国的缘故。

今译

秋天，邾国人进攻鲁国南部边境，派人去告诉晋国。晋国将开会，去讨伐邾国同莒国，因为晋悼公有病了，就停止。冬天，晋悼公死了，就不能开会。

传 郑公孙夏[1]如晋奔丧，子蟜送葬。

今注

1 公孙夏：是子西。

今译

郑国的公孙夏到晋国奔丧吊唁，郑大夫子蟜送晋悼公下葬。

传 宋人或得玉，献诸子罕，子罕弗受。献玉者曰："以示玉人[1]，玉人以为宝也，故敢献之。"子罕曰："我以不贪为宝，尔以玉为宝。若以与我，皆丧宝也，不若人有其宝。"稽首而告曰："小人怀璧不可以越乡，纳此以请死也[2]。"子罕寘诸其里，使玉人为之攻之[3]，富而后使复其所。

今注

1 以示玉人：给雕刻玉的人看。

2 纳此以请死也：送你这块玉是为免除死亡。

3 攻之：雕刻它。

今译

宋国有个人得了一块玉，献给司城子罕，子罕不接受。献玉的人说："我把这玉请治玉的人细看，治玉的人以为是宝贝，所以敢来奉献呢！"子罕说："我把不贪当宝贝，而你把这块玉当作宝贝，如果把它给了我，这就两人都失了宝，倒不如各人保有各人的宝贝吧！"献玉的人叩头答说："小人拿着这块玉，是不可以远走他乡的，献了这东西，只求免死罢了。"子罕便叫献玉的住在他家中，派治玉的给他雕琢好了，卖出去；既然有了钱，方才叫他回到原住的地方。

传 十二月，郑人夺堵狗之妻而归诸范氏[1]。

今注

1 归诸范氏：因为堵狗的夫人是晋国范氏的女儿。

今译

十二月，郑国人夺取了堵狗的妻子，把她还给晋国的范氏。

卷十七　襄公三

襄公十有六年（公元前五五七年）

经　十有六年春王正月，葬晋悼公。

经　三月，公会晋侯、宋公、卫侯、郑伯、曹伯、莒子、邾子、薛伯、杞伯、小邾子于溴梁，戊寅，大夫盟。晋人执莒子、邾子以归。

传　十六年春，葬晋悼公。平公即位[1]，羊舌肸为傅[2]，张君臣[3]为中军司马，祁奚、韩襄、栾盈[4]、士鞅为公族大夫，虞丘书为乘马御[5]，改服修官，烝于曲沃，警守而下，会于溴梁[6]，命归侵田，以我故，执邾宣公、莒犁比公[7]，且曰通齐楚之使。晋侯与诸侯宴于温，使诸大夫舞，曰："歌诗必类[8]。"齐高厚之诗不类，荀偃怒，且曰："诸侯有异志矣。"使诸大夫盟高厚，高厚逃归。于是叔孙豹、晋荀偃、宋向戌、卫宁殖、郑公孙虿、小邾之大夫盟曰："同讨不庭[9]。"

今注

1　平公即位：悼公的儿子公子彪继承王位。

2　羊舌肸为傅：羊舌肸即叔向，替代士渥浊，为太傅。

3　张君臣：张老的儿子。

4　栾盈：栾书的儿子。

5　虞丘书为乘马御：替代程郑。

6　溴梁：《一统志》说："在今河南省济源县西北。"

7　犂比公：江永说："莒国君多半以地方名为号，犂比也是地名，当在今山东省莒县境内。"

8　歌诗必类：歌唱诗必定合于题材。

9　同讨不庭：一同讨伐不尊敬周天子的国家。

今译

十六年春天，给晋悼公举行葬礼。悼公的儿子平公即位。叔向替代士渥浊做太傅，张君臣做中军司马，祁奚、韩襄、栾盈、士鞅这几人做公族大夫，虞丘书做驾车的官，改了丧服、选任贤能之后就到曲沃去祭祀晋国的祖庙。晋平公在国都布置了守卫，顺着黄河东而下到溴梁这地方开会，把诸侯所侵略得到的田地，都归还原主，因为鲁国的缘故，逮住了邾宣公、莒国的犂比公，并且说这两国的使者来往于齐国与楚国。晋平公和诸侯们在温这地方宴会，使各国大夫舞蹈，说："唱诗一定要和舞蹈相配合。"齐国高厚的诗不相类，晋大夫荀偃恼怒，并且说："诸侯们有旁的心了。"叫各位大夫对高厚盟誓，高厚吓得逃回齐国。于是叔孙豹同晋国荀偃、宋国向戌、卫国宁殖、郑国公孙虿、小邾大夫盟誓说："一同讨伐不尊重周王室的国家。"

经　齐侯伐我北鄙[1]。

今注

1　此经无传。

今译

齐侯讨伐鲁国北部边境。

经　夏，公至自会[1]。

今注

1　此经无传。

今译

夏天，鲁襄公开会回来。

经　五月甲子，地震[1]。

今注

1　此经无传。

今译

五月甲子这天，鲁国有地震。

经　叔老会郑伯、晋荀偃、卫宁殖、宋人伐许。

传　许男请迁于晋，诸侯遂迁许。许大夫不可，晋人归诸侯[1]，郑子蟜闻将伐许，遂相郑伯以从诸侯之师。穆叔从公，齐子帅师会晋荀偃。书曰会郑伯，为夷故也[2]。夏六月，次于棫林[3]。庚寅，伐许[4]，次于函氏[5]。

今注

1　晋人归诸侯：因为许不肯迁，所以叫诸侯回国去。

2　为夷故也：为的是平夷的关系。

3　棫林：秦地，《读史方舆纪要》说："在今陕西省华县。"

4　伐许：讨伐许国。

5　函氏：许地。在今河南省叶县北。

今译

许灵公向晋国请求迁都，诸侯就同意许国迁都。许国的大夫们认为不可以，许国内乱，晋国人就使诸侯各自回国而自己单独出兵讨伐许国。郑国大夫子蟜听说晋国要讨伐许国，他就辅佐郑伯从着诸侯的军队。叔孙豹随着鲁襄公回国，齐子率军队会晋国的荀偃。《春秋》上写着与郑伯相会，为平夷的缘故。六月，军队驻扎在棫林这地方，庚寅这天，讨伐许国，军队驻扎在函氏。

传 晋荀偃、栾黡帅师伐楚，以报宋杨梁之役[1]，楚公子格帅师及晋师战于湛阪[2]，楚师败绩，晋师遂侵方城之外，复伐许而还。

今注

1 杨梁之役：此役在襄公十二年。

2 湛阪：《一统志》说："在今河南省叶县北三十里。"

今译

晋国的荀偃、栾黡率军队去讨伐楚国，以报复杨梁的战役，楚国公子格率领军队同晋军在湛阪作战，楚军被打败，晋军就侵略到方城的外边，再次讨伐许国才回国。

经 秋，齐侯伐我北鄙，围郕。

传 秋，齐侯围郕[1]，孟孺子速徼之[2]。齐侯曰："是好勇，去之以为之名。"速遂塞海陉[3]而还。

今注

1 郕：是鲁国孟孙氏的封邑。

2 孟孺子速徼之：孟孺子是孟献子的儿子，名字叫速，来截断齐国的军队。

3 遂塞海陉：海陉是鲁国地方的近海窄路。遂塞是堵塞。

今译

秋天，齐侯又围了鲁国的郕这个地方，仲孙蔑的儿子仲孙速出兵拦截齐国的军队。齐侯就说："这个人很勇敢，我们不如离开这里，使他成名。"仲孙速就把海边几个险要的道路堵塞后回去了。

经 大雩[1]。

今注

1 此经无传。

今译

有旱灾，行求雨的礼。

经 冬，叔孙豹如晋。

传 冬，穆叔如晋聘，且言齐故[1]。晋人曰：“以寡君之未禘祀[2]，与民之未息[3]，不然不敢忘。”穆叔曰：“以齐人之朝夕释憾于敝邑之地，是以大请。敝邑之急，朝不及夕，引领西望曰：‘庶几乎[4]？’比执事之间恐无及也。”见中行献子，赋《圻父》[5]，献子曰：“偃知罪矣，敢不从执事以同恤社稷，而使鲁及此！”见范宣子，赋《鸿雁》之卒章[6]。宣子曰：“匄在此，敢使鲁无鸠乎[7]？”

今注

1 且言齐故：并且说道齐国两次侵略鲁国的缘故。

2 未禘祀：禘祀是三年丧完了以后，吉祥的祭祀。

3 与民之未息：因为人民的没有休息，最近曾经侵伐许国及楚国。

4 庶几乎：庶几晋国来救鲁国。

5 圻父：是《诗经·小雅》中的一篇诗。

6 《鸿雁》之卒章：《诗经·小雅·鸿雁》末了一章说：“鸿雁于飞，哀鸣嗷嗷。”

7 鲁无鸠乎：鲁国还没有集合的地方吗？

今译

冬天，叔孙豹到晋国聘问，并且说齐国屡次伐鲁国的原因。

晋国人说："因为我们君还没有举行禘祀，多次打仗，人民没有得到休息，所以不能出兵救援，要不是这些事，我们不敢忘记。"叔孙豹说："因为齐国人早晚都在我们鲁国的土地发泄怒气，所以才郑重请求。我们的急难，早晨等不到晚上，伸长了脖子从西边盼望，说：'也许可以来援救我们了吧！'等到你们有闲工夫的时候，恐怕已经来不及了。"看见荀偃，就歌唱《圻父》这篇诗，荀偃说："我知道罪过了，我敢不同执事一样来怜恤鲁国的社稷，而使鲁国到如此地步。"见了士匄，歌《鸿雁》最后一章。士匄说："我尚在这儿，岂敢使鲁国不得安宁！"

襄公十有七年（公元前五五六年）

经 十有七年春王二月，庚午，邾子牼卒[1]。

今注

1　此经无传。

今译

春二月，庚午这天，邾宣公死了。

经 宋人伐陈。

传 十七年春，宋庄朝伐陈，获司徒卬，卑宋也[1]。

今注

1　获司徒卬，卑宋也：司徒卬是陈国的大夫。因为陈国轻视宋国，所以不设防。

今译

十七年春天，宋大夫庄朝伐陈国，捕获了大夫司徒卬，因为他轻视宋国。

经 夏，卫石买帅师伐曹。

经 秋，齐侯伐我北鄙，围桃。

经 高厚帅师伐我北鄙，围防。

传 卫孙蒯田于曹隧[1]，饮马于重丘[2]，毁其瓶。重丘人闭门而询之[3]，曰："亲逐而君，尔父为厉[4]，是之不忧，而何以田为？"夏，卫石买[5]、孙蒯伐曹，取重丘。曹人诉于晋。齐人以其未得志于我故，秋，齐侯伐我北鄙，围桃[6]，高厚围臧纥于防[7]，师自阳关[8]，逆臧孙至于旅松，郰叔纥[9]、臧畴、臧贾[10]帅甲三百宵犯齐师，送之而复[11]，齐师去之。齐人获臧坚[12]，齐侯使夙沙卫唁之，且曰无死。坚稽首曰："拜命之辱，抑君赐不终，姑又使其刑臣礼于士。"以杙抉其伤而死[13]。

今注

1 卫孙蒯田于曹隧：孙蒯是孙林父的儿子，越过曹国边境去打猎。

2 重丘：曹邑。《山东通志》说："在今山东省菏泽县东北三十里。"

3 闭门而询之：关着门骂他。

4 亲逐而君，尔父为厉：你父把君驱逐出走，而你的父亲也变成厉鬼。孙林父驱逐卫君在鲁襄公十四年。

5 石买：卫国大夫。

6 桃：鲁地。江永以为在今山东省汶昌县东北四十里，正当鲁国的北部。

7 防：臧纥的邑。

8 阳关：《续山东考古录》说："在今泰安县境。"

9 郰叔纥：孔子的父亲叔梁纥。

10 臧畴、臧贾：全是臧纥的弟兄。

11　送之而复：把臧纥送到旅松，他们几个人就回到防这地方。

12　臧坚：是臧纥的同族。

13　以杙抉其伤而死：用木桩把他的伤处毁出血就死了。

今译

卫国孙林父的儿子孙蒯越过边境到曹国打猎，在重丘，饮他的战马，把瓶子毁掉。重丘人关上城门，骂他说："你的父亲把卫君驱逐了，你的父亲就变成了恶鬼，你不为这个忧虑，还有心思来打猎？"夏，卫国的石买和孙蒯侵伐曹国，占领了重丘。曹国人就到晋国去申诉。齐国人因为未能在鲁国得到他所希望得到的事物，秋天，齐侯伐鲁国北边，围了桃这个地方。高厚围了臧纥在防这个地方，鲁国的军队从阳关这个地方出发迎接臧纥到了旅松，郰叔纥同臧畴、臧贾率了甲兵三百人，夜袭了齐国的军队，送臧纥回去后又回到防地，齐国军队因为没有得到臧纥，他们也走了。但是齐国人俘虏了臧坚，齐庄公派太监夙沙卫去慰问他，并且说"不要死"。臧坚就稽首说："拜谢君主的命令，然而君王赐我不死，却派一个宦官到我这士前面来表示敬意。"就拿一个木桩挖自己的伤口而死。

经　九月，大雩[1]。

今注

1　此经无传。

今译

九月，鲁国天旱，行求雨的礼。

经　宋华臣出奔陈。

传　宋华阅卒，华臣弱皋比之室[1]，使贼杀其宰华吴，贼六人以铍杀诸卢门合左师之后[2]。左师惧曰："老夫无罪。"贼曰："皋比私有讨于吴。”遂幽其妻[3]，曰：“畀余而大璧。”宋公闻之曰：“臣也不唯其宗室是暴，大乱宋国之政，必逐之。”左师曰：“臣也亦卿也，大臣不顺，国之耻也。不如盖之。”乃舍之。左师为己短策[4]，苟过华臣之门必骋。十一月甲午，国人逐瘈狗[5]，瘈狗入于华臣氏，国人从之。华臣惧，遂奔陈。

今注

1　华臣弱皋比之室：华臣是华阅的弟弟，皋比是华阅的儿子。华臣就侵犯皋比的家产。

2　以铍杀诸卢门合左师之后：拿一把刀将华吴杀死在卢门左近，向戌家的后面。

3　遂幽其妻：就把华吴的妻子幽禁起来。

4　短策：短的马鞭子。

5　瘈狗：疯狗。

今译

宋国的华阅死了，他的弟弟华臣侵犯华阅儿子皋比的财产，使贼人杀皋比的家宰华吴，六个贼人用刀将华吴杀死在卢门的旁边、向戌的房屋的后面。向戌害怕就说：“我这个老头儿没有罪。”这般贼人就说：“皋比私自讨伐吴国。”就把华吴的妻子关起来了，说：“把他的大玉币给我。”宋公听见就说：“华臣不只是残暴地对待他的宗室，并且使宋国的政事大乱，必须把他驱逐走。”向戌说：“华臣也是卿，大臣不和顺，也是国家的耻辱，不如掩盖起来算了！”宋平公就赦免华臣。向戌讨厌华臣，自己做了一个短马鞭子，如果经过华臣的门前，必定打马快走。十一月甲午，宋国人驱逐疯狗，疯狗进入华臣的家中，宋国人也就跟着追逐它，华臣害怕，就逃到陈国去。

经 冬，邾人伐我南鄙。

传 冬，邾人伐我南鄙，为齐故也[1]。

今注

1 为齐故也：这是因为齐国要得志于鲁国的缘故，所以邾国帮助它侵犯。

今译

冬天，邾国人侵犯了鲁国的南边，这因为齐国的缘故。

传 宋皇国父为大宰，为平公筑台，妨于农功[1]。子罕请俟农功之毕，公弗许。筑者讴曰："泽门之皙，实兴我役。邑中之黔，实慰我心[2]。"子罕闻之，亲执扑，以行筑者而抶其不勉者，曰："吾侪小人皆有阖庐，以辟燥湿寒暑，今君为一台而不速成，何以为役？"讴者乃止。或问其故，子罕曰："宋国区区而有诅有祝[3]，祸之本也。"

今注

1 妨于农功：周代的十一月就是夏正的九月，正当农人收成的时候。

2 泽门之皙，实兴我役。邑中之黔，实慰我心：泽门是宋都城，东面的南门，皇国父人长得很白，他住在泽门左近，他是开始叫我工作的。子罕长得黑，他住在城中间，他实在能够安慰我们。

3 宋国区区而有诅有祝：宋国很小的地方，有的人诅咒，而有的人祝贺。

今译

宋国的皇国父做太宰，为宋平公修筑一个台子，妨害了农人的收成。子罕请求等待农工完毕以后再建造，宋平公不答应。筑台子的人就歌唱说："泽门那个白面孔的人，要我们服劳役。城中那个黑皮肤的人，很能体贴我们的心。”子罕听见了，亲自拿了一个扑杖，监视筑台的人，并且鞭打那些不勤快的人，说：“我们这种小人全都有房子以躲避热同湿，寒同暑，现在宋君筑一个台，而不能够赶快完成，这还做什么工呢？”唱歌的人听见他的话，就停止了歌唱。有人问是什么缘故，子罕就说：“宋国很小的地方，有人咒骂，也有人祝福，这是祸乱的本源啊！”

传 齐晏桓子[1]卒，晏婴粗缞斩[2]，苴绖带，杖，菅屦[3]，食鬻，居倚庐，寝苫枕草[4]。其老曰：“非大夫之礼也。”曰：“唯卿为大夫。”

今注

1 晏桓子：是晏婴的父亲晏弱。

2 粗缞斩：晏婴穿着粗布而不缝边的衣服。

3 苴绖带，杖，菅屦：用粗麻缝着带子，杖是用竹子做的拐杖，菅屦是草鞋。

4 食鬻，居倚庐，寝苫枕草：吃稀饭，住在靠东墙木头做的小房子。睡在干草上，也枕在草上。

今译

齐国的晏弱死了，他的儿子晏婴，穿着粗布的丧服，头上系用麻做的带子，拿着竹杖，穿着草鞋，吃粥，住在一间木造的房子，睡在草上，枕在草上，他的家臣首领说：“这不是大夫的礼节。”晏婴回答：“只有卿才是大夫。”

襄公十有八年（公元前五五五年）

经 十有八年春，白狄来。

传 十八年春，白狄始来[1]。

今注

1 白狄始来：白狄是狄人之一种，他初次到鲁国来。

今译

十八年春，白狄初次到鲁国来。

经 夏，晋人执卫行人石买。

传 夏，晋人执卫行人石买于长子[1]，执孙蒯于纯留[2]，为曹故也。

今注

1 长子：在今山西省长子县。

2 纯留：在今山西省纯留县。

今译

夏天，晋国人在长子地方逮住了卫国行人石买，又在纯留这个地方逮住了孙蒯，这是为了曹国的缘故。

经 秋，齐师伐我北鄙。

经 冬十月，公会晋侯、宋公、卫侯、郑伯、曹伯、莒子、邾子、滕子、薛伯、杞伯、小邾子，同围齐。

传 秋，齐侯伐我北鄙，中行献子将伐齐，梦与厉公讼，弗胜，公以戈击之，首队于前，跪而戴之，奉之以走，见梗阳之巫皋[1]。他日见诸道，与之言同。巫曰："今兹主必死，若有事于东方，则可以逞[2]。"献子许诺。晋侯伐齐，将济河，献子以朱丝系二毂[3]。而祷曰："齐环怙恃其险，负其众庶，弃好背盟，陵虐神主，曾臣彪将率诸侯以讨焉，其官臣偃实先后之。苟捷有功，无作神羞，官臣偃无敢复济，唯尔有神裁之。"沈玉而济。冬十月，会于鲁济[4]，寻溴梁之言，同伐齐[5]。齐侯御诸平阴[6]，堑防门而守之广里[7]，夙沙卫曰："不能战，莫如守险[8]。"弗听。诸侯之士门焉，齐人多死。范宣子告析文子[9]曰："吾知子，敢匿情乎？鲁人、莒人，皆请以车千乘，自其乡入，既许之矣。若入，君必失国，子盍图之。"子家以告公，公恐。晏婴闻之曰："君固无勇，而又闻是，弗能久矣。"齐侯登巫山[10]以望晋师，晋人使司马斥山泽之险，虽所不至，必旆而疏陈之[11]，使乘车者左实右伪，以旆先[12]，舆曳柴而从之[13]。齐侯见之，畏其众也，乃脱归。丙寅晦，齐师夜遁。师旷告晋侯曰："鸟乌之声乐[14]，齐师其遁。"邢伯[15]告中行伯曰："有班马之声[16]，齐师其遁。"叔向告晋侯曰："城上有乌，齐师其遁[17]。"十一月丁卯朔，入平阴，遂从齐师，夙沙卫连大车以塞隧而殿[18]。殖绰、郭最曰："子殿国师，齐之辱也。子姑先乎。"乃代之殿。卫杀马于隘以塞道[19]。晋州绰及之，射殖绰中肩，两矢夹脰[20]，曰："止，将为三军获；不止，将取其衷[21]。"顾曰："为私誓。"州绰曰："有如日。"乃弛弓而自后缚之。其右具丙[22]，亦舍兵而缚郭最，皆衿甲面缚[23]，坐于中军之鼓下。晋人欲逐归者，鲁卫请攻险[24]。己卯，荀偃、士匄以中军克京兹[25]。乙酉，魏绛、栾盈以下军克邿[26]，赵武、韩起以上军围卢[27]，弗克。十二月戊戌，及秦周伐雍门之萩[28]，范鞅门于雍门，其御追喜以戈杀犬于门中，孟庄子斩其橁以为公琴[29]。己亥，焚雍门及西郭、南郭，刘难、士弱[30]率诸侯之师焚申池之竹木。壬寅，焚东郭、北郭。范鞅门于扬门[31]，州绰门于东闾[32]，左骖迫还于东门中，以枚数阖[33]。齐侯驾，将走邮棠[34]，大子与郭荣[35]扣马曰："师速而疾，略也[36]，将退矣，君何惧焉？且社稷之主不可以轻，轻则失众，君必待之。"将犯之，大子抽剑断鞅，乃止。甲辰，东侵及潍[37]，南及沂[38]。

今注

1　梗阳之巫皋：梗阳是晋国地方，《括地志》说：“梗阳故城，在清源县南百二十步，分晋阳县置。”那里头有一个巫人，名叫皋。

2　则可以逞：就可以得意。

3　二瑴：即二珏，一对玉叫作珏，二珏是四块玉。

4　鲁济：济水在鲁国境内的，叫作鲁济。

5　寻溴梁之言，同伐齐：溴梁之盟在鲁襄公十六年，一同讨伐齐国。

6　平阴：《续山东考古录》说：“以平阴防门故地，现划归肥城，在肥城西北六十里，今称广里铺。”

7　堑防门而守之广里：在防门外做一个地道，横行宽一里。

8　莫如守险：没有再比守险要的更好了。

9　析文子：齐大夫子家。

10　巫山：齐地，《汇纂》说：“今山东肥城县西北七十五里有孝堂山，即齐侯望晋师之巫山。”

11　必旆而疏陈之：必定在那儿摆上大旗，远远地一个一个摆成阵。

12　以旆先：用大旗列在车前面。

13　舆曳柴而从之：车后面拴的柴木，使尘土飞扬。

14　乌乌之声乐：乌同乌鸦得到一个空营棚，鸣声很欢乐。

15　邢伯：是晋大夫。

16　有班马之声：一队一队的马回去的声音。

17　城上有乌，齐师其遁：城上边有乌鸦，齐国军队必定要逃走。

18　连大车以塞隧而殿：他把很多大车连在一块堵住隧道，而夙沙卫在军队的后面。

19　卫杀马于隘以塞道：夙沙卫把马杀到隘道中加以堵塞。

20　两矢夹脰：两个箭夹住脖子。

21　不止，将取其衷：你要不听话，我将再用箭射两箭的中间。

22　其右具丙：州绰的车右叫具丙。

23　衿甲面缚：不去掉盔甲，脸冲到前边被捕。

24　攻险：攻险固的城。

25　京兹：《续山东考古录》说："在肥城县西境。"

26　邿：《一统志》说："平阴县西十二里有郝山，今名亭山。"

27　卢：在今山东省长清县东南。

28　秦周伐雍门之萩：《方舆纪要》说："古齐城周五十里，有十三门，其可考者，西曰雍门，南曰稷门，亦作棘门，西南曰申门，门外有申池，西北曰扬门，东南曰鹿门，一作武鹿门，又有郭关，则齐郭门也。"秦周是鲁大夫，同赵武一同伐雍门的萩草。

29　孟庄子斩其椭以为公琴：孟庄子即孺子速，把那椭树砍掉，作为鲁襄公的琴。

30　刘难、士弱：这二人全是晋大夫。

31　扬门：齐国都城西门。

32　东闾：齐国都城东门。在今临淄县北。

33　以枚数阖：用马鞭子数几扇门。

34　邮棠：今山东省即墨县南八十里有甘棠社即古邮棠。

35　郭荣：是齐大夫。

36　略也：这是侵略而没有占领地方的意思。

37　潍：《水经注》说："潍水出琅玡箕县（今莒县）之潍山，过东武（诸城）平昌淳于（安邱）迳都昌（昌邑）入海"。

38　沂：《一统志》说："沂水源出今山东临朐县南之沂山，流经沂水临沂二县至江苏邳县入泗。"

今译

秋天，齐侯讨伐了鲁国的北部边境。荀偃将要讨伐齐国，梦见与晋厉公打官司，没有胜诉。晋厉公用刀来攻击他，荀偃的脑袋就掉到前面，他跪下来戴上脖子去，两手捧着头往前走，见到梗阳的巫皋。过了几天，在路上碰见这个巫皋，巫人也梦见同样的梦，巫人说："今年你必定要死，你若在东方打仗就可以成功。"荀偃就答应了。晋平公伐齐国，将过黄河的时候，荀偃用红丝把两对玉石系在一块祷告说："齐环仰仗着地形险要，仗着人多，放弃了和好，违背了盟约，欺凌虐待百姓，陪臣彪将率领诸侯去讨伐齐国，守臣荀偃在前后辅助。假设能够战胜有功，不要使神明羞耻，荀偃不敢再次渡黄河，只是听从你神的命令。"把玉石扔在河里就渡过去了。冬十月，在鲁国的济水旁边相会，这是重申以前溴梁盟誓的话，一同讨伐齐国。齐庄公在平阴抵御，在防门外挖壕据守，长一里。夙沙卫说："如果不能够打仗，最好守险要。"齐侯不听。诸侯的军队攻击各门，齐人多战死。士匄告诉齐大夫析文子说："我认识你，敢对你隐藏我们的军情吗？鲁国人同莒国人皆要求用兵车一千辆，从他们的国家出发攻齐国，晋国已经答应他们了。若他们的兵进入齐国，齐庄公必定丧失了国家，你何不细想想。"析文子告诉了齐庄公，庄公害怕了。晏婴听见就说："君王本来就没有勇气，又听见了这种话，不能长久支持了。"齐庄公到巫山上远望晋国军队，晋国人叫司马排除山泽的险要地方，就是军队没有到，也必定挂上大旗，表示军队已经到了，叫每个车上左边有真实的军官，右边放上假人做军官，用大旗做前导，战车后拴着木柴在后面跟着发扬尘土。齐庄公看见了，怕晋国军队很众多，逃归齐国。丙寅这天，齐国军队夜里逃走。晋国的师旷告诉晋平公说："飞的鸟同乌鸦鸣声很欢乐，齐国军队必定要逃走。"晋国大夫邢伯告诉荀偃说："有一队一队马回去的声音，齐国军队必定逃走。”叔向告诉晋平公说：“城上有乌鸦，齐国军队必定逃走。”十一月丁卯朔，晋国军队进入平阴，追逐齐国的军队，夙沙卫连着很多大车堵塞隧道，自己殿后。殖绰同郭最说：“你做齐国军队的殿后，这是齐国的羞辱。你何不在前面呢？”他们就替他殿后。夙沙卫将马匹杀死摆在隘道中来堵塞道路。晋国的州绰赶上了，射殖绰中他两肩，两支箭夹住他的脖子，就说：“你要站住就可以做俘虏，你要不站住我再射这两箭的中间。”殖绰回头说：“你发誓。”州绰就说：“有太阳为证。”放下弓从后面捆绑殖绰的双手。州绰的车右具丙也扔下兵器，把郭最拴上，全都不解除盔甲，他们坐在中军的鼓下面。晋国想着追逐齐国逃兵，鲁国、卫国请求攻打险要的城池。己卯，荀偃、士匄用中军占领京兹。乙酉，魏绛、栾盈用下军占领邿，赵武、韩起用上军围了卢，没能战胜。十二月戊戌，赵武同鲁国大夫秦周砍伐雍门外的萩树，范鞅攻打雍门，他的御者追喜用戈在门中杀死一条狗，孟孙速把那里的橁木砍下给襄公做琴。己亥，烧掉雍门及齐都城的西郭、南郭，刘难同士弱率领诸侯的军队烧掉申池的竹同树木。壬寅，又烧掉齐都城的东外郭、北外郭。范鞅攻打都城的西门扬门，州绰攻打齐都城东门东闾，他左边的马匹在门中往还，用马鞭子数他城门上的树木，表示不惧。齐庄公驾了车，将逃走到邮棠去，太子同齐大夫郭荣拉着马说：“晋国的军队到得很快，这是略地的作用，晋国军队将要退了，你又何必害怕呢？而且一国之主，是不可以轻举的，轻举必定失掉众心，你一定要等候。”齐庄公还想逃，太子就抽剑将马颈革带砍断，才停了下来。甲辰，诸侯军队侵略东边到潍水，南边到沂水。

经 曹伯负刍卒于师[1]。

今注

1　此经无传。

今译

曹伯负刍在军队中死了。

经　楚公子午帅师伐郑。

传　郑子孔欲去诸大夫，将叛晋而起楚师以去之，使告子庚[1]，子庚弗许。楚子闻之，使杨豚尹宜告子庚曰："国人谓不穀主社稷，而不出师，死不从礼。不穀即位于今五年，师徒不出，人其以不穀为自逸而忘先君之业矣。大夫图之，其若之何？"子庚叹曰："君王其谓午怀安乎？吾以利社稷也。"见使者稽首而对曰："诸侯方睦于晋，臣请尝之[2]。若可，君而继之，不可，收师而退，可以无害，君亦无辱。"子庚帅师治兵于汾[3]。于是子蟜、伯有、子张从郑伯伐齐，子孔、子展、子西守。二子[4]知子孔之谋，完守入保[5]，子孔不敢会楚师。楚师伐郑，次于鱼陵[6]，右师城上棘[7]，遂涉颍，次于旃然[8]，芳子冯、公子格率锐师侵费滑、胥靡、献于、雍梁[9]，右回梅山[10]，侵郑东北，至于虫牢而反。子庚门于纯门，信于城下而还，涉于鱼齿之下[11]，甚雨及之，楚师多冻，役徒几尽。晋人闻有楚师，师旷曰："不害，吾骤歌北风，又歌南风，南风不竞[12]多死声，楚必无功。"董叔曰："天道多在西北，南师不时必无功。"叔向曰："在其君之德也[13]。"

今注

1　子庚：楚令尹公子午。

2　臣请尝之：我请试一试。

3　汾：在今河南省襄城县东北。

4　二子：子展、子西。

5　完守入保：守着城内加以保守。

6　鱼陵：郑地，即鱼齿山，在南阳犨县北。

7　上棘：《一统志》说："上棘城在河南禹县西北。"

8　旃然：《一统志》说："在今河南荥阳县东南。入汴水。"

9　胥靡、献于、雍梁：全是郑国的邑。《汇纂》说："胥靡在今河南偃师县东南四十里，雍氏城在禹县东北，梁县城在河南临汝县西南四十里。"程发轫教授说："案：蒍子冯子格，率锐师由费滑向东南侵郑，胥靡即在偃师，雍梁在禹县，则献于应在登封县境矣。"可供参考。

10　梅山：《一统志》说："在今河南郑县西南三十里，与密县新郑接界。"

11　鱼齿之下：鱼齿山的下边。

12　南风不竞：南方的音调不能竞争。

13　在其君之德也：这还是在他君的德行。

今译

郑国的子孔想要除掉旁的大夫，他想先背叛晋国，发动楚国的军队来除掉他们，就派人去告诉楚国令尹公子午，公子午不答应。楚王听了，就派杨豚尹宜告诉公子午说："国人认为我主持国家以后，并不出兵，我若死了以后，不能照着先君的礼节来安葬祭祀。我现在即位已经五年了，从来没有出动军队，人家必定说我自己安逸而忘记了先君的霸业。大夫细想想怎么样办呢？"公子午叹息着说："君王是说我午只想安宁吗？我这是有利于国家呀。"见了楚王所派来的使者，稽首而对答说："诸侯对于晋国正在和睦，我请尝试一下。若可以，君王就继续着，不可以就集合军队后退，这还没有害处，在君王亦无羞辱。"公子午于是率着军队到汾这地方训练。这时候子蟜、伯有、子张随从郑伯去讨伐齐国，子孔、子展、子西留守。子展、子西知道子孔的计谋，完备城郭里边的保卫。子孔就不敢去会合楚国军队。楚国军队伐郑国，屯住在郑国鱼陵这个地方，楚国的右师修上棘城，渡过颍水，屯住在旃然，楚国的芳子冯、公子格率精锐的军队侵犯了郑地费滑、胥靡、献于、雍梁四地，向右绕过梅山，侵略郑国的东北部，到了虫牢这个地方就回去了。公子午攻打郑国都城的纯门，在城下住了两天就回楚国去了，在鱼齿山的下边渡过滍水，天还下着大雨，楚国军队全受冻，随从的人员，几乎全冻死了。晋国人听见有楚国军队来，晋国的太师师旷说："不要紧，我方才歌唱北风，然后歌唱南风，南风很微弱多有象征死亡的声音，楚国必定不能成功。"董叔说："天道都在西北，南方的军队不合时宜，必不能成功。"叔向说："这要看他的君的德行啊！"

襄公十有九年（公元前五五四年）

经 十有九年春王正月，诸侯盟于祝柯。晋人执邾子。

传 十九年春，诸侯还自沂上，盟于督扬[1]曰："大毋侵小[2]。"执邾悼公，以其伐我故。

今注

1 督扬：即祝柯。大约在今山东省滋阳县境。

2 大毋侵小：大国不要侵略小国。

今译

十九年春，包围齐国的诸侯从沂水上回来，到督扬的地方去盟誓说："大国不要侵略小国。"把邾悼公逮着，是因为他伐鲁国。

经 公至自伐齐[1]。

今注

1　此经无传。

今译

鲁襄公从伐齐国回来。

经　取邾田，自漷水。

传　遂次于泗上，疆我田。取邾田，自漷水归之于我[1]。晋侯先归，公享晋六卿于蒲圃，赐之三命之服，军尉、司马、司空、舆尉、候奄皆受一命之服，贿荀偃束锦加璧乘马，先吴寿梦之鼎[2]。荀偃瘅疽生疡于头[3]，济河及著雍病，目出[4]，大夫先归者皆反。士匄请见，弗内，请后，曰："郑甥可[5]。"二月甲寅卒，而视不可含[6]。宣子盥而抚之曰："事吴敢不如事主[7]。"犹视。栾怀子曰："其为未卒事于齐故也乎？"乃复抚之曰："主苟终，所不嗣事于齐者，有如河。"乃瞑受含。宣子出曰："吾浅之为丈夫也[8]！"

今注

1　取邾田，自漷水归之于我：《一统志》说："漷水今名南沙河，源出山东滕县直北连青山，西南流至三河口，会于薛河，又西南流入泗水。邾因在漷水东，今山东滕县东北。"

2　先吴寿梦之鼎：古代凡赠送物品，在重要的前面必先献旁的物品，这次是吴寿梦之鼎为主要赠品，而以币同马为先。

3　瘅疽生疡于头：大而深的毒疮生在头上。

4　目出：眼睛突出来。

5　郑甥可：郑甥可以继任卿位。

6　视不可含：瞪着眼睛而嘴也不闭上，没法把含的珠玉放在嘴里。

7　事吴敢不如事主：我侍奉着荀吴，不敢不如侍奉你一样。

8　吾浅之为丈夫也：我很不够做一个大丈夫，意谓小看了荀偃。

今译

于是就把军队驻扎到泗水边上，划定鲁国的疆界。取得了邾国的田地，漷水以西的地方都划归给鲁国。晋平公先回国了，鲁襄公在蒲圃这个地方设享宴招待晋国六个卿，赐给他们每个人华丽的三命车服。军尉、司马、司空、舆尉、候奄都赐给一命车服。先送给荀偃五匹锦加玉璧四匹马，再献主要礼物吴寿梦的鼎。荀偃头上生了恶疮，渡过黄河到了著雍的地方就病得厉害，眼睛突出，大夫们先回去的全都回来了。士匄请求见荀偃，荀偃不肯让他进来，士匄请示将来由谁继任卿位，荀偃说："郑甥可以。"二月甲寅这天，荀偃死了，瞪着眼，没法给他在口中含玉。士匄盥洗后抚着他说："侍奉荀吴不敢不如侍奉你。"眼睛还瞪着。栾盈就说："是因为没有把齐国战争进行完的缘故吗？"就再抚尸说："你死了以后，我如果不继续完成对付齐国的战事，敢用黄河为誓。"荀偃这才闭上眼，接受含玉。士匄出门就说："我做大丈夫，实在是浅薄啊。"

经　季孙宿如晋。

传　季武子如晋拜师[1]，晋侯享之，范宣子[2]为政，赋《黍苗》[3]。季武子兴，再拜稽首曰："小国之仰大国也，如百谷之仰膏雨焉。若常膏之，其天下辑睦，岂唯敝邑。"赋《六月》[4]。季武子以所得于齐之兵作林钟而铭鲁功焉[5]。臧武仲谓季孙曰："非礼也。夫铭，天子令德[6]，诸侯言时计功[7]，大夫称伐[8]。今称伐则下等也，计功则借人也[9]，言时则妨民多矣，何以为铭？且夫大伐小，取其所得以作彝器，铭其功烈以示子孙，昭明德而惩无礼也。今将借人之力以救其死，若之何铭之？小国幸于大国[10]，而昭所获焉以怒之，亡之道也。"

今注

1　如晋拜师：到晋国拜谢晋国派兵帮助讨伐齐国。

2　范宣子：士匄替代荀偃将中军。

3　《黍苗》：是《诗经·小雅》的一篇诗，是称美召伯劳来诸侯如阴雨使黍苗能成长。

4　《六月》：是《诗经·小雅》的一篇称美尹吉甫辅佐天子的诗，用晋侯来比喻尹吉甫。

5　作林钟而铭鲁功焉：林钟是一个乐律的名称，作林钟的器乐以表示鲁国的功劳。

6　夫铭天子令德：物上的铭词，天子要做就为表示他的德行。

7　诸侯言时计功：诸侯为的就是得时表功。

8　大夫称伐：大夫为的也是表示他的勋伐。

9　计功则借人也：要是照计功算，就是借晋国的力量，不是自己的。

10　小国幸于大国：小国侥幸战胜大国。

今译

季孙宿到晋国去拜谢晋国派兵帮助讨伐齐国，晋平公设享宴招待他，士匄掌政权，歌唱《黍苗》这篇诗。季孙宿站起来，再拜稽首说："小国仰望大国，就好像各种谷物，仰望润泽的雨水。要是常润泽它，天下全能和睦，岂独是我们。"季孙宿就歌唱《六月》这篇诗。季孙宿把所得的齐国的军器作林钟，铭刻鲁国的功劳。臧孙纥对季孙宿说："这是不合于礼的。铭文，只能用来记载天子的德行，诸侯用来记载合时的举动和建立的功绩，大夫用来记载勋伐。现在记载勋伐，那是降了一等，计算功劳，那是借晋国的力量，若说合于时令，实际上妨害人民很多，这有什么铭可作？并且大国要征伐小国，取它所得的军器，筑成宗庙的常器，铭刻他的功烈给子孙们看，这是为昭明明德，惩戒无礼。现在借别人的力量来拯救死亡，为什么来铭刻它？小国侥幸战胜大国，还夸耀所得来激怒大国，这是灭亡的道路啊！”

经 葬曹成公[1]。

今注

1 此经无传。

今译

给曹成公举行葬礼。

经 夏，卫孙林父帅师伐齐。

传 晋栾鲂帅师从卫孙文子伐齐[1]。

今注

1 伐齐：这是为的应付栾盈所说的话。

今译

晋国栾鲂率领军队随从卫国的孙林父讨伐齐国。

经 秋七月，辛卯，齐侯环卒。

传 齐侯娶于鲁，曰颜懿姬[1]，无子，其侄鬷声姬[2]，生光，以为大子。诸子仲子、戎子。戎子嬖，仲子生牙，属诸戎子，戎子请以为大子，许之[3]。仲子曰：“不可。废常不祥[4]，间诸侯难[5]。光之立也列于诸侯矣，今无故而废之，是专黜诸侯[6]，而以难犯不祥也，君必悔之。”公曰：“在我而已。”遂东大子光。使高厚傅牙以为大子，夙沙卫为少傅。齐侯疾，崔杼微逆光，疾病而立之[7]。光杀戎子，尸诸朝，非礼也，妇人无刑，虽有刑不在朝市。夏五月壬辰晦，齐灵公卒，庄公即位[8]，执公子牙于句渎之丘，以夙沙卫易己，卫奔高唐以叛。

今注

1　颜懿姬：鲁国女子，颜是她的母姓。

2　鬷声姬：也是鲁国女子。鬷是她的母姓。

3　许之：齐灵公答应他。

4　废常不祥：废除立嫡的寻常规矩不吉祥。

5　间诸侯难：使诸侯所承认的，又使他离开这很难。

6　专黜诸侯：因为太子光已经加入过诸侯的盟誓，因此他的地位也等于是诸侯，把他废除就等于把诸侯废掉。

7　疾病而立之：灵公病重了，就把太子光立为君。

8　庄公即位：庄公就是子光，就即君位。

今译

齐灵公从鲁国娶位夫人叫作颜懿姬，她没有生儿子，她的随嫁的侄女鬷声姬生了光，立他为太子。仲子、戎子都是齐灵公的妾，戎子很得齐灵公的宠爱。仲子生了儿子牙，嘱托给戎子，戎子请齐灵公立牙为太子，齐灵公答应了。仲子说："不可以。废除立嫡子的常规不祥，触犯诸侯，难以成功，光立为太子，已经列在诸侯里边，现在无缘无故就废除他，是等于废除一个诸侯，这是用难于成功的事去侵犯不祥的事，你必定要后悔。"齐灵公就说："这只在我怎么办！"就派太子光到齐国东边去。叫高厚做牙的太傅，立牙当太子并派他的太监夙沙卫做少傅。齐灵公有病了，崔杼就偷着迎接光到都城，趁灵公病得厉害，就把他立为君。太子光就杀掉戎子，并把她的尸体陈列在朝上，这是非礼的。妇人没有刑罚，就是有刑也不能用在朝廷或市场上。夏五月，壬辰这天，齐灵公死了，庄公即位，把公子牙在句渎之丘逮捕，他因为夙沙卫轻视他，夙沙卫就逃到高唐反叛。

经 晋士匄帅师侵齐，至穀，闻齐侯卒，乃还。

传 晋士匄侵齐，及穀，闻丧而还[1]，礼也。

今注

1 及穀，闻丧而还：到穀这地方，听到齐国有丧事，就退兵回晋国去了。

今译

晋国士匄率领军队侵略齐国，到穀这个地方，听见齐灵公死了，就返回晋国，这是合于礼的。

传 于四月丁未，郑公孙虿卒，赴于晋大夫。范宣子言于晋侯，以其善于伐秦也[1]。六月，晋侯请于王，王追赐之大路，使以行礼也。

今注

1 以其善于伐秦也：这事发生在襄公十四年，郑国子蟜劝诸侯的军队渡过泾水的事。

今译

在这年四月丁未，郑国公孙虿死了，送讣告到晋国大夫。士匄告诉晋平公，因为公孙虿伐秦国的时候表现很不错。六月，晋平公请于周王，周王就赏赐他大路的车，使用以举行葬礼。

经 八月丙辰，仲孙蔑卒[1]。

今注

1 此经无传。

今译

八月丙辰这天，鲁国孟献子死了。

经 齐杀其大夫高厚。

传 秋八月，齐崔杼杀高厚于洒蓝[1]而兼其室。书曰齐杀其大夫，从君于昏也。

今注

1 洒蓝：齐地，当在今山东省临淄郊外。

今译

秋天八月，齐国崔杼在洒蓝这地方杀了高厚，然后，兼并他的家产。《春秋》上写着齐国杀它的大夫，这是由于高厚听从了国君昏庸的命令。他的君王同样昏乱。

经 郑杀其大夫公子嘉。

传 郑子孔之为政也专，国人患之，乃讨西宫之难[1]，与纯门之师[2]，子孔当罪，以其甲及子革、子良氏之甲守[3]。甲辰，子展、子西率国人伐之，杀子孔而分其室，书曰郑杀其大夫，专也。子然、子孔，宋子之子也，士子孔，圭妫之子也。圭妫之班亚宋子而相亲也，二子孔亦相亲也。僖之四年[4]，子然卒，简之元年[5]，士子孔卒，司徒孔实相子革、子良之室，三室如一，故及于难[6]。子革、子良出奔楚，子革为右尹[7]。郑人使子展当国，子西听政，立子产为卿[8]。

今注

1 讨西宫之难：襄公十年，尉止等在西宫作难，事实上子孔知道，而他不说。

2 纯门之师：在襄公十八年。

3 以其甲及子革、子良氏之甲守：子革是子然的儿子，子良是士子孔的儿子。

4 僖之四年：郑僖公的四年等于鲁襄公六年。

5 简之元年：郑简公的元年等于鲁襄公的八年。

6　三室如一，故及于难：子孔同子革、子良三个家等于一家，所以子革、子良也遭这祸难。

7　子革为右尹：子革就是郑丹，在楚国做右尹的官。

8　子产为卿：郑国子产就做卿的官，因为当时郑简公年幼，所以大夫们当权。

今译

郑国的子孔掌政很专权，郑国的贵族全都以为祸患，就追究子孔知道尉止等要在西宫叛乱而不报告和带领楚国军队到郑国都城纯门的事情，他该负这个罪。子孔用他的军队同子革、子良的军队一同守卫。甲辰这天，子展、子西率着贵族讨伐他，杀了子孔并分了他的家财，《春秋》上说郑国杀它的大夫，是因为子孔专权的缘故。子然、子孔是郑穆公的妃子宋子的儿子。士子孔是圭妫的儿子。圭妫的位置低于宋子，而他们很亲爱，子孔同士子孔也很亲爱。郑僖公四年，子然死了，郑简公元年，士子孔也死了，子孔辅助子革、子良两家，这三家跟一家一样，所以子革、子良也连带遭到祸难。子革、子良逃到楚国去，子革在楚国做右尹的官。郑国人叫子展当政，子西也辅佐听政，立子产为卿。

经　冬，葬齐灵公[1]。

今注

1　此经无传。

今译

冬天，给齐灵公下葬。

传　齐庆封围高唐[1]，弗克。冬十一月，齐侯围之，见卫在城上，号之，乃下[2]，问守备焉，以无备告，揖之，乃登[3]。闻师将傅，食高唐人，殖绰、工偻[4]会夜缒纳师，醢卫于军[5]。

今注

1　高唐：齐地。《一统志》说：“今山东省禹城县西北四里有古高唐城。”

2　号之，乃下：叫他，他就下来跟齐侯说话。

3　揖之，乃登：齐侯因为夙沙卫告诉他实话，所以就给他作揖，夙沙卫登上城去。

4　殖绰、工偻：是齐国二大夫。

5　醢卫于军：就将夙沙卫在军中切成肉块。

今译

齐国的庆封围了高唐，不能够攻克。冬十一月，齐庄公亲自去围高唐，看见夙沙卫在城上，呼唤他，他就下来，问城的守卫怎么样，夙沙卫说没有防备，齐庄公作揖谢他，夙沙卫还礼以后，登上城去。夙沙卫听说齐军将依着城墙进攻，就为高唐人设宴打气。齐大夫殖绰和工偻乘昏夜登城，再缒下城去，开城门迎接齐国的军队，就把夙沙卫在军中剁成肉酱。

经　城西郛。

传　城西郛，惧齐也[1]。

今注

1　惧齐也：因为鲁国曾经与晋国伐齐国，所以害怕它来报复。

今译

鲁国修西郛门，是怕齐国的缘故。

经　叔孙豹会晋士匄于柯。

经　城武城。

传 齐及晋平，盟于大隧[1]，故穆叔会范宣子于柯[2]，穆叔见叔向，赋《载驰》之四章[3]。叔向曰："肸敢不承命[4]。"穆叔曰："齐犹未也，不可以不惧。"乃城武城[5]。

今注

1 大隧：《汇纂》说："大约在今山东省高唐县境。"

2 柯：《一统志》说："在今河南省内黄县东北。"

3 赋《载驰》之四章：《载驰》是《诗经》中的一篇，第四章的意思说希望大国能够帮助他。

4 肸敢不承命：肸是叔向的名字。我敢不遵从你的命令吗？

5 武城：鲁国有两个武城，就是东武城与南武城。南武城在今山东省嘉祥县。

今译

齐国及晋国和平了，在大隧这地方盟誓，所以叔孙豹在柯这地方会士匄。叔孙豹见了叔向，赋《诗经·载驰》的第四章。叔向说："我敢不遵从你的命令吗？"叔孙豹回国就说："齐国还没有停止入侵，不可以不畏惧。"就修武城这个城。

传 卫石共子卒[1]，悼子[2]不哀。孔成子曰："是谓蹶其本[3]，必不有其宗。"

今注

1 石共子卒：石买死了。

2 悼子：是石买的儿子石恶。

3 是谓蹶其本：拔掉他的根本。

今译

卫国石买死了，他的儿子石恶不悲哀。孔成子就说："这是拔掉他的根本，必定不能保有他的宗族。"

襄公二十年（公元前五五三年）

经　二十年春王正月辛亥，仲孙速会莒人盟于向。

传　二十年春，及莒平，孟庄子会莒人盟于向[1]，督扬之盟故也。

今注

1　向：莒地，在今山东省莒县南七十里。

今译

二十年春天，鲁国与莒国和平，仲孙速和莒国人在向这地方盟会，这是因为督扬的盟会时，诸侯赞成鲁国同莒国和解的缘故。

经　夏六月庚申，公会晋侯、齐侯、宋公、卫侯、郑伯、曹伯、莒子、邾子、滕子、薛伯、杞伯、小邾子，盟于澶渊。

传　夏，盟于澶渊[1]，齐成故也。

今注

1　澶渊：江永说："澶渊之地，当在内黄之南，河北省濮阳县的西北。"

今译

夏，在澶渊盟会，是因为齐国同晋国和平的关系。

经　秋，公至自会[1]。

今注

1　此经无传。

今译

秋天，鲁襄公从盟会后回来。

经　仲孙速帅师伐邾。

传　邾人骤至[1]，以诸侯之事，弗能报也。秋，孟庄子伐邾以报之[2]。

今注

1　邾人骤至：邾人屡次来侵犯鲁国。

2　伐邾以报之：就讨伐邾国以报怨恨。

今译

邾国人屡次来侵犯鲁国，邾国人认为鲁国参与诸侯会盟的关系，所以没办法报复。秋天，仲孙速讨伐邾国，以作为报复。

经　蔡杀其大夫公子燮，蔡公子履出奔楚。

传　蔡公子燮欲以蔡之晋[1]，蔡人杀之。公子履[2]其母弟也，故出奔楚。

今注

1　欲以蔡之晋：想背叛楚国，同晋国要好。

2　公子履：是公子燮的弟弟，因为与他有同样的想法。

今译

蔡国的公子燮，想让蔡国背叛楚国，而归顺晋国，蔡国人把他杀掉。公子履是他的同母弟弟，所以逃奔楚国。

经　陈侯之弟黄出奔楚。

传　陈庆虎、庆寅畏公子黄之偪[1]，诉诸楚曰："与蔡司马同谋。"楚人以为讨。公子黄出奔楚。初，蔡文侯欲事晋，曰："先君与于践土之盟[2]，晋不可弃，且兄弟也。"畏楚，不能行而卒[3]。楚人使蔡无常[4]，公子燮求从先君以利蔡，不能而死。书曰蔡杀其大夫公子燮，言不与民同欲也。陈侯之弟黄出奔楚，言非其罪也[5]。

公子黄将出奔，呼于国曰："庆氏无道，求专陈国，暴蔑其君，而去其亲，五年不灭，是无天也！"

今注

1　畏公子黄之偪：畏惧公子黄的压迫。

2　先君与于践土之盟：先君是指蔡文侯的父亲庄侯甲午。践土之盟在鲁国僖公二十八年。

3　畏楚，不能行而卒：畏惧楚国，所以不敢如此办，就死了。蔡文公死在鲁宣公十七年。

4　楚人使蔡无常：楚国对蔡国征集夫役及军需品没有常律。

5　言非其罪也：意思说这不是他的罪状，只是陈侯同庆虎、庆寅的罪状。

今译

陈国的庆虎同庆寅畏惧公子黄的压迫，告诉楚国说："公子黄与蔡国的司马一起策划要归顺晋国。"楚国人因为这事讨伐陈国。公子黄就逃奔到楚国去当面辩解。当初，蔡文侯想侍奉晋国，说："先君曾经参加践土的盟会，所以晋国不可以舍弃，并且是兄弟的国家。"但是他怕楚国，不能办理这件事，就死了。楚国人对于蔡国，征集夫役及军需品没有一定的常规，公子燮想继承先君的遗志，以有利于蔡国，没有办到而死去。《春秋》上写着说蔡国杀他的大夫公子燮，这表示他与人民的欲望不同。陈侯的弟弟黄逃奔到楚国去，意思说这不是公子黄的罪过，是陈侯与庆虎、庆寅的罪过。公子黄将要出奔的时候，在国都里喊叫说："庆氏无道，谋求在陈国专政，欺负他的君，而去掉君的亲戚，五年若不灭亡，这就是专政没有天理了。"

经　叔老如齐。

传　齐子初聘于齐，礼也[1]。

今注

1　礼也：这是很合于礼的。

今译

叔老初次聘问齐国，这是合于礼的。

经　冬十月丙辰朔，日有食之[1]。

今注

1　此经无传。

今译

冬天十一月丙辰朔，鲁国有日食。

经　季孙宿如宋。

传　冬，季武子如宋，报向戌之聘也[1]。褚师段[2]逆之以受享，赋《常棣》之七章以卒[3]，宋人重贿之。归复命，公享之，赋《鱼丽》之卒章[4]，公赋《南山有台》[5]，武子去所[6]曰："臣不堪也。"

今注

1　报向戌之聘也：是报答向戌的聘问，在襄公十五年。

2　褚师段：是宋公的儿子子石。

3　《常棣》之七章以卒：《常棣》是《诗经》里的一篇。七章以卒是连第八章也唱完。

4　《鱼丽》之卒章：《鱼丽》是《诗经·小雅》里的诗篇。意思是说对于聘问宋国是合于时宜的。

5　《南山有台》：《南山有台》是《诗经·小雅》的一篇。意思是说季武子奉使能为国争光。

6　去所：离开所坐的地方。表示不敢当的意思。

今译

冬天，季孙宿到宋国去，这是报答向戌的聘问。褚师段迎接他并设享宴，季孙宿赋《诗经·常棣》第七章和第八章，宋国人重重贿赂他。回到鲁国回复命令，鲁襄公宴享他，季孙宿赋《诗经·小雅·鱼丽》的末章，鲁襄公赋《诗经·小雅·南山有台》这篇诗。季孙宿避席说："我不敢当。"

传 卫宁惠子疾，召悼子[1]曰："吾得罪于君，悔而无及也，名藏在诸侯之策曰：'孙林父、宁殖出其君。'君入则掩之，若能掩之则吾子也，若不能，犹有鬼神，吾有馁而已，不来食矣[2]。"悼子许诺，惠子遂卒。

今注

1 悼子：是宁喜。

2 吾有馁而已，不来食矣：我只能挨着饿，也不能来吃。

今译

卫国的宁殖有病，叫来他的儿子宁喜，对他说："我得罪了君王，后悔也来不及了，我的名字藏在诸侯的简策上，说：'孙林父、宁殖出其君。'国君若再回到国家，你要掩盖这件事，若能够掩盖，你就真正是我的儿子；要是不能够掩盖，假设仍旧有鬼神，我宁可忍着饿，也不来享受你的祭祀。"宁喜就答应他了，宁殖就死了。

襄公二十有一年（公元前五五二年）

经 二十有一年春王正月，公如晋。

传 二十一年春，公如晋拜师，及取邾田也[1]。

今注

1　拜师，及取邾田也：拜谢襄公十八年晋国伐齐的军队，并且把漷水以东的田地给鲁国。

今译

二十一年春天，鲁襄公到晋国去，拜谢襄公十八年晋国帮助鲁国伐齐的军队，并且取得漷水以东的田地。

经　邾庶其以漆、闾丘来奔。

传　邾庶其以漆、闾丘来奔[1]，季武子以公姑姊妻之[2]。皆有赐于其从者。于是鲁多盗，季孙谓臧武仲曰："子盍诘盗[3]？"武仲曰："不可诘也，纥又不能。"季孙曰："我有四封，而诘其盗，何故不可？子为司寇，将盗是务去，若之何不能？"武仲曰："子召外盗而大礼焉，何以止吾盗[4]？子为正卿而来外盗，使纥去之，将何以能？庶其窃邑于邾以来，子以姬氏妻之而与之邑[5]，其从者皆有赐焉，若大盗礼焉以君之姑姊与其大邑，其次皂牧舆马；其小者衣裳剑带，是赏盗也。赏而去之，其或难焉。纥也闻之，在上位者洒濯其心，壹以待人，轨度其信，可明徵也，而后可以治人。夫上之所为，民之归也。上所不为而民或为之，是以加刑罚焉，而莫敢不惩。若上之所为，而民亦为之，乃其所也[6]，又可禁乎？《夏书》曰：'念兹在兹，释兹在兹，名言兹在兹，允出兹在兹，惟帝念功[7]。'将谓由己壹也，信由己壹，而后功可念也。"庶其非卿也，以地来，虽贱必书，重地也[8]。

今注

1　邾庶其以漆、闾丘来奔：邾庶其是邾大夫，漆同闾丘是邾国两个城，《一统志》说："漆在今山东省邹县东北有漆乡。闾丘在今山东省邹县漆乡东北十里有闾丘亭。"

2　以公姑姊妻之：据杜预说，以鲁襄公的姑姑同姊姊给他做妻子。

3　子盍诘盗：你为什么不治理强盗？

4　何以止吾盗：你有什么方法禁止国里的强盗？

5　子以姬氏妻之而与之邑：你把姬姓的女子给他做妻子而又给他封邑。

6　乃其所也：这是他应该做的。

7　念兹在兹，释兹在兹，名言兹在兹，允出兹在兹，惟帝念功：这是夏朝的逸书。意思是说想到这种事，应当可以做，舍弃这种事，也在此，能够实行的也就在此，能够相信的也就在此，唯有帝王可以成功。

8　重地也：所以写在《春秋》上，是因为看重土地。

今译

邾大夫庶其，私下取了漆和闾丘两块地方，逃到鲁国来。季武子把襄公的姑和姊嫁给他做妻子，跟了庶其逃来的人，也都有赏赐。当时，鲁国正多盗案，季孙对臧武仲说："你为什么不治理强盗呢？"武仲说："这是不可以治的，况且我又不能治理强盗。"季孙说："我们有了四面的封疆，只治我们封疆内的盗贼，为什么不可以呢？你既然做了司寇，当专心去缉盗，算是尽职，为什么不能办呢？"武仲答说："你招进国外的盗贼来，用大礼招待他，怎可禁止国内的盗贼呢？你做了正卿，却招国外的大贼来，反而要使我去掉强盗，怎样能够呢？庶其从邾国偷了地方来，你把姬氏嫁给他做妻，而且给他封邑，凡跟他来的，也都有赏赐。如果对待大盗，要用君的姑姊，再给他封邑；次一等的，供给他皂班车夫马夫；最小的，也要用衣裳剑带赏赐他。这分明是赏赐盗贼啊！赏了强盗再要去掉他，这恐怕困难吧？我听说：'在上位的人，先要洗清了自己的私心，专一地以诚待人，做事一概要酌量信义，前后的行为都是一样的，尽管覆验，没有两样，方才可以治理人民。’因为上位人所做的事情，就是人民的榜样。要是上位人不做的，人民却有的敢做了，才可以加以处罚，则没有人敢不受惩戒。如果上位人做了，人民也做了，这是他们应该做的，怎可禁止他们呢？《夏书》上说：‘要想做的，在这理上吗？要除掉的，在这理上吗？定了名目说出来的，在这理上吗？实在该这么做的，到底在这理上吗？只有帝王想做成功，才会成功的。’这是说先要从自己体现言行一致，言行一致了，然后成功方才能得到手。”庶其在邾国不是卿，因为他以邾国地来投降，所以虽下贱，必定写在《春秋》上，因为是以地为重。

经 夏，公至自晋[1]。

今注

1 此经无传。

今译

夏天，鲁襄公从晋国回来。

传 齐侯使庆佐为大夫[1]，复讨公子牙之党，执公子买于句渎之丘，公子钼来奔，叔孙还[2]奔燕。

今注

1 庆佐为大夫：庆佐是崔杼的党羽。

2 公子买、公子钼、叔孙还：这三个人全是齐国公族。

今译

齐庄公派庆佐做大夫的官，再次讨伐公子牙的党羽，把公子买在句渎之丘逮住了，公子钼逃奔到鲁国，叔孙还逃奔到燕国。

传　夏，楚子庚卒。楚子使薳子冯为令尹，访于申叔豫[1]。叔豫曰："国多宠而王弱[2]，国不可为也。"遂以疾辞，方暑，阙地下，冰而床焉，重茧衣裘，鲜食而寝。楚子使医视之，复曰："瘠则甚矣，而血气未动。"乃使子南[3]为令尹。

今注

1　申叔豫：是申叔时的孙子。

2　国多宠而王弱：专权的人很多，并且楚王很衰微。

3　子南：即公子追舒。

今译

夏天，楚国令尹公子午死了。楚王就派薳子冯做令尹，薳子冯就访问申叔豫。申叔豫说："国里多宠爱，而楚王力量弱，国家的事情很难办好。"薳子冯就说是有病而辞让，在很热的天，把地下挖个洞，摆上冰，上边再摆上床，穿着丝的衣服，并穿上皮袄，很少吃东西，就睡觉。楚王派了医生去看，报告说："瘦得很厉害，血气还正常。"就叫公子追舒做令尹。

经　秋，晋栾盈出奔楚。

传　栾桓子娶于范宣子，生怀子[1]，范鞅以其亡也怨栾氏，故与栾盈为公族大夫而不相能。桓子卒，栾祁[2]与其老州宾通，几亡室矣，怀子患之。祁惧其讨也，诉诸宣子曰："盈将为乱，以范氏为死桓主而专政矣[3]，曰：'吾父逐鞅也，不怒而以宠报之[4]，又与吾同官而专之[5]，吾父死而益富，死吾父而专于国，有死而已，吾蔑从之矣。'其谋如是，惧害于主，吾不敢不言。"范鞅为之徵[6]。怀子好施，士多归之，宣子畏其多士也，信之。怀子为下卿[7]，宣子使城著[8]而遂逐之，秋，栾盈出奔楚。宣子杀箕遗、黄渊、嘉父、司空靖、邴豫、董叔、邴师、申书、羊舌虎、叔罴[9]，囚伯华、叔向、籍偃[10]。人谓叔向曰："子离于罪，其为不知乎？"叔向曰："与其死亡若何[11]？《诗》曰：'优哉游哉，聊以卒岁[12]。'知也。"乐王鲋[13]见叔向曰："吾为子请。"叔向弗应，出，不拜。其人皆咎叔向，叔向曰："必祁大夫[14]。"室老闻之曰："乐王鲋言于君无不行，求赦吾子，吾子不许。祁大夫所不能也，而曰必由之，何也？"叔向曰："乐王鲋从君者也，何能行？祁大夫外举不弃仇，内举不失亲，其独遗我乎？《诗》曰：'有觉德行，四国顺之。'夫子觉者也[15]。"晋侯问叔向之罪于乐王鲋，对曰："不弃其亲，其有焉[16]。"于是祁奚老矣，闻之乘驲而见宣子曰："《诗》曰：'惠我无疆，子孙保之[17]。'《书》曰：'圣有谟勋，明徵定保[18]。'夫谋而鲜过，惠训不倦者，叔向有焉。社稷之固也，犹将十世宥之[19]，以劝能者。今壹不免其身，以弃社稷，不亦惑乎？鲧殛而禹兴；伊尹放大甲而相之，卒无怨色；管蔡为戮，周公右王。若之何其以虎也弃社稷？子为善，谁敢不勉？多杀何为？"宣子说，与之乘以言诸公而免之。不见叔向而归，叔向亦不告免焉而朝[20]。初，叔向之母妒叔虎之母美而不使[21]，其子皆谏其母。其母曰："深山大泽，实生龙蛇，彼美，余惧其生龙蛇以祸女。女敝族也，国多大宠[22]，不仁人间之，不亦难乎？余何爱焉？"使往视寝，生叔虎，美而有勇力。栾怀子嬖之，羊舌氏之族及于难。栾盈过于周，周西鄙掠之[23]，辞于行人[24]曰："天子陪臣盈[25]得罪于王之守臣[26]，将逃罪，罪重于郊甸，无所伏窜，敢布其死。昔陪臣书能输力于王室，王施惠焉。其子黡不能保任其父之劳，大君若不弃书之力，亡臣犹有所逃，若弃书之力而思黡之罪，臣戮余也[27]。将归死于尉氏，不敢还矣。敢布四体，唯大君命焉。"王曰："尤而效之，其又甚焉？"使司徒禁掠栾氏者，归所取焉，使候[28]出诸轘辕[29]。

今注

1 怀子：是栾盈。

2 栾祁：是栾黡的夫人，她是士匄的女儿。

3 以范氏为死桓主而专政矣：他认为范氏气死栾黡，而范氏就专晋国政权。

4 不怒而以宠报之：对于士鞅不生气，而对他很宠爱。

5 又与吾同官而专之：又跟我栾盈同为公族大夫，而范鞅专权。

6 范鞅为之徵：范鞅就给这件事做证人。

7 下卿：因为栾盈做下卿佐。

8 著：晋邑，按：即著雍，在今河南省修武县。

9 箕遗、黄渊、嘉父、司空靖、邴豫、董叔、邴师、申书、羊舌虎、叔罴：这十人皆是晋大夫，栾盈的党羽。

10 籍偃：是上军司马。

11 与其死亡若何：比死亡尚好一点。

12 优哉游哉，聊以卒岁：这是《诗经·小雅·采菽》篇的诗句，表示君子优游在衰微的世界里，可以躲避他的祸害，延长他的寿命。

13 乐王鲋：是晋大夫乐桓子。

14 必祁大夫：必定由于祁奚，请求才能有效。

15 夫子觉者也：夫子指祁奚，是比较正直的人。

16 不弃其亲，其有焉：意思说叔向不会舍弃他的弟弟叔虎，可能他知道这件事。

17 惠我无疆，子孙保之：这是《诗经·周颂》的一句诗，言周文王同周武王有加惠百姓的德行，所以子孙全能够保护他。

18 圣有谟勋，明徵定保：这是逸书，圣人有谋算的功勋，必能安定他。

19 犹将十世宥之：这种人假设十世之后子孙犯罪，也该赦免。

20 不告免焉而朝：并不告谢祁奚就上朝去了。

21 不使：不使她见叔向的父亲。

22 国多大宠：国里的六卿专政。

23 周西鄙掠之：周国的西边人民劫掠他的财物。

24 行人：是周王的行人官。

25 陪臣盈：因为是诸侯的臣，所以对天子自称陪臣，指栾盈。

26 守臣：是指士匄。

27 臣戮余也：我是该杀所剩下的人。

28 候：是送宾客的官。

29 轘辕：周地，《一统志》说："今河南省巩县西南，偃师东南，登封县北，有轘辕山，山阪有十二曲道，将去复还，故名曰轘辕。"

今译

栾桓子娶了士匄的女儿为妻，生一个儿子叫栾盈，就是怀子。士匄的儿子范鞅，因为栾黡曾驱逐他，使他逃亡到秦国去，所以一向怨恨栾氏。虽然和栾盈同做公族大夫，却彼此不很要好。后来栾黡死了，他的妻子栾祁，便和他的管家州宾私通，几乎乱得不成家了，怀子心中很愁。栾祁怕他治州宾的罪，便去士匄面前毁谤说："栾盈将要作乱了，他认为范氏气死家主桓子，要独当晋国的政权呢。他说：'我父亲曾赶走范鞅，外公不怨自己的儿子不好，反把荣宠的官位给他，又和我同做了公族大夫，却总是范鞅独专权势。现在我父亲死了，他们倒越发富有起来。这明明是气死我父亲，却让他专权国政。我除死罢了，一辈子不会依从他的。'你想他的计谋如此，恐怕要害你主子呢！我做女儿的不敢不说。"范鞅又在旁边做证，也说有这种计谋。栾盈是个好施舍的人，所以士人都归附他；范宣子正害怕他多得士人的心，便真信了女儿和儿子的话。那时盈正做下卿，士匄便派他到著这地方去监督筑城，顺便就赶走他。秋天，栾盈便逃到楚国去。宣子杀死了他的党人箕遗、黄渊、嘉父、司空靖、邴豫、董叔、邴师、申书、羊舌虎、叔罴，拘禁了伯华、叔向、籍偃。有人对叔向说：“你受了这样的罪，恐怕是不聪明吧！”叔向说：“我虽被拘禁，但是和死的、逃的比起来到底怎样?《诗经》上说：‘优哉游哉，聊且过了一世就是了！’这才是聪明呢！”乐王鲋探望叔向说：“我去替你说情好吗？”叔向却不理他，他临去时，叔向不拜送。叔向手下的人都埋怨叔向。叔向说：“一定要祁大夫才能替我说情。”叔向的管家听了这话便说：“乐王鲋对君上说的话，没有不被采纳的，现在他想请求赦免你，你却不答应；那祁大夫是说不动君上的，你倒说一定要由他，这是什么缘故呢？”叔向说：“乐王鲋是依顺君上的人，哪里会做得到？祁大夫的为人，荐举外人不忌仇家；荐举家里的人不错过儿子。他难道会单单漏掉我吗?《诗经》上说：‘有了正直的德行，天下都会依顺他。’祁大夫是正直的人。”后来晋侯果然向乐王鲋问叔向的罪，乐王鲋回答说：“叔向是离不开亲兄弟的，他也许和叔虎同谋呢！”这时祁奚虽已经年老告退了，听了这事，便坐了驿站的车子去见士匄说：“《诗经》上说：‘文武有好处给百姓，所以子孙能靠他保住。’《书经》上说：‘圣哲有了谋算的功劳，应当显明地相信保护他。’要他谋算而没有差错，教育别人而不知疲倦，只叔向有这本领呢！这种人是社稷的柱石，就是十世之后，他的子孙有了罪，也要赦免，借此劝勉有才干的人。如今只因一兄弟的缘故，便不宽免他的罪，丢掉社稷的依靠，不是很糊涂吗？从前鲧殛死在羽山，禹却仍旧起用；伊尹赶走太甲，后来太甲改过了，仍旧做他的宰相，并没有怨恨的脸色；管叔、蔡叔被诛戮，周公仍旧保护着成王；可知父子兄弟，是罪不相及的。为什么因为叔虎，叔向要被杀？现在只要你肯为善，哪个敢不出力？多杀有什么用处？”士匄听了这话，心中很欢喜，便和他同坐车子去见晋侯。说明了以后，就放掉叔向。祁奚并不去见叔向，便独自回家；叔向也并不去谢他一声，便去朝见晋侯。当初叔向的母亲妒忌叔虎之母的美丽，不让她去见叔向的父亲。儿子们都劝母亲，叔向的母亲说：“深山大泽中，实是生龙蛇的地方，她长得这么美丽，我恐怕她要生龙蛇害你们呢！你们又是衰败的寒族，国家六卿专政，有不仁的人，羼杂在中间，不就难于免祸了吗？至于我个人，又有什么为难的呢？”后来就让叔虎之母陪侍叔向父亲夜寝，生了叔虎，容貌很美，并且力气很大。栾盈很喜欢他，所以羊舌氏的族人，会遭到这祸难。栾盈逃到楚国去，路过周朝，周朝西面边界的百姓便劫夺了他的财物。栾盈向周王的使者申诉说：“天子的陪臣盈，得罪了王的守臣，将要逃罪，却又得罪了郊外的人民了。没有什么地方可以躲避，谨冒死上言：从前陪臣栾书，他能够尽力于为王室效力，王曾有恩惠给他。他的儿子栾黡，不能保守他父亲的功劳。天子如果不忘掉栾书的努力，那么我这逃走的臣子，还可有逃避的地方。如果天子忘掉了栾书的努力，单记念着栾黡的罪恶，那么臣也是戮余的人了，将要回国死在刑官那里，也不敢再回来了。敢于布告我的意思，请天王吩咐吧！”周王说：“晋国赶走栾盈，我既认为这样做不好，如果再去学它，便比晋国更不好了。”就派刑官禁止劫掠栾氏，还给他被抢的财物，又派迎送宾客的官，送他出轘辕这地方。

经 九月庚戌朔，日有食之[1]。

今注

1 此经无传。

今译

九月庚戌朔，鲁国有日食。

经 冬十月庚辰朔，日有食之[1]。

今注

1 此经无传。

今译

冬十月庚辰朔，鲁国有日食。

经 曹伯来朝。

传 冬，曹武公来朝，始见也[1]。

今注

1 始见也：他已经即位三年了，才来见鲁襄公。

今译

冬天，曹武公到鲁国来朝见，这是头一次来朝见鲁襄公。

经 公会晋侯、齐侯、宋公、卫侯、郑伯、曹伯、莒子、邾子于商任。

传 会于商任，锢栾氏也[1]。齐侯、卫侯不敬，叔向曰："二君者必不免。会朝，礼之经也；礼，政之舆也；政，身之守也。怠礼失政[2]，失政不立，是以乱也。"

今注

1 会于商任，锢栾氏也：《方舆纪要》说："商任在今河北任县东南，地近商墟，故谓之商任。"使诸侯们不能接受栾盈。

2 怠礼失政：对于礼节不修整，政权也就丢掉。

今译

在商任开会，这是为禁止栾盈在国外受官职。齐侯同卫侯不恭敬，晋国叔向就说："这两位君主必定不能免于祸难。会见和朝见是礼仪的常规，礼仪是所以行政治的，政治是人身的寄托。对礼不恭敬，政事会有失误，政事失误，就难以立身处世，这就是乱的源起。"

传 知起、中行喜、州绰、邢蒯[1]出奔齐，皆栾氏之党也。乐王鲋谓范宣子曰："盍反州绰、邢蒯，勇士也。"宣子曰："彼栾氏之勇也，余何获焉[2]？"王鲋曰："子为彼栾氏，乃亦子之勇也。"

今注

1　知起、中行喜、州绰、邢蒯：他们皆是晋大夫。

2　余何获焉：我又怎么能得到呢？

今译

晋国的四个大夫知起、中行喜、州绰、邢蒯全是栾氏的党羽，都逃到齐国去。乐王鲋就对士匄说："何不使州绰、邢蒯返回晋国，他们是勇士啊。"士匄说："他是栾氏的勇士，我又怎么能得到呢？"乐王鲋说："你若以栾氏给他们的地位对待他们，他们也就变成你的勇士了。"

传 齐庄公朝，指殖绰、郭最曰："是寡人之雄也。"州绰曰："君以为雄，谁敢不雄？然臣不敏，平阴之役，先二子鸣[1]。"庄公为勇爵，殖绰、郭最欲与焉，州绰曰："东闾之役，臣左骖迫还于门中，识其枚数，其可以与于此乎？"公曰："子为晋君也。"对曰："臣为隶新[2]，然二子者譬于禽兽，臣食其肉而寝处其皮矣。"

今注

1　平阴之役，先二子鸣：平阴之役在鲁襄公十八年，州绰捕获殖绰、郭最，表示等于两鸡相斗胜利的就先叫。

2　臣为隶新：我是做仆隶还不久。

今译

齐庄公上朝，指着殖绰、郭最说："这是寡人的雄鸡。"州绰说："你以他们为雄鸡，谁敢不以他们为雄鸡呢？然而下臣不才，在平阴那一战，比他们二人叫得早。"庄公设置勇士的爵位，殖绰、郭最全都想参加，州绰说："在齐国东闾的那一战役，我左边的马，在门里边往返，数门上铜钉的数目，是不是也可以参加这个爵位？"齐庄公说："你那时候为的是晋君。"州绰回答说："我做仆隶虽还不久，但是这二人就如禽兽，我可以吃了他们的肉，而将他们的皮铺着睡觉。"

襄公二十二年（公元前五五一年）

经　二十有二年春王正月，公至自会[1]。

今注

1　此经无传。

今译

二十二年春正月，鲁襄公开会回来。

传　二十二年春，臧武仲如晋，雨，过御叔[1]，御叔在其邑将饮酒，曰："焉用圣人[2]？我将饮酒而已。雨行，何以圣为？"穆叔闻之曰："不可使也，而傲使人[3]，国之蠹也。"令倍其赋[4]。

今注

1　御叔：是鲁国御邑的大夫。

2　焉用圣人：圣人有什么用？

3　而傲使人：御叔不能够做派出去的使人，因为他骄傲。

4　令倍其赋：使他邑中的税收加倍以表示处罚。

今译

二十二年春天，臧孙纥到晋国去，天下雨，过访御叔。御叔在他的封邑里面，准备喝酒，说："何必用圣人？我只是将喝酒而已。大雨天而行路，这能称圣人吗？"叔孙豹听见就说："这种人不能够派去做使节，对人骄傲，这是国家的蛀虫。"下令将他封邑中的赋税加倍。

经　夏，四月。

传　夏，晋人徵朝于郑[1]，郑人使少正公孙侨[2]对曰："在晋先君悼公九年，我寡君于是即位[3]，即位八月[4]，而我先大夫子驷从寡君以朝于执事[5]，执事不礼于寡君，寡君惧。因是行也，我二年六月朝于楚，晋是以有戏之役[6]。楚人犹竞，而申礼于敝邑，敝邑欲从执事而惧为大尤，曰晋其谓我不共有礼，是以不敢携贰于楚。我四年三月[7]，先大夫子蟜又从寡君以观衅于楚[8]，晋于是乎有萧鱼之役[9]，谓我敝邑迩在晋国，譬诸草木，吾臭味也[10]，而何敢差池？楚亦不竞，寡君尽其土实[11]，重之以宗器[12]，以受齐盟，遂帅群臣随于执事以会岁终[13]，贰于楚者子侯、石盂[14]，归而讨之。溴梁之明年[15]，子蟜老矣，公孙夏从寡君以朝于君，见于尝酎[16]，与执燔焉[17]。间二年，闻君将靖东夏，四月又朝以听事期[18]，不朝之间，无岁不聘，无役不从，以大国政令之无常，国家罢病，不虞荐至，无日不惕，岂敢忘职？大国若安定之，其朝夕在庭，何辱命焉？若不恤其患，而以为口实[19]，其无乃不堪任命，而翦为仇雠，敝邑是惧，其敢忘君命，委诸执事，执事实重图之。"

今注

1 晋人徵朝于郑：晋平公叫郑国君到晋国朝见。

2 少正公孙侨：少正是郑国的卿，公孙侨即子产。

3 即位：郑君即位在鲁襄公八年。

4 即位八月：就是那年的八月。

5 朝于执事：因为谦让，不敢直称晋侯，所以称他左右的官。

6 有戏之役：这是在鲁襄公九年。

7 四年三月：这是郑简公的四年三月。

8 观衅于楚：意思是说看楚国有什么消息，实在是往楚国朝见。

9 萧鱼之役：在鲁襄公十一年。

10 譬诸草木，吾臭味也：这是讲晋国同郑国全是同姓。

11 寡君尽其土实：贡献郑国土地所生产的物品。

12 重之以宗器：再加以上郑国宗庙所用的钟磬之类的物品。

13 以会岁终：岁终就是朝正。

14 石盂：即石臭。

15 溴梁之明年：溴梁之盟在鲁襄公十六年，明年是十七年。

16 见于尝酎：尝酎是尝新酒，在这时间见晋平公。

17 与执燔焉：参加帮助祭祀。

18 四月又朝以听事期：这是在鲁襄公二十年澶渊盟之前，往听开会的日期。

19 以为口实：意思是说只是嘴上所说如此。

今译

夏天，晋人招郑伯去朝见，郑人派少正公孙侨回答说："在晋国先君悼公九年时，我寡君才即位，即位八个月，我先大夫子驷跟着寡君来朝见你执事，执事不以礼节待我寡君，寡君心中害怕。因此次朝晋不顺遂，我国在二年六月朝贡于楚，晋国所以有戏地那次战事。那时楚国还很强盛，却对敝国以礼相待，敝国虽然想服从你晋国，却恐怕犯下大罪过，料想着：‘晋国难道会责备我不恭顺有礼的国家吗？’所以不敢背叛楚国。我四年三月中，先大夫子蟜又跟着寡君去看楚国的情形，晋国因此就有萧鱼的战役，我们认为敝国，靠近晋国，好比草木，我就是它的气味，怎敢不同心呢？’这时候楚国也渐渐地衰弱，寡君把土地上出产的所有的东西，加上宗庙中的礼器，来加入你的同盟，率领了群臣跟着执事，在岁末时会齐，预备正月朝贺晋君。有二心向楚国的，只有子侯、石盂，寡君回国后，便治他们的罪。溴梁会盟的第二年，我们的子蟜年纪老了，便叫公孙夏跟着寡君来朝你晋君，是在尝新酒的时节朝见的，还参加帮助祭祀呢！隔了二年，又听得晋君将要安定东方了，四月中便又来朝聘，探听会合的时期，在不朝期间，没有一年不遣使聘问，没一次战争不跟从。只因大国政令的没有一定，国家疲倦，人民病苦，不测的灾祸，一次次地频频而来，没一天不惊心，哪里敢忘却职守呢？你大国如果安定敝国，敝国自然早晚在廷听命，为什么还要你来招呢！若不体恤它的困难，只拿它做个话柄，那么恐怕敝国担当不起这命令，而被大国丢弃成为仇敌了。敝国害怕这样的结果，怎敢忘掉君命？一切委托给执事，请执事好好打算一番！”

经 秋七月辛酉，叔老卒[1]。

今注

1 此经无传。

今译

秋天七月，辛酉这天，叔老死了。

传 秋，栾盈自楚适齐。晏平仲言于齐侯曰：“商任之会受命于晋，今纳栾氏，将安用之？小所以事大，信也，失信不立，君其图之。”弗听，退告陈文子曰：“君人执信，臣人执共，忠信笃敬，上下同之，天之道也。君自弃也，弗能久矣[1]。”

今注

1 弗能久矣：这就是襄公二十五年齐国弑庄公的原因。

今译

秋天，栾盈从楚国逃到齐国去，晏婴对齐侯说：“在商任开会的时候，曾受晋国的命令，不准栾氏入境，现在如果接纳栾氏，准备怎么任用他呢？小国能够侍奉大国就是仗着信用，失掉了信用，就没有方法立国，你何不仔细想想。”齐庄公不听，晏婴退下以后，就告诉陈无忌说：“君以信为标准，臣子以恭敬为标准，忠信笃敬，上下共同保持，这是天的道理。君王自暴自弃，不能长久在位了。”

传 九月，郑公孙黑肱[1]有疾，归邑于公，召室老宗人立段[2]，而使黜官薄祭[3]，祭以特羊，殷以少牢[4]，足以共祀，尽归其余邑。曰：“吾闻之，生于乱世，贵而能贫，民无求焉，可以后亡。敬共事君与二三子，生在敬戒，不在富也。”己巳，伯张卒。君子曰：“善戒。《诗》曰：‘慎尔侯度，用戒不虞[5]。’郑子张其有焉。”

今注

1 黑肱：就是子张。

2 立段：立他的儿子段即子石。

3 使黜官薄祭：叫他少受官职，祭祀所用的物品也甚少。

4 殷以少牢：每三年特祭的时候用羊猪为少牢。

5 慎尔侯度，用戒不虞：这是《诗经·大雅》的一句诗。意思是说戒慎你的法度，以防备未想到的事发生。

今译

九月，郑国的公孙黑肱有病，把他的封邑归还给郑简公，叫来室老同宗人立他儿子段为后嗣，使他减省其家臣，祭祀以微薄，祭祀只用羊，每三年用羊同猪来祭祀，留下足以供给祭祀的土地，其余的封邑全都归还。他说："我曾听说，生在乱世，地位贵重而能够安贫，对人民无所要求，如此就可以在别人之后灭亡。恭敬地侍奉君主同各位大夫，生存在于警戒，不在富有。"己巳这天，子张死了。君子说："他很善于警戒。《诗经·大雅》说过：'慎用你的法度，以戒备未曾想到的事情。'郑国子张就能如此。"

经 冬，公会晋侯、齐侯、宋公、卫侯、郑伯、曹伯、莒子、邾子、薛伯、杞伯、小邾子于沙随。

传 冬，会于沙随[1]，复锢栾氏也[2]。栾盈犹在齐，晏子曰："祸将作矣！齐将伐晋，不可以不惧。"

今注

1 沙随：在今河南省宁陵县西。

2 复锢栾氏也：这是为的更加禁止各国接受栾盈。

今译

冬，鲁襄公同各诸侯在沙随会盟，是为的重申禁止各国接受栾盈。这时栾盈还在齐国，晏婴说："祸乱将要发生了，齐国就要讨伐晋国，不可以不害怕。"

经 公至自会[1]。

今注

1 此经无传。

今译

鲁襄公从沙随开完会回来。

经 楚杀其大夫公子追舒。

传 楚观起有宠于令尹子南，未益禄而有马数十乘，楚人患之，王将讨焉。子南之子弃疾为王御士[1]，王每见必泣。弃疾曰："君三泣臣矣，敢问谁之罪也？"王曰："令尹之不能，尔所知也，国将讨焉，尔其居乎？"对曰："父戮子居，君焉用之？泄命重刑，臣亦不为。"王遂杀子南于朝，轘观起于四竟。子南之臣谓弃疾，请徙子尸于朝[2]，曰："君臣有礼，唯二三子[3]。"三日，弃疾请尸，王许之。既葬，其徒曰："行乎？"曰："吾与杀吾父，行将焉入？"曰："然则臣王乎？"曰："弃父事仇，吾弗忍也。"遂缢而死。复使薳子冯为令尹，公子齮为司马，屈建[4]为莫敖。有宠于薳子者八人，皆无禄而多马。他日朝，与申叔豫言，弗应而退，从之，入于人中，又从之，遂归。退朝见之[5]，曰："子三困我于朝，吾惧，不敢不见。吾过，子姑告我，何疾我也？"对曰："吾不免是惧，何敢告子？"曰："何故？"对曰："昔观起有宠于子南，子南得罪，观起车裂，何故不惧？"自御而归，不能当道[6]，至谓八人者曰："吾见申叔夫子，所谓生死而肉骨[7]也。知我者如夫子则可，不然请止。"辞八人者而后王安之。

今注

1 弃疾为王御士：弃疾是为楚康王赶车的人。

2 请徙子尸于朝：叫弃疾去将他父亲的尸首运回来。

3 君臣有礼，唯二三子：君臣之间有礼节，看诸位大臣怎么办了。

4 屈建：即子木。

5　退朝见之：薳子冯退朝以后，就到申叔豫家中见他。

6　自御而归，不能当道：自己赶着车回来，不能够走在正道上。

7　生死而肉骨：就是所说叫死者再生，而使白骨再生出肉来。

今译

楚人观起，受宠于令尹子南，所以官俸虽没有增加，但却有了能驾几十辆车的马匹。楚人都因此担心他，楚王将要治他的罪。子南的儿子弃疾，当时正做楚王驾车的官，王每次看见他，必定要哭，弃疾说："君王三次在臣的面前哭，敢问到底是谁的罪过？"王说："令尹的不善是你素来就知道的。现在国家快要治他的罪了，你仍肯留在此服侍我吗？"弃疾答说："父亲被诛戮，儿子还在这里服务，这样的臣子，你还用他做什么？不过泄露了君命，犯第二重罪，下臣却也不肯做的。"楚王就杀子南于朝，把观起车裂并把尸体在国内四方示众。子南的家臣对弃疾说："派人到朝中搬你的父亲的尸身回来吧！"弃疾说："君臣之间，都有一定的礼制，这只有看诸位大臣怎么办了。"过了三天，弃疾便请求收尸，王允许了他。埋葬后，他的家臣说："走吧！"弃疾说："我知道王要杀我父亲，却没告诉他，这等于我也参与杀父，还走到什么地方去呢？"家臣说："那么难道还做王的臣子不成？"弃疾说："丢开父亲，去服侍仇人，我心中是不忍的。"便自己上吊死了。子南既死，楚王便再派薳子冯做令尹，公子齮做司马，屈建做莫敖。受到薳子冯宠信的有八个人，都是没有官俸，却有许多马匹的。有一天，薳子冯在朝上，和申叔豫谈天，申叔不理他，便退下去，薳子冯便跟着他走，申叔豫就走进人丛中远避他，薳子冯却再跟他走，申叔豫便回家去了。薳子冯退朝后，到申叔豫家中去见他，说："你在朝上三次不理我，我心中害怕，不敢不来见你。我有过错，你不妨告诉我，为什么嫌弃我呢？”申叔豫答说：“恐怕连我都不免受罪，哪里还敢告诉你呢？”薳子冯说：“为什么呢？”申叔豫答说：“从前观起受子南宠信，子南为他而受罪，观起被车裂，为什么不害怕呢？”薳子冯听了这话，心中怕得不得了，自己驾了车子回家，竟至不能走在正道上。回到家中，对那八人说：“我见了申叔夫子，他就是如俗语所说的：救活了死人，白骨上生起肉来的人。和我知己的，要像申叔夫子，方才可以算得上，否则便请罢休！”就辞掉了那八个人，楚王才对他放了心。

传 十二月，郑游眅[1]将归晋，未出竟，遭逆妻者，夺之以馆于邑[2]。丁巳，其夫攻子明[3]杀之，以其妻行。子展废良而立大叔[4]，曰：“国卿，君之贰也，民之主也，不可以苟，请舍子明之类[5]。求亡妻者使复其所，使游氏勿怨。”曰：“无昭恶也[6]。”

今注

1 游眅：是公孙虿的儿子。

2 以馆于邑：就是在他的邑中不再前进。

3 子明：即游眅。

4 废良而立大叔：他把游眅的儿子良废掉，而立了游眅的弟弟大叔游吉。

5 请舍子明之类：请把子明这一类的人舍掉。

6 无昭恶也：不要显明怨恨。

今译

十二月，郑国游眅将回晋国，没有出郑国边境就碰见迎娶妻子的人，游眅就把他的妻夺走，住到他的封邑里。丁巳这天，那个女人的丈夫就攻杀游眅，将他的妻子带走。子展就把游眅的儿子良废掉，而立游眅的弟弟游吉，说：“国卿是君主的副手，百姓的主人，不可以随便的，请放弃游眅这类的人。”派人找寻丢掉妻子那个人，使回到他的原位置，叫游氏不要怨恨。说：“不要宣扬邪恶了。”

卷十八　襄公四

襄公二十有三年（公元前五五〇年）

经　二十有三年春王二月癸酉朔，日有食之[1]。

今注

1　此经无传。

今译

二十三年，春天二月癸酉朔，鲁国有日食。

经　三月己巳，杞伯匄卒。

传　二十三年春，杞孝公卒。晋悼夫人[1]丧之，平公不彻乐，非礼也。礼，为邻国阙[2]。

今注

1　晋悼夫人：是晋平公的母亲，是杞孝公的姊妹。

2　礼为邻国阙：照礼说，因为邻国有丧事就应该撤除音乐。

今译

二十三年三月己巳这天，杞孝公死了。晋悼公的夫人是他的姊妹，所以很悲伤，而晋平公不撤去音乐，这是不合于礼的。照着礼节，应该为邻国的丧事撤除音乐。

经　夏，邾畀我来奔[1]。

今注

1　此经无传。

今译

夏天，邾国的畀我逃到鲁国来。

经　葬杞孝公[1]。

今注

1　此经无传。

今译

给杞孝公举行葬礼。

经　陈杀其大夫庆虎及庆寅。

经　陈侯之弟黄自楚归于陈。

传　陈侯如楚，公子黄诉二庆于楚[1]，楚人召之，使庆乐往，杀之[2]，庆氏以陈叛。夏，屈建[3]从陈侯围陈，陈人城，板队而杀人，役人相命，各杀其长，遂杀庆虎、庆寅。楚人纳公子黄，君子谓庆氏不义，不可肆也。故《书》曰："惟命不于常[4]。"

今注

1　公子黄诉二庆于楚：公子黄到楚国说庆虎同庆寅的坏话。

2　使庆乐往，杀之：庆虎同庆寅不敢去，就派庆乐往楚国，楚国就把庆乐杀掉。

3　屈建：是楚国莫敖。

4　惟命不于常：这是《周书·康诰》篇的话。天命不能常在。

今译

陈侯到楚国朝见，陈国的公子黄对楚人说庆虎同庆寅的坏话，楚人召他二人，他们不敢去，就派他的族人庆乐去，楚国人就把庆乐杀了。于是庆氏用陈国来背叛楚国。夏天，楚国莫敖屈建跟从陈侯去围陈国都城，陈国人就修理都城，夹板坠下来，庆氏怒，杀修城的工人，修城的工人互相传令，各杀他的长官，因此把庆虎、庆寅杀掉。楚国人就把公子黄送回陈国，君子说庆氏不义，不可以仿效。所以《书经·康诰》说："天命不能常在。"

经 晋栾盈复入于晋，入于曲沃。

传 晋将嫁女于吴，齐侯使析归父媵之，以藩[1]载栾盈及其士，纳诸曲沃。栾盈夜见胥午[2]而告之。对曰："不可。天之所废，谁能兴之？子必不免，吾非爱死也，知不集也。"盈曰："虽然，因子而死，吾无悔矣。我实不天，子无咎焉。"许诺，伏之而觞曲沃人。乐作，午言曰："今也得栾孺子，何如？"对曰："得主而为之死，犹不死也。"皆叹，有泣者。爵行又言，皆曰："得主，何贰之有？"盈出，遍拜之。四月，栾盈帅曲沃之甲因魏献子[3]以昼入绛。初，栾盈佐魏庄子[4]于下军，献子私焉[5]，故因之。赵氏以原、屏之难怨栾氏，韩赵方睦[6]，中行氏以伐秦之役怨栾氏，而固与范氏和亲，知悼子少而听于中行氏，程郑嬖于公，唯魏氏及七舆大夫[7]与之。乐王鲋侍坐于范宣子，或告曰："栾氏至矣。"宣子惧，桓子[8]曰："奉君以走固宫，必无害也。且栾氏多怨，子为政，栾氏自外，子在位，其利多矣。既有利权，又执民柄[9]，将何惧焉？栾氏所得，其唯魏氏乎，而可强取也。夫克乱在权，子无懈矣。"公有姻丧[10]，王鲋使宣子墨缞冒绖[11]二妇人辇以如公，奉公以如固宫。范鞅逆魏舒，则成列既乘，将逆栾氏矣，趋进曰："栾氏帅贼以入，鞅之父与二三子在君所矣。使鞅逆吾子，鞅请骖乘持带。"遂超乘[12]，右抚剑，左援带，命驱之出。仆请[13]，鞅曰：

“之公。”宣子逆诸阶，执其手，赂之以曲沃。初，斐豹隶也，著于丹书[14]。栾氏之力臣曰督戎，国人惧之。斐豹谓宣子曰：“苟焚丹书，我杀督戎。”宣子喜曰：“而杀之，所不请于君焚丹书者，有如日。”乃出豹而闭之[15]，督戎从之，逾隐而待之。督戎逾入，豹自后击而杀之。范氏之徒在台后[16]，栾氏乘公门，宣子谓鞅曰：“矢及君屋，死之。”鞅用剑以帅卒，栾氏退。摄车从之[17]，遇栾乐[18]，曰：“乐免之，死将讼女于天。”乐射之不中，又注[19]，则乘槐本而覆，或以戟钩之，断肘而死。栾鲂伤，栾盈奔曲沃，晋人围之。

今注

1 藩：藩车是车上障蔽，表示有女子在其中。

2 胥午：是守曲沃的大夫。

3 魏献子：是魏舒。

4 魏庄子：是魏绛。

5 献子私焉：魏舒同栾盈要好。

6 韩赵方睦：因为韩起曾经让过赵武的位置，所以很相和睦。

7 七舆大夫：根据服虔的注，七舆大夫是下军的官名。

8 桓子：是乐王鲋。

9 民柄：就是赏罚的权力。

10 公有姻丧：因为是晋平公的母亲有杞国的丧事。

11 墨缞冒绖：晋国自殽的战争以后，常把缞衣上抹上墨，绖是麻衣。

12 遂超乘：跳上魏舒的车。

13 仆请：赶车的人问往哪里去。

14 丹书：是把犯罪的人的名字用红颜色写上。

15 乃出豹而闭之：就使斐豹到外边而把门关上。

16 在台后：在晋平公的台子后面。

17　摄车从之：范鞅就上了士匄打仗的车。

18　栾乐：是栾盈的族人。

19　又注：又把箭搁到弓弦上。

今译

晋侯将要嫁女儿到吴国去，齐侯差析归父送陪嫁婢妾到晋国来，用有遮盖的篷车，装载着栾盈和他的心腹，送进曲沃。栾盈夜间去见曲沃大夫胥午，并且把情况告诉他。胥午回答说："不可以这样的，上天要废弃的，哪个能够使他再兴起来呢？你一定不能免祸的，我不是怕死，是明知事情不能成功的。"栾盈说："事虽这样，但是靠你起了事，倘有不成，虽是死了，我也没有懊悔了！我实在没有天保佑，你有什么过错呢？"胥午便应许他，先把栾盈藏匿起来，然后请曲沃的众人喝酒，音乐响起以后，胥午便对他们说："现在啊！无意中得了个孺子栾盈，该怎样处置？"众人回答说："得了个主人，替他出死力，虽死犹生。"大家都叹着气，竟有哭的。等到举杯劝酒了，胥午便又谈起栾盈的话来。众人都说："既然得了主人，怎么敢有别的心思呢？"栾盈于是走出，一一地拜谢他们。四月，栾盈便率领曲沃的兵卒，靠魏献子的内应，竟很大胆地于白昼闯进绛地去。起初，栾盈在下军中辅佐魏庄子，献子和他私下很要好，所以栾盈往依献子。赵氏因为原、屏的那次患难，怨恨栾氏，韩、赵二族正当要好，所以韩氏也不帮着栾氏，中行氏因为伐秦那次战争，也怨恨栾氏，和范氏更加要好，荀蓥年纪轻，是听中行氏的话的，程郑又受到晋侯的宠信，只有魏氏和七舆大夫是和栾氏要好的。乐王鲋陪侍在士匄身边，有人告诉他们说："栾氏到了。"士匄大惧，乐王鲋说："只消侍奉了君主到坚固的宫里去，一定不会有祸害的。况且栾氏有许多恨他的人，你是在国中执掌政权的人，他是从外边来的，两下比较起来，你的有利条件多了！既然有利有权，又执掌对百姓的赏罚大权，还要怕他做什么？那与栾氏交好的，想来只有魏氏罢了，魏氏可用强力争取他。克平祸乱的权柄，全在你手，你不要松懈！”这时晋平公正有姻戚的丧事，乐王鲋便差宣子穿了黑色丧服和两个妇人坐了车子到晋平公那里，便侍奉公到固宫中去。范鞅去迎接魏舒，只见魏献子的兵士，已经排成队伍，坐好车子，将要去迎接栾氏了。范鞅便跑进去说：“栾氏领了贼进来，我的父亲和诸位大夫，已都在君的旁边了，特地差我来迎接你呢！我来给你做骖乘拿带子吧！”便跳上了车，右手执了剑，左手拉着拦腰的带子，吩咐快把车子赶出去。出门以后，献子的仆人问到什么地方去，范鞅说：“到公那里去。”便直向固宫跑去。到了固宫，宣子到阶下去迎接献子，拉住他的手，答应把曲沃地方送给他。当初，有个叫斐豹的人，他曾经犯了罪，没做官奴，有朱笔记着的罪案在那里。栾氏有个大力士叫督戎，晋国人都怕他。斐豹趁机对宣子说：“你如果肯把朱笔罪案烧掉，我便去杀死督戎，好吗？”宣子很欢喜地说：“你杀死他，我若不请求晋君烧掉朱笔罪案的，有白日为誓。”就放斐豹出去，关他在门外。督戎见斐豹，便跟着他，斐豹就跳短墙候他来，督戎也跳过来，斐豹就从后面击杀了他。那时范氏的徒党，在公台之后，前面栾氏已爬上公门了，宣子对范鞅说：“贼的箭已射得到公的屋上了，你快拼命出些死力吧！”范鞅便用剑指挥兵士，和敌短兵相接，栾氏方才退去。范鞅坐了宣子的兵车追击，碰到了栾乐。范鞅大叫着说：“栾乐，别打了！哪怕死了，我也还要和你在天上打官司呢！”栾乐射他不中，再注一箭在弦上，正要射范鞅，哪知栾乐的车轮在槐树根上一撞，连车子都倒翻；有人用戟钩他，把他的手肘拉断了，便死去。栾鲂也受了伤，栾盈便逃回曲沃，晋人便去围住他。

经 秋，齐侯伐卫，遂伐晋。

经 八月，叔孙豹帅师救晋，次于雍榆。

传 秋，齐侯伐卫，先驱[1]，穀荣御王孙挥，召扬为右；申驱[2]，成秩御莒恒，申鲜虞之子傅挚[3]为右；曹开御戎，晏父戎为右，贰广[4]，上之登御邢公，卢蒲癸为右；启[5]，牢成御襄罢师，狼蘧疏为右；胠[6]，商子车御侯朝，桓跳为右；大殿[7]，商子游御夏之御寇，崔如为右，烛庸之越驷乘，自卫将遂伐晋。晏平仲曰："君恃勇力以伐盟主，若不济，国之福也，不德而有功，忧必及君。"崔杼谏曰："不可。臣闻之，小国间大国之败而毁焉，必受其咎，君其图之。"弗听，陈文子[8]见崔武子曰："将如君何？"武子曰："吾言于君，君弗听也。以为盟主而利其难，群臣若急，君于何有[9]？子姑止之。"文子退，告其人曰："崔子将死乎？谓君甚而又过之[10]，不得其死，过君以义，犹自抑也，况以恶乎？"齐侯遂伐晋，取朝歌[11]，为二队入孟门[12]，登大行[13]，张武军于荧庭[14]，戍郫邵[15]，封少水[16]，以报平阴之役，乃还。赵胜[17]帅东阳之师[18]以追之，获晏氂[19]。八月，叔孙豹帅师救晋，次于雍榆[20]，礼也。

今注

1 先驱：是最前的先锋队。

2 申驱：是前驱以后的队。

3 傅挚：是申鲜虞的儿子。

4 贰广：是齐侯的副车。

5 启：是左翼。

6 胠：是右翼。

7 大殿：是殿后的队伍。

8 陈文子：是陈完的孙子陈须无。

9 群臣若急，君于何有：群臣假设有急难的时候，那对于君怎么办呢?

10　谓君甚而又过之：说是君做得错，而他做得更错。意思说齐庄公只是背弃盟主，崔杼直想着弑君。

11　朝歌：卫地，在今河南省汲县东北有朝歌城。

12　孟门：江永说孟门就是河南省辉县之白陉。

13　大行：江永说在辉县之西。又，大行陉一名丹陉，在山西晋城县南，河南沁阳县西北三十里，亦为入晋要道。

14　荧庭：晋地。《一统志》说："在今山西省翼城东南七十里。"

15　戍郫邵：晋邑，今河南省济源县西一百二十里有郫益，西有邵原关，与山西垣曲县接壤。

16　少水：《汇纂》说："少水即山西绛县之浍水。"

17　赵胜：赵旃的儿子。

18　东阳之师：晋地。自今河南淇县以北至河北之正定，皆谓之东阳，地当太行山东南也。

19　晏氂：氂音牦。是齐大夫。

20　雍榆:《一统志》说："雍榆城在今河南省浚县南四十八里"。

今译

秋天，齐庄公去伐卫国，第一前锋，縠荣给王孙挥驾车，召扬做车右；第二前锋，成秩给莒恒驾车，申鲜虞的儿子傅挚做车右。曹开给齐庄公驾车，晏父戎做车右。齐庄公的副车，上之登给邢公驾车，卢蒲癸做车右。左翼部队，牢成给襄罢师驾车，狼蘧疏做车右。右翼部队，商子车给侯朝驾车，桓跳为车右。后军，由商子游给夏之御寇驾车，崔如做车右。另有烛庸之越等四人共乘一辆车殿后。从卫国出发讨伐晋国。晏婴说："君王仗着勇力去讨伐盟主，要是不能成功，是齐国的福分，没有德行而有功勋，这忧愁必定达到君的身上。”崔杼规谏说：“不可以。我听说小国乘着大国的败绩而去侵略它，必定受到灾殃，你还是细想想吧！”齐庄公不听从。齐庄公陈须无见到崔杼问：“准备对君怎么办？”他回答说：“我曾经对君说，而他不听，以晋国为盟主而利用它的祸难，假设群臣着急，哪里还能顾及国君？你还是劝劝君吧！”陈须无退下，告诉他侍从的人说：“崔杼将死，说君不好而他又超过君，他必定不能得到好死！臣行仁义多过君王，尚须自己贬损，何况做坏事呢？”齐庄公就去讨伐晋国，占领了朝歌，分成两队入了孟门，登了大行山，在荧庭这地方建筑壁垒，占据了晋国郫邵，派兵去看守，把晋国军队的尸首在少水筑成大坟，以报复平阴的战事，这才收兵回齐国去了。晋国赵胜率领着东阳的军队追赶齐军，捕获了齐大夫晏氂。八月，叔孙豹率军队救晋国，屯驻在雍榆这地方，这是很合于礼的。

经 己卯，仲孙速卒。

经 冬十月乙亥，臧孙纥出奔邾。

传 季武子无適子，公弥长而爱悼子[1]，欲立之，访于申丰[2]曰：“弥与纥吾皆爱之，欲择才焉而立之。”申丰趋退归，尽室将行。他日又访焉。对曰：“其然，将具敝车而行。”乃止[3]，访于臧纥，臧纥曰：“饮我酒，吾为子立之。”季氏饮大夫酒，臧纥为客[4]。既献[5]，臧孙命北面重席新樽絜之[6]，召悼子，降逆之，大夫皆起[7]，及旅[8]而召公鉏，使与之齿[9]，季孙失色。季氏以公鉏为马正[10]，愠而不出。闵子马[11]见之曰：“子无然，祸福无门，唯人所召。为人子者患不孝，不患无所[12]。敬共父命，何常之有[13]？若能孝敬，富倍季氏可也；奸回不轨，祸倍下民可也[14]。”公鉏然之，敬共朝夕，恪居官次，季孙喜，使饮己酒，而以具往，尽舍旃[15]，故公鉏氏富，又出为公左宰[16]。孟孙恶臧孙，季孙爱之。孟氏之御驺丰点好羯[17]

也，曰：“从余言必为孟孙[18]。”再三云，羯从之。孟庄子疾，丰点谓公鉏：“苟立羯，请仇臧氏[19]。”公鉏谓季孙曰：“孺子秩固其所也[20]，若羯立，则季氏信有力于臧氏矣。”弗应。己卯，孟孙卒，公鉏奉羯立于户侧[21]，季孙至，入哭而出曰：“秩焉在？”公鉏曰：“羯在此矣。”季孙曰：“孺子长。”公鉏曰：“何长之有，唯其才也[22]。且夫子之命也[23]。”遂立羯，秩奔邾。臧孙入，哭甚哀，多涕。出，其御曰：“孟孙之恶子也，而哀如是，季孙若死，其若之何？”臧孙曰：“季孙之爱我，疾疢也[24]；孟孙之恶我，药石也[25]。美疢不如恶石。夫石犹生我[26]，疢之美其毒滋多[27]。孟孙死，吾亡无日矣！”孟氏闭门，告于季孙曰：“臧氏将为乱，不使我葬。”季孙不信，臧孙闻之戒。冬十月，孟氏将辟[28]，藉除于臧氏[29]，臧孙使正夫助之[30]，除于东门，甲从己而视之[31]，孟氏又告季孙。季孙怒，命攻臧氏。乙亥，臧纥斩鹿门之关以出奔邾[32]。初，臧宣叔娶于铸[33]，生贾及为而死，继室以其侄[34]，穆姜之姨子也[35]，生纥长于公宫，姜氏爱之，故立之，臧贾、臧为出在铸，臧武仲自邾使告臧贾，且致大蔡焉[36]，曰：“纥不佞，失守宗祧，敢告不吊。纥之罪不及不祀，子以大蔡纳请，其可。”贾曰：“是家之祸也，非子之过也，贾闻命矣。”再拜受龟，使为以纳请[37]，遂自为也[38]。臧孙如防，使来告曰：“纥非能害也，知不足也。非敢私请，苟守先祀，无废二勋[39]，敢不辟邑[40]。”乃立臧为，臧纥致防而奔齐。其人曰：“其盟我乎？”臧孙曰：“无辞[41]。”将盟臧氏，季孙召外史掌恶臣而问盟首焉[42]。对曰：“盟东门氏也，曰：‘毋或如东门遂，不听公命，杀适立庶。’盟叔孙氏也，曰：‘毋或如叔孙侨如，欲废国常，荡覆公室。’”季孙曰：“臧孙之罪皆不及此。”孟椒[43]曰：“盍以其犯门斩关？”季孙用之，乃盟臧氏曰：“无或如臧孙纥，干国之纪，犯门斩关。”臧孙闻之曰：“国有人焉，谁居？其孟椒乎？”

今注

1 公弥长而爱悼子：公弥就是公钼，他年龄居长，悼子就是季孙纥，季武子喜欢季孙纥。

2 申丰：是季孙氏所属大夫。

3 乃止：不立季孙纥。

4 臧纥为客：臧纥做主客。

5 既献：既然已经献酒。

6 命北面重席新樽絜之：在北面重加上席，把新的酒杯重新洗过。

7 大夫皆起：因为臧孙下席迎接悼子，所以大夫全都站起来。

8 旅：在献酬的礼以后就命为旅。

9 使与之齿：就将公钼列为庶子，在悼子的下面。

10 马正：是季孙氏的家司马。

11 闵子马：就是闵马父。

12 不患无所：不怕没有位置。

13 何常之有：有什么不变的位置？

14 祸倍下民可也：比贫贱还坏。

15 尽舍旃：把宴享的器具全都留在公钼处。

16 又出为公左宰：又派他做襄公的左宰。

17 羯：是孟庄子的庶子孟孝伯。

18 从余言必为孟孙：听我的话，必定做孟孙的后嗣。

19 请仇臧氏：请来对付、仇视臧氏。

20 孺子秩固其所也：孺子秩原应当立的。

21 立于户侧：立到户侧，表示他是丧主。

22 何长之有，唯其才也：当季孙废钼立纥时也是以纥有才为理由。

23　且夫子之命也：夫子是指孟孙。

24　疾疢也：疢音趁，就是疾病。

25　药石也：治病用的药品。

26　夫石犹生我：药石可以治我的病。

27　疢之美其毒滋多：病愈厉害，则毒愈多。

28　将辟：是穿葬的穴。

29　藉除于臧氏：同臧氏借人除下葬的道路。

30　臧孙使正夫助之：臧孙叫隧正来帮助他。

31　甲从己而视之：他率领着军队去看。

32　斩鹿门之关以出奔邾：鹿门是鲁国都城南城的东门，逃到邾国去了。

33　铸：《续山东考古录》说在泰安县西南。

34　继室以其侄：用她的侄女来做继室。

35　穆姜之姨子也：这是鲁成公的母亲穆姜的姨母的儿子。

36　致大蔡焉：蔡国出的龟，做占卜用的。

37　为以纳请：叫臧为去请立臧贾。

38　遂自为也：臧为他就自己立了。

39　无废二勋：不要废除了两个有功的人，指臧文仲同仲宣叔。

40　敢不辟邑：我不敢不让出封邑。

41　无辞：他没有方法来加罪于我。

42　掌恶臣而问盟首焉：管出奔的人用何种盟誓的方法。

43　孟椒：是孟献子的孙子子服惠伯。

今译

季孙宿没有嫡出的儿子，公弥年纪长，而季孙宿喜欢季孙纥，就想立他为继承人，访问他的家宰申丰，说："弥同纥我全喜欢，想选他们中有才能的一个，立他为继承人。"申丰赶紧退下回家，打算全家出走。过几天又访问他，申丰回答说：“假设真正如此，我准备套上我的车走了。”季孙宿就罢了。季孙宿又访问了臧纥，臧纥说：“请我吃酒，我就为你立他。”季孙宿就请各大夫吃酒，臧纥做上宾。向宾客献酒以后，臧孙纥就叫北面重新换席，又将新的酒杯重新洗过，叫季孙纥来，臧孙纥下去迎接他，大夫们全站起来，到了献酬喝酒以后，又派人去叫公弥，使他按庶子的礼节和别人一样，按年龄大小排列座位，立他在季孙纥的下边，季孙宿吓得脸上全变了颜色。季氏让公弥做家司马，他恼怒而不肯做。闵子马见他说：“你不要这样子，祸福是无常的，一切唯人自取，做人家的儿子的，只以不孝顺为患，不怕没有位置。恭敬地服从父亲的命令，有什么不变的位置？你若能够孝顺恭敬，可以富有倍于季氏；你若邪乱不遵守法律，灾祸更胜于贫贱。”公弥以他的话为然，对季孙宿非常地恭敬，谨慎地执行任务。季孙宿很高兴，让他请自己喝酒，而带着各种宴享的器皿，最后全留在那里，所以公弥很有财富，又使他做鲁襄公的左宰。孟孙素来讨厌臧孙，但是季孙宿喜欢他。孟氏的驾车丰点喜欢孟孙羯，说：“听我的话你定做孟孙氏的继承人。”屡次说，羯就听从他的话。仲孙速有病，丰点对公弥说：“假设立了羯，就是报复臧氏。”公弥就对季孙宿说：“孺子秩自然当立，要是羯能够立，那么季孙氏就比臧氏有力量了。”季孙不听，己卯那天，孟孙死了，公弥叫羯立到门的旁边接受宾客的吊唁，季孙到来，先去哭，后出来就问：“秩在什么地方？”公弥说：“羯在这里。”季孙宿就说：“秩年纪长。”公弥就说：“有什么长不长的问题，只是看他的才能而已。并且这是孟孙氏的命令。”就立了羯，秩就逃到邾国去。臧孙羯进去哭，很悲哀，流了很多泪水。出来，他的驾车人说：“孟孙是反对立你的，而你悲哀得如此厉害，季孙若死了，怎么办？”臧孙就说：“季孙的爱我，等于疾病；孟孙的反对我，等于药物。好的疾病不如坏的药物。药物能使我病好，病愈厉害则毒愈多。孟孙死了，我也没日子活了。”孟氏关上门告诉季孙说：“臧氏将作乱，不使我家下葬。”季孙不信这话，臧孙听了就戒备。冬天十月，孟氏将修理墓道，借臧氏修路，臧孙叫隧正帮忙。在东门挖掘墓道，使军队跟着自己去那里借用役夫，孟氏又去告诉季孙。季孙发怒了，就派人进攻臧氏。乙亥这天，臧纥斩了鲁南城鹿门的关，逃到邾国去。当初，臧宣叔在铸国娶了夫人，生了臧贾和臧为就死了，用她的侄女做继室。她是成公母亲穆姜姨母的女儿。生了臧纥，生长在宫中，穆姜喜欢他，所以立他为臧氏的继承人，臧贾、臧为就逃到铸国去。臧纥自邾国叫人去告诉臧贾，并送了大蔡的龟去说：“纥无能，不能守住宗庙，这是不为上天所吊恤的。我的罪过不至于不被人祭祀，你拿这个大蔡龟去进献，请求立你为我家的继承人，看是否可行。”臧贾就说：“这是家里的祸乱，不是你的过错，我听从你的命令。”两次拜谢受龟，就叫臧为去为自己请立，臧为却为他自己请立。臧纥到了他的封邑防，派人来报告说：“我纥不是想害人，只是我的智力不够。我不敢为我自己私人请求，如果能够守着从前的祭祀，不要废掉我的祖先文仲、宣叔二位的勋劳，我不敢不让封邑。”于是就立了臧为。臧纥就交出防的地方，逃到齐国去了。臧纥随从的人说：“他们将要与我们盟誓吗？”臧纥说：“他没有理由来加罪于我。”将盟臧纥的时候，季孙召管理逃亡的臣子的外史问用哪一种盟誓的方法。回答说：“盟东门氏的时候就说：‘不要照东门遂那样，不听鲁公的命令，杀嫡而立庶子。’盟叔孙氏的时候说：‘不要照叔孙侨如那样，想着废除鲁国的常道，颠覆鲁国的公室。’”季孙说：“臧孙的罪过都不至于如此。”孟椒说：“何不用他侵犯国境的门，斩国境上的关？”季孙就用了这句话，就盟臧氏说：“不要像臧孙纥那样，触犯国家的法纪，犯门斩关。”臧孙纥听见，就说：“鲁国尚有人才啊，谁呀？恐怕是孟椒吧！”

经 晋人杀栾盈。

传 晋人克栾盈于曲沃，尽杀栾氏之族党，栾鲂出奔宋。书曰晋人杀栾盈，不言大夫，言自外也[1]。

今注

1 言自外也：因为是表示他从外国逃回来。

今译

在曲沃，晋国人战胜栾盈，把栾氏一族人全杀掉，栾鲂出逃到宋国去。《春秋》上写着晋国人杀栾盈，不讲大夫，表示他是从国外进来的。

经 齐侯袭莒。

传 齐侯还自晋，不入，遂袭莒，门于且于[1]，伤股而退。明日将复战，期于寿舒。杞殖、华还载甲夜入且于之隧，宿于莒郊。明日先遇莒子于蒲侯氏，莒子重赂之，使无死，曰：“请有盟。”华周对曰：“贪货弃命，亦君所恶也。昏而受命，日未中而弃之，何以事君？”莒子亲鼓之，从而伐之，获杞梁。莒人行成，齐侯归，遇杞梁之妻于郊，使吊之，辞曰：“殖之有罪，何辱命焉；若免于罪，犹有先人之敝庐在，下妾不得与郊吊。”齐侯吊诸其室。

今注

1 且于：在今山东省莒县境内。

今译

齐侯从晋国回去，却不进入国都，领兵去讨伐莒国。攻打且于的城门，伤了大腿才退下。第二天还要战，约定军队在寿舒集中。杞梁、华周二人用战车载了甲兵，夜间进入且于的狭路中，宿在莒国的郊外。第二天，先和莒子在蒲侯氏相遇，莒子便重重地送给他们财物，请他们不要出力死战，说："我们要订个盟约呢！"华周回答说："贪财不顾君命，恐怕也是你所厌恶的。倘今天黄昏受了命令，明天太阳没到日中，便抛掉不顾，怎可对得起君王呢？"莒子便亲自敲鼓，从后追杀他们，捉住了杞梁。莒人既然胜了，就和齐国讲和。齐侯回国去，在郊外遇着杞梁的妻子，差人去慰问她。杞梁的妻子推辞说："杞梁如果有罪，岂敢烦劳君主慰问？如果没有罪，那么我还有先人的几间破屋在那里，贱妾绝不能在郊外接受慰问！"齐侯便到她家中去慰问。

传 齐侯将为臧纥田，臧孙闻之，见齐侯。与之言伐晋[1]。对曰："多则多矣，抑君似鼠，夫鼠昼伏夜动，不穴于寝庙，畏人故也。今君闻晋之乱而后作焉[2]，宁将事之，非鼠如何？"乃弗与田。仲尼曰："知之难也，有臧武仲之知，而不容于鲁国，抑有由也，作不顺而施不恕也。《夏书》曰：'念兹在兹[3]。'顺事恕施也[4]。"

今注

1 与之言伐晋：跟齐侯讨论伐晋的功劳。

2 而后作焉：而后起兵。

3 念兹在兹：这是夏朝逸书的一句话。意思说凡事情皆如在自己身上一样。

4 顺事恕施也：这是顺着事理而施舍，合乎恕道。

今译

齐庄公将给臧纥封邑，臧纥听说了，就去见齐庄公。庄公对他鼓吹自己伐晋的功劳。他回答说："多是很多，但是君跟耗子一样，耗子是白天伏着，夜里才敢动，不敢到寝或庙中去做穴，是因为它怕人。现在你听见晋国有灾乱，而后起兵；安宁以后，而侍奉晋国，这不是耗子是什么？”齐庄公听了，就不给他田邑了。仲尼说：“智慧是很难的，有臧纥的智慧而不能为鲁国容纳，这是有原因的。因为他的作为不顺事理，而施舍不合于恕道。《夏书》中有一句话：‘行事的时候常念着如在自己身上一样。’这是顺于事理而合乎恕道啊。”

襄公二十有四年（公元前五四九年）

经 二十有四年春，叔孙豹如晋。

传 二十四年春，穆叔如晋，范宣子逆之，问焉，曰：“古人有言曰死而不朽，何谓也？”穆叔未对，宣子曰：“昔匄之祖，自虞以上为陶唐氏，在夏为御龙氏[1]，在商为豕韦氏[2]，在周为唐杜氏[3]，晋主夏盟为范氏，其是之谓乎？”穆叔曰：“以豹所闻，此之谓世禄，非不朽也。鲁有先大夫曰臧文仲，既没，其言立[4]，其是之谓乎。豹闻之，大上有立德[5]，其次有立功[6]，其次有立言[7]，虽久不废，此之谓不朽。若夫保姓受氏，以守宗祊[8]，世不绝祀，无国无之，禄之大者，不可谓不朽。”

今注

1 御龙氏：就是刘累。

2 豕韦氏：《一统志》说：“在今河南滑县东南五十里。”

3 唐杜氏：《一统志》说：“唐在今山西翼城县西，杜即今陕西长安县东南十五里之杜陵故城。”

4 既没，其言立：他死以后，他的话仍旧存在。

5 大上有立德：最高级的是立德行的。譬如黄帝、尧、舜等。

大音泰。

6　其次有立功：次一等的是有功劳。譬如夏禹同后稷。

7　其次有立言：再其次是立言。譬如史佚、臧文仲等。

8　以守宗祊：以看守着宗庙的门。

今译

二十四年春天，叔孙豹到晋国去，士匄出来迎接他，问叔孙豹说："从前的人有句话说：'死而不朽。'这是哪种说法呢？"叔孙豹还没有回答，士匄又说："从前我匄的祖先，在虞舜以前就是陶唐氏，在夏朝时是御龙氏，在商朝是豕韦氏，在周朝是唐杜氏，到现在晋国主盟中夏了，便是范氏。所谓不朽，就是这种说法吧。"叔孙豹说："我所听到的，这些叫作世禄，并不是叫不朽。鲁国有我的先大夫，叫作臧文仲，死了之后，他说的话还流传在世上，这才叫作死了不朽。豹听过的最好是树立德行；次一等的是树立功劳；最次的是树立言论，哪怕是死了好久，也不会废弃，这才叫作不朽呢！至于像那保守始祖的姓，承受先代的氏族，世代守住宗庙的门，祭祀总不断绝，这哪一国没有呢？像你所说的，只是世禄大的，不可说他是不朽吧！"

传　范宣子为政，诸侯之币重，郑人病之。二月，郑伯如晋，子产寓书于子西以告宣子曰："子为晋国，四邻诸侯不闻令德，而闻重币，侨也惑之。侨闻君子长国家者，非无贿之患，而无令名之难。夫诸侯之贿聚于公室，则诸侯贰，若吾子赖之，则晋国贰。诸侯贰则晋国坏，晋国贰则子之家坏，何没没也[1]？将焉用贿？夫令名德之舆也，德国家之基也。有基无坏，无亦是务乎？有德则乐，乐则能久。《诗》云：'乐只君子，邦家之基[2]。'有令德也夫？'上帝临女，无贰尔心[3]。'有令名也夫！恕思以明德，则令名载而行之，是以远至迩安。毋宁使人谓子，子实生我，而谓子浚我以生乎？象有齿以焚其身，贿也。”宣子说，乃轻币。是行也郑伯朝晋，为重币故，且请伐陈也。郑伯稽首，宣子辞。子西相曰：“以陈国之介恃大国[4]，而陵虐于敝邑，寡君是以请罪焉，敢不稽首。”

今注

1　何没没也：为什么这样沉迷不悟。

2　乐只君子，邦家之基：这是《诗经·小雅》的一句诗。意思是说这位君子很快乐，可以做邦家的基础。

3　上帝临女，无贰尔心：这是《诗经·大雅》的一句诗，意思说上天在你的上边，不要发生两个心。

4　大国：指楚国。

今译

士匄执晋国的政权，诸侯朝贡的贡品很重，郑国以为很不好。二月，郑伯到晋国去，子产写信托子西带给士匄，劝告他说：“你执了晋国的政权，四邻的诸侯，不听得你有美德，却听得你跟诸侯要很重的币帛，我对此很疑惑。侨听得君子治理国家，不愁没有财货，单虑没有很好的名誉。如果要想把诸侯的财货都聚在你晋国的公堂上面，那么诸侯便要离心；如果你自私自利，那么晋国人便要离心于你。诸侯离心了，晋国便不能保。晋人离心了，你的室家便不能保。为什么这样沉迷不悟呢？还要财物做什么呢？好的名誉好像德行的车子，德行是国家的基础，国家有了基础就不致败坏，你何不尽力去求那绝好的名誉呢？有了德行就能与人们同乐，便能久居其位，《诗经》上说：‘快乐的君子，是邦家的基础。’这就是说他有绝好的德行啊！又说：‘上帝在看着你，你不要有二心。’这是说有绝好的名誉啊！能够把恕道存心，拿来显明自己的德行，那么自然有绝好的名誉做了车子，载了这德行，颁行在世上，所以远地方的人会慕名而来，近地方人都安宁了。宁可使人议论你，说你实在能生养我们，而不愿听说你夺取我们钱财，拿来自养呢？象因有牙齿就此丧失它的身体，因为它的牙齿值钱的缘故啊！”士匄听了这话，心中欢喜，便减轻了诸侯的贡币。这次郑伯到晋国朝见，就是贡品太重的缘故，并且请求讨伐陈国。郑伯行稽首礼，士匄辞谢。子西相礼，说：“因为陈国仗着楚国，以欺负我们郑国，所以寡君请求向陈问罪，所以不敢不行稽首礼。”

经 仲孙羯帅师侵齐。

传 孟孝伯侵齐，晋故也[1]。

今注

1 晋故也：这是晋国报复的缘故。

今译

仲孙羯伐齐国，这是晋国的缘故。

经 夏，楚子伐吴。

传 夏，楚子为舟师以伐吴，不为军政[1]，无功而还。

今注

1 不为军政：不订军队赏罚的标准。

今译

夏天，楚王出动水兵以攻打吴国，但是他不订军队赏罚的标准，没有能成功就回来。

经 秋七月甲子朔，日有食之既[1]。

今注

1 此经无传。这是鲁都曲阜看到的日食。

今译

秋七月甲子初一这天，鲁国有日食。

传 齐侯既伐晋而惧，将欲见楚子，楚子使薳启彊如齐聘，且请期[1]。齐社蒐军实，使客观之[2]。陈文子曰："齐将有寇。吾闻之，兵不戢，必取其族。"

今注

1 且请期：并且问开会的日期。

2 齐社蒐军实，使客观之：齐国祭祀，并且展览它的军器，使楚客来观看。

今译

齐侯伐晋国又害怕，很想与楚王相见，楚王派遣薳启彊到齐国去聘问，且请问会见的日期。齐国祭社的时候，陈列着各种兵器，使楚国的客人来看。陈须无说："齐国将遇到敌寇。我听见说过兵器若不藏起来，必定有害于他自己。"

经 齐崔杼帅师伐莒。

经 大水[1]。

今注

1 此经无传。

今译

鲁国有大水。

经 八月癸巳朔，日有食之[1]。

今注

1 此经无传。

今译

八月癸巳初一，鲁国有日食。

经 公会晋侯、宋公、卫侯、郑伯、曹伯、莒子、邾子、滕子、薛伯、杞伯、小邾子于夷仪。

传 秋，齐侯闻将有晋师[1]，使陈无宇从薳启彊如楚，辞且乞师[2]。崔杼帅师送之，遂伐莒，侵介根[3]。会于夷仪[4]，将以伐齐，水，不克[5]。

今注

1 闻将有晋师：听说晋国在夷仪开会将讨伐齐国。

2 辞且乞师：因为有晋国军队的威胁，所以齐侯说自己不能朝楚，并且请楚国出动军队。

3 介根：《一统志》说："故城在山东胶县西南五里之介根城。"

4 夷仪：齐地，在今山东省聊城县西南十二里。

5 水，不克：因为有大雨，所以无法进攻齐国。

今译

秋天，齐庄公听见晋国在夷仪开会，将讨伐齐国，就派陈无宇随从薳启彊到楚国去，说明不能与楚王相见的原因，并且请求出动军队。崔杼率着军队去护送，就讨伐莒国，侵犯了介根这个地方。各诸侯在夷仪开会，将讨伐齐国，因为大雨，所以无法进攻。

经 冬，楚子、蔡侯、陈侯、许男伐郑。

传 冬，楚子伐郑以救齐，门于东门，次于棘泽[1]。诸侯还救郑[2]，晋侯使张骼、辅跞致楚师，求御于郑[3]，郑人卜宛射犬[4]吉。子大叔戒之曰："大国之人不可与也。"对曰："无有众寡，其上一也。”大叔曰：“不然，部娄无松柏[5]。”二子在幄，坐射犬于外，既食而后食之，使御广车[6]而行，己皆乘乘车[7]，将及楚师而后从之乘，皆踞转而鼓琴，近不告而驰之[8]，皆取胄于橐而胄，入垒皆下，搏人以投，收禽挟囚。弗待而出[9]，皆超乘抽弓而射。既免，复踞转而鼓琴曰：“公孙，同乘兄弟也，胡再不谋？”对曰：“曩者志入而已，今则怯也。”皆笑曰：“公孙之亟也。”

今注

1 棘泽：《方舆纪要》说：“在今河南省新郑县东南。”

2 诸侯还救郑：这是指在夷仪相会的诸侯。

3 求御于郑：他们因为不认识郑国的方向，所以求郑国驾车的人。

4 宛射犬：是郑国公孙。

5 部娄无松柏：部娄是小山，松柏是大树。小山上不能长大树。意思说小国与大国不相同。

6 广车：兵车。

7 乘车：是文官坐的车，比较稳定。

8 近不告而驰之：接近了楚国军队，射犬不告诉他们两个人知道就打着马往前去。

9 弗待而出：指射犬不等他们两人就出去。

今译

冬天，楚王率兵伐郑救齐，进攻东门，驻扎在棘泽。诸侯本来是要伐齐国的，听这消息便回转来救郑国。晋侯派张骼和辅跞向楚兵挑战，想要找个郑国人驾车，做个向导。郑人占卜了一回，结论是派遣宛射犬是吉利的。子大叔叮嘱他说：“大国的人不容易相与的，应该要谦虚一点才好！”宛射犬回答说：“不论兵多兵少，御者的地位在车左车右之上是一样的。”大叔说：“不是这么说的，你不见小土堆上生不出松柏来吗？”后来，张骼、辅跞坐在帐中，却使射犬坐在帐外，他二人自己吃完饭后，方才给他吃。又使他驾着一辆兵车先走，自己却坐在安稳的车子中，快要到达楚兵营垒，方才跟射犬同坐在兵车上，二人都盘膝坐在衣卷上弹琴，射犬心中恨他们无礼，近了敌人便故意不告诉他们，把车子飞快地赶去，那二人便急忙向袋中取了头盔，戴在头上，到了楚军营垒中，便都跳下车，把楚兵抓起来向车上抛去，又收拾起捉住的敌人，把他们捆绑好或者夹在腋下。射犬却不等他们了，就自己驾车出来，那二人便都跳上车子，抽起弓箭来射那追击的楚人。既然脱险后，二人又坐在衣卷上弹琴了，并且说：“公孙！我们同坐一车子，就好比兄弟呢！为什么进和出来都不同我们商量呢？”射犬心中害怕，口里遮掩说：“起初是一心想进去罢了！现在是胆小呢！”那二人都冷笑着说：“公孙是个性急的人呢！”

经 公至自会[1]。

今注

1　此经无传。

今译

鲁襄公从开会的地方回来。

传 楚子自棘泽还，使薳启彊帅师送陈无宇。

今译

楚王从棘泽回去后，派薳启彊率领军队护送陈无宇。

传 吴人为楚舟师之役故，召舒鸠人[1]，舒鸠人叛楚。楚子师于荒浦[2]，使沈尹寿与师祁犁[3]让之，舒鸠子敬逆二子，而告无之，且请受盟。二子复命，王欲伐之。薳子[4]曰："不可。彼告不叛，且请受盟，而又伐之，伐无罪也。姑归息民以待其卒[5]，卒而不贰，吾又何求？若犹叛我，无辞有庸[6]。"乃还。

今注

1　舒鸠人：是楚属国的人，在今安徽省庐江县境。

2　荒浦：《方舆纪要》说："即舒城东南十五里之黄陂，与黄浦一音之转。"

3　沈尹寿与师祁犁：皆楚大夫。

4　薳子：楚令尹薳子冯。

5　以待其卒：以等待他的终了。

6　无辞有庸：他没有话说，我们就能成功。

今译

吴国人因为楚王用水军来讨伐，所以召舒鸠人来，舒鸠人就背叛了楚国。楚王派军队到荒浦这个地方，派楚大夫沈尹寿和师祁犁去责问舒鸠人，舒鸠的君恭敬地迎接这两个人，告诉他们并没有反叛这件事，并且请求接受盟誓。这两个人回来报告，楚王仍旧想着讨伐舒鸠，令尹薳子冯说："不可以，他告诉我们说不反叛，并且请接受盟誓，现在又要讨伐他，这是讨伐无罪的人。何不回国使百姓休息，以等待结果。结果没有二心，那我们又要求什么？假设仍旧对我反叛，而后再加以讨伐。他没有话可讲，我们也可以成功。"就把楚国军队调回去了。

经　陈鍼宜咎出奔楚。

传　陈人复讨庆氏之党，鍼宜咎出奔楚。

今译

陈国人再次讨伐庆氏的党羽，鍼宜咎就逃奔到楚国去了。

经 叔孙豹如京师。

传 齐人城郏[1]，穆叔如周聘，且贺城，王嘉其有礼也，赐之大路[2]。

今注

1 郏：《一统志》说："在今河南省洛阳城西北。"

2 赐之大路：大路是周王所赐车的名。

今译

齐国人在郏地为周王筑城，叔孙豹到周都聘问，且贺筑城，周天子嘉他很礼貌，赏赐给他大路的车。

经 大饥[1]。

今注

1 此经无传。

今译

鲁国大饥荒。

传 晋侯嬖程郑，使佐下军[1]，郑行人公孙挥如晋聘，程郑问焉曰："敢问降阶何由[2]？"子羽不能对，归以语然明[3]。然明曰："是将死矣，不然将亡。贵而知惧，惧而思降，乃得其阶，下人而已，又何问焉？且夫既登而求降阶者，知人也，不在程郑。其有亡衅乎？不然其有惑疾，将死而忧也。"

今注

1 使佐下军：为的替代栾盈。

2 敢问降阶何由：请问从高位降为卑下如何自处？

3 然明：就是鬷蔑。

今译

晋平公喜欢程郑，使他代栾盈做下军佐，郑国的行人公孙挥到晋国来聘问，程郑问他说："请问从高位降为卑下如何自处？"公孙挥不能回答，回到郑国告诉然明。然明说："这个人将要死了，要不然就是将逃亡。地位尊贵而知道害怕，害怕而想到了降级，就能得到适合他的职位，这只是比旁人低下就是了，又何必问呢？并且既然登到高位，而求降阶的，这是聪明的人，程郑不是这样的人。或者有逃亡的现象吗？要不就是他有疑心病，自知将死而发愁啊！"

襄公二十有五年（公元前五四八年）

经 二十有五年春，齐崔杼帅师伐我北鄙。

传 二十五年春，齐崔杼帅师伐我北鄙，以报孝伯之师也。公患之，使告于晋。孟公绰[1]曰："崔子将有大志[2]，不在病我，必速归，何患焉？其来也不寇[3]，使民不严[4]，异于他日。"齐师徒归[5]。

今注

1 孟公绰：是鲁大夫。

2 大志：是指弑齐庄公。

3 不寇：他不为害老百姓。

4 使民不严：对鲁国人也不厉害，为得到鲁国的民心。

5 齐师徒归：齐国军队空着手回去。

今译

二十五年春天，齐国崔杼率领军队讨伐鲁国北部边境，这是为报复鲁国仲孙的军队进攻齐国。鲁襄公很担心，派人去告诉晋国。鲁大夫孟公绰说："崔杼必将有大的志向，不在于困扰我国，他必定会赶紧回国去，何必害怕呢？他来的时候，并没有抢掠，对鲁国百姓也不太威严，和平日不一样。”结果齐国军队空着手回去了。

经 夏五月乙亥，齐崔杼弑其君光。

传 齐棠公[1]之妻东郭偃之姊也，东郭偃臣崔武子，棠公死，偃御武子以吊焉，见棠姜而美之[2]，使偃取之[3]。偃曰：“男女辨姓[4]，今君出自丁[5]，臣出自桓[6]，不可。”武子筮之，遇困䷮之大过䷛[7]。史皆曰：“吉。”示陈文子，文子曰：“夫从风，风陨妻，不可娶也。且其繇曰：‘困于石，据于蒺梨，入于其宫，不见其妻，凶。’困于石，往不济也[8]。据于蒺梨，所恃伤也[9]。入于其宫，不见其妻，凶，无所归也[10]。”崔子曰：“嫠也何害，先夫当之矣。”遂取之。庄公通焉，骤如崔氏，以崔子之冠赐人。侍者曰：“不可。”公曰：“不为崔子，其无冠乎？”崔子因是[11]，又以其间伐晋也[12]，曰：“晋必将报。”欲弑公以说于晋，而不获间。公鞭侍人贾举，而又近之，乃为崔子间公[13]。夏五月，莒为且于之役故，莒子朝于齐。甲戌，飨诸北郭，崔子称疾不视事。乙亥，公问崔子[14]，遂从姜氏。姜入于室，与崔子自侧户出，公拊楹而歌，侍人贾举止众从者，而入闭门[15]。甲兴，公登台而请，弗许。请盟，弗许。请自刃于庙[16]，勿许。皆曰：“君之臣杼疾病，不能听命。近于公宫，陪臣干掫有淫者，不知二命[17]。”公逾墙，又射之，中股，反队，遂弑之，贾举、州绰、邴师、公孙敖、封具、铎父、襄伊、偻堙[18]皆死。祝佗父祭于高唐，至复命，不说弁[19]，而死于崔氏。申蒯侍渔者[20]，退谓其宰曰：“尔以帑免，我将死。”其宰曰：“免！是反子之义也。”与之皆死。崔氏杀鬷蔑于平阴[21]。晏子立于崔氏之门外，其人曰：“死乎？”曰：“独吾君也乎哉？吾死也。”曰：“行乎？”曰：“吾罪也乎哉？吾亡也。”曰：“归乎？”曰：“君死安归？君民者岂以陵民？社稷是主。臣君者岂为其口实？社稷是养。故君为社稷死则死之，为社稷亡则亡之。若为己死而为己亡，非其私昵，谁敢任之？且人有君而弑之，吾焉得死之？而焉得亡之？将庸何归？”门启而入，枕尸股而哭[22]，兴，三踊而出。人谓崔子必杀之，崔子曰：“民之望也，舍之得民。”卢蒲癸奔晋，王何奔莒。叔孙宣伯之在齐也，叔孙还[23]纳其女于灵公，嬖，生景公。丁丑，崔杼立而相之，庆封为左相。盟国人于大宫[24]，曰：“所不与崔、庆者。”晏子仰天叹曰：“婴所不唯忠于君利社稷者是与，有如上帝。”乃歃[25]。辛巳，公与大夫及莒子盟[26]。大史书曰：“崔杼弑其君。”崔子杀之。其弟嗣书而死者二人，其弟又书，乃舍之。南史氏闻大史尽死，执简以往，闻既书矣，乃还。闾丘婴以帷缚其妻而载之与申鲜虞[27]乘而出，鲜虞推而下之曰：“君昏不能匡，危不能救，死不能死，而知匿其昵，其谁纳之？”行及弇中，将舍[28]，婴曰：“崔、庆其追我！”鲜虞曰：“一与一，谁能惧我？”遂舍，枕辔而寝。食马而食，驾而行，出弇中，谓婴曰：“速驱之，崔、庆之众，不可当也！”遂来奔。崔氏侧庄公于北郭。丁亥，葬诸士孙之里，四翣[29]，不跸[30]，下车七乘[31]，不以兵甲。

今注

1 棠公：是齐国的棠邑大夫。

2 见棠姜而美之：看见棠姜认为她很美丽。

3 使偃取之：叫东郭偃为崔杼娶棠姜做妻。

4 男女辨姓：男的同女的两方面要分别姓氏。

5 今君出自丁：你崔杼是齐国丁公的后人。

6 臣出自桓：我是齐桓公的后人。

7 遇困䷮之大过䷛：就是遇到困䷮卦变到大过䷛的卦。

8 往不济也：去而不能渡过水。

9　所恃伤也：靠着蒺藜所以会受伤。

10　无所归也：没地方可回。

11　崔子因是：崔杼因这个缘故对齐庄公怀恨在心。

12　又以其间伐晋也：又因为庄公利用晋国的乱而伐晋国。

13　乃为崔子间公：贾举就为崔杼窥伺齐庄公的间隙。

14　公问崔子：齐庄公去问崔杼的病状。

15　而入闭门：贾举就进了崔杼的家里，把门关上。

16　请自刃于庙：他请到祖庙中自杀。

17　干掫有淫者，不知二命：因为我们巡夜碰见淫人，我们不知旁的命令。

18　贾举、州绰、邴师、公孙敖、封具、铎父、襄伊、偻堙：这八人全都是齐国的勇士，很得齐庄公信任。

19　不说弁：没有摘下祭祀的帽子。

20　申蒯侍渔者：申蒯是给庄公取鱼的官。

21　杀鬷蔑于平阴：鬷蔑是守平阴的大夫。

22　枕尸股而哭：把庄公的尸首枕在自己的腿上就哭。

23　叔孙还：齐群公子。

24　大宫：齐国姜大公的庙，大音泰。

25　乃歃：就饮盟会的血。本来这盟誓的书说："所不与崔庆者有如上帝。"这盟誓还没有念完，晏婴就更换词句说："婴所不唯忠于君利社稷者是与，有如上帝。"

26　及莒子盟：莒子恰好到齐国朝见，所以也参加盟誓。

27　闾丘婴，申鲜虞：这二人全是齐庄公的近臣。

28　行及弇中，将舍：在窄的道中，将暂时屯住。

29　四翣：照道理诸侯是有六个翣，他为齐庄公减至四个翣。翣是丧车上的装饰。翣音煞。

30　不跸：不止住行人。

31　下车七乘：送葬的车七辆。照道理诸侯有九辆。

今译

齐大夫棠公的妻，是东郭偃的姊姊，而东郭偃是崔杼的家臣，棠公死，东郭偃给崔杼驾了车子去吊唁。崔杼见棠姜，认为她的容貌美丽，叫东郭偃给他娶来。东郭偃说："男女婚配应当辨姓，君是齐丁公的子孙，臣是齐桓公的子孙，同是姜姓，不可以结婚的。"崔杼便派人占卜，碰着困卦变成大过卦，史官都奉承崔杼说是吉利的。崔杼把所筮的卦给陈须无看，须无说："这是坎变成巽，好比夫是跟从风去，风吹落妻子，这人是不可娶的！并且爻辞说：'困于石，据于蒺梨，入于其宫，不见其妻，凶。'困于石，是去了也不过河；据于蒺梨，这意味着所依靠的东西会使人受伤；入于其宫，不见其妻，凶，是没有地方可归依的。"崔杼说："她是寡妇，有什么祸患！她的前夫已经承担了这凶险。"便娶她做妻。后来庄公和棠姜私通，屡次到崔氏家中去，将崔杼的帽子赏赐旁人。侍者说："这是不可以的。"庄公说："不用崔杼的帽子，难道便没有帽子么？"崔杼因此对庄公怀恨在心，又因庄公趁晋国有患难，领兵去伐了晋，因此说："晋国一定要来报复的！"崔武子想趁势杀掉庄公，讨好晋国，可是得不到机会。恰巧庄公因事鞭打了太监贾举，却又仍旧和他亲近，贾举便替崔杼寻找杀掉庄公的间隙。夏天五月中，莒人因为且于这次战争的缘故，莒子来齐国朝见。甲戌这天，齐庄公在北城设享礼招待莒子，崔杼托辞有病，不办公事。乙亥那天，庄公去问候崔杼的病，便跟着姜氏不放，姜氏便走进室中，和崔杼从旁边小门里逃出去。庄公拍着庭柱唱起歌来，太监贾举便阻止庄公随从入内，自己走进里面，关上了大门，埋伏着的兵一哄而出。庄公知道不妙，便上台请兵士放他，兵士不许。庄公请订个盟约，也不允许。请自杀于宗庙中，也不允许。都说："君的臣子崔杼病得厉害，不能听你的吩咐，这里和公宫甚接近，陪臣巡夜搜捕淫乱的人，不知道有其他命令。"庄公爬墙，有人用箭射他，中在腿上，就跌下来，便被他们杀掉。护卫的贾举、州绰、邴师、公孙敖、封具、铎父、襄伊、偻堙也都被杀死。庄公的亲信叫祝佗父的，去祭高唐的别庙，回来复命，没有脱掉祭服，就死在崔氏的屋中。申蒯是个给庄公取鱼的官，退下去对他的家宰说："你带了我的妻子儿女逃走吧，我准备一死！"他的家宰说："我如果走了，便是违反你死君的忠义了。"就跟他一同自杀。崔杼又杀掉平阴的大夫鬷蔑。晏婴立在崔杼的门外，他的左右说："为君死难吗？"他回答说："君王不是我个人的君王，我却为什么要一个人独死呢？"左右说："弃国出奔吗？"回答说："君王的死，不是我的罪，我为什么要逃走呢？"左右说："那么回去吧！"他又回答说："君已死了，叫我回到哪里去？凡是做人君的，难道是用他的地位，来凌驾于百姓之上？应当主持国家的政治。做臣子的，不仅为着自己的俸禄，应当保护国家。所以人君为了国家死的，那么做臣子的，就该和他同死。人君为了国家亡的，那么做臣的，就该和他同亡。如果人君为自己私事死的，和为自己的私事亡的，我又不是他最宠幸的人，哪里敢担当他这祸害呢？况且他人有了君还杀掉他，我怎么能够为他死呢？怎么能够为他逃亡呢？但又能回到哪里去呢？"等门开了，晏婴便跑进去，把庄公的尸首枕在大腿上哭，哭完立起来，往上跳了三跳便出去。大家以为崔杼一定要把他杀掉。崔杼说："他是人民所仰望的人啊！放了他可以得民心的。"在这时候，卢蒲癸逃到晋国去，王何逃到莒国去。从前叔孙宣伯在齐国的时候，齐群公子叔孙还便把宣伯的女儿送给灵公，很得宠幸，生了景公。

丁丑那天，崔杼便立他做君主，自己做宰相，庆封做了左相，和国人盟于太公的庙中说："有哪个不帮崔氏、庆氏的……"晏平仲仰天叹着说："婴倘不支持忠于君、利于社稷的人，有上帝为证。"便歃了盟血。辛巳那天，齐景公又和大夫及莒子会盟，太史在史书上记下："崔杼弑他的君。"崔杼便把他杀死，他的兄弟接着又记，又杀死两人，他的小弟弟再记，才饶了他。南史氏听得太史都死了，执了简册便来，又听得已记好了，便回去。闾丘婴用个帐幔捆绑了他的妻子，装在车上，和申鲜虞一同坐了逃走。申鲜虞把闾丘婴的妻子推下车去说："人君昏庸，不能匡正；人君危险了，又不能救护；人君死了，又不能死难，却只晓得藏匿亲爱的人，有谁肯收留我们呢？"走到狭道，准备住下来。闾丘婴说："崔氏、庆氏要差人来追我们的呢！"申鲜虞说："在狭路中一人和一人相杀，有谁能够使我们怕他呢？"便宿在那里，把缰绳枕在头下面睡。第二天先喂了马，然后自己吃东西，再驾车出行，既出狭路，申鲜虞对闾丘婴说："快些跑！崔氏、庆氏的徒党很多，不可抵敌的。"便逃到鲁国来。崔杼没有把庄公的棺材殡于庙，就放在外城北边。丁亥那天，埋葬于士孙的里中。丧车上只用四个翣，路上也并不禁止行人，送葬的车子只有七乘，又不用什么兵甲。

经 公会晋侯、宋公、卫侯、郑伯、曹伯、莒子、邾子、滕子、薛伯、杞伯、小邾子于夷仪。

传 晋侯济自泮[1]会于夷仪伐齐，以报朝歌之役，齐人以庄公说。使隰钼[2]请成，庆封如师。男女以班，赂晋侯以宗器、乐器[3]，自六正[4]、五吏[5]、三十帅、三军之大夫、百官之正长师旅，及处守者皆有赂，晋侯许之。使叔向告于诸侯[6]，公使子服惠伯对曰："君舍有罪以靖小国，君之惠也，寡君闻命矣。"

今注

1 泮：在今山东省聊城县西北。

2 隰钼：隰音习。是隰朋的曾孙。

3 宗器、乐器：宗器是祭祀所用的，乐器是钟磬之类。

4 六正：是六军的卿。

5 五吏：我以为就是定公四年所谓“职官五正”。

6 使叔向告于诸侯：告诉齐国服从晋国。

今译

晋侯渡过泮水到夷仪来开会，谋划讨伐齐国，以报复朝歌的战役，齐国人用庄公被杀掉来向晋国解说；叫隰钼请求和平，派庆封到晋国军队中。男女分班，把祭祀用的器皿和乐器，送给晋平公，自六军的将领、五个吏、三十个统帅、三军的大夫、百官的正长师旅，同留守晋国的官吏皆得到贿赂，晋侯就答应了。叫叔向告诉诸侯齐国服从晋国，鲁襄公派子服惠伯回答说：“君王放过有罪的人，以安定小国，这是你的恩惠，我们鲁国君听从你的命令。”

传 晋侯使魏舒、宛没逆卫侯[1]，将使卫与之夷仪，崔子止其帑以求五鹿[2]。

今注

1 卫侯：是指卫献公，于鲁襄公十四年奔到齐国。

2 五鹿：在今河北省濮阳县南三十里。

今译

晋平公派魏舒、宛没到齐国迎接卫献公，将使卫国给卫献公夷仪这地方，崔杼留下卫侯妻子儿女做人质，以谋求五鹿这个地方。

经 六月壬子，郑公孙舍之帅师入陈。

传　初，陈侯会楚子伐郑，当陈隧者井堙木刊[1]，郑人怨之。六月，郑子展、子产帅车七百乘伐陈，宵突陈城[2]，遂入之。陈侯扶其大子偃师奔墓，遇司马桓子曰："载余。"曰："将巡城[3]。"遇贾获[4]，载其母妻，下之而授公车。公曰："舍而母。"辞曰："不祥。"与其妻扶其母以奔墓，亦免。子展命师无入公宫，与子产亲御诸门，陈侯使司马桓子赂以宗器，陈侯免拥社[5]，使其众男女别而累以待于朝。子展执絷而见[6]，再拜稽首，承饮而进献。子美[7]入数俘而出。祝祓社，司徒致民，司马致节，司空致地，乃还。

今注

1　井堙木刊：井全堵塞，树全都被砍倒。

2　宵突陈城：夜里攻击陈国都城。

3　将巡城：将巡视城墙。

4　贾获：是陈大夫。

5　拥社：拥抱着社主的牌位。

6　执絷而见：拿着马的絷绊来见陈侯，表示执臣仆之礼。

7　子美：即子产。

今译

当初，陈侯会同楚王讨伐郑国，陈军经过的道路上，井全被堵塞，树也全被砍倒，郑国人很怨恨陈国。六月，郑国子展、子产就率领七百辆战车进攻陈国都城，夜里突袭，就进入都城。陈侯扶着他的太子偃师逃到坟地里，遇见陈国的司马桓子就招呼他说："你载着我们去吧！"司马桓子就拒绝说："我要巡城。"又遇见贾获，他车中载着他的母亲同妻子，贾获就叫他母亲和妻子下去，将车给陈侯。陈侯说："不要叫你母亲下来吧。"他就辞谢说："妇女和你同坐，那不吉祥。"同他的妻扶着他的母亲也逃到坟地里，也逃过一难。子展命令郑国军队，不要进入陈侯的宫中，同子产亲自守卫在宫门口，陈侯叫司马桓子以宗庙的器皿赠送给他们，陈侯穿着丧服抱着神主，让手下的男女分列，自己囚禁在朝廷等候发落。子展拿着马的縶绊去见陈侯，再拜稽首，拿着酒杯进献给他。子产进来数了俘虏的数目就出去了。子展、子产命陈国宗祝对于社神行祓除典礼，司徒招致人民，司马整理兵符，司空掌理土地，郑国人就回去了。

经 秋八月己巳，诸侯同盟于重丘。

传 秋七月己巳，同盟于重丘[1]，齐成故也。

今注

1 重丘：齐地，《方舆纪要》说："在山东聊城县东南五十里，为曹卫齐之边邑。"

今译

秋七月己巳，在重丘这个地方同盟会，这是齐国服从晋国的缘故。

经 公至自会[1]。

今注

1 此经无传。

今译

鲁襄公从开会的地方回来。

传 赵文子为政[1]，令薄诸侯之币，而重其礼。穆叔见之，谓穆叔曰："自今以往，兵其少弭矣[2]。齐崔、庆新得政，将求善于诸侯。武也知楚令尹[3]，若敬行其礼，道之以文辞，以靖诸侯，兵可以弭。"

今注

1　赵文子为政：赵文子即赵武，他当政权。

2　兵其少弭矣：打仗可以稍为停止。

3　武也知楚令尹：我跟楚国令尹屈建很熟识。

今译

赵武主持政事，叫诸侯所送的财币减轻，而加重礼遇诸侯。鲁国叔孙豹见着他，就对叔孙豹说："从今以后，战争就可以稍稍停止了。齐国的崔杼同庆封新近得了政权，他想跟诸侯亲善。我赵武跟楚国的令尹屈建素来熟识，要是恭敬地执行礼仪，用外交辞令和他打交道，以安定诸侯，战争就可以停止。"

经　楚屈建帅师灭舒鸠。

传　楚薳子冯卒，屈建为令尹，屈荡为莫敖。舒鸠人卒叛，楚令尹子木[1]伐之，及离城[2]，吴人救之，子木遽以右师先[3]，子彊、息桓、子捷、子骈、子盂帅左师以退[4]，吴人居其间七日[5]。子彊曰："久将垫隘，隘乃禽也[6]，不如速战。请以其私卒诱之，简师陈以待我。我克则进，奔则亦视之，乃可以免，不然必为吴禽。"从之，五人以其私卒先击吴师，吴师奔，登山以望，见楚师不继，复逐之，傅诸其军，简师会之，吴师大败。遂围舒鸠，舒鸠溃。八月，楚灭舒鸠。

今注

1　子木：是屈建。

2　离城：《汇纂》说："在今安徽省舒城县境。"

3　遽以右师先：右边的军队先到舒鸠。

4　帅左师以退：因为左师遇见吴国军队，所以先退。

5　吴人居其间七日：吴国的军队在楚国两军的中间七天的

工夫。

6 久将垫隘，隘乃禽也：日久雨水将垫到窄道中，堵住以后就要被擒。

今译

楚蔿子冯死了，屈建就做了令尹，屈荡做莫敖。舒鸠人终究反叛，楚令尹屈建讨伐他，到离城这地方，吴国人来救舒鸠。屈建先领着右边军队到了舒鸠，子彊、息桓、子捷、子骈、子盂率领左师遇见吴国人就退下来。吴人处在楚国两个军队中间七天的工夫，子彊说："日久军队将会疲弱，军队疲弱必定被擒，不如赶紧打仗。我请求带领家兵去引诱吴国军队，你们选择精兵摆成阵等着我。我们若战胜就往前进，我败逃你们就看情况办，这样还可以免除患难，要不然必定为吴国所擒获。"大家听了他的话，五个人带着他们的私人军队先攻击吴国军队，吴国军队逃奔到山上，望见楚国军队没有后继，于是又追逐他们，迫近楚军。楚军精兵与家兵会合作战，吴国军队就被打败了，楚军于是围了舒鸠，舒鸠崩溃。八月，楚国灭了舒鸠。

经 卫侯入于夷仪。

传 卫献公入于夷仪。

今译

卫献公进入夷仪这地方。

经 冬，郑公孙夏帅师伐陈。

传 郑子产献捷于晋，戎服将事[1]。晋人问陈之罪，对曰："昔虞阏父为周陶正[2]，以服事我先王，我先王赖其利器用也，与其神明之后也[3]，庸以元女大姬配胡公[4]，而封诸陈，以备三恪[5]，则我周之自出，至于今是赖。桓公之乱，蔡人欲立其出[6]，我先君庄公奉五父而立之[7]，蔡人杀之。我又与蔡人奉戴厉公，至于庄、宣[8]，皆我之自立。夏氏之乱，成公播荡，又我之自入，君所知也。今陈忘周之大德，蔑我大惠，弃我姻亲，介恃楚众，以凭陵我敝邑，不可亿逞，我是以有往年之告[9]。未获成命，则有我东门之役[10]，当陈隧者，井堙木刊，敝邑大惧不竞，而耻大姬，天诱其衷，启敝邑之心，陈知其罪，授手于我，用敢献功。”晋人曰：“何故侵小？”对曰：“先王之命，唯罪所在，各致其辟[11]，且昔天子之地一圻，列国一同，自是以衰，今大国多数圻矣，若无侵小，何以至焉？”晋人曰：“何故戎服？”对曰：“我先君武、庄为平、桓卿士，城濮之役，文公布命曰：‘各复旧职。’命我文公戎服辅王，以授楚捷，不敢废王命故也。”士庄伯不能诘，复于赵文子。文子曰：“其辞顺，犯顺不祥。”乃受之。冬十月，子展相郑伯如晋拜陈之功。子西复伐陈，陈及郑平。仲尼曰：“志有之：‘言以足志，文以足言，不言，谁知其志？言之无文，行而不远。’晋为伯，郑入陈，非文辞不为功，慎辞也。”

今注

1　戎服将事：穿着军服来行礼。

2　昔虞阏父为周陶正：虞阏父是舜的后人，在周武王的时候他做陶正的官。

3　与其神明之后也：因为他是舜的后人。

4　庸以元女大姬配胡公：所以用武王的长女大姬许配给胡公满。

5　以备三恪：在周得天下以后，封舜及夏、殷二王的后人为三恪。

6　蔡人欲立其出：蔡国想立他所出的儿子陈厉公。此事见于鲁桓公五年。

7　我先君庄公奉五父而立之：五父是陈佗。

8　庄、宣：陈庄公同陈宣公全是厉公的儿子。

9　我是以有往年之告：就是所谓郑伯稽首请晋国准许他伐陈。

10　则有我东门之役：所以陈国就从楚国伐郑国都城东门。

11　各致其辟：就要他们犯了什么罪就按他的罪状给他诛杀。

今译

郑国子产献战利品到晋国去，并且穿着军服行礼。晋国人问他陈国有什么罪，他回答说："从前虞舜的子孙阏父，做了周朝的陶正，曾经服侍我们的先王，我们的先王嘉奖他所造的器具，于人有利，又因他是虞舜的后代，就把长女太姬许配给阏父的儿子胡公满，而且封他于陈，以表示对虞夏殷三朝后代三恪中的一个的尊敬。所以，陈国是我周朝的外甥，到如今还依赖周朝呢！陈桓公死后发生动乱，蔡人想立他女儿生的厉公，我先君庄公便送五父回陈国并立了他的君位，蔡人却又把他杀了，我先君不得已，又和蔡人一同立了厉公。一直到庄公、宣公，都是我国助他即位的。后来夏徵舒弑灵公的时候，灵公的儿子成公流离失所，又靠了我国才得以回国，这是你们都知道的。现在陈国忘掉周朝的大德，看轻我国的大恩，丢开姻亲不管，倚仗着楚国的兵众，来欺侮敝邑，又料不定它能做到什么地步，才算畅快。所以有去年请求伐陈的告禀，却又不得你们的允许，后来弄得有郑国都城东门的那次战役，陈兵经过的地方，井都塞掉，树林都被砍掉，敝邑非常害怕陈国大兵压境，羞辱了太姬的神灵。幸亏上天诱导我们的心，启发敝邑攻打陈国的念头。陈国也自己知道的罪了，向我们投降，所以才敢来献功的。"晋人问："为什么要侵略小国？"子产回答说："先王的命令，只要看有罪的所在，便可对他分别使用惩罚；而且从前天子的土地方圆一千里，诸侯的土地方圆一百里，从此以下便渐渐减少。如今大国的土地，多到方圆几千里，如果不是侵吞小国，怎么能到这地步呢？”晋人又问他说：“为什么要穿着军服来呢？”子产回答说：“我的先君武公、庄公，做了周朝平王、桓王的卿士，城濮战役后，晋文公发布命令，说：‘各人都回复旧职！’命令文公穿了军服辅佐周王，接受楚国的俘虏献给周王。今天我穿着军服也是不敢废王命的缘故呢！”士庄伯不能再诘问他，便回报到赵武那里。赵武说：“他的言辞顺理成章，触犯顺当的事，是不吉利的。”便接受了他奉献的战利品。冬天，十月，子展给郑伯相礼，到晋国去，拜谢晋国接受他们奉献的战胜陈国所得的战利品。子西又讨伐陈国，陈国同郑国就和平了。仲尼说：“古书上有过的：‘说话是用来表达志气的，文采是用来辅助表达的。倘若不说话，谁能知道他的志气呢？但是倘若文章缺乏文采，虽能表明心意，但不能流传于世。’晋国做了诸侯的霸主，郑国却敢兴兵入陈国都城，如果不是善于辞令，一定不会成功的。所以说话应该小心！”

传 **楚𫇭掩[1]为司马，子木使庀赋，数甲兵[2]。甲午，𫇭掩书土田[3]，度山林[4]，鸠薮泽[5]，辨京陵[6]，表淳卤[7]，数疆潦[8]，规偃猪[9]，町原防[10]，牧隰皋[11]，井衍沃[12]，量入修赋[13]，赋车籍马[14]，赋车兵[15]、徒卒[16]、甲楯之数[17]，既成以授子木，礼也。**

今注

1 𫇭掩：是𫇭子冯的儿子。

2 数甲兵：清点甲兵的数目。

3 书土田：写明土地所种植的物品。

4 度山林：估量山林木材。

5 鸠薮泽：鸠就是聚。聚成薮泽使人民不会破坏它，以备田猎的用处。

6 辨京陵：京是高的山，陵是比较低的山。

7 表淳卤：这是不容易种田的地方，表出之以减轻他的赋税。

8 数疆潦：疆界旁边有小水，可以减轻租税。

9 规偃猪：偃猪是下洼的地方，算计容纳水有多少。

10 町原防：在平地上看怎样设堤防。

11 牧隰皋：隰皋是水岸下湿地，为刍牧之用。

12 井衍沃：衍沃是又平又美的地方，可以做井田。

13 量入修赋：看收入的多少以备赋税的治理。

14 赋车籍马：用税收来购买车马。

15 赋车兵：看车上甲士有多少。

16 徒卒：步兵。

17 甲楯之数：盔甲同盾牌的数目。

今译

楚国蒍子冯的儿子蒍掩做司马，屈建使他整理赋税，清点甲兵的数目。甲午，蒍掩写上土地所种植的物品；度量山林的木材；聚集薮泽；辨别大山或小堆；标出不易种植的地方；数有小水沟的田地数目；计算湿洼的地方，用来贮水；在平地上看怎样设堤防；下湿的地方，为牧畜用；在平坦的地方，就划为井田。看收成多少，来定他的赋税，用税收来购买车马，清点甲士步卒还有盔甲及盾牌的数目，既成以后就交给屈建，这是合于礼的。

经 十有二月，吴子遏伐楚，门于巢，卒。

传 十二月，吴子诸樊伐楚，以报舟师之役，门于巢。巢牛臣曰："吴王勇而轻，若启之，将亲门，我获射之，必殪。是君也死，疆其少安。”从之。吴子门焉，牛臣隐于短墙以射之，卒。

今译

十二月，吴王诸樊进攻楚国，以报复舟师的战役，攻打巢门。巢牛臣就说：“吴王勇敢而轻敌，如果我们打开城门，他将亲自带头进门，我乘机用箭射他，他必定死。这个人若死了，边境可以安定。”于是就照他的办法，吴王进入城门，巢牛臣藏在短墙后面。射他，就死了。

传 楚子以灭舒鸠赏子木，辞曰：“先大夫蒍子之功也。”以与蒍掩。

今译

楚王因为灭了舒鸠就赏屈建，屈建就辞谢说：“这是我们先大夫蒍子冯的功劳。”楚康王就把这赏赐给蒍掩。

传 晋程郑卒，子产始知然明，问为政焉。对曰：“视民如子，见不仁者诛之，如鹰鹯之逐鸟雀也。”子产喜，以语子大叔，且曰：“他日吾见蔑[1]之面而已，今吾见其心矣。”子大叔问政于子产，子产曰：“政如农功，日夜思之，思其始而成其终，朝夕而行之，行无越思，如农之有畔[2]，其过鲜矣。”

今注

1 蔑：然明的名字。

2 农之有畔：农人耕地有次序。

今译

晋国程郑死了，子产方才明白然明的本领，就问他为政的方法。然明回答说：“对百姓像对自己的儿子一样。看见不仁的人，诛杀他，好像大鹰追逐小鸟。”子产很高兴，就把这些话告诉子大叔，并且说：

“我从前只看见他的面貌，我现在看见他的心了。”子大叔有一天问政于子产，子产说：“行政与耕田一样，日夜想着它，由它开始想起来，一直到它的终了，早晨到晚上去办理，细想然后再做，跟农人耕地有次序一样，这过错就很少了。”

传 卫献公自夷仪使与宁喜言，宁喜许之。大叔文子[1]闻之曰：“乌呼，《诗》所谓‘我躬不说，皇恤我后’者，宁子可谓不恤其后矣。将可乎哉？殆必不可。君子之行，思其终也，思其复也。《书》曰：‘慎始而敬终，终以不困。’《诗》曰：‘夙夜匪解，以事一人。’今宁子视君不如弈棋，其何以免乎？弈者举棋不定，不胜其耦，而况置君而弗定乎？必不免矣。九世之卿族，一举而灭之，可哀也哉。”

今注

1 大叔文子：即大叔仪。

今译

卫献公从夷仪的地方派人向宁喜请求回卫国，宁喜答应他。大叔仪听说了就说：“《诗经》所说我自己不能自主，又有什么工夫去念及后人，宁喜可以说不想着后人，这可以吗？想必不可以。君子的行为，必定想到末了可以成功，必定可以再做。逸书上说：‘谨慎地开始，恭敬地一直到末了，所以末了一定不会困难。’《诗经》上也说：‘早晚不敢懈怠，以侍奉一人。’现在宁喜看待国君还不如下棋，这还能够免除祸难吗？下棋的人举棋不定，就不能战胜对方，何况安置国君而不能决定呢？必不能免除祸难。他是九辈的卿族，一下子就被灭了，可悲啊。”

传 会于夷仪之岁，齐人城郏[1]，其五月，秦晋为成，晋韩起如秦莅盟，秦伯车如晋莅盟，成而不结。

今注

1 城郏：这是在鲁襄公二十四年。应该在二十五年。因为竹简破烂，所以抄在这儿。

今译

在夷仪会盟的那一年，齐国人修了周王的郏城，那年的五月，秦国同晋国订了和平，晋国韩起到秦国参加盟会，秦国的伯车到晋国去参加盟会，和平而不能团结。

卷十九　襄公五

襄公二十有六年（公元前五四七年）

传　二十六年春，秦伯之弟鍼如晋修成，叔向命召行人子员，行人子朱曰："朱也当御[1]。"三云，叔向不应。子朱怒曰："班爵同[2]，何以黜朱于朝？"抚剑从之[3]。叔向曰："秦晋不和久矣，今日之事幸而集[4]，晋国赖之；不集，三军暴骨。子员道二国之言无私，子常易之。奸以事君者，吾所能御也。"拂衣从之，人救之。平公曰："晋其庶乎[5]！吾臣之所争者大。"师旷曰："公室惧卑，臣不心竞而力争，不务德而争善，私欲已侈，能无卑乎？"

今注

1　朱也当御：我应当轮到做这个职位。

2　班爵同：同为大夫。

3　抚剑从之：按着宝剑追叔向。

4　幸而集：幸而能够成功。

5　晋其庶乎：晋国或者很能够治理了。

今译

二十六年春天，秦伯的弟弟鍼到晋国去重申盟好，叔向叫行人子员去答谢秦国的聘问。行人子朱说："我是值班的，应当去。"

说了三次，叔向不答应。子朱生了气说："职位级别相同，为什么在朝廷上使我降等？"就按着剑去追叔向。叔向就说："秦晋两国，久已不相和睦，今日的事情，侥幸能成功，晋国仰赖他，要是不能成功，打起仗来，三军将士就要暴露骨头。子员沟通两国的话没有私心，你却常常违背国君的原意。用邪恶来侍奉君的人，我是可以管理的。"叔向就牵着子朱衣服争吵起来，由旁人来劝解他们。晋平公说："晋国或者庶几能治理了！我的臣们所争的事情大。"师旷在旁边说："公室的地位恐怕要下降了，这两个人不能心竞而由力争，不务德行而自己说他所争的是对的，这是私欲已经很多了，公室的地位能够不下降吗？"

经 二十有六年春王二月辛卯，卫宁喜弑其君剽，卫孙林父入于戚以叛。甲午，卫侯衎复归于卫。

传 卫献公使子鲜为复[1]，辞。敬姒[2]强命之。对曰："君无信，臣惧不免。"敬姒曰："虽然，以吾故也。"许诺。初，卫公使与宁喜言。宁喜曰："必子鲜在，不然必败。"故公使子鲜，子鲜不获命于敬姒，以公命与宁喜言曰："苟反，政由宁氏，祭则寡人[3]。"宁喜告蘧伯玉，伯玉曰："瑗不得闻君之出，敢闻其入。"遂行，从近关出。告右宰穀[4]，右宰穀曰："不可。获罪于两君[5]，天下谁畜之？"悼子曰："吾受命于先人，不可以贰[6]。"穀曰："我请使焉而观之。"遂见公于夷仪，反曰："君淹恤在外十二年矣，而无忧色，亦无宽言，犹夫人也[7]。若不已，死无日矣。"悼子曰："子鲜在。"右宰穀曰："子鲜在何益？多而能亡，于我何为？"悼子曰："虽然，不可以已。"孙文子在戚，孙嘉聘于齐，孙襄[8]居守。二月庚寅，宁喜、右宰穀伐孙氏不克，伯国[9]伤。宁子出舍于郊[10]，伯国死，孙氏夜哭。国人召宁子，宁子复攻孙氏，克之。

辛卯，杀子叔[11]及大子角。书曰宁喜弑其君剽，言罪之在宁氏也。孙林父以戚如晋。书曰入于戚以叛，罪孙氏也。臣之禄，君实有之，义则进，否则奉身而退，专禄以周旋，戮也。甲午，卫侯入。书曰复归，国纳之也。大夫逆于竟者，执其手而与之言；道逆者自车揖之；逆于门者颔之而已[12]。公至，使让大叔文子曰："寡人淹恤在外，二三子[13]皆使寡人朝夕闻卫国之言，吾子独不在寡人。古人有言曰：'非所怨勿怨。'寡人怨矣。"对曰："臣知罪矣。臣不佞，不能负羁绁以从扞牧圉，臣之罪一也；有出者，有居者[14]，臣不能贰，通外内之言以事君，臣之罪二也。有二罪，敢忘其死？"乃行，从近关出，公使止之。

今注

1 子鲜为复：叫子鲜帮他回到卫国去。

2 敬姒：是卫献公同子鲜的生母。

3 政由宁氏，祭则寡人：政权全由宁喜来掌管，我只管祭祀。

4 右宰穀：卫大夫。

5 不可。获罪于两君：从前出卫献公，现在弑公孙剽。

6 不可以贰：不可以有二心。

7 犹夫人也：仍旧是那一种人。

8 孙嘉、孙襄：全是孙林父的儿子。

9 伯国：是孙襄。

10 宁子出舍于郊：宁喜就到郊外去住，预备逃奔的方便。

11 子叔：卫侯剽。

12 颔之而已：只是同他点点头。

13 二三子：他们诸位。

14 有出者，有居者：有出者是指卫献公，有居者是指公孙剽。

今译

卫献公叫他弟弟子鲜为自己谋求再登君位，子鲜辞谢不能够，他们的生母敬姒一定要子鲜答应。子鲜回答说：“国君没有信用，我怕办了之后不免于祸。”敬姒就说：“虽然如此，但是因为我的缘故，你还是去干吧。”子鲜答应了。当初，献公叫人跟宁喜说回国这件事。宁喜回答说：“必须是子鲜在场，不然，必定失败。”所以献公派遣子鲜，子鲜既然没有方法应付敬姒，就用献公的命令同宁喜说：“如果我返回卫国，政权由宁氏主管，我只管祭祀。”宁喜告诉蘧瑗。蘧瑗说：“我在君出去的时候没有参加，现在他回来了我怎敢参加呢？”蘧伯玉就从近的关口出去，走了。宁喜告诉右宰縠，右宰縠说：“不可以，得罪了两个国君，天下谁还能够容纳我们？”宁喜就说：“我受命于我的先人，不可以有二心。”右宰縠说：“请派我去看看。”就到夷仪去见献公。回来说：“君住在外面已经十二年，既没有忧愁的颜色，也没有宽容的话，仍旧是这么一个人。如果不停止这个复君计划，我们离死就没有几天了。”宁喜说：“子鲜在。”右宰縠说：“子鲜在有什么用处？顶多他自己能够逃亡在外，又能为我们做些什么呢？”宁喜说：“虽然如此，但是没有办法停止了。”这时候，孙林父在戚，他的儿子孙嘉出聘于齐国，另一个儿子孙襄守孙氏的家。二月庚寅，宁喜、右宰縠讨伐孙氏没能成功，可是孙襄受了伤，宁喜看见这种情形就住到郊外去，方便出奔。后来孙襄死了，孙氏夜里哭，贵族们召唤宁喜，宁喜又进攻孙氏，这回打败他。辛卯这天，杀卫侯剽同太子角。《春秋》记载说宁喜弑他的君剽，意思是罪过在宁氏。孙林父就以戚邑去投靠晋国。《春秋》上记载“孙林父入于戚以叛”，这是归罪于孙氏。凡是臣的俸禄，应该属于君，合道理则往前进，否则就保全身子自己退下，专仗着俸禄与君周旋，这是该杀头的。甲午这天，卫献公回到卫国。《春秋》记载说复归，表示本国人让他回去。大夫在边境上迎接的，献公就拉着手跟他说话；在道路上迎接的，卫献公就在车上向他作揖；在门口迎接的，只点点头而已。献公到了宫中以后，派人责让大叔仪说："寡人流亡在外，大夫们让我早晚听见卫国的消息，唯独你心不在我。古人说过话：'不应怨望的不要怨望。'寡人可是怨望了。"太叔文子回答说："我知道罪状了。我不才，不能够背着马笼头和缰绳跟着你从行，这是我罪状的第一条。有君在国外，有君在国内，下臣不能三心二意传递里外的消息，以侍奉你，这是我第二条罪状。有两条罪状，岂敢忘记一死？"于是就出走，从近的关口出国，卫献公派人阻止了他。

传 **卫人侵戚东鄙，孙氏诉于晋，晋戍茅氏[1]。殖绰[2]伐茅氏，杀晋戍三百人，孙蒯追之，弗敢击。文子曰："厉[3]之不如？"遂从卫师，败之圉[4]，雍钼[5]获殖绰，复诉于晋。**

今注

1 茅氏：是戚的东部。戚在今河北省濮阳县北七里，茅氏在戚城之东。

2 殖绰：本是齐人，现在卫国。

3 厉：恶鬼。

4 圉：今河北省濮阳县东有圉城。

5 雍钼：孙林父的家臣。

今译

卫国人因为孙林父以戚叛的缘故，侵略戚地的东部边境。孙林父就到晋国去求救，晋国就派军队去戍守茅氏。殖绰就讨伐茅氏，杀晋戍守的兵三百人。孙林父的儿子孙蒯追赶他，也不敢动手。孙林父就骂他说："你还不如一个厉鬼。"孙蒯被骂以后，就追逐卫国军队，在圉这地方打败他，孙林父的家臣雍钼逮着殖绰，又到晋国去告诉。

传 郑伯赏入陈之功，三月甲寅朔，享子展，赐之先路三命之服，先八邑。赐子产次路、再命之服，先六邑。子产辞邑曰：“自上以下，降杀以两，礼也。臣之位在四[1]，且子展之功也，臣不敢及赏礼，请辞邑。”公固予之，乃受三邑。公孙挥曰：“子产其将知政矣[2]，让不失礼。”

今注

1　臣之位在四：上卿是子展，次卿是子西，再下是良霄，后来又立子产为卿，所以说是第四位。

2　子产其将知政矣：子产恐怕将要掌政权了。

今译

郑伯赏诸臣攻入陈国的功劳，三月甲寅朔，设享礼招待子展，赐给他先路的车与三命的车服，然后又赏赐他八个城邑。又赏给子产次路的车与再命的车服，又赏赐他六邑，子产辞让城邑说：“由上而下，礼数以二的数目递减，这是合于礼的。我的位置在第四，并且这是子展的功劳，臣不敢接受赏礼，请辞让邑的赏赐。”郑伯非给不可，就收了三个邑。公孙挥就说：“子产恐怕将当政了，谦让而不失掉礼节。”

经 夏，晋侯使荀吴来聘。

传 晋人为孙氏故召诸侯，将以讨卫也。夏，中行穆子来聘，召公也[1]。

今注

1　召公也：召鲁襄公开澶渊的会。

今译

晋国人因为孙林父的缘故，召盟诸侯，预备讨伐卫国。夏天，晋国的荀吴来聘，是召鲁襄公去开会。

传 楚子、秦人侵吴，及雩娄[1]，闻吴有备而还，遂侵郑。五月，至于城麇[2]，郑皇颉[3]戍之，出与楚师战，败，穿封戌囚皇颉，公子围[4]与之争之，正于伯州犁。伯州犁曰："请问于囚。"乃立囚。伯州犁曰："所争君子也[5]，其何不知？"上其手曰："夫子为王子围，寡君之贵介弟也。"下其手曰："此子为穿封戌，方城外之县尹也。谁获子？"囚曰："颉遇王子弱焉[6]。"戌怒，抽戈逐王子围，弗及。楚人以皇颉归。印堇父[7]与皇颉戍城麇，楚人囚之以献于秦。郑人取货于印氏以请之，子大叔为令正[8]，以为请。子产曰："不获。受楚之功，而取货于郑，不可谓国，秦不其然。若曰：'拜君之勤郑国，微君之惠，楚师其犹在敝邑之城下。'其可。"弗从，遂行，秦人不予。更币，从子产，而后获之。

今注

1 雩娄：楚地，《一统志》说："在河南省商城县东南。"

2 城麇：《释地》说："在今河南西华县西境，为陈、郑境上邑，故云戍也。"

3 皇颉：郑大夫。

4 公子围：楚灵王。

5 所争君子也：争功的两人一个是王子围，一个是穿封戌，全不是小人。

6 颉遇王子弱焉：我遇见王子围失败了。

7 印堇父：郑大夫。

8 令正：做主辞令的官。

今译

楚康王和秦国人联兵去侵伐吴国，到了雩娄这地方，听得吴国已有防备了，便回来，顺便侵伐郑国。五月，到了城麇，有个郑大夫皇颉守在那里，出兵和楚军打仗，被打得大败。楚国的穿封戌拘拿住皇颉，公子围和他争功，要伯州犁主持公道，伯州犁说："问问囚虏便知道了！"便吩咐皇颉站在庭中，伯州犁说："争你的两个人都是君子，很容易认识的，你哪里会不知道呢？"便高举他的手指点王子围说："这个是王子围，是寡君的贵介弟呢。"又低着他的手指，点着穿封戌说："这个是穿封戌，是方城外的县尹，到底是哪个捉住你的？"那囚虏会意了，便说："我碰见了王子，败在他手中的。"穿封戌大怒，抽起戈来追赶王子围，没有追到，楚人便带了皇颉回国去。印堇父是和皇颉同守城麇的，楚人便一并囚着印堇父，献给秦国。后来，郑人便向印氏要出些财货来，去赎那印堇父。子太叔正做令正，为他们说出请求赎回的话。子产说："讨不回来的。秦国受了楚国献的俘虏，却私自得我郑国的财物，这不成体统，秦国一定不肯这样做的，如果说：'谢你君的关心我郑国，倘没有你君的暗中帮忙，恐怕楚军到现在还在敝邑的城下呢！'这样说法，那么可以了！"他们不听从，便到秦国去，秦人果然不允许。后来终究换了币帛，依着子产的话说，方才讨回印堇父。

经 公会晋人、郑良霄、宋人、曹人于澶渊。

经 晋人执卫宁喜。

传 六月，公会晋赵武、宋向戌、郑良霄、曹人于澶渊，以讨卫疆戚田[1]，取卫西鄙懿氏[2]六十以与孙氏。赵武不书，尊公也。向戌不书，后也。郑先宋，不失所也。于是卫侯会之，晋人执宁喜、北宫遗[3]，使女齐[4]以先归。卫侯如晋，晋人执而囚之于士弱氏[5]。

秋七月，齐侯、郑伯为卫侯故，如晋，晋侯兼享之。晋侯赋《嘉乐》[6]，国景子[7]相齐侯，赋《蓼萧》[8]，子展相郑伯，赋《缁衣》[9]。叔向命晋侯拜二君曰："寡君敢拜齐君之安我先君之宗祧也，敢拜郑君之不贰也。"国子使晏平仲私于叔向曰："晋君宣其明德于诸侯，恤其患而补其阙，正其违而治其烦，所以为盟主也。今为臣执君，若之何？"叔向告赵文子，文子以告晋侯。晋侯言卫侯之罪，使叔向告二君[10]。国子赋《辔之柔矣》[11]，子展赋《将仲子兮》[12]。晋侯乃许归卫侯。叔向曰："郑七穆，罕氏其后亡者也，子展俭而壹[13]。"

今注

1　疆戚田：划清戚的封疆。

2　懿氏：《一统志》说："在今河北濮阳县北五十七里。"

3　北宫遗：北宫括的儿子。

4　女齐：晋国司马侯。

5　士弱氏：晋国管理监狱的大夫。

6　《嘉乐》：《诗经·大雅》的一篇诗。

7　国景子：是国弱。

8　《蓼萧》：《诗经·小雅》的一篇诗。

9　《缁衣》：《诗经·郑风》的一篇诗。

10　告二君：将卫侯的罪状，就是他杀晋国的戍兵，告诉齐侯同郑伯。

11　《辔之柔矣》：逸诗。

12　《将仲子兮》：《诗经·郑风》的一篇诗。

13　子展俭而壹：子展是很勤俭而用心专一。

今译

六月，鲁襄公在澶渊会合晋国赵武、宋国向戌、郑国良霄、曹人，为的讨伐卫国并且划清戚的疆界，取卫国西边懿氏六十邑给孙林父。《春秋》上不写赵武，是因为尊重鲁襄公，也不写向戌，是因为他到得晚。记载郑国在宋国的前头，这是按他们到的先后。于是卫献公去开会，晋国人捕获了宁喜、北宫遗，使司马侯先送他们回晋国去。卫献公也到晋国去了，晋国人把他逮起来，囚到士弱氏的家中。秋七月，齐侯、郑伯为了卫献公也到晋国去。晋平公设享礼招待他们。晋平公赋《嘉乐》这篇诗。国弱为齐侯的相礼，赋《蓼萧》这篇诗，子展做郑伯的相礼，赋《缁衣》这篇诗。叔向要晋平公拜两位君说："晋国君拜谢齐国君的安定我国先君的宗祧，又拜谢郑国君没有二心。"国弱使晏婴私下同叔向说："晋国君在诸侯中宣布他的明德，怜恤他们的患难，而补正他们的阙失，纠正他们的违礼，治理他们的烦难，所以能做盟主。现在为孙林父而执卫侯，怎么办？"叔向告诉赵武，赵武转告晋侯。晋平公述说卫献公的罪状，使叔向转告两位国君。国弱赋《辔之柔矣》这篇诗，子展赋《将仲子兮》这篇诗。晋平公就答应送还卫献公。叔向又说："郑穆公的后代七个家族，罕氏大概是最后亡的一个，因为子展能够节俭而心志专一。"

经 秋，宋公杀其世子痤。

传 初，宋芮司徒[1]生女子，赤而毛，弃诸堤下。共姬[2]之妾，取以入，名之曰弃，长而美。平公入夕[3]，共姬与之食。公见弃也，而视之尤[4]。姬纳诸御，嬖，生佐[5]，恶而婉[6]。大子痤美而很[7]，合左师[8]畏而恶之。寺人惠墙伊戾[9]为大子内师而无宠。秋，楚客聘于晋，过宋，大子知之，请野享之，公使往，伊戾请从之。公曰："夫不恶女乎？"对曰："小人之事君子也，恶之不敢远，好之不敢近，敬以待命，敢有贰心乎？纵有共其外，莫共其内，臣请往也。"遣之，至则坎，用牲，加书徵之[10]，而骋告公曰："大子将为乱，既与楚客盟矣。”公曰：“为我子又何求？”对曰：“欲速[11]。”公使视之，则信有焉。问诸夫人与左师，则皆曰：“固闻之。”公囚大子。大子曰：“唯佐也能免我。”召而使请曰：“日中不来，吾知死矣。”左师闻之聒而与之语[12]，过期，乃缢而死。佐为大子。公徐闻其无罪也，乃亨伊戾。左师见夫人之步马者[13]，问之，对曰：“君夫人氏也。”左师曰：“谁为君夫人？余胡弗知？”圉人归以告夫人，夫人使馈之锦与马，先之以玉，曰：“君之妾弃使某献。”左师改命曰“君夫人”，而后再拜稽首受之。

今注

1 芮司徒：是宋大夫。

2 共姬：鲁国的伯姬。

3 平公入夕：平公是共姬的儿子，晚上去见他的母亲。

4 而视之尤：见着她很美。

5 佐：宋元公。

6 恶而婉：长得很难看，但是心中和顺。

7 大子痤美而很：大子痤长得美，而心很恶。

8 合左师：即向戌。

9 惠墙伊戾：惠墙是氏，伊戾是名字。

10 至则坎，用牲，加书徵之：到了以后就挖了一个坑，上面还有牛再加上盟誓的书来做证明。

11 欲速：意思是说赶紧得到君位。

12 聒而与之语：聒音锅。就故意多同他说话。

13 步马者：养马的。

今译

当初，宋大夫芮司徒生了一个女儿，满身皮肤是红色，又都是毛，就把她抛弃在堤下。宋共姬的侍妾看见了她，便抱她进去养着，取名叫弃。后来长大了，容貌很美丽。平公到母亲那里去请晚安，共姬让他吃些食物，平公就看见了弃，细看，觉得漂亮极了。共姬就叫弃去服侍宋平公，很是得宠。生个儿子名叫佐，相貌虽不好，心地却很和顺。平公的太子叫痤，相貌虽好，心地狠毒，合左师既怕他，又厌恶他。有个太监惠墙名伊戾，做了太子宫内的教师，却是并不受宠信。秋天，有个楚客到晋国去聘问，经过宋国，太子痤素和楚客交好，请求宋公说要在郊外请他吃一顿。宋平公答应了，叫他前去。伊戾请求跟去，平公说："太子不是厌恶你么？"伊戾回答说："小人服侍君子，被讨厌不敢远离，被喜欢不敢亲近，只是很恭敬地侍候他，敢有什么二心么？太子那里纵然有人在外边服务，也没有人在里边服务，下臣请求前去。"宋平公便派他同去。伊戾到了那里就挖坑，把盟书放在牲口身上以证明，做出太子要谋乱的见证来，便立刻骑马回来，告诉平公说："太子将要作乱了，已经和楚客订了盟约。"平公说："太子是我的儿子，这君位早晚是他的，他还要求什么呢？"伊戾回答说："他想快点取得君位啊！"平公便派人去看，果然有的，就问夫人和左师，他们也都说："的确听到过。"平公便把太子拘禁起来。太子说："只有佐能够救我。"便叫人去请他来，说："如果过了中午还不来，我便知道一定要死了。"左师听到这事，故意和佐谈话，使他误过中午。过了中午，太子痤便自己吊死。佐就做了太子。平公后来慢慢听说太子并没有罪，就烹死伊戾。左师有一天看到替夫人调练马的马夫，就问他是什么人，那人回答说："我是君夫人家的人。"左师说："谁是君夫人，我怎么不知道呢？"养马的人回去，便把这话告诉夫人，夫人就派人送给左师缎帛和马，先送玉去说："国君的妾名弃的，派某人献进。"左师便吩咐派来的人改称君夫人，然后方才拜两拜，磕头收受。

传 郑伯归自晋，使子西如晋聘，辞曰：“寡君来烦执事，惧不免于戾[1]，使夏[2]谢不敏。”君子曰善事大国。

今注

1 不免于戾：恐怕不免于得罪大国。

2 夏：子西的名字。

今译

郑伯从晋国回到郑国，叫公孙夏到晋国聘问，就说：“寡君又来麻烦执事，恐怕失敬大国而不免于罪戾，特派夏来表示歉意。”君子说这很善于侍奉大国。

传 初，楚伍参与蔡太师子朝友，其子伍举与声子[1]相善也。伍举娶于王子牟，王子牟为申公而亡，楚人曰伍举实送之，伍举奔郑，将遂奔晋。声子将如晋，遇之于郑郊，班荆相与食而言复故[2]。声子曰：“子行也，吾必复子。”及宋，向戌将平晋楚，声子通使于晋。还如楚，令尹子木与之语，问晋故焉[3]，且曰：“晋大夫与楚孰贤？”对曰：“晋卿不如楚，其大夫则贤，皆卿材也。如杞、梓、皮革自楚往也。虽楚有材，晋实用之[4]。”子木曰：“夫[5]独无族姻乎？”对曰：“虽有而用楚材实多，归生[6]闻之，善为国者赏不僭而刑不滥。赏僭则惧及淫人，刑滥则惧及善人。若不幸而过，宁僭无滥。与其失善，宁其利淫，无善人则国从之[7]。《诗》曰：‘人之云亡，邦国殄瘁[8]。’无善人之谓也。故《夏书》曰：‘与其杀不辜，宁失不经[9]。’惧失善也。《商颂》有之曰：‘不僭不滥，不敢怠皇，命于下国，封建厥福[10]。’此汤所以获天福也。古之治民者劝赏而畏刑，恤民不倦，赏以春夏，刑以秋冬。是以将赏为之加膳，加膳则饫赐[11]，此以知其劝赏也。将刑为之不举，不举则彻乐[12]，此以知其畏刑也。夙兴夜寐，朝夕临政，此以知其恤民也。三者礼之大节也，有礼无败。今楚多淫刑，其大夫逃死于四方而为之谋主，以害楚国，不可救疗，所谓不能也[13]。子仪之乱，析公奔晋[14]，晋人寘诸戎车之殿[15]，以为谋主。绕角之役[16]，晋将遁矣。析公曰：‘楚师轻窕，易震荡也。若多鼓钧声，以夜军之，楚师必遁。’晋人从之，楚师宵溃，晋遂侵蔡，袭沈，获其君，败申息之师于桑隧，获申丽而还。郑于是不敢南面，楚失华夏，则析公之为也。雍子之父兄谮雍子，君与大夫不善是也[17]，雍子奔晋。晋人与之鄐，以为谋主。彭城之役，晋楚遇于靡角之谷[18]，晋将遁矣，雍子发命于军曰：‘归老幼，反孤疾，二人役，归一人，简兵蒐乘[19]，秣马蓐食[20]，师陈焚次，明日将战，行归者而逸楚囚。’楚师宵溃，晋降彭城而归诸宋，以鱼石归[21]。楚失东夷，子辛死之，则雍子之为也。子反与子灵[22]争夏姬，而雍害其事[23]，子灵奔晋，晋人与之邢，以为谋主。扞御北狄，通吴于晋，教吴叛楚，教之乘车射御驱侵，使其子狐庸为吴行人焉，吴于是伐巢、取驾、克棘，入州来，楚罢于奔命，至今为患，则子灵之为也。若敖之乱[24]，伯贲之子贲皇奔晋，晋人与之苗，以为谋主。鄢陵之役[25]，楚晨压晋军而陈，晋将遁矣。苗贲皇曰：‘楚师之良在其中军王族而已，若塞井夷灶成陈以当之，栾、范易行以诱之[26]，中行、二郤必克二穆[27]，吾乃四萃于其王族，必大败之。’晋人从之，楚师大败，王夷师熸[28]，子反死之，郑叛吴兴，楚失诸侯，则苗贲皇之为也。”子木曰：“是皆然矣。”声子曰：“今又有甚于此。椒举娶于申公子牟，子牟得戾而亡，君大夫谓椒举女实遣之，惧而奔郑，引颈南望曰：‘庶几赦余[29]。’亦弗图也[30]，今在晋矣。晋人将与之县以比叔向，彼若谋害楚国，岂不为患？”子木惧，言诸王益其禄爵而复之。声子使椒鸣[31]逆之。

今注

1 伍举与声子：伍举是椒举。声子是蔡太师子朝的儿子。

2 班荆相与食而言复故：他们二人坐在地上吃饭，而商量回楚国的事情。

3 问晋故焉：打听晋国的事情。

4 虽楚有材，晋实用之：楚国虽然有人才，晋国用他们。

5 夫：指晋国。

6 归生：声子的名字。

7 无善人则国从之：若没有好人，这个国家必定要亡了。

8 人之云亡，邦国殄瘁：这是《诗经·大雅》的诗。意思说这人若死了，全国也糟了。

9 与其杀不辜，宁失不经：夏朝逸书。与其杀了冤枉的人，宁可失去刑法。

10 不僭不滥，不敢怠皇，命于下国，封建厥福：赏也不敢多，刑法也不敢滥，不敢懈怠，命令着各国，使他们全有福气。

11 加膳则饫赐：加膳就赏赐以下的人。

12 不举则彻乐：不举盛宴的，就撤掉音乐。

13 所谓不能也：因为楚国不能用他的才干。

14 子仪之乱，析公奔晋：在鲁文公十四年。

15 寘诸戎车之殿：把他安置到戎车的后面。

16 绕角之役：在鲁成公六年。

17 君与大夫不善是也：楚国的君同大夫，不分别他的曲直。

18 晋楚遇于靡角之谷：在鲁成公十八年。

19 简兵蒐乘：精选军队，检查车辆。

20 秣马蓐食：喂了马而军队于夜间吃饭。

21 晋降彭城而归诸宋，以鱼石归：在襄公元年。

22　子灵：巫臣。

23　雍害其事：子反亦雍害巫臣，使他不能娶夏姬。

24　若敖之乱：在鲁宣公四年。

25　鄢陵之役：在鲁成公十六年。

26　栾、范易行以诱之：栾氏同范氏用家兵来引诱楚军。

27　中行二郤必克二穆：中行偃佐上军，二郤指郤锜，他是将上军，郤至佐新军，这上军同新军联合起来，必定打败子重、子辛的军队。因为他们全是楚穆王的后人。

28　王夷师熸：楚共王被射伤，楚军全打败。

29　庶几赦余：希望楚国赶紧赦免我。

30　亦弗图也：而楚国也不注意到这点。

31　椒鸣：是伍举的儿子。

今译

当初，楚国的伍参与蔡国的太师子朝友好，而他们的儿子伍举和声子很要好。伍举娶了王子牟的女儿，王子牟为申公而逃亡，楚国人说伍举实在送他出国的。伍举逃到郑国，准备择机逃去晋国。声子将到晋国去，两人在郑国郊外碰见了，坐在草地上聚餐，而商量将来回楚国的事。声子说："你去吧！我必定叫你回来。"到了宋国，宋国的向戌准备调解晋国和楚国的关系，使晋楚和平，声子出使晋国，回到楚国，楚令尹屈建跟他说话，问晋国的情况，并且问："晋国的大夫与楚国的大夫哪一国较多贤才？"声子回答说："晋国的卿不如楚国，他的大夫贤才很多，全多是卿的才干。如同杞、梓、皮革全都来自楚国。虽然楚国有人才，却是晋国在使用他们。"屈建就说："晋国都没有同宗和亲戚吗？"声子回答说："虽然有，而用的楚国才干很多。我声子听说，善于治理国家的人，赏赐不过分，而刑也不滥。赏赐过分就怕赏到坏人，刑滥的就怕伤到了善人。若不幸过分了，宁可赏得过分，而刑不要滥，与其失掉善人，宁可利于坏人，没有善人这国家就会亡了。《诗经·大雅》说：‘善人亡了，邦国全都毁了。’这是说没有善人。所以《夏书》说：‘与其杀害无罪的，宁可对罪人失于刑罚。’这就是怕失去好人。《商颂》也有这句话：‘不过分不滥用，不敢懈怠自宽暇，向下国发布命令，使他们全有福禄。’这就是成汤所以得到上天赐福的原因。古代的治理人民的人，乐于赏赐，而畏惧刑罚。不倦地怜恤人民，赏在春夏，刑是在秋冬。所以将赏赐的时候就加膳，加膳就赏赐属下，是以知道他乐于赏赐。将行刑就不设盛宴，不设盛宴就撤除音乐，这就知道他畏惧刑罚。早起晚睡，日夜亲临办理国事，所以知道他是怜恤人民。这三件事全是礼的大节，有礼就不会失败。现在楚国滥用刑罚，它的大夫们逃命到四方，去做谋主，来谋害楚国，没有方法救治，这也是我所谓楚国人不能用人才。子仪的乱事，析公逃奔到晋国，晋国人把他安置在晋侯战车的后面，以他做谋主。绕角战役，晋国本来已经要逃走了，析公就说：‘楚国军队很轻佻，容易受震荡。如果打鼓发出同样的声音，夜里全军进攻，楚国军队必定逃走。’晋国人果然听从他的话，楚国军队夜里就逃走了。晋国人于是侵略蔡国，偷袭沈国，捕获沈国的君，在桑隧打败申国和息国的军队，获得申丽，晋国军才回国。郑国于是不敢向南与楚国联合，楚国失去了中原，这都是析公的作为啊。雍子的父兄说雍子的坏话，楚王与大夫们不加分析，赞同他的话，雍子逃到晋国去。晋人给他鄐的地方，叫他做谋主。在彭城战役中，晋楚两国军队在靡角之谷相遇，晋国又要逃走了，雍子在军中发命令说：‘把老幼全送回去，送回孤儿同有病的人，一家有二个人出征的就派一个人回去，精选步卒，检查车辆，给马早点吃草，军队也早点吃，摆起阵来，烧毁帐篷，明天将决战，叫回去的人全走，而把楚国的囚犯也放了。’楚国军队夜里就崩溃了。晋国把彭城降服而归还给宋国，只带了鱼石回到晋国去。楚国丢掉东夷，而子辛为此战而阵亡，这全是雍子的作为。令尹子反与巫臣争夺夏姬，使巫臣不能要夏姬，巫臣逃奔到晋国去，晋人给他邢的地方，叫他做谋主。抵御北狄，使吴国同晋国通好，教给吴人反叛楚国，教吴国用车战，驾车射箭，让他儿子狐庸在吴国做行人官，吴国于是伐巢、取驾、克棘，进入州来，楚国疲于奔命，到现在，吴国还是楚国的祸患，这就是巫臣的作为。若敖的乱事，伯贲的儿子贲皇逃奔到晋国，晋人给他苗这地方，使他做谋主。鄢陵战役，楚国军队早晨就逼近晋军并摆成阵势，晋国军队就要逃走，苗贲皇说：‘楚国军队的精锐只在他中军王族而已，如果堵塞井，拆了灶摆成阵势来抵挡他，栾、范两军用家兵来引诱他，中行偃同郤锜、郤至的军队来攻打子重、子辛的军队，必然取胜，四面来包围他的王族的军队，必定打败他。’晋国军队听从他的建议，楚军大败，君王受伤，军队全毁了，子反死了，郑国叛了楚国，吴国兴起，楚国失掉诸侯，这就是苗贲皇的作为。”屈建就说：“这全不错。”声子又说：“现在有比这更厉害的。椒举娶了申公子牟的女儿，子牟得罪逃离楚国。国君和大夫们全说椒举你是送他走的，椒举害怕就逃到郑国去了，他伸长脖子望着南边说：‘也许可以赦了我。’而楚国人不以他为意，现在他到了晋国了。晋人将把县地封给他，以和叔向一样，他若想着谋害楚国，岂不是患难吗？”屈建害怕了，对楚王说加上椒举的俸禄和爵位而使他回国。声子就使伍举的儿子椒鸣去迎接他。

经 八月壬午，许男宁卒于楚。

经 冬，楚子、蔡侯、陈侯伐郑。

经 葬许灵公。

传 许灵公如楚请伐郑，曰："师不兴，孤不归矣。"八月，卒于楚。楚子曰："不伐，郑何以求诸侯？"冬十月，楚子伐郑，郑人将御之。子产曰："晋楚将平，诸侯将和，楚王是故昧于一来[1]，不如使逞而归，乃易成也。夫小人之性衅于勇，啬于祸，以足其性而求名焉者，非国家之利也，若何从之？"子展说，不御寇。十二月乙酉，入南里[2]，堕其城，涉于乐氏[3]，门于师之梁[4]，县门发，获九人焉，涉汜而归。而后葬许灵公。

今注

1 楚王是故昧于一来：就这原因，楚王就冒昧地来攻郑国。

2 南里：郑邑，今河南省新郑县南五里。

3 乐氏：《汇纂》说："今河南省新郑县境，洧水济渡处。"

4 师之梁：郑国城门。

今译

许灵公到楚国去请求伐郑国，他说："楚国军队若不出，我就不回许国去。"八月，他就死在楚国。楚王说："要不讨伐郑国，怎么样能够求得诸侯的到来？"冬十月，楚王讨伐郑国，郑国人想抵抗他。子产说："晋国同楚国将和平，诸侯们也将和平相处，楚王冒昧地来攻，不如使他快意回去，就容易讲和了。小人因血气而动，自取祸败，只为了逞性求名，这不符合国家的利益，怎么可以听从他们？"子展听了这话很高兴，不抵抗楚国。十二月乙酉这天，楚军进入南里，拆毁城池，从乐氏渡过洧水，攻打郑国都城的城门师之梁，郑人放下内城闸门坚守，楚人逮着郑国九个人，就渡过汜水而回到楚国，然后给许灵公下葬。

传 卫人归卫姬于晋，乃释卫侯，君子是以知平公之失政也。

今译

卫国把他女儿嫁给晋国，于是晋平公就释放卫献公，君子现在明白了，晋平公已失去了为政之道。

传 晋韩宣子聘于周，王使请事[1]，对曰："晋士起将归时事于宰旅，无他事矣。"王闻之曰："韩氏其昌阜于晋乎，辞不失旧。"

今注

1　王使请事：问为什么来聘问。

今译

晋国的韩起到成周去聘问，周王问他为什么来聘问，他回答说："晋国的士起前来向宰旅奉献贡品，没有旁的事。"周王听了说："韩氏在晋国恐怕要昌盛了，他的文辞不失掉旧样子。"

传 齐人城郏之岁[1]，其夏，齐乌余[2]以廪丘[3]奔晋，袭卫羊角[4]，取之，遂袭我高鱼[5]，有大雨，自其窦[6]入，介于其库[7]，以登其城，克而取之，又取邑于宋。于是范宣子卒，诸侯弗能治也。及赵文子为政，乃卒治之。文子言于晋侯曰："晋为盟主，诸侯或相侵也，则讨而使归其地。今乌余之邑皆讨类也，而贪之，是无以为盟主也，请归之。"公曰："诺。孰可使也？"对曰："胥梁带[8]，能无用师。"晋侯使往。

今注

1　城郏之岁：在鲁襄公二十四年。

2　乌余：是齐大夫。

3　廪丘：《一统志》说："今山东范县东南七十里，有义东堡，即古廪邱。"

4　羊角：据《山东通志》说："在今山东范县东南七十里，与廪邱相近。"

5　高鱼：《汇纂》说："在今山东郓城西境之高鱼乡。"

6　窦：因为天下雨，水窦门开着。

7　介于其库：到高鱼的库中，拿甲胄穿起来。

8　胥梁带：是晋大夫。

今译

齐国人在郏地筑城那一年，夏天，齐大夫乌余带着廪丘这地方奔逃到晋国，他又偷袭卫国的羊角，占领它，又偷袭鲁国的高鱼，这天正赶上大雨，他就从高鱼的水道进城，到高鱼的武器库中，穿上盔甲，登上城墙，就占领它，又占领宋国的一个城。这时候士匄死了，诸侯也没有方法惩治乌余。到了赵武掌握政权以后，就治理这件事。赵武对晋平公说："晋国是盟主，诸侯互相侵害，就讨伐他们，让他们退还侵夺的地方。现在乌余所有的城邑，皆属于该追讨这一类，而晋国贪图他们，这就不能做盟主了，请归还给他们。"晋平公说："好吧！但是谁可以做使者呢？"回答说："胥梁带这人能够，不必用军队。"晋平公就派胥梁带办理。

襄公二十有七年（公元前五四六年）

传　二十七年春，胥梁带使诸丧邑[1]者具车徒以受地，必周[2]，使乌余具车徒以受封[3]。乌余以众出[4]，使诸侯伪效乌余之封者[5]而遂执之，尽获之，皆取其邑而归诸侯。诸侯是以睦于晋。

今注

1　诸丧邑：就是齐、鲁、宋各国丢掉的城邑。

2　必周：必定很秘密的。

3　具车徒以受封：预备车辆以便受封地。

4　乌余以众出：乌余领着军队全出来。

5　使诸侯伪效乌余之封者：使诸侯们假拿着些城邑来封乌余。

今译

二十七年春天，晋国的胥梁带叫所有丢掉城邑的国家准备好车辆和士兵来接受土地，但是行动必定要周密。另外使乌余预备了车辆来接受封邑。乌余听了，就带他的徒众出来接受封邑，使齐、鲁、宋各诸侯假装把土地送给乌余。趁其不备，就把乌余的人全都逮捕，并取了他全部的封邑还给各诸侯。诸侯们因此对于晋国很亲睦。

经　二十有七年春，齐侯使庆封来聘。

传　齐庆封来聘，其车美。孟孙谓叔孙曰："庆季[1]之车，不亦美乎？"叔孙曰："豹闻之，服美不称，必以恶终。美车何为？"叔孙与庆封食，不敬，为赋《相鼠》[2]，亦不知也。

今注

1　庆季：即庆封。

2　《相鼠》：《诗经·鄘风》的一篇诗，意思是说相鼠有皮，人而无仪，人而无仪，不死何为？

今译

齐国的庆封来鲁国聘问，他乘的车辆很美，孟孙就对叔孙说："庆封的车辆，不也很美吗？"叔孙说："我听见说过，车服美到和他的为人不相称，必然得到恶果，车美有什么用呢？"叔孙便设宴招待庆封，庆封表现得不恭敬，叔孙为他赋《相鼠》这篇诗，他也不懂。

经　夏，叔孙豹会晋赵武、楚屈建、蔡公孙归生、卫石恶、陈孔奂、郑良霄、许人、曹人于宋。

经　卫杀其大夫宁喜。

经　卫侯之弟鱄出奔晋。

传　卫宁喜专，公患之，公孙免余[1]请杀之，公曰："微宁子不及此[2]，吾与之言矣[3]。事未可知，只成恶名，止也。"对曰："臣杀之，君勿与知。"乃与公孙无地、公孙臣[4]谋，使攻宁氏，弗克，皆死[5]。公曰："臣也无罪，父子死余矣[6]。"夏，免余复攻宁氏，杀宁喜及右宰榖，尸诸朝。石恶将会宋之盟，受命而出，衣其尸，枕之股而哭之，欲敛以亡，惧不免，且曰受命矣，乃行。子鲜曰："逐我者出[7]，纳我者死[8]，赏罚无章，何以沮劝？君失其信，而国无刑，不亦难乎？且鱄实使之[9]。"遂出奔晋，公使止之不可，及河，又使止之，止使者而盟于河，托于木门[10]，不乡卫国而坐。木门大夫劝之仕，不可曰："仕而废其事，罪也；从之，昭吾所以出也，将谁诉乎？吾不可以立于人之朝矣。"终身不仕。公丧之如税服终身。公与免余邑六十，辞曰："唯卿备百邑，臣六十矣，下有上禄，乱也。臣弗敢闻，且宁子唯多邑故死，臣惧死之速及也。"公固与之，受其半，以为少师，公使为卿，辞曰："大叔仪不贰，能赞大事，君其命之。"乃使文子为卿。

今注

1　公孙免余：卫大夫。

2　微宁子不及此：要不是宁喜，我不能够回国。

3　吾与之言矣：我已经跟他说过政由宁氏的话。

4　公孙无地、公孙臣：全是卫大夫。

5　弗克，皆死：没能攻下，公孙无地同公孙臣全战死。

6　父子死余矣：在卫献公出亡在齐国时，公孙臣的父亲也为孙林父所杀。

7　逐我者出：指孙林父。

8　纳我者死：指宁喜。

9　且鱄实使之：并且鱄实在使宁喜迎卫献公回国。

10　木门：《汇纂》引《穀梁传》说："织絇邯郸。则木门当在今河北邯郸县境。"

今译

卫国宁喜专权，卫献公深以为忧，公孙免余请把他杀掉，献公说："要不是宁喜，我不会返回卫国，我曾经跟他说过，政权由宁氏来掌。杀他的事没有把握一定成功，只得到恶的名誉，不如停止吧。"免余回答说："我把他杀掉，你当作不知道好了。"就与公孙无地、公孙臣谋划，让他们攻打宁氏家，没有成功，全都死了。卫献公说："公孙臣没有罪，他父子两个人全都为我死了。"夏天，免余又攻宁氏，杀了宁喜同右宰穀，把他们的尸首全摆在朝上。石恶将到宋国去开会，已经受了命令预备走了，就用衣服覆盖宁喜尸体，又把宁喜的尸首枕到腿上，哭了一阵，想着等到入殓以后再逃亡，又害怕不能免于祸难，姑且说已经受了命令了，就去开会。献公的弟弟子鲜说："驱逐我的孙林父，他出奔到晋国去，迎接我回国的宁喜可是死了，赏罚没有规章，怎么样可以惩恶劝善呢？君失掉信用，而国家没有刑赏，这不是很难吗？并且我鱄实在使宁喜纳君回来。"就出逃到晋国，献公派人拦住他，他不肯留下，到了黄河，又使人拦阻他，他不让使者前进，而在黄河上盟誓说再不回来，住在晋国的木门，不向着卫国的方向而坐。木门的大夫劝他出仕，他不同意说："做官而废弃自己的职责，这是罪恶的；要尽自己的职责，这就是宣扬我逃亡的原因。这还告诉谁呢？我不可以立在旁人的朝上。"终身不做官。献公以他的出走等于丧事，穿着丧服一辈子。献公给免余邑六十，他辞让说："卿可有一百邑，我已经有六十个了，在下的人有在上的人的俸禄，这是乱事，我不敢知道这件事，并且宁喜因为邑很多，所以死了，我很怕死来得快。"献公非给他不可，就接受了一半，叫他做少师。献公又让他做卿，他辞谢说："大叔仪没有二心，能佐理大事情，你何不命令他做。"就让大叔仪做卿。

经 秋七月辛巳，豹及诸侯之大夫盟于宋。

传 宋向戌善于赵文子，又善于令尹子木，欲弭诸侯之兵以为名[1]，如晋告赵孟，赵孟谋于诸大夫。韩宣子曰："兵，民之残也，财用之蠹[2]，小国之大灾也。将或弭之，虽曰不可，必将许之。弗许，楚将许之，以召诸侯，则我失为盟主矣。"晋人许之。如楚，楚亦许之。如齐，齐人难之，陈文子曰："晋楚许之，我焉得已？且人曰弭兵，而我弗许，则固携吾民矣，将焉用之？"齐人许之。告于秦，秦亦许之，皆告于小国为会于宋。五月甲辰，晋赵武至于宋。丙午，郑良霄至。六月丁未朔，宋人享赵文子，叔向为介，司马置折俎[3]，礼也。仲尼使举是礼也，以为多文辞。戊申，叔孙豹、齐庆封、陈须无、卫石恶至。甲寅，晋荀盈从赵武至。丙辰，邾悼公至。壬戌，楚公子黑肱先至[4]，成言于晋。丁卯，宋戌[5]如陈，从子木成言于楚。戊辰，滕成公至。子木谓向戌，请晋楚之从交相见也。庚午，向戌复于赵孟，赵孟曰："晋、楚、齐、秦匹也，晋之不能于齐，犹楚之不能于秦也。楚君若能使秦君辱于敝邑，寡君敢不固请于齐。"壬申，左师复言于子木，子木使驲谒诸王。王曰："释齐、秦，他国请相见也。"秋七月戊寅，左师至。是夜也，赵孟及子皙[6]盟以齐言。庚辰，子木至自陈，陈孔奂、蔡公孙归生至，曹许之大夫皆至，以藩为军，晋楚各处其偏[7]。伯夙[8]

谓赵孟曰："楚氛甚恶，惧难。"赵孟曰："吾左还入于宋[9]，若我何？"辛巳，将盟于宋西门之外，楚人衷甲[10]。伯州犁曰："合诸侯之师以为不信，无乃不可乎？夫诸侯望信于楚，是以来服。若不信，是弃其所以服诸侯也。"固请释甲。子木曰："晋楚无信久矣，事利而已，苟得志焉，焉用有信？"大宰[11]退，告人曰："令尹将死矣，不及三年。求逞志而弃信，志将逞乎？志以发言，言以出信，信以立志，参以定之[12]，信亡，何以及三？"赵孟患楚衷甲，以告叔向。叔向曰："何害也？匹夫一为不信，犹不可，单毙其死，若合诸侯之卿以为不信，必不捷矣。食言者不病[13]，非子之患也。夫以信召人，而以僭济之，必莫之与也，安能害我？且吾因宋以守病，则夫能致死，与宋致死[14]，虽倍楚可也，子何惧焉？又不及是。曰弭兵以召诸侯，而称兵以害我，吾庸多矣，非所患也。"季武子使谓叔孙以公命曰："视邾、滕。"既而齐人请邾，宋人请滕，皆不与盟。叔孙曰："邾、滕人之私也，我列国也，何故视之？宋、卫吾匹也。"乃盟。故不书其族，言违命也。晋楚争先[15]，晋人曰："晋固为诸侯盟主，未有先晋者也。"楚人曰："子言晋楚匹也，若晋常先，是楚弱也，且晋楚狎主诸侯之盟也久矣，岂专在晋？"叔向谓赵孟曰："诸侯归晋之德只，非归其尸盟也。子务德，无争先。且诸侯盟，小国固必有尸盟者，楚为晋细，不亦可乎[16]？"乃先楚人。书先晋，晋有信也。壬午，宋公兼享晋楚之大夫，赵孟为客[17]，子木与之言，弗能对，使叔向侍言焉，子木亦不能对也。乙酉，宋公及诸侯之大夫盟于蒙门之外[18]。子木问于赵孟曰："范武子[19]之德如何？"对曰："夫子之家事治，言于晋国无隐情，其祝史陈信于鬼神无愧辞。"子木归以语王，王曰："尚矣哉！能歆神人，宜其光辅五君[20]以为盟主也。"子木又语王曰："宜晋之伯也，有叔向以佐其卿，楚无以当之，不可与争。”晋荀盈遂如楚莅盟。

今注

1　欲弭诸侯之兵以为名：想着使诸侯军队停止打仗，以获得安息人民的名誉。

2　财用之蠹：蠹是害虫名。这是损害财物的害虫。

3　折俎：享卿的宴法。

4　楚公子黑肱先至：因为楚国令尹屈建到陈国去，所以公子黑肱先来。

5　宋戌：宋国向戌。

6　子皙：公子黑肱。

7　晋楚各处其偏：晋国在北部，楚国在南部。

8　伯夙：荀盈。

9　吾左还入于宋：我往左边就可以进到宋国都城里。

10　楚人衷甲：楚国人把甲穿在衣服里面。

11　大宰：伯州犁。

12　参以定之：志、言、信三者全定轨，然后身体可以安存。

13　食言者不病：无信之人不能害人，只会害己。

14　与宋致死：宋人因为地主的关系必定齐力帮助我们。

15　晋楚争先：争着先喝血酒。

16　楚为晋细，不亦可乎：楚国为晋国办理细事，不也可以吗？

17　赵孟为客：赵武做主客。

18　蒙门之外：蒙门是宋国都城的城门。

19　范武子：士会。

20　宜其光辅五君：五君是指晋文公、晋襄公、晋灵公、晋成公、晋景公。

今译

宋左师向戌和晋国的赵武要好，和楚国的令尹屈建也很要好，想要联合晋楚两国，息灭诸侯的兵事，借此成就自己的名声。便到晋国去把这意思告诉赵武，赵武和众大夫商量。韩宣子说：“战争原是残害人民的，又是耗财的蠹虫，是小国的大灾殃呢！如今向戌想要停息兵事，虽明知兵事不能久息，但也不可不允许他。如果我们不允许他，楚国倒要允许他了，它若借此号召起诸侯来，那么我国要失掉盟主的资格了。”晋人便答应了他。向戌再到楚国去，楚人也答应了他。向戌到齐国去，齐人感到为难，陈须无说：“晋国、楚国已经答应，我们安能不答应？而且别人说消灭战争，我们若不答应，就使我们人民离心，以后如何使用他们呢？”齐国人就答应了。去告诉秦国，秦国也答应，这四个大国分别告诉各小国，到宋国去开会。五月甲辰这天，晋国赵武到宋国都城。丙午，郑国良霄也到了。六月初一丁未，宋国人设享礼招待赵武，叔向做相礼的，宋国司马把煮熟的肉切成碎块，放在盘子里，这是合于礼的。孔子使弟子记录这次享宴之礼，以为宾主都长于辞令，值得取法。戊申这天，鲁国的叔孙豹、齐国的庆封同陈须无、卫国的石恶全都来到。甲寅这天，晋国荀盈跟随赵武也来了。丙辰这天，邾国的悼公也来了。壬戌这天，楚公子黑肱先到，与晋国订立盟誓。丁卯这天，宋国向戌到陈国去，同楚国令尹屈建订立盟约。戊辰这天，滕国成公来了。屈建对向戌说，请属晋、楚的诸侯互相见面。庚午这天，向戌报告赵武，赵武说：“晋、楚、齐、秦是地位相等的国家，晋国的不能干涉齐国，犹楚国也不能干涉秦国一样。楚国国君若能使秦国国君到晋国来，我们晋国的国君，敢不尽力地要求齐国到楚国去朝见。”壬申这天，向戌回复了屈建，屈建派传车告诉楚王。楚王说：“除了齐、秦以外，旁的国家请互相见面。”秋天七月戊寅这天，向戌从陈国回来。这天夜里，赵武同楚国的公子黑肱达成协议。庚辰，楚卿子木来到宋国，陈国的孔奂、蔡国的公孙归生都一同来，曹国、许国大夫也来了。用竹篱笆作为分界线，晋、楚两国各分居在偏北偏南的位置。晋大夫荀盈对赵武说：“楚国的气氛很不好，怕有祸难呢！”赵武说：“遇到紧急的时候，我只需向左转，进宋国的东城门，楚国能奈我何？”辛巳这天，诸侯将要定盟在宋国的西门以外，楚人都暗穿铁甲在外衣里边。伯州犁说：“会齐了诸侯的兵，却做对别人不信任的事情，恐怕不可以吧？那些诸侯都是希望我楚国有信用，所以相率来服从的。如果不讲信用，这分明是丢掉了所以使诸侯服从的东西。”便再三请子木脱掉铁甲。子木说：“晋楚两国缺乏信用已经很久了，去做对我有利的事便罢。如果能够如愿，用得着讲什么信用呢？”伯州犁退了出来，对他人说：“令尹快要死了，不出三年。他单求称心，不管信义，但心能够称着的么？有了心愿才说话，说话是要表示诚信的，诚信是所以表达心愿的，定要志、言、信三种都有，身体方才可以安定。诚信没有了，怎样活过三年呢？”赵武担忧楚人衣中暗着铁甲，怕有不测的祸，把这件事告诉叔向。叔向说：“有什么祸害呢？百姓做了一回不付信用的事，尚且不可以，都不得好死！如果会合了诸侯的卿，却做出不诚信的事情，必然不能成功的。无信之人不能害人，只会害己，不是你的祸患。用信用招来人家，却做了不讲信用的事，一定没有人拥护他，哪里能够害我们呢？并且我们可以进入宋国都城，制止楚国制造的祸难，每个人都可以拼命，与宋国一同誓死拼命，即使楚军增加一倍也是可以抵抗的，你又何必害怕呢？再说事情又不会到这一步。他嘴里说弥兵以号召诸侯，而发动战争以害晋国，我们晋国有信用，所以不必害怕。”季孙宿叫人告诉叔孙豹说鲁襄公的命令说："鲁国与邾、滕为列。"后来齐国人要邾国作为属国，宋国人要滕国，邾、滕全不参加盟会。叔孙豹说："邾、滕是旁国的私属国，我们是列国，为什么要和它们一样？宋国同卫国才是和我们并列的。"于是就盟会。《春秋》所以不写叔孙的族名，表示他违抗了鲁襄公的命令。晋国和楚国互争执歃血盟誓的先后，晋人说："晋国原来是诸侯的盟主，从没有谁在晋国之先的呢。"楚人说："你说晋国和楚国是一样的，倘若晋国常在先，这分明是楚国弱了一步了啊！并且晋楚屡次替换着做诸侯的盟主，已经好久了，难道专门由晋国主持吗？"叔向便对赵武说："诸侯佩服晋国的德行！并不是靠我能主盟的！你只要讲究德行就好了，不要去和他争先，并且诸侯联盟小国，原来是一定要有人出来主办这盟事的，现在只让楚国为晋国办理细小的事，不也是很好么？"便让楚国在先。《春秋》上记的却先记晋国，这为的是晋国有信义。壬午这天，宋公同时宴享晋国同楚国的大夫，赵武做主客，屈建跟赵武说话，赵武不能回答，叫叔向来说话，屈建也不能回答。乙酉这天，宋公同诸侯大夫在蒙门的外边会盟。屈建问赵武说："士会的德行到底怎么样？"赵武回答说："他的家事治理得井井有条，在晋国说话没有隐瞒的情形，他的祝史在鬼神前面陈词的时候，没有说过瞎话。"屈建回去告诉楚王。楚王说："这真是最好的，能使神人享受他的贡献，他能够光辅晋国的文、襄、灵、成、景五公来做盟主，是很应当的。"屈建又对楚王说："晋国做霸主很相宜，有叔向来辅佐它的卿，楚国找不出这样的人，我们不可以跟它争。"晋国荀盈就到楚国参加盟约。

传 郑伯享赵孟于垂陇[1]，子展、伯有、子西、子产、子大叔，二子石从。赵孟曰："七子从君，以宠武也，请皆赋以卒君贶，武亦以观七子之志。"子展赋《草虫》[2]，赵孟曰："善哉，民之主也[3]，抑武也不足以当之。"伯有赋《鹑之贲贲》[4]。赵孟曰："床笫之言不逾阈，况在野乎？非使人之所得闻也。"子西赋《黍苗》之四章[5]。赵孟曰："寡君在，武何能焉？"子产赋《隰桑》[6]。赵孟曰："武请受其卒章。"子大叔赋《野有蔓草》[7]。赵孟曰："吾子之惠也。"印段赋《蟋蟀》[8]。赵孟曰："善哉保家之主也，吾有望矣。"公孙段赋《桑扈》[9]。赵孟曰："匪交匪敖，福将焉往？若保是言也，欲辞福禄，得乎？"卒享，文子告叔向曰："伯有将为戮矣。诗以言志，志诬其上，而公怨之，以为宾荣，其能久乎？幸而后亡。"叔向曰："然，已侈，所谓不及五稔者，夫子之谓矣。"文子曰："其余皆数世之主也，子展其后亡者也，在上不忘降。印氏其次也，乐而不荒。乐以安民，不淫以使之，后亡不亦可乎？"

今注

1 垂陇：郑地。今河南省荥阳县东。

2 《草虫》：《诗经·召南》的一篇诗。

3 民之主也：这篇诗里说在上不忘降。所以可以做人民的主人。

4 《鹑之贲贲》：《诗经·鄘风》的一篇诗。

5 《黍苗》之四章：《诗经·小雅》的一篇诗。意思恭维召伯，比赵孟于召伯。

6 《隰桑》：《诗经·小雅》的一篇诗。

7 《野有蔓草》：《诗经·郑风》的一篇诗。

8 《蟋蟀》：《诗经·唐风》的一篇诗。

9 《桑扈》：《诗经·小雅》的一篇诗。

今译

郑伯在垂陇设享礼招待宴享赵武，郑大夫子展、伯有、子西、子产、子大叔、印段、公孙段作陪。赵武说："七位随从着君，这是赐武以荣光，请全都赋诗，以完成郑君的赏赐，我也可以看你们七位的志向。"子展赋《草虫》这诗。赵武说："好啊，这是百姓的主人，但是我武不足以承当。"伯有赋《鹑之贲贲》这篇诗。赵武说："床笫的话不出门限，何况在野地呢？这不是使人所应当听见的。"子西赋《黍苗》诗的四章。赵武说："有我们晋国的君在，我武怎么能当？"子产赋《隰桑》这首诗。赵武说："武请接受末了那章。"子大叔赋《野有蔓草》这诗。赵武说："这是大夫的恩惠。"印段赋《蟋蟀》这诗。赵武称善说："这是保卫家的主人，我有希望了。"公孙段赋《桑扈》这诗。赵武说："不骄不傲，福泽还会跑到哪里去？保有这句话，要想辞掉福禄，能够吗？"享宴完了，赵武告诉叔向说："伯有将被杀害。诗所以表示志向，伯有之诗侮辱他的国君，而公开了怨望，以此为客人的荣耀，这还能久吗？能后亡是大幸。"叔向说："对了，他很奢侈，所谓不到五年，说的就是这个人。"赵武说："其余的人全是可以传几辈的大夫，子展是最后亡的一个，在上位而心不忘降抑。印氏是第二个，乐有节制，乐以安定人民，不过分地来使用他们，最后亡不也可以吗？"

传 宋左师请赏曰："请免死之邑。"公与之邑六十，以示子罕。子罕曰："凡诸侯小国，晋楚所以兵威之，畏而后上下慈和，慈和而后能安靖其国家，以事大国，所以存也。无威则骄，骄则乱生，乱生必灭，所以亡也。天生五材[1]，民并用之，废一不可，谁能去兵？兵之设久矣，所以威不轨而昭文德也，圣人以兴[2]，乱人以废[3]，废兴存亡，昏明之术，皆兵之由也。而子求之，不亦诬乎？以诬道蔽诸侯，罪莫大焉，纵无大讨，而又求赏，无厌之甚也。”削而投之[4]。左师辞邑。向氏欲攻司城[5]，左师曰：“我将亡，夫子存我，德莫大焉，又可攻乎？”君子曰：“彼己之子，邦之司直[6]。”乐喜之谓乎？“何以恤我，我其收之[7]？”向戌之谓乎？

今注

1 天生五材：金、木、水、火、土五种材。

2 圣人以兴：指商汤、周武王而说。

3 乱人以废：指夏桀同商纣。

4 削而投之：子罕将宋公赏向戌所写的竹简，削去字迹，扔到地上。

5 司城：子罕。

6 彼己之子，邦之司直：这是《诗经·郑风》的一句话。他这人是国中管理直道的。

7 何以恤我，我其收之：这是一句逸诗。怎么样怜恤我，我全能够接受。

今译

宋国向戌请宋君赏赐他说：“请免下臣死罪，赐我城邑。”宋公给他城邑六十，向戌把文件给乐喜看。乐喜说：“凡是诸侯的小国，晋、楚大国拿兵来威胁他，害怕了就能上下慈和，慈和然后就能安定他们的国家，以侍奉大国，这是小国能够生存的原因。没有威胁则骄傲，骄傲就祸乱生，祸乱生国家就必定灭亡，这是小国灭亡的原因。天生金、木、水、火、土五材，百姓把它们样样使用，缺一不可。能够去除军队吗？军队的设立很久了，这为的是威胁不轨而昭明文德，圣人如汤、武就兴起来，乱人如桀、纣就废除了，废兴存亡，昏乱和明白的策略，皆是兵的由来。而你想把军队去掉，这不是胡想吗？以胡想来蒙蔽诸侯，没有比这再大的罪过了，纵然没有大的讨伐，而又求赏赐，这是不满足到了极点。”把封赏的竹简削掉字迹扔在地上。向戌辞掉赏邑。向氏想着攻打乐喜，向戌说：“我将亡，他救了我，这个德行很大，还可以攻打吗？”君子说：“他这个人是邦中的管直道的。”岂非指乐喜而说的？“怎样怜恤我，我全接受他。”岂不是指着向戌说的？

传 齐崔杼生成及彊而寡，娶东郭姜，生明，东郭姜以孤入，曰棠无咎[1]，与东郭偃[2]相崔氏。崔成有病[3]而废之，而立明，成请老于崔，崔子许之，偃与无咎弗予曰：“崔宗邑也，必在宗主[4]。”成与彊怒，将杀之，告庆封曰：“夫子[5]之身亦子所知也，唯无咎与偃是从，父兄莫得进矣。大恐害夫子，敢以告。”庆封曰：“子姑退，吾图之。”告卢蒲嫳[6]。卢蒲嫳曰：“彼君之仇也[7]，天或者将弃彼矣。彼实家乱，子何病焉？崔之薄，庆之厚也。”他日又告[8]。庆封曰：“苟利夫子，必去之，难，吾助女。”九月庚辰，崔成崔彊杀东郭偃、棠无咎于崔氏之朝，崔子怒而出，其众皆逃，求人使驾不得，使圉人驾，寺人御而出，且曰：“崔氏有福，止余犹可。”遂见庆封。庆封曰：“崔、庆一也，是何敢！然请为子讨之。”使卢蒲嫳帅甲以攻崔氏，崔氏堞其宫[9]而守之，弗克，使国人助之，遂灭崔氏，杀成与彊，而尽俘其家，其妻缢[10]。嫳复命于崔子，且御而归之，至则无归矣，乃缢[11]。崔明夜辟诸大墓。辛巳，崔明来奔，庆封当国。

今注

1 棠无咎：是棠公的儿子。

2 东郭偃：是东郭姜的弟弟。

3 有病：有恶疾。

4　必在宗主：必属于宗主，就是要归崔明管。

5　夫子：指崔杼。

6　卢蒲嫳：嫳是庆封的属大夫。

7　君之雠也：君是指齐庄公，他为崔杼所弑。

8　他日又告：另一天成、彊又来告诉庆封。

9　堞其宫：在他宫里筑短墙来防守。

10　其妻缢：东郭姜也上吊了。

11　乃缢：崔杼也上吊了。

今译

齐大夫崔杼先娶的妻，生了二子：一个名叫成，一个名叫彊。没多时，他的妻子便死了。后来又娶了东郭姜，生子名叫明，东郭姜又带了先夫儿子来，名叫棠无咎，是和东郭偃一同辅佐崔氏的。崔成有了恶疾，被废掉，立崔明做世子，崔成便请求要终老在崔邑。崔杼应许他了，东郭偃和无咎不答应，说："崔地是宗庙所在的地方，一定要归承宗主。"成和彊很生气，想要杀死偃和无咎，前去告诉庆封说："我们夫子的重要，你素来是知道的，现在只听棠无咎和偃的话了，崔氏的诸父诸兄没一个能够说得上话了，恐怕要害了夫子呢，所以敢来告诉你一声。"庆封说："你且退去，让我考虑一下吧。"庆封就把这件事告诉卢蒲嫳，卢蒲嫳说："崔杼原是君主的冤家！天或者要除掉他了，他实在是自己家中有乱子，与你有什么关系呢？须知崔氏势力的衰薄，便是我庆氏的强厚呢。"过了几天，成和彊又来告诉了，庆封说："如果有益于夫子的，自然定要去掉他，倘有为难，我来帮助你就好了。"九月庚辰那天，崔成、崔彊在崔氏的朝上杀死东郭偃和棠无咎，崔杼大怒走出，他手下的人众也都逃走了，叫人驾车子叫不到，便差养马的套了车子，叫太监赶了走出，崔杼说："崔氏如果有福气，单伤我一人还不妨。”便去见庆封。庆封说：“崔、庆如同一家，这些人怎敢这样？我来替你讨伐他们。”便差卢蒲嫳领了甲兵去攻打崔氏，崔氏筑短墙守宫，攻打不破，便再差国人帮助，方才灭掉崔氏，杀死成和彊，并且把他家中的人都掳来，崔杼的妻子便自己吊死。卢蒲嫳向崔杼复命，而且替崔子驾了车子回家，到了家中，却没有什么地方可回归的了，便也自己吊死，只有崔明是趁夜掘开先人的坟墓，躲藏在那里，没有被掳去。辛巳那天，崔明奔到鲁国来，于是庆封便一人独当齐国的政权。

传 楚薳罢[1]如晋莅盟，晋侯享之，将出，赋《既醉》[2]。叔向曰：“薳氏之有后于楚国也宜哉，承君命不忘敏，子荡将知政矣。敏以事君，必能养民，政其焉往[3]？”

今注

1 薳罢：楚国令尹子荡。

2 将出，赋《既醉》：宴罢将退出来，就赋《既醉》这篇诗。这是《诗经·大雅》的一篇诗。

3 政其焉往：那政权不归他，归谁呢？

今译

楚国的薳罢到晋国去参加盟会，晋平公设享礼招待他。宴罢将要退出的时候，他就赋《既醉》这篇诗。叔向说：“薳氏在楚国有后人，这是很应当的。承受君的命令，不忘敏捷，薳罢将管政权了。敏捷以侍奉君，必能养活人民，政权不归他将归谁呢？”

传 崔氏之乱[1]，申鲜虞来奔，仆赁于野以丧庄公。冬，楚人召之，遂如楚为右尹。

今注

1　崔氏之乱在襄公二十五年。

今译

崔氏那次叛乱，申鲜虞逃到鲁国来，在郊外雇用了仆人，为齐庄公服丧。到了冬天，楚国人召他去，就到楚国做右尹的官。

经　冬十有二月乙卯朔，日有食之。

传　十一月乙亥朔，日有食之。辰在申，司历过也，再失闰矣[1]。

今注

1　再失闰矣：已经两次失掉了闰月。

今译

十一月乙亥朔，鲁国有日食。北斗指着申，应该是九月，这是司历的错误，鲁国已经两次应该置闰月而没有置。

襄公二十有八年（公元前五四五年）

经　二十有八年春，无冰。

传　二十八年春，无冰。梓慎[1]曰："今兹宋、郑其饥乎？岁在星纪而淫于玄枵[2]，以有时菑，阴不堪阳[3]，蛇乘龙[4]，龙，宋、郑之星也，宋、郑必饥。玄枵，虚中也[5]。枵，秏名也。土虚而民秏[6]，不饥何为？"

今注

1　梓慎：鲁大夫。

2　岁在星纪而淫于玄枵：岁是岁星，应当在星纪就是在丑，而错行至玄枵，就是错行至子。

3　以有时菑，阴不堪阳：时菑指无冰的现象，菑音义同“灾”。这是由于阴不能抗阳。

4　蛇乘龙：龙就是岁星，龙在下边，而蛇在上面，所以说蛇乘龙。

5　玄枵虚中也：玄枵包括三宿，而虚星在中间。

6　土虚而民秏：土虚而不实，人民不生产。

今译

二十八年春，没有冰。鲁国大夫梓慎说：“今年宋国同郑国恐怕要闹饥荒了。岁星应当在丑，而错走到子，因此就没有冰，阴气战胜不了阳气。蛇乘坐在岁星龙以上，龙是宋国、郑国的星辰，所以宋、郑必定要闹饥荒。玄枵包括三宿，虚星在它们中间。枵，同秏相近。土地虚秏，而人民不生产，不闹饥荒怎么可能呢？”

传　夏，齐侯、陈侯、蔡侯、北燕伯、杞伯、胡子、沈子[1]、白狄朝于晋，宋之盟故也。齐侯将行，庆封曰：“我不与盟，何为于晋？”陈文子曰：“先事后贿，礼也。小事大，未获事焉，从之如志，礼也。虽不与盟，敢叛晋乎？重丘之盟[2]，未可忘也，子其劝行。”

今注

1　胡子、沈子：是楚国的属国。在宋盟誓的时候说：“晋楚之从交相见”，所以他们全去朝见晋国。

2　重丘之盟：在襄公二十五年。

今译

夏天，齐侯、陈侯、蔡侯、北燕伯、杞伯、胡子、沈子、白狄到晋国朝见，这是因为在宋国盟誓的缘故。齐景公准备出行，庆封说：“我们没有参加盟誓，为什么要到晋国朝见？”陈须无说：“先考虑侍奉大国后考虑财货，这是合于礼的。小国侍奉大国，如果没有得到侍奉的机会，先从事大国所希望的，这是合于礼的。虽然没有参加宋的盟，齐国还敢反叛晋国吗？我们不要忘了重丘的盟会，你还是劝国君出行。”

经 夏，卫石恶出奔晋。

传 卫人讨宁氏之党，故石恶出奔晋。卫人立其从子圃以守石氏之祀[1]，礼也。

今注

1 立其从子圃以守石氏之祀：就立石恶兄弟的儿子石圃，以保存石氏的祭祀。因为石恶的祖先石碏曾有大功于卫国。

今译

卫国人讨伐宁喜的党羽，所以石恶逃奔到晋国去。卫国人立他的侄子石圃，以保存石氏的祭祀，这是合于礼的。

经 邾子来朝。

传 邾悼公来朝，时事也[1]。

今注

1 时事也：这是按着时候来朝见，不是宋的盟誓的关系。

今译

邾悼公来鲁国朝见，这是照例来的，不是宋盟的关系。

经 秋八月，大雩。

传 秋八月，大雩，旱也。

今译

秋天八月，鲁国举行求雨的典礼，因为有旱灾。

传 蔡侯归自晋，入于郑。郑伯享之，不敬。子产曰："蔡侯其不免乎？日其过此也[1]，君使子展迋劳于东门之外而傲，吾曰犹将更之，今还，受享而惰，乃其心也。君小国事大国，而惰傲以为己心，将得死乎？若不免，必由其子，其为君也，淫而不父[2]。侨闻之，如是者恒有子祸。"

今注

1 日其过此也：从前到晋国去的时候，也经过郑国。

2 淫而不父：他荒淫而不能做父亲，因为他同他的太子班的夫人相通。

今译

蔡侯从晋国回国，经过郑国，郑伯设享礼招待他，蔡侯不恭敬。子产说："蔡侯恐怕不能免于祸害了，以前他往晋国去路过郑国的时候，郑君派子展到郑国都城东门之外去慰劳他，当时蔡侯很骄傲，我还希望他将来会更改。现在回来的时候，接受到享礼而显得怠惰，这恐怕是他的本性。作为小国国君，侍奉大国，反而将怠惰或骄傲作为自己的本性，这还能够善终吗？要不能够免于祸难，必定由于他的儿子。他这做人君的荒淫而不守父道。我听说过，这种人必定有儿子的祸患。"

经 仲孙羯如晋。

传 孟孝伯如晋，告将为宋之盟故如楚也。蔡侯之如晋也，郑伯使游吉如楚，及汉，楚人还之曰："宋之盟，君实亲辱。今吾子来，寡君谓吾子姑还，吾将使驲奔问诸晋而以告[1]。"子大叔曰："宋之盟，君命将利小国而亦使安定其社稷，镇抚其民人，以礼承天之休[2]，此君之宪令，而小国之望也。寡君是故使吉奉其皮币，以岁之不易，聘于下执事[3]。今执事有命曰：女何与政令之有？必使而君弃而封守，跋涉山川，蒙犯霜露，以逞君心，小国将君是望，敢不唯命是听，无乃非盟载之言，以阙君德，而执事有不利焉。小国是惧，不然其何劳之敢惮[4]？”子大叔归复命，告子展曰：“楚子将死矣！不修其政德，而贪昧于诸侯，以逞其愿，欲久，得乎？《周易》有之，在复䷗之颐䷚[5]，曰：‘迷复凶[6]。’其楚子之谓乎？欲复其愿[7]，而弃其本[8]，复归无所，是谓迷复，能无凶乎？君其往也，送葬而归，以快楚心。楚不几十年，未能恤诸侯也。吾乃休吾民矣。”裨灶[9]曰：“今兹周王及楚子皆将死，岁弃其次而旅于明年之次，以害鸟帑[10]，周楚恶之。”

今注

1 使驲奔问诸晋而以告：驲音日，是驿车。将派驿车马到晋国去问，再回来告诉你。

2 以礼承天之休：用礼节接受上天的福禄。

3 聘于下执事：郑伯不能来楚国朝见，所以派我来聘问楚国的执事官。

4 其何劳之敢惮：那我不敢怕什么辛苦。

5 在复䷗之颐䷚：在复卦变到颐卦。

6 迷复凶：这是复卦的上六爻辞。意思是说居到上边的位子而失迷，这是很凶的。

7 欲复其愿：楚王愿意郑君来朝见达到他的愿望。

8 而弃其本：而不修德就是丢掉他的本心。

9 裨灶：郑大夫。

10 以害鸟帑：鸟帑是指朱鸟的尾。

今译

仲孙羯到晋国去，告诉晋国鲁襄公因为宋盟的缘故，要到楚国去朝见。蔡侯到晋国去的时候，郑伯派游吉到楚国，到了汉水的时候，楚国人让他回去，说：“宋的盟会，郑君亲自参加，现在改派大夫来，我君要我告诉你说，你姑且回去，我将派人乘驿车到晋国去问明白，再告诉你知道。”游吉说：“宋的盟会，楚王命令将对小国有利而使小国能够安定他们的社稷，镇抚他们的人民，用礼节承受上天的福禄，这是君王的法令，也是小国的希望。所以我们的国君使我带着财礼，因为年岁的不容易，就叫我来聘问执事们。现在执事们说你参与什么政令，一定要使你们的国君弃掉他的封守，跋涉山川，冒着霜或露，以使楚王的心满足，小国全都指望着你，不敢不唯命是听，但是这不是盟书上所说的话，这是使君德有阙。而对于执事，也有不利的地方。小国只是害怕，要不然我又何必怕劳苦呢？”游吉回到郑国，告诉子展说：“楚王将死，不修他的政德，而贪昧于诸侯，以满足他的愿望，想要活得长久，可以吗？在《周易》中有这句话，在复卦变到颐卦，说‘迷复凶’，这就是指楚王说的。想满足他的愿望，而扔掉他的本心，想回来没有归路，这叫作迷复。能没有凶事吗？你就去吧，送了葬再回国，使楚人心里全都快乐。楚国没有几十年，不能争霸，我们可以让百姓休息。”郑大夫裨灶说：“今年周王及楚王皆将死，岁星丢掉它的次序，而错行于明年的次序，以害到朱鸟的尾巴，周、楚全要受此凶祸。”

传 九月，郑游吉如晋，告将朝于楚以从宋之盟。子产相郑伯以如楚，舍不为坛[1]。外仆[2]言曰：“昔先大夫相先君，适四国，未尝不为坛。自是至今，亦皆循之。今子草舍，无乃不可乎？”子产曰：“大适小则为坛，小适大，苟舍而已，焉用坛？侨闻之，大适小有五美：宥其罪戾，赦其过失，救其灾患，赏其德刑，教其不及。小国不困，怀服如归，是故作坛以昭其功，宣告后人无怠于德。小适大有五恶：说其罪戾[3]，请其不足，行其政事[4]，共其职贡，从其时命[5]，不然则重其币帛，以贺其福而吊其凶，皆小国之祸也，焉用作坛以昭其祸？所以告子孙无昭祸焉可也。”

今注

1　舍不为坛：做个草房子，不做个土坛。

2　外仆：管居住地方的人。

3　说其罪戾：自己解说它的罪状。

4　行其政事：奉行大国的政令。

5　从其时命：从着大国朝会的命令。

今译

九月，郑国游吉到晋国去，告诉郑君遵从宋的盟誓，将到楚国朝见。子产辅佐郑伯到楚国去，住到草房子里，不封土为坛。管住的仆人说：“从前我们大夫们，辅佐着先君们，到诸侯的国家，未尝不封土成坛，一直到现在，全都遵循他。现在你盖了一间草屋，大约是不可以吧！”子产回答说：“大国到小国那里去，就封土成坛。小国往大国那儿去，盖个草房子就可以了，何必用坛呢！我听说，大国到小国那儿去有五件美事：宥它的罪戾，赦它的过失，救它的祸患，赏它修德守法，教导它不知道的。小国不困乏，想念和顺服大国好像回到家里一样，因此筑坛，以昭明大国的勋功，使后人全都明白，对于修行德行不要懈怠。至于小国到大国那儿去，有五件坏的事情：向小国掩饰自己的罪戾，请求得到它所缺乏的东西，要求小国奉行大国的政事，供给大国所要的职责，听从它随时发布的命令，不然就加重小国进贡的财礼，用来祝贺大国的福，而吊大国的凶灾，这全是小国的灾祸，又何必筑坛以昭示小国的祸？只要告诉子孙不要昭祸就是了。”

经 冬，齐庆封来奔。

传 齐庆封好田，而耆酒，与庆舍[1]政，则以其内实迁于卢蒲嫳氏[2]，易内而饮酒，数日，国迁朝焉[3]，使诸亡人得贼者以告而反之[4]，故反卢蒲癸，癸臣子之[5]，有宠妻之[6]。庆舍之士谓卢蒲癸曰："男女辨姓，子不辟宗，何也？"曰："宗不余辟，余独焉辟之？赋诗断章，余取所求焉，恶识宗？"癸言王何而反之，二人皆嬖[7]，使执寝戈而先后之。公膳日双鸡[8]，饔人窃更之以鹜，御者知之，则去其肉而以其洎馈[9]。子雅、子尾[10]怒，庆封告卢蒲嫳，卢蒲嫳曰："譬之如禽兽，吾寝处之矣。"使析归父告晏平仲[11]。平仲曰："婴之众不足用也，知无能谋也，言弗敢出[12]，有盟可也。"子家[13]曰："子之言云，又焉用盟？"告北郭子车[14]，子车曰："人各有以事君，非佐[15]之所能也。"陈文子谓桓子[16]曰："祸将作矣，吾其何得？"对曰："得庆氏之木百车于庄[17]。"文子曰："可慎守也已！"卢蒲癸、王何卜攻庆氏，示子之兆[18]曰："或卜攻仇，敢献其兆。"子之曰："克，见血。"冬十月，庆封田于莱，陈无宇从。丙辰，文子使召之，请曰："无宇之母疾病，请归。"庆季[19]卜之，示之兆，曰："死。"奉龟而泣[20]，乃使归。庆嗣[21]闻之，曰："祸将作矣。"谓子家[22]速归，祸作必于尝，归犹可及也。子家弗听，亦无悛志。子息[23]曰："亡矣，幸而获在吴越。"陈无宇济水而戕舟发梁。卢蒲姜[24]谓癸曰："有事而不告我，必不捷矣。"癸告之。姜曰："夫子[25]愎，莫之止，将不出，我请止之。"癸曰："诺。"十一月乙亥，尝于大公之庙，庆舍莅事[26]。卢蒲姜告之，且止之，弗听，曰："谁敢者？"遂如公。麻婴为尸[27]，庆奊为上献[28]，卢蒲癸、王何执寝戈，庆氏以其甲环公宫[29]。陈氏、鲍氏之圉人为优[30]，庆氏之马善惊，士皆释甲束马[31]而饮酒，且观优，至于鱼里[32]，栾、高、陈、鲍之徒介庆氏之甲，子尾抽桷击扉三，卢蒲癸自后刺子之，王何以戈击之，解其左肩，犹援庙桷动于甍[33]，以俎壶[34]投杀人而后死，遂杀庆绳[35]麻婴。公惧，鲍国曰："群臣为君故也。"陈须无以公归，税服而如内宫。庆封归，遇告乱者，丁亥，伐西门，弗克，还伐北门，克之，入伐内宫，弗克。反陈于岳[36]，请战，弗许，遂来奔，献车于季武子，美泽可以鉴。展庄叔[37]见之曰："车甚泽，人必瘁，宜其亡也。"叔孙穆子食庆封，庆封汜祭[38]，穆子不说，使工为之诵《茅鸱》[39]，亦不知，既而齐人来让[40]，奔吴，吴句余予之朱方[41]，聚其族焉，而居之，富于其旧。子服惠伯谓叔孙曰："天殆富淫人，庆封又富矣！"穆子曰："善人富，谓之赏；淫人富，谓之殃。天其殃之也，其将聚而歼旃[42]。"

今注

1 庆舍：庆封的儿子。

2 以其内实迁于卢蒲嫳氏：内实指宝物同妻妾。把他的宝物同妻妾全搬到卢蒲嫳的家中。

3 国迁朝焉：于是凡朝见庆封的，全到卢蒲嫳家中去朝见。

4 使诸亡人得贼者以告而反之：亡人是指因为崔氏的难而奔到外国去的人。得到贼人告诉给庆封，庆封叫他们全回来。

5 子之：庆舍。

6 有宠妻之：庆舍很宠爱他，就把他的女儿嫁给卢蒲癸。

7 二人皆嬖：王何同卢蒲癸现在皆为庆氏所宠爱。

8 公膳日双鸡：齐景公每天吃两只鸡。

9 洎馈：洎是肉汤。盛汤给齐景公喝。

10 子雅、子尾：全都是齐惠公的孙子。

11 使析归父告晏平仲：使齐大夫析归父、晏平仲一同计谋子雅跟子尾。

12 言弗敢出：但是不敢泄露计谋。

13 子家：析归父。

14 北郭子车：齐大夫。

15 佐：子车的名字。

16 桓子：陈须无的儿子陈无宇。

17 得庆氏之木百车于庄：可以得到庆氏的木材一百辆车之多在大道上。

18 兆：占卜的龟兆。

19 庆季：即庆封。

20 奉龟而泣：无宇捧着龟甲就哭了。

21 庆嗣：庆封的族人。

22 子家：庆封。

23 子息：庆嗣。

24 卢蒲姜：卢蒲癸的妻子，庆舍的女儿。

25 夫子：指庆舍。

26 事：临祭事。

27 麻婴为尸：麻婴做祭祀所用的尸。

28 庆奊为上献：庆奊做先献。

29 环公宫：包围着公的住所，因为大公的庙在公宫里头。

30 优：演戏的。

31 士皆释甲束马：庆氏的军队，全都把盔甲取下了，拴上马。

32 鱼里：齐国都城中的里名。

33 犹援庙桷动于甍：还能攀援大公的庙屋椽，全屋震动。

34 俎壶：祭祀用的茶壶。

35 庆绳：庆奊。

36 岳：里名。

37 展庄叔：鲁大夫。

38　汜祭：远出散祭品。

39　《茅鸱》：是一篇逸诗，讽刺不敬的人。

40　来让：责让鲁国。

41　吴句余予之朱方：吴王夷末给他朱方那块地方。朱方在今江苏省镇江县城南。

42　其将聚而歼旃：就把他的族人聚集在一块杀害。

今译

齐国庆封喜欢打猎，又喜欢喝酒，把政权交给他的儿子庆舍。把他所有的宝物、妻妾全迁到卢蒲嫳的家中，交换妻妾而饮酒，几天以后，齐国要见庆封的，全到卢蒲嫳家里，很多逃亡崔杼祸难的人，得到崔氏余党的信息而告诉庆封，庆封就叫他们回来。因此使卢蒲癸回来。卢蒲癸做庆舍的家臣，庆舍很喜爱他，就把女儿嫁给他。庆舍的家人对卢蒲癸说："男女结婚应该分辨是否同姓，你为什么不躲避同宗的女人？"他回答说："是同宗的人不躲避我，我怎么样能躲避他呢？这等于赋诗一样，断章取义，我只取我所要求的，又怎么知道谁是同宗呢？"卢蒲癸又对庆舍说起王何，使他回来，二个人全得宠于庆氏，使他们拿着寝戈作为随身警卫。齐景公每天吃两只鸡，做饭的偷着改了鸭，送饭的人知道了，去掉了鸭肉，只拿着汤来给景公喝。惠公的孙子子雅、子尾很生气，庆封把他们生气的事告诉卢蒲嫳。卢蒲嫳说："譬如禽兽，我可以杀它们，而睡在它们的皮上。"庆封使析归父告诉晏婴，想对付子雅、子尾。晏婴说："我的家众不够用，他们也不能够谋划，你这几句话我也不敢泄露，我可以对你们盟誓。"析归父说："你已经这样说了，何必用盟呢？"告诉北郭子车。子车说："人各有事君的能力，这件事不是我能做的。"陈须无对他儿子陈无宇说："祸乱将作了，我会得到什么呢？"他就回答说："可以在大街上得到庆氏的木料一百车。"陈须无说：

"可以谨慎地守住他。"卢蒲癸同王何占卜攻打庆氏，把所得的龟兆献给庆舍看，说："有人占卜攻打他的仇人，我敢供献他的龟兆给你看。"庆舍说："成功，必定流血。"冬十月，庆封到莱这个地方田猎，陈无宇随从去了。丙辰这天，陈须无叫他儿子回来，就说："无宇的母亲病得厉害，请准许他回来。"庆封占卜，把卦象给陈无宇看，陈无宇说："要死。"陈无宇捧着龟甲就哭，就叫他回去。庆封的族人庆嗣说："祸乱将发作了。"叫庆封赶紧回家，说"祸乱作必定在秋祭，赶紧回去，仍旧赶得上"。庆封不听，也没有改悔的意思。庆嗣就说："要逃亡了，幸运的话，还能逃奔到吴越。"陈无宇过河就毁掉船，把桥也拆掉。卢蒲姜对卢蒲癸说："有事情而不告诉我知道，必定不能成功。"卢蒲癸告诉他们想杀庆舍。卢蒲姜说："我父庆舍很刚愎，要不劝止他，他将不出来，我请去劝止他。"卢蒲癸说："好吧！"十一月乙亥，在太公的庙中，行秋祭典礼，庆舍去管祭事。卢蒲姜告诉他，有人要发动叛乱，并且劝他不要去，他不听，说："谁敢来对付我？"就到太庙主持祭祀。麻婴充当祭尸，庆奊做先献的人，卢蒲癸、王何拿着寝戈，庆氏用他的甲兵环绕公宫。陈氏、鲍氏的马夫唱戏，庆氏的马匹很容易受惊吓。兵士都弃掉盔甲，把马拴住，一面喝酒，且听唱戏，一直到鱼里，子雅、子尾、陈须无、鲍国他们的军队，穿了庆氏的盔甲，子尾抽出槌子，敲门三下，卢蒲癸在后面就用枪刺庆舍，王何在前面用戈打他，把他的左肩膀解下，庆舍还能攀援庙椽上，使全屋震动，用祭祀的壶投过来杀人而后死。卢蒲癸等人就杀了庆奊同麻婴。齐景公害怕了，鲍国说："群臣是为的你啊！"陈须无陪着景公回来，脱了祭服就到宫里边去。庆封回来，遇见有人告诉乱事起了。丁亥，攻打西门，未能成功，又绕到北门，攻克了，想攻宫内，没能成功。回去摆阵在岳这地方，庆封请战，没有得到允许，就逃亡到鲁国来，把车献给季孙宿，车辆很美，光彩可以照人。鲁大夫展庄叔看见就说：“车很有光彩，人必定憔悴，他的逃亡是应当的。”叔孙豹请庆封吃饭，庆封的祭祀不恭敬，叔孙豹不高兴，叫乐工给他唱《茅鸱》这篇诗，庆封也不明白。后来齐国人来责让鲁国，庆封就逃奔到吴国，吴子夷末给他朱方的地方，聚集他的族人住在那儿，不久他的财富比以前还多。子服惠伯对叔孙豹说：“天很使坏人富贵，庆封又有财富了。”叔孙豹说：“善人有财富叫作赏，坏人有财富叫作殃，天大概是要降灾于他，必将聚他族人然后来歼灭他。”

传 癸巳，天王崩。未来赴，亦未书，礼也。

今译

癸巳这天，周天王死了。没有来告丧，《春秋》也没有记载，这是合于礼的。

传 崔氏之乱，丧群公子，故钽在鲁，叔孙还在燕，贾在句渎之丘[1]，及庆氏亡，皆召之，具其器用而反其邑焉。与晏子邶殿[2]其鄙六十，弗受。子尾曰：“富人之所欲也，何独弗欲？”对曰：“庆氏之邑足欲，故亡，吾邑不足欲也，益之以邶殿乃足欲，足欲，亡无日矣。在外不得宰吾一邑，不受邶殿，非恶富也，恐失富也。且夫富如布帛之有幅焉，为之制度，使无迁也。夫民生厚而用利，于是乎正德以幅之，使无黜嫚，谓之幅利。利过则为败，吾不敢贪多，所谓幅也。”与北郭佐邑六十，受之。与子雅邑，辞多受少。与子尾邑，受而稍致之。公以为忠，故有宠。释卢蒲嫳于北竟。求崔杼之尸，将戮之，不得。叔孙穆子曰：“必得之，武王有乱臣十人，崔杼其有乎？不十人不足以葬。”既，崔氏之臣曰：“与我其拱璧，吾献其柩。”于是得之。十二月乙亥朔，齐人迁庄公殡于大寝，以其棺尸崔杼于市。国人犹知之，皆曰崔子也。

今注

1 句渎之丘：此事在鲁襄公二十一年。

2 邶殿：《一统志》说："都昌在今山东昌邑县西二里。"邶殿疑近都昌。

今译

崔杼那个乱子的时候，齐国很多公子各自逃亡，所以钼在鲁，叔孙还在燕，贾在句渎之丘。等到庆氏败亡以后，齐景公全叫他们回国，给他们预备好了器用，并且送还他们的封邑。另外，封给晏婴邶殿边上的六十个城邑，晏婴不接受。子尾说："富是人人所愿的，为什么独你不要呢？"晏婴回答说："庆封的邑满足他的愿望，所以他灭亡了，我本来的邑不满足欲望，再加上邶殿，就满足了欲望，我离逃亡就没有几天了。在外边我不能管我的一个邑，所以不接受邶殿，不是怕富，是恐怕丢掉富。并且富等于布或绸子是有幅度的，给它定了一个幅度，就是使它不要迁移。总是想生活丰厚、器用富饶，因此就要端正道德，加以限制。让它不要不够也不要过分，这叫作限制利益。利益过了头，就会败坏，我不敢贪多，就是所谓幅度。"齐景公给北郭佐六十个城邑，他接受了；给子雅的邑，他辞谢多的，就受少的；给子尾的邑，先接受而慢慢地还给景公。景公以为他很忠心，就很得到宠爱。驱放卢蒲嫳到北边的边境上。齐国人接着求崔杼的尸首，准备戮尸，但是得不到。叔孙豹说："必然可以得到，周武王有治乱的能力的臣子十人，崔杼能够有吗？不到十个人不能够下葬。"不久，崔杼的臣就说："把他的大璧给我，我就把他的棺材献出。"于是就得到了崔杼的尸体。十二月乙亥初一，齐国人把庄公的棺材迁到路寝去，再举行殡礼，拿他的旧棺材，摆在崔杼的尸首旁边。贵族们全知道，就说这是崔杼。

经 十有一月，公如楚。

传 为宋之盟故，公及宋公、陈侯、郑伯、许男如楚。公过郑，郑伯不在，伯有迋劳于黄崖[1]，不敬。穆叔曰："伯有无戾于郑，郑必有大咎。敬，民之主也，而弃之，何以承守？郑人不讨，必受其辜。济泽之阿[2]，行潦之蘋藻[3]，寘诸宗室[4]，季兰尸之[5]，敬也。敬可弃乎？"及汉，楚康王卒，公欲反。叔仲昭伯[6]曰："我楚国之为，岂为一人？行也！"子服惠伯曰："君子有远虑，小人从迩，饥寒之不恤，谁遑其后？不如姑归也。"叔孙穆子曰："叔仲子专之矣[7]，子服子始学者也。"荣成伯[8]曰："远图者忠也。"公遂行。宋向戌曰："我一人之为，非为楚也。饥寒之不恤，谁能恤楚？姑归而息民，待其立君而为之备。"宋公遂反。

今注

1 黄崖：在今河南省新郑县东二十里。

2 济泽之阿：很薄的土壤。

3 行潦之蘋藻：小河中的贱菜。

4 寘诸宗室：搁到宗庙中。

5 季兰尸之：由女子来管理。

6 叔仲昭伯：叔仲带。

7 叔仲子专之矣：叔仲子可以专任。

8 荣成伯：鲁大夫荣驾鹅。

今译

由于宋的盟誓的缘故，鲁襄公同宋公、陈侯、郑伯、许男到楚国去。鲁襄公经过郑国，郑伯不在都城，伯有就到黄崖这地方去慰问，表现得不恭敬。叔孙豹说："伯有若不叫郑国所诛戮，郑国必得到大灾害。恭敬是人民的主宰，现在放弃它，就没法继承先祖、守自己的家。郑国人若不讨伐伯有，必定受到他的祸害。

济泽的薄土，小河中的蘋藻贱菜，摆到宗庙里头，由女子来管理，是因为恭敬。恭敬可以丢弃吗？”到了汉水，楚康王死了，鲁襄公想回国，叔仲带说：“我们是为的楚国，岂是为他一个人？继续走吧！”子服惠伯说：“君子有远虑，小人只看眼前，饥寒都顾不上，谁顾他以后的事情，不如姑且归鲁国。”叔孙豹说：“叔仲带可以专门任用了，子服只是开始学习。”荣驾鹅说：“远图的人是忠于国家的。”鲁襄公就仍旧前往。宋国向戌说：“我们是专为一个人，不是为的楚国。饥寒都顾不上，谁还能够顾得上楚国呢？姑且回到宋国去，安息人民。等到楚国立了新君以后再看他怎么样，来防备他。”宋公就回国。

经 十有二月甲寅，天王崩。

传 王人来告丧，问崩日，以甲寅告，故书之以徵过也。

今译

周人来告诉灵王的丧事，问他是哪天死的，回答说是甲寅那天，所以就这样写着，以证明这是过错。

经 乙未，楚子昭卒。

传 楚屈建卒，赵文子丧之如同盟，礼也。

今译

楚国令尹屈建死了，赵武去吊丧好像对待盟国一样，这是很合于礼的。

卷二十　襄公六

襄公二十有九年（公元前五四四年）

经　二十有九年春王正月，公在楚。

传　二十九年春王正月，公在楚，释不朝正于庙也[1]。楚人使公亲襚[2]，公患之，穆叔曰："祓殡而襚，则布币也[3]。"乃使巫以桃茢先祓殡[4]，楚人弗禁，既而悔之[5]。

今注

1　释不朝正于庙也：解释为什么不在宗庙中朝见。

2　楚人使公亲襚：楚人使鲁襄公亲自送葬衣给楚康王。

3　祓殡而襚，则布币也：先来使巫人祓除不祥，然后再送葬衣。这就等于朝见的布币礼一样。

4　乃使巫以桃茢先祓殡：就使巫人拿桃树所做的扫帚先来祓除不祥。

5　既而悔之：他后来明白君临臣丧才祓殡，就后悔了。

今译

二十九年春王正月，鲁襄公在楚国，这就解释了为什么不在庙中朝见。楚国人使鲁襄公亲自为楚康王的尸体赠送葬衣，鲁襄公甚为忧虑，叔孙豹就说："先派巫人祓除不祥，然后再送葬衣，这等于朝见时奉上布币。”就派巫人用桃枝所做的扫帚到楚康王的殡所祓除不祥，楚国人也没有禁止，后来明白了，深以为后悔。

传 二月癸卯，齐人葬庄公于北郭[1]。

今注

1 齐人葬庄公于北郭：北郭是齐都城北门的外边。因为古代被杀的人不能葬到墓地，所以把齐庄公单葬。

今译

二月癸卯，齐国人把齐庄公葬到北郭的地方。

经 夏五月，公至自楚。

传 夏四月，葬楚康王，公及陈侯、郑伯、许男送葬至于西门之外，诸侯之大夫皆至于墓。楚郏敖[1]即位，王子围为令尹。郑行人子羽曰："是谓不宜，必代之昌。松柏之下，其草不殖。”公还及方城[2]，季武子取卞[3]，使公冶问[4]，玺书追而与之[5]，曰："闻守卞者将叛，臣帅徒以讨之，既得之矣，敢告。”公冶致使而退[6]，及舍而后闻取卞[7]，公曰："欲之而言叛，衹见疏也[8]。”公谓公冶曰："吾可以入乎？”对曰："君实有国，谁敢违君？”公与公冶冕服[9]。固辞，强之而后受。公欲无入，荣成伯赋《式微》乃归。五月，公至自楚，公冶致其邑于季氏，而终不入焉[10]，曰："欺其君，何必使余？”季孙见之，则言季氏如他日，不见，则终不言季氏。及疾，聚其臣[11]曰："我死，必无以冕服敛，非德赏也，且无使季氏葬我。”

今注

1 郏敖：楚康王的儿子熊麇。

2 方城：在今河南省方城县东北四十里，方城山亦作外方。

3 卞：鲁地，在今山西省泗水县东五十里。

4　使公冶问：公冶是季氏的属大夫，问襄公的起居怎么样。

5　玺书追而与之：盖了印的书信，追去给公阅。

6　公冶致使而退：公冶说了季氏的使命就退下。

7　及舍而后闻取卞：到了家里而后才知道季氏占领卞的消息。

8　欲之而言叛，祇见疏也：本来想取卞这个地方，而说他反叛，这种假话只是证明季氏同我的疏远。

9　公与公冶冕服：鲁襄公就给公冶做卿的衣服同帽子。

10　而终不入焉：不到季孙家里去。

11　聚其臣：把大夫的家臣全聚在一块。

今译

夏天四月，给楚康王下葬，鲁襄公同陈侯、郑伯、许男一直送到楚国都城西门的外边，诸侯的大夫全送到墓地。楚康王的儿子郏敖即王位，康王的弟弟王子围做令尹。郑国行人官子羽说："这叫作不相宜，令尹必定要替代楚君而昌盛。在松柏树的底下，细草不能繁殖。"鲁襄公回鲁国，到方城的地方，季孙宿占据卞邑，同时派他的属大夫公冶问候鲁襄公的起居，后来又把盖了印的书信追交公冶转呈襄公，信上说："听说守卞的人将要反叛，我只好率着军队去讨伐他，现在已然得到，谨此报告。"公冶报告以后，就退下。到了住所方才知道占据卞的事情。鲁襄公就说："想要占据卞地而说他反叛，这只是显得和我疏远了。"因此他就问公冶说："我可以回鲁国吗？"公冶回答说："国家是你所有的，谁敢违背君王？"鲁襄公赐给公冶卿的衣冠，公冶先辞谢，但是襄公勉强他，然后方才接受。襄公想不回鲁国，荣驾鹅就赋《式微》这篇诗，襄公就回到鲁国。五月，鲁襄公从楚国回来，公冶把他所得的封邑给了季孙宿，从此以后不再入季孙氏的门，说："骗他的君，何必派我去呢？"季孙宿和他见面，就和季孙氏像以前一样说说话，不相见，永远不讲季孙。到了他病了，他就聚他的家臣说："我死了以后，不要拿卿服来葬我，因为这不是由于德行好而得到的赏赐，并且不要使季氏来葬我。"

经 庚午，卫侯衎卒[1]。

今注

1 此经无传。

今译

庚午这天，卫献公死了。

传 葬灵王，郑上卿有事，子展使印段往。伯有曰："弱，不可。"子展曰："与其莫往，弱不犹愈乎？《诗》云：'王事靡盬，不遑启处[1]。'东西南北，谁敢宁处[2]？坚事晋楚，以蕃王室也。王事无旷，何常之有？"遂使印段如周。

今注

1 王事靡盬，不遑启处：这是《诗经·小雅》的一段。意思是说周王室的事情应当细致，所以没有空闲安居。

2 东西南北，谁敢宁处：东西南北，谁也不敢安居。

今译

周灵王下葬，郑国的上卿全都有事情，子展派印段往周送葬。伯有说："印段太年轻，不可以。"子展说："与其没人去，年轻的去总比不去好。《诗经·小雅》说：'王事应当细致，没有空闲安居。'东西南北，谁敢安宁地居住？坚定地侍奉晋国同楚国，这是为着屏藩周王室。王朝的事情，没有缺礼，又何必派固定的上卿去呢？"就派印段到周去。

经 阍弑吴子余祭。

传 吴人伐越，获俘焉，以为阍，使守舟。吴子余祭观舟，阍以刀弑之。

今译

吴人伐越国，得到一个俘虏，叫他做看门的人，使他看守船只。吴王余祭去看船，这个看门人用刀杀了他。

传 郑子展卒，子皮即位[1]，于是郑饥而未及麦，民病，子皮以子展之命饩国人粟，户一钟[2]，是以得郑国之民，故罕氏常掌国政，以为上卿。宋司城子罕闻之曰："邻于善，民之望也[3]。"宋亦饥，请于平公出公粟以贷，使大夫皆贷，司城氏贷而不书[4]，为大夫之无者贷，宋无饥人。叔向闻之曰："郑之罕，宋之乐，其后亡者也，二者其皆得国乎[5]。民之归也，施而不德，乐氏加焉，其以宋升降乎[6]？"

今注

1 子皮即位：子皮是子展的儿子，替他父亲做上卿。

2 一钟：六斛四斗叫一钟。

3 民之望也：人民希望宋国的君也如此为善。

4 贷而不书：借贷给人民但是不记录他们的名字。

5 其皆得国乎：可以得到国家政权。

6 其以宋升降乎：他会追随着宋的盛衰。

今译

郑国子展死了，他的儿子子皮替他父亲做上卿。这个时候，郑国正在闹饥荒而还没到收麦的时候，百姓很困乏，子皮用他父亲的遗命，给国里的人民每一户粟米一钟，于是得到郑国人民的拥护。所以罕氏永远掌理郑国的政权，做上卿。宋国的司城子罕听见就说："做善人的邻居，人民全都希望他的君也做善事。"宋国也遇到饥荒，子罕就请求宋平公出公家的粟米借给人民，使大夫们全出粟米来借给人民，司城氏借给人民而不记录他们的名字，并且替大夫们没有粟米的人出借，宋国没有饥饿的人。晋国叔向听见了就说："郑国的罕氏，宋国的乐氏，必是最后灭亡的，两家全都能掌握国家的政权。这是因为人民都拥护他们的缘故，施舍而不自居功德，乐氏更高出一筹，他会随着宋国的盛衰而升降吧？"

经 仲孙羯会晋荀盈、齐高止、宋华定、卫世叔仪、郑公孙段、曹人、莒人、滕人、薛人、小邾人城杞。

传 晋平公，杞出也，故治杞[1]。六月，知悼子合诸侯之大夫以城杞。孟孝伯会之，郑子大叔与伯石往，子大叔见大叔文子[2]，与之语。文子曰："甚乎其城杞也！"子大叔曰："若之何哉？晋国不恤周宗之阙，而夏肄是屏[3]，其弃诸姬，亦可知也已。诸姬是弃，其谁归之？吉也闻之，弃同即异，是谓离德，《诗》曰：'协比其邻，昏姻孔云[4]。'晋不邻矣，其谁云之？"

今注

1　故治杞：所以修杞的城池。

2　大叔文子：大叔仪。

3　夏肄是屏：把夏国的残余来保护。

4　协比其邻，昏姻孔云：这是《诗经·小雅》的一句诗，意思是说协和他的近亲戚，婚姻们就全都归附他。

今译

晋平公是杞女所生，所以修治杞国城池。六月，荀盈会合诸侯的大夫们，为杞国修城墙。仲孙羯也参与其事，郑国的游吉同印段全去了，游吉看见卫国的大叔仪，跟他谈话，大叔仪说："晋国这次修理杞国城池，未免过甚了。”游吉说：“那有什么办法呢？晋国不担心周室的衰微，仅而保护夏国的残余，它放弃各姬姓诸国就可以知道。姬姓诸国全放弃了，还有谁来依附它？我游吉听说过，放弃了同姓，联合异姓，这叫作离德。《诗经·小雅》有句诗说：‘和协他的近亲，姻亲们就会归附他。’晋国已经不和协近亲，谁还来和它友好？”

传 齐高子容[1]与宋司徒[2]见知伯[3]，女齐[4]相礼。宾出，司马侯言于知伯曰：“二子皆将不免。子容专[5]，司徒侈[6]，皆亡家之主也。”知伯曰：“何如？”对曰：“专则速及[7]，侈将以其力毙[8]，专则人实毙之，将及矣。”

今注

1 高子容：是高止。

2 宋司徒：华定。

3 知伯：荀盈。

4 女齐：司马侯。

5 子容专：子容专横，自以为是。

6 司徒侈：华定奢侈。

7 专则速及：自以为是，就很快得到祸。

8 侈将以其力毙：奢侈到力尽的时候，就自己亡了。

今译

齐国的高止跟宋国的华定进见荀盈，司马侯来相礼。等到宾客走了以后，司马侯对荀盈说：“这两个人皆不能免于祸难。高止专横，自以为是，华定奢侈，这全是使家族灭亡的主。”荀盈说：“为什么？”回答说：“自以为是，就很快得到祸，奢侈到力尽的时候，就自己死亡，自以为是，旁人就会要他命，这些就要来了。”

经　晋侯使士鞅来聘。

传　范献子来聘，拜城杞也。公享之，展庄叔执币，射者三耦[1]，公臣不足，取于家臣，家臣展瑕、展玉父为一耦[2]，公臣公巫召伯、仲颜庄叔为一耦，鄫鼓父、党叔为一耦。

今注

1　射者三耦：射箭的一共是三对。

2　为一耦：这意思是说公臣不够，只好用家臣以补充。

今译

士鞅来鲁国聘问，为的拜谢鲁国帮助修杞国城墙的事。鲁襄公设享礼招待他，展庄叔拿着束帛，参加射礼的人要三对，公家的臣不够，就在家臣中去找。家臣，展瑕、展玉父为一对；公臣，公巫召伯、仲颜庄叔做一对，鄫鼓父、党叔为一对。

传　晋侯使司马女叔侯来治杞田[1]，弗尽归也。晋悼夫人愠曰："齐也取货[2]，先君若有知也，不尚取之[3]。"公告叔侯，叔侯曰："虞、虢、焦、滑、霍、扬、韩、魏皆姬姓也，晋是以大，若非侵小，将何所取？武、献以下，兼国多矣，谁得治之？杞，夏余也，而即东夷。鲁，周公之后也，而睦于晋，以杞封鲁，犹可，而何有焉[4]？鲁之于晋也，职贡不乏，玩好时至，公卿大夫，相继于朝，史不绝书，府无虚月[5]，如是可矣，何必瘠鲁以肥杞？且先君而有知也，毋宁夫人，而焉用老臣。"

今注

1　使司马女叔侯来治杞田：司马女叔侯即司马侯，晋平公命令他向鲁国追讨前次侵占的杞国田地。

2　齐也取货：女叔侯得到鲁国的贿赂。

3　不尚取之：不以女叔侯取货为然。

4　而何有焉：何必把杞田全归给杞国呢？

5　府无虚月：晋国的府藏，没有一月不受到鲁国的贡献。

今译

晋平公叫司马侯来鲁国办理使鲁国归还侵占的杞国的田地的事情，鲁国没有全部归还给杞国。晋悼公夫人发怒了，说："司马侯得到贿赂，先君若知道这件事，一定不赞成。"晋平公告诉司马侯，司马侯说："虞、虢、焦、滑、霍、扬、韩、魏，这全是姬姓的国家，晋国因为灭了它们，所以扩大了，要不是侵略小国，哪里去扩张国土呢？自从晋武公、献公以下，兼并的国家很多，谁能够管呢！杞国是夏朝的残余，而行东夷的礼节。鲁国是周公的后人，而对晋国很和睦，用杞的地方来封鲁国还可以，何必归还它所有的田地呢？鲁国对晋国，贡品不缺乏，玩好的贡献常常送到，公卿大夫不断地朝见，史书上不断地写，国库没有一个月不接受鲁国的贡品，这样已经可以了，何必使鲁国瘦而使杞国肥呢？并且先君若有知，宁可责备夫人，怎么会责备我老臣！"

经　杞子来盟。

传　杞文公来盟，书曰子，贱之也[1]。

今注

1　贱之也：因为贱视他。

今译

杞文公因为鲁国归还他田地，而来盟会，《春秋》称他为"子"，这是贱视他。

经　吴子使札来聘。

传　吴公子札来聘，见叔孙穆子，说之，谓穆子曰："子其不得死乎[1]？好善而不能择人，吾闻君子务在择人，吾子为鲁宗卿，而任其大政，不慎举，何以堪之？祸必及子。”请观于周乐[2]，使工为之歌《周南》《召南》。曰：“美哉！始基之矣[3]！犹未也，然勤而不怨矣[4]。”为之歌《邶》《鄘》《卫》，曰：“美哉！渊乎！忧而不困者也[5]，吾闻卫康叔、武公之德如是，是其《卫风》乎[6]？”为之歌《王》，曰：“美哉！思而不惧，其周之东乎[7]？”为之歌《郑》，曰：“美哉！其细已甚，民弗堪也，是其先亡乎？”为之歌《齐》，曰：“美哉！泱泱乎大风也哉！表东海者，其大公乎[8]？国未可量也。”为之歌《豳》，曰：“美哉！荡乎，乐而不淫，其周公之东乎[9]？”为之歌《秦》，曰：“此之谓夏声[10]，夫能夏则大，大之至也，其周之旧乎？”为之歌《魏》，曰：“美哉！沨沨乎，大而婉，险而易行，以德辅此，则明主也。”为之歌《唐》，曰：“思深哉！其有陶唐氏之遗民乎！不然，何忧之远也？非令德之后，谁能若是？”为之歌《陈》，曰：“国无主，其能久乎[11]？”自《郐》[12]以下无讥焉。为之歌《小雅》，曰：“美哉！思而不贰[13]，怨而不言[14]，其周德之衰乎？犹有先王之遗民焉。”为之歌《大雅》，曰：“广哉！熙熙乎，曲而有直体，其文王之德乎？”为之歌《颂》，曰：“至矣哉！直而不倨[15]，曲而不屈[16]，迩而不偪[17]，远而不携[18]，迁而不淫[19]，复而不厌[20]，哀而不愁[21]，乐而不荒[22]，用而不匮[23]，广而不宣[24]，施而不费[25]，取而不贪[26]，处而不底[27]，行而不流[28]，五声和[29]，八风平[30]，节有度，守有序[31]，盛德之所同也。”见舞《象箾》《南籥》者[32]，曰：“美哉！犹有憾[33]！”见舞《大武》[34]者，曰：“美哉！周之盛也，其若此乎？”见舞《韶濩》[35]者，曰：“圣人之弘也，而犹有惭德，圣人之难也。”见舞《大夏》[36]者，曰：“美哉！勤而不德，非禹，其谁能修之？”见舞《韶箾》[37]者，曰：“德至矣哉！大矣如天之无不帱也，如地之无不载也，虽甚盛德，其蔑以加于此矣，观止矣，若有他乐，吾不敢请已。”其出聘也，通嗣君也[38]。故遂聘于齐，说晏平仲，谓之曰：“子速纳邑与政，无邑无政，乃免于难。齐国之政，将有所归，未获所归，难未歇也。”故晏子因陈桓子以纳政与邑，是以免于栾、高之难[39]。聘于郑，见子产如旧相识，与之缟带，子产献纻衣[40]焉，谓子产曰：“郑之执政侈[41]，难将至矣，政必及子，子为政，慎之以礼，不然，郑国将败。”适卫，说蘧瑗[42]、史狗[43]、史鳝[44]、公子荆、公叔发、公子朝，曰：“卫多君子，未有患也。”自卫如晋，将宿于戚，闻钟声焉，曰：“异哉！吾闻之也，辩而不德，必加于戮[45]。夫子[46]获罪于君，以在此，惧犹不足，而又何乐？夫子之在此也，犹燕之巢于幕上，君又在殡，而可以乐乎？”遂去之。文子闻之，终身不听琴瑟。适晋，说赵文子、韩宣子、魏献子，曰：“晋国其萃于三族乎？”说叔向，将行，谓叔向曰：“吾子勉之，君侈而多良，大夫皆富，政将在家，吾子好直，必思自免于难。”

今注

1 子其不得死乎：你恐怕不能够寿终。

2 周乐：因为鲁国有天子的礼乐。

3 始基之矣：因为《周南》《召南》是周朝文化的开始。

4 勤而不怨矣：能够勤劳而不怨恨。

5 忧而不困者也：这是忧愁而不会困惑。

6 其《卫风》乎：这三种全都是卫国的歌唱。

7 其周之东乎：这恐怕是周东迁以后的歌唱。

8 表东海者，其大公乎：做东海的表率，就是大公。

9 其周公之东乎：周公为平管蔡之乱，所以东征武庚的时候。

10 夏声：是夏的旧声调。

11 其能久乎：这还能够长久吗？

12　郐：郐与曹全是小国，所以不再批评。

13　思而不贰：想文王、武王的德行，并没有背叛的意思。

14　怨而不言：哀怨而不多说。

15　直而不倨：直爽而不倨傲。

16　曲而不屈：曲折而不屈挠。

17　迩而不偪：近而不太逼。

18　远而不携：离远而不反叛。

19　迁而不淫：迁出而不淫荡。

20　复而不厌：反复而不厌烦。

21　哀而不愁：悲哀而不发愁。

22　乐而不荒：快乐而不荒淫。

23　用而不匮：用的永远用不完。

24　广而不宣：宽广而不显露。

25　施而不费：施舍而不浪费人民的财利。

26　取而不贪：合于义的事情然后取并不贪图。

27　处而不底：处理一件事情，应该以道来守。

28　行而不流：行的事情应该以道义来节制。

29　五声和：宫、商、角、徵、羽全都和谐。

30　八风平：八方的风气叫八风，全都相和。

31　节有度，守有序：八音和谐无相夺伦。

32　见舞《象箾》《南籥》者：象箾是舞时所拿的，南籥也是与舞有关系，这些全是文王的乐。

33　美哉！犹有憾：文王以为自己不能治太平，所以以为有憾。

34　《大武》：武王的乐。

35　《韶濩》：是殷汤的音乐。

36　《大夏》：夏禹的乐。

37　《韶箾》：舜的乐。

38　通嗣君也：因为吴王余祭刚即位。

39　以免于栾、高之难：事见于鲁昭公八年。

40　缟带、纻衣：因为吴地以缟为贵族，郑地以纻为贵族，各献他们贵族的衣服。

41　郑之执政侈：指伯有。

42　蘧瑗：蘧伯玉。

43　史狗：史朝的儿子。

44　史鰌：是史鱼。

45　辩而不德，必加于戮：争论而没有德行，必定要被杀掉。

46　夫子：指孙林父。

今译

吴国的公子季札到鲁国来聘问，看见叔孙豹很高兴，对他说："你恐怕不得好死，喜欢善良，而不能够选择贤人。我听说，君子务必在选择人才。你是鲁国本家的卿而主持国政，你若不谨慎地选拔人才，怎么样能够担此大任呢？祸患必连及你。"季札请观王赐给鲁国的天子之乐，鲁国便差乐工唱《周南》《召南》的诗给他听，季札听了说："好呀！文王的教化根基在此了，虽还不能尽善尽美，然而勤劳是勤劳，却没有怨恨的意思了。"歌唱邶、鄘、卫三国的诗给他听，季札说："好呀，这个声音真深沉呢！人民虽有忧思，却并不困倦，我听说卫国康叔、武公的德化是这样的，这不是《卫风》么？"歌唱《王风》的诗给他听，季札说："好呀，人民虽有忧思，却得了先王的遗风，所以没有畏缩，莫非是周室东迁以后的诗吗？"歌唱《郑风》的诗给他听，季札说："好呀！但它的政事烦琐得很，人民不堪其命，这国难道要先亡么？"歌唱齐国的诗给他听，季札说："好呀！这宏大的声音，像大风一样呢！做东海的表率的，莫非是姜太公么？国家的前途真不可限量呢！”歌唱《豳风》的诗给他听，季札说：“好呀！广大得很，人民乐于农事，不做荒淫的事情，莫非是周公遭管蔡的变乱，东征时所作的诗么？”歌唱秦国的诗给他听，季札说：“这叫作夏声，能够得夏声的，便可广大，大到极点了，是那周朝旧地的音调吗？”歌唱魏国的诗给他听，季札说：“好呀！这是中庸的声音呢！高大并且和婉，险阻但是易行，倘把德行去辅助他，便可做贤明的君主了。”歌唱唐国的诗给他听，季札说：“忧深思远，难道是陶唐氏的遗民么？否则他的忧愁为什么这样深远呢？不是盛德者的后代，哪里能够这样？”歌唱陈国的诗给他听，季札说：“国中没有君主，能够长久吗？”从《郐风》以下的诗，季札听了，却没有什么评论了。再歌唱《小雅》的诗给他听，季札说：“好呀！想念文王武王的仁德，却没有反叛的心思，怨恨商纣的政令，却能够忍耐不言，那是周朝德化未盛的时候吗？犹有文武成康的遗风呢。”歌唱《大雅》的诗给他听，季札说：“广大呀！那声音和乐得很呢！委曲了，却有正直的本质，莫非是文王的盛德吗？”给他歌《颂》，季札说：“好极了！正直却不至于倨傲；委曲却不至于屈挠；亲近却不至于相逼；疏远却不至于携贰；迁动却以德自守，不至于淫荡；反复却能政教日新，不为人厌弃；哀思却不至于忧伤；安乐却不至于荒淫；使用却不至于用完；广大而不宣传；施舍而不浪费人民的钱，取用而不贪心；处理一件事，应该以道来守；常运行的却能够不至于流放；宫、商、角、徵、羽的五声都和谐；八方的风气都平和；节奏有一定的法度；官守有一定的次序，这是凡有盛德者都是相同的！”季札看见文王的武舞文舞，名叫《象箾》《南籥》的便说：“好呀！但还有遗憾！”看见了武王的乐舞叫《大武》的，便说：“好呀！周朝昌盛的时候，是这般的吗？”看了商汤的乐舞叫《韶濩》的，便说：“圣人道德的宽宏是这般的吗？却还有惭愧的德行，可见圣人处乱世的艰难呢！”看了禹王《大夏》的舞便说：“好呀！能够勤劳了，却不自矜功德，不是大禹，哪个能够立起这般功德？”看见了舜乐《韶箾》的舞，便说：“舜德至此极了，和天地同大，好像在天的没有一物不覆，在地的没有一物不载，虽有极盛的仁德，却不再比它好了，观乐可以到此为止，如果再有别种的乐，我也不敢再看了！”季札来出聘各国，是为了吴国的嗣君与各国相通。他就到齐国去聘问，很喜欢晏平仲，对他说：“你赶紧把封邑同政权交回给齐君，你若没有封邑，也没有政权，就可以免除祸难。齐国的政权，将有所归，要没能够归到，祸乱没法停止。”所以晏子就通过陈桓交回他的封邑同政权，而免除了栾氏、高氏的祸难。季札到郑国去聘问，见到子产，如同老朋友一样，送给子产缟带，子产也送给他纻衣，他对子产说：“郑国当政的人很奢侈，祸难必将来到。政权也必定到你身上，你掌政权，必定对礼节很慎重，要不然，郑国必定要失败。”季札到卫国去，他又喜欢蘧瑗、史狗、史鳍、公子荆、公叔发、公子朝。他说：“卫国君子很多，不会有祸患的。”从卫国到晋国去，将在戚这地方住宿，听见敲钟的声音，就说：“这真是奇怪了，我听说过争辩而没有德行，必定被杀。这位先生得罪了卫君，所以住在这里，害怕还不够呢，又为什么奏乐呢？这位先生在这里，等于燕子在帐幕上搭窝。卫君方才出殡，难道可以寻欢作乐吗？”就不在那里住宿。孙林父听见了，终身不再听琴瑟。到了晋国，喜欢赵武、韩起、魏舒，就说：“晋国恐怕就归了这三家。”他很喜欢叔向，将走的时候，对叔向说：“你要努力啊！晋君奢侈，而有很多好的大夫，大夫们全富有，政权将归到各家中，你喜欢有话直说，一定要想法避免祸难。”

经 秋九月，葬卫献公[1]。

今注

1 此经无传。

今译

秋九月，给卫献公举行葬礼。

经 齐高止出奔北燕。

传 秋九月，齐公孙虿、公孙灶放其大夫高止于北燕，乙未出，书曰出奔，罪高止也[1]。高止好以事自为功，且专，故难及之。

今注

1 罪高止也：因为说高止为有罪。

今译

秋天九月，齐国的公孙虿、公孙灶驱逐他们的大夫高止到北燕，乙未那天，出奔。《春秋》记载着“出奔”，这是说高止有罪。高止喜欢生事而自以为有功，并且专制，所以祸乱连及他。

经 冬，仲孙羯如晋。

传 冬，孟孝伯如晋，报范叔也。

今译

冬天，仲孙羯到晋国去，这是报答士鞅来聘。

传 为高氏之难故，高竖[1]以卢叛。十月庚寅，闾丘婴帅师围卢。高竖曰：“苟使高氏有后，请致邑[2]。”齐人立敬仲之曾孙酀[3]，良敬仲也。十一月乙卯，高竖致卢而出奔晋，晋人城绵[4]而寘旃。

今注

1 高竖：高止的儿子。

2 请致邑：把他的封邑还给齐君。

3 敬仲之曾孙酀：高傒的曾孙高酀。

4 绵：在今山西省翼城县西之绵城。

今译

因为高止受到放逐，他的儿子高竖就以卢这地方来反叛齐国。十月庚寅这天，闾丘婴率领着军队包围卢地。高竖就说："如果能使高氏有后人，请将卢这地方还给齐景公。"齐国人就立了敬仲的曾孙高酀，这是以敬仲为贤良。十一月乙卯，高竖交还了卢这地方，逃到晋国去。晋国人修绵这个城，使他住在这里。

传 郑伯有使公孙黑如楚，辞曰："楚郑方恶而使余往，是杀余也。"伯有曰："世行也[1]。"子皙曰："可则往，难则已，何世之有？"伯有将强使之，子皙怒，将伐伯有氏，大夫和之。十二月己巳，郑大夫盟于伯有氏。裨谌[2]曰："是盟也，其与几何？《诗》曰：'君子屡盟，乱是用长[3]。'今是长乱之道也，祸未歇也，必三年而后能纾。"然明曰："政将焉往？"裨谌曰："善之代不善，天命也，其焉辟子产[4]？举不逾等，则位班也。择善而举，则世隆也[5]，天又除之，夺伯有魄。子西即世，将焉辟之？天祸郑久矣，其必使子产息之，乃犹可以戾[6]，不然将亡矣。"

今注

1 世行也：你世代做行人。

2 裨谌：郑大夫。

3 君子屡盟，乱是用长：君子屡次会盟，乱事更要加多。

4 其焉辟子产：政权怎么能够躲开子产呢？意思是政权必定要归子产。

5 则世隆也：那么子产就是当世最高的一个人。

6　乃犹可以戾：那就可以安定了。

今译

郑国伯有叫公孙黑到楚国去，公孙黑辞谢说："楚国与郑国交往甚不好，而叫我去，这是想杀我。"伯有说："你家世世代代都是搞外交的。"公孙黑就说："可以就去，困难就不去，何必论世不世呢？"伯有将强迫他去，公孙黑恼怒，将攻伐伯有，大夫们为他们调和。十二月己巳那天，郑大夫们在伯有家里盟会。郑大夫裨谌说："这种盟誓，还能够管多久？《诗经》上说过：'君子屡次盟誓，动乱由此加多。'这是滋长动乱的做法，祸乱没有停止，必三年以后方能解除。"然明说："政权将归给谁呢？"裨谌说："好人替代坏人，这是天命，政权哪能躲过子产？如果不是越级提拔别人，那么按照班次，子产也应当掌政权。择善人而推举，也以子产为最高，天又保佑他，夺走伯有的魂魄。子西就要死了，子产怎么能躲开呢？天祸害郑国已经很久了，必定使子产来平息它，国家才可以安定，要不然，郑国恐怕就要灭亡。"

襄公三十年（公元前五四三年）

经　三十年春王正月，楚子使薳罢来聘。

传　三十年春王正月，楚子使薳罢来聘，通嗣君也[1]。穆叔问王子[2]之为政何如。对曰："吾侪小人，食而听事，犹惧不给命而不免于戾，焉与知政？"固问焉，不告。穆叔告大夫曰："楚令尹将有大事，子荡将与焉[3]，助之，匿其情矣。"

今注

1　通嗣君也：是因为郏敖初即位，所以叫他聘问鲁国。

2　王子：王子围当时做令尹。

3　子荡将与焉：子荡即薳罢。他将参与这件事。罢音皮。

今译

三十年春王正月，楚王派薳罢来鲁国聘问，这是因为康王的儿子郏敖初即位的缘故。叔孙豹问王子围为令尹，他的执政情况怎么样。薳罢回答说：“我们小人们，吃饭以后听着命令，尚且怕做不了，而做得错误，哪里能参与政事呢？”坚持地问他，他不回答。叔孙豹告诉大夫们说：“楚国令尹将举行大事，薳罢将参加，帮着他隐瞒情况。”

传　子产相郑伯以如晋，叔向问郑国之政焉，对曰：“吾得见与否，在此岁也。驷、良方争[1]，未知所成，若有所成，吾得见乃可知也。”叔向曰：“不既和矣乎？”对曰：“伯有侈而愎，子皙好在人上，莫能相下也。虽其和也，犹相积恶也，恶至无日矣。”

今注

1　驷良方争：驷氏同良氏是指子皙同伯有，方在争夺政权。

今译

子产给郑伯相礼，到晋国去，叔向问郑国的政治情形，子产回答说：“我能够看见它的结果或不能看见，皆在今年。驷、良两氏，方才斗争，现在尚不知道结果，要能够有结果，我看见以后就知道了。”叔向说：“不是已经和好了吗？”回答说：“伯有奢侈又加以刚愎，子皙好在人的上面，两人互不相让。虽然已经和解了，但是这等于把恶积聚在一块，爆发的日子很近了。”

传　三月癸未，晋悼夫人食舆人之城杞者。绛县人或年长矣，无子而往与于食，有与疑年，使之年[1]，曰：“臣小人也，不知纪年。臣生之岁正月甲子朔，四百有四十五甲子矣。其季于今，三之一也。”吏走问诸朝。师旷曰：“鲁叔仲惠伯会郤成子于承匡之岁也。是岁也，狄伐鲁，叔孙庄叔于是乎败狄于鹹，获长狄侨如及虺也、豹也，而皆以名其子，七十三年矣。”史赵[2]曰：“亥有二首六身[3]，下二如身，是其日数也。”士文伯[4]曰：“然则二万六千六百有六旬也。”赵孟问其县大夫，则其属也。召之而谢过焉，曰：“武不才，任君之大事，以晋国之多虞，不能由[5]吾子，使吾子辱在泥涂久矣，武之罪也，敢谢不才。”遂仕之，使助为政，辞以老。与之田，使为君复陶[6]，以为绛县师[7]，而废其舆尉[8]。于是，鲁使者在晋，归以语诸大夫。季武子曰：“晋未可偷也，有赵孟以为大夫，有伯瑕[9]以为佐，有史赵、师旷而咨度焉，有叔向、女齐以师保其君，其朝多君子，其庸可偷乎？勉事之而后可。”

今注

1 使之年：问他的年龄。

2 史赵：晋国史官。

3 亥有二首六身：亥这个字是上面二横道叫二首。底下有六画所以叫六身。

4 士文伯：士弱的儿子。

5 由：用的意思。

6 复陶：给晋君管理衣服的官。

7 以为绛县师：做绛县管理地租的官。

8 而废其舆尉：因为舆尉让年老的人做工役，故将其废掉。

9 伯瑕：士文伯。

今译

三月癸未那天，晋悼公的夫人赐食给造杞城的众人。绛县人有个年老无子的，自己服役也去享受食物。和他同去的人，疑心他的年纪，使自己说出年纪大小来。老人回答说：“我是无知无识的小人，连自己的年纪都不知道了，只记得我生的日子，是正月甲子初一那天，到现在已有四百四十五个甲子，最后一个甲子到现在又三分之一了。”官吏都算不出他的年纪来，便跑到朝中询问。师旷说：“这是鲁国叔仲惠伯会郤成子在承匡的那一年。那一年狄人来伐鲁国，叔孙庄叔在鹹的地方打败狄人，捉住长狄侨如和虺、豹三人，都把他做了儿子的名字，到现在已有七十三个年头了。”太史赵说：“亥字是用二字做头，六做身子的，现在只把二拿下来，照身子一样。这就是他的日数了！”士文伯说：“那么就是二万六千六百六十日啦！”赵孟问老人的县大夫，才知道是他的属下。便召见老人，向他道歉，说：“武没有才能，担任了君主的重要职务，只因国事多忧，未能任用你，使你屈辱在卑下之中，已经很久了，这都是我的罪呢！谨由于没有发现你而向你道歉。”于是任命他做官，使他辅助自己执政，老人因年老推辞，赵武便给他些田地，使他做晋君那里管衣服的官，兼管绛县的田租。而把绛县管工役的官免掉。这时候，鲁国的使臣正在晋国，回去便把这事告诉许多大夫。季孙宿说：“晋国还不可轻视啊！有赵孟做了大夫，伯瑕做他的帮手，有太史赵、乐师旷可以咨询，有叔向、女齐做了晋君的先生和保护人，它的朝中多君子，难道还可以看轻它么？要尽力服侍它然后才好呢。”

传 夏，四月己亥，郑伯及其大夫盟，君子是以知郑难之不已也[1]。

今注

1　君子是以知郑难之不已也：君子由此明白郑国的祸乱，即驷氏同良氏争权，还没有完。

今译

夏天，四月己亥，郑伯同他的大夫们盟誓，君子由此知道郑国的患难还没有完。

经 夏四月，蔡世子般弑其君固。

传 蔡景侯为大子般娶于楚，通焉，大子弑景侯。

今译

蔡景侯为他太子般在楚国娶妃子，他就同她私通，太子就把他杀了。

经 天王杀其弟佞夫。

经 王子瑕奔晋。

传 初，王儋季[1]卒，其子括将见王而叹[2]，单公子愆期为灵王御士，过诸廷，闻其叹而言曰："乌乎！必有此夫[3]！"入以告王，且曰："必杀之，不戚而愿大，视躁而足高[4]，心在他矣，不杀必害。"王曰："童子何知？"及灵王崩，儋括欲立王子佞夫[5]，佞夫弗知，戊子，儋括围蒍逐成愆[6]，成愆奔平畤[7]。五月癸巳，尹言多、刘毅、单蔑、甘过、巩成[8]杀佞夫，括、瑕、廖奔晋。书曰天王杀其弟佞夫，罪在王也[9]。

今注

1 王儋季：即周灵王的弟弟。

2 其子括将见王而叹：他的儿子括，除去丧服去见灵王，到了朝廷而叹息。

3 必有此夫：表示他必要掌握朝廷的政权。

4 视躁而足高：眼睛看得很躁，而脚抬得很高。

5 王子佞夫：是灵王的儿子，景王的弟弟。

6　成愆：是蒍邑的大夫。

7　平畤：在今河南省孟津县与平阴城中南。

8　尹言多、刘毅、单蔑、甘过、巩成：这五个人全是周大夫。

9　罪在王也：因为佞夫根本不知这件事，所以是周景王的罪过。

今译

当初，周灵王的弟弟儋季死了。他的儿子括除去丧服去见灵王而叹息，单公子愆期给灵王驾车，在朝廷上碰见他，听见他的叹息就说："啊，他一定要掌握朝廷的政权。"进去就报告灵王，并且说："一定要把他杀掉，父亲死了，他不悲哀，而欲望很大，到处张望，而抬脚很高，他的心应有所属。不杀他必定造成危害。"灵王就说："你小孩子知道什么？"等到灵王死了，儋括想要立王子佞夫，佞夫不知道，二十八日，儋括围了蒍这地方，把成愆赶走，成愆逃到平畤这地方。五月癸巳，尹言多、刘毅、单蔑、甘过、巩成他们就把佞夫杀掉，括、瑕、廖三个人全逃到晋国。《春秋》记载"天王把他弟弟佞夫杀掉了"，这是由于罪过在周景王身上。

经　五月甲午，宋灾。

经　宋伯姬卒。

传　或叫于宋大庙曰："譆譆出出[1]！"鸟鸣于亳社，如曰："譆譆！"甲午，宋大灾，宋伯姬卒，待姆也[2]。君子谓宋共姬女而不妇，女待人，妇义事也。

今注

1　譆譆出出："譆譆"是发热的意思，"出出"是告诉鲁伯姬赶紧逃走。

2　待姆也：她等着女师来保护，所以被烧死。

今译

有人在宋国太庙中叫："譆譆出出。"有鸟在亳社中叫，声音也像在叫："譆譆！"甲午这天，宋国火灾，宋伯姬被烧死了，因为她等着保姆。君子说宋伯姬只能当小姐而不能当夫人，小姐是等着保姆方能行走，夫人就可以看具体情况行事。

传 六月，郑子产如陈莅盟，归复命，告大夫曰："陈亡国也，不可与也[1]。聚禾粟，缮城郭，恃此二者而不抚其民，其君弱植，公子侈，大子卑，大夫敖，政多门，以介于大国，能无亡乎？不过十年矣。"

今注

1 不可与也：不可以与它结盟。

今译

六月，郑国子产到陈国去结盟誓，回来复命，告诉郑国各大夫说："陈是要亡的国家，不可以与它结盟。它仗着聚积米粟，修缮城郭，而不安抚它的人民，它的君根基不牢固，公子们全奢侈，太子卑微，大夫们骄傲，政出多门，处在晋楚两大国之间，能够不亡吗？大约不能超过十年了。"

经 秋七月，叔弓如宋，葬宋共姬。

传 秋七月，叔弓如宋，葬共姬也。

今译

秋七月，叔弓到宋国去，这是为了葬共姬。

经 郑良霄出奔许，自许入于郑。

经 郑人杀良霄。

传　郑伯有耆酒，为窟室而夜饮酒击钟焉，朝至未已。朝者曰："公焉在？"其人曰："吾公在壑谷[1]。"皆自朝布路而罢。既而朝[2]，则又将使子皙如楚，归而饮酒。庚子，子皙以驷氏之甲伐而焚之，伯有奔雍梁[3]，醒而后知之，遂奔许。大夫聚谋。子皮曰："《仲虺之志》云：'乱者取之，亡者侮之。'推亡固存，国之利也。罕、驷、丰同生[4]，伯有汏侈，故不免。"人谓子产就直助强[5]，子产曰："岂为我徒[6]？国之祸难，谁知所儆？或主强直，难乃不生，姑成吾所[7]。"辛丑，子产敛伯有氏之死者而殡之，不及谋而遂行，印段从之。子皮止之。众曰："人不我顺，何止焉？"子皮曰："夫子礼于死者，况生者乎？"遂自止之。壬寅，子产入，癸卯，子石[8]入，皆受盟于子皙氏。乙巳，郑伯及其大夫盟于大宫，盟国人于师之梁[9]之外。伯有闻郑人之盟己也怒，闻子皮之甲不与攻己也喜，曰："子皮与我矣。"癸丑晨，自墓门[10]之渎入，因马师颉介于襄库，以伐旧北门。驷带[11]率国人以伐之，皆召子产。子产曰："兄弟而及此，吾从天所与[12]。"伯有死于羊肆[13]，子产襚之，枕之股而哭之，敛而殡诸伯有之臣在市侧者，既而葬诸斗城[14]。子驷氏欲攻子产，子皮怒之曰："礼，国之干也，杀有礼，祸莫大焉。"乃止。于是，游吉如晋，还闻难，不入，复命于介。八月甲子奔晋。驷带追之，及酸枣[15]与子上[16]盟，用两珪质于河，使公孙肸入盟大夫，己巳，复归[17]。书曰郑人杀良霄，不称大夫，言自外入也。于子蟜之卒也[18]，将葬，公孙挥与裨灶晨会事焉[19]，过伯有氏，其门上生莠。子羽曰："其莠犹在乎？于是岁在降娄，降娄中而旦。"裨灶指之曰："犹可以终岁[20]，岁不及此次也已。"及其亡也，岁在娵訾之口，其明年乃及降娄。仆展从伯有，与之皆死。羽颉出奔晋，为任[21]大夫。鸡泽之会[22]，郑乐成奔楚，遂适晋，羽颉因之，与之比而事赵文子，言伐郑之说焉，以宋之盟故不可。子皮以公孙鉏[23]为马师。

今注

1 吾公在壑谷：壑音鹤，即窟室。

2 既而朝：伯有去朝郑伯。

3 雍梁：郑地。在今河南省禹县东北。

4 同生：罕是子皮，驷是子皙，丰是公孙段，三人本是同母生的。

5 就直助强：直是指子皙，彊是指罕、驷、丰三家。

6 岂为我徒：我岂能跟驷、良为一党呢？

7 姑成吾所：我姑且中立。

8 子石：即印段。

9 师之梁：郑国都城门。

10 墓门：郑国都城门。

11 驷带：即子皙的宗主。

12 吾从天所与：我听着天，全都不偏向。

13 羊肆：买卖羊肉的街市。

14 斗城：在今河南省陈留县南三十五里。

15 酸枣：在今河南省延津县北十五里，有古酸枣城。

16 子上：即驷带。

17 复归：游吉就回来。

18 于子蟜之卒也：子蟜是公孙虿，他死在鲁襄公十九年。

19 晨会事焉：就参加他的葬礼。

20 犹可以终岁：还可以满十二年。

21 任：在今河北省任县东南有古任城。

22 鸡泽之会：在鲁襄公三年。

23 公孙钽：是子罕的儿子，替代羽颉为马师。

今译

郑国伯有很喜欢喝酒，做了一个地下室，在夜里喝酒奏乐，一直到朝见的人来到也没完。上朝的人就问："主人在哪里？"有人就回答说："主人在地下室里。"于是群臣全散朝回家去。不久，伯友去朝见郑伯，将派子晳到楚国去，回来又喝酒。庚子这天，子晳用驷氏的军队讨伐伯有，烧掉他的家，伯有逃到雍梁去了，醒来才明白，就逃到许国。大夫们聚在一起商量这件事。子皮说："《仲虺之志》里说：'有乱政者就取掉他，该灭亡的就毁掉他。'毁掉该灭亡的，巩固存在的，这是国家的利益。罕、驷、丰三个全是一母所生，伯有过于奢侈，所以不免于祸灾。"有人说子产帮助子晳的直道，又帮助三家的强大，子产就回答说："他们难道是我的同伙？国家的祸谁知道如何平定？如果有主持国政的人强大而且正直，祸患就不会发生。我还是中立吧！"辛丑，子产收敛伯有氏阵亡的尸体，而殡敛他们，不和大家商量就走了，印段跟他去。子皮阻止他走。众人说："人家既然不顺从我们，何必不让他走呢？"子皮说："子产对于死的人都有礼，何况活着的人？"子皮就自己去阻止子产。壬寅，子产回了都城，癸卯，印段也回来了，全到子晳的家中去受盟誓。乙巳这天，郑伯同他大夫们在祖庙中盟誓，并且在都城师之梁的门外与贵族盟誓。伯有听见郑国人为他结盟，发怒，听到子皮的军队不参加攻打他，又高兴地说："子皮跟我要好。"癸丑这天早晨，伯有从墓门的水门进入都城，利用马师颉到襄库中让士兵穿上盔甲，去攻打旧北门。驷带率领贵族来攻打伯有，两边全召子产去帮忙。子产说："兄弟相争到了这种程度，我只能帮助天所帮助的。"伯有死在买卖羊肉的街市中，子产给他穿上葬衣，头枕在尸体的大腿上，来哭他，把他收敛以后就在伯有的臣子在市的旁边家中出殡，过了些时候，就把他葬在斗城。子驷氏想攻子产，子皮就生了气说："礼仪是国家的支柱，杀死有礼的人，没有比这个再大的祸患了。"于是就停止。这时间，游吉到晋国聘问，听见这个祸难，不敢进都城，叫他的副使来复命。八月甲子逃到晋国去。驷带就追赶他，到酸枣这个地方，游吉就与驷带盟誓，将两个玉珪沉入黄河里表示诚意，使公孙肸到都城与各大夫结盟。己巳，游吉才回来。《春秋》记载"郑人杀良霄"，不称他大夫，表示伯有是从外国回来的。在公孙虿死的时候，举行葬礼，公孙挥与裨灶早晨就来参加葬礼，经过伯有氏的门上，看到他门上生了莠草，子羽说："他门上的莠草还在吗？当时岁星正在降娄，降娄到中央的时候，天就亮了。"裨灶指着降娄星说："还可以活十二年，但是不能再到降娄这个位置。"等到伯有死的时候，岁星正在娵訾的口上，还没有到降娄，明年方才到。伯有的同党仆展跟从伯有，一同死了。马师颉逃到晋国去，做任这地方的大夫。鸡泽会盟的时候，郑国的乐成逃到楚国，又逃到晋国，马师颉利用他，跟他联合起来侍奉赵武，提出伐郑国的建议，但是因为有宋的盟誓，所以不可以。子皮拿公孙钼替代了马师颉。

传 楚公子围杀大司马蒍掩[1]而取其室。申无宇[2]曰："王子必不免。善人，国之主也。王子相楚国，将善是封殖，而虐之，是祸国也。且司马令尹之偏，而王之四体也。绝民之主，去身之偏，艾王之体，以祸其国，无不祥大焉，何以得免？"

今注

1 蒍掩：在鲁襄公二十五年，做楚国大司马。

2 申无宇：是楚国芋尹。

今译

楚令尹公子围杀了大司马蒍掩，而分了他的家财。申无宇说：

"王子围必定不能免于祸难。善人，是国家的栋梁。王子围是楚国的宰相，应该把善人来培养，反倒虐待他，这真是祸害国家。而且司马是令尹的辅佐，等于楚王的手足四肢。绝了人民的栋梁，去掉自己的辅佐，斩除国君的手足，以祸乱他的国家，这样的不祥，没有再大的，怎么能免祸呢？"

经 冬十月，葬蔡景公[1]。

今注

1　此经无传。

今译

冬十月，给蔡景公下葬。

经 晋人、齐人、宋人、卫人、郑人、曹人、莒人、邾人、滕人、薛人、杞人、小邾人会于澶渊，宋灾故。

传 为宋灾故，诸侯之大夫会以谋归宋财。冬十月，叔孙豹会晋赵武、齐公孙虿、宋向戌、卫北宫佗、郑罕虎及小邾之大夫会于澶渊，既而无归于宋，故不书其人。君子曰："信其不可不慎乎？澶渊之会，卿不书，不信也。夫诸侯之上卿会而不信，宠名皆弃，不信之不可也，如是。《诗》曰：'文王陟降，在帝左右[1]。'信之谓也。又曰：'淑慎尔止，无载尔伪[2]。'不信之谓也。"书曰某人某人会于澶渊，宋灾故，尤之也。不书鲁大夫，讳之也。

今注

1　文王陟降，在帝左右：《诗经·大雅》的一句诗。文王由天上下来，他是在天帝的左右。

2　淑慎尔止，无载尔伪：这是一句逸诗，意思是说要慎重你的举动，不要做伪诈的事情。

今译

因为宋灾的缘故，所以各诸侯的大夫全都会见，商量着给宋国赠送财物。冬十月，叔孙豹会晋赵武、齐公孙虿、宋向戌、卫北宫佗和郑子皮及小邾的大夫在澶渊开会，后来并没给宋国赠送什么东西，所以《春秋》没有记载他们的名字。君子说："信用是不可以不谨慎的？澶渊的会盟，各卿的名字全不写，因为他们是没有信用的。诸侯的上卿，会见了又不守信用，他尊贵的姓名全都丢掉了，不守信用是这样不可行啊。如《诗经·大雅》说：'文王由天上下来，永远在上帝左右。'这是文王能够有信用，又一篇逸诗上说：'慎重你的举动，不要行伪诈的事情。'这是指不守信而说的。"《春秋》上写着某人某人在澶渊相会，因为宋灾的缘故，这是看不起他们。不写鲁国卿，这是为国家避讳。

传 郑子皮授子产政，辞曰："国小而偪[1]，族大宠多，不可为也。"子皮曰："虎帅以听，谁敢犯子？子善相之，国无小，小能事大，国乃宽。"子产为政，有事伯石[2]，赂与之邑。子大叔曰："国皆其国也，奚独赂焉？"子产曰："无欲实难。皆得其欲，以从其事，而要其成，非我有成，其在人乎？何爱于邑，邑将焉往？"子大叔曰："若四国何？"子产曰："非相违也，而相从也，四国何尤焉？郑书[3]有之曰：'安定国家，必大焉先[4]。'姑先安大，以待其所归。"既，伯石惧而归邑，卒与之。伯有既死，使大史命伯石为卿，辞，大史退，则请命焉，复命之，又辞。如是三，乃受策入拜。子产是以恶其为人也，使次己位。子产使都鄙有章，上下有服[5]，田有封洫[6]，庐井有伍[7]，大人[8]之忠俭者从而与之，泰侈者因而毙之。丰卷将祭，请田焉，弗许，曰："唯君用鲜，众给而已。"子张[9]怒，退而徵役，子产奔晋，子皮止之，而逐丰卷，丰卷奔晋，子产请其田里，三年而复之，反其田里及其入焉。从政一年，舆人诵之曰："取我衣冠而褚之，取我田畴而伍之，孰杀子产，吾其与之！"及三年又诵之曰："我有子弟，子产诲之。我有田畴，子产殖之。子产而死，谁其嗣之？"

今注

1 国小而偪：国家很小又逼近于晋、楚两个大国。

2 伯石：公孙段。

3 郑书：郑国史书。

4 必大焉先：必定先同大族和好。

5 上下有服：上下全都有服次分等级。

6 田有封洫：田地全有封疆。

7 庐井有伍：住家的五家互相保护。

8 大人：指大夫。

9 子张：即丰卷。

今译

郑大夫子皮授国政给子产，子产推辞说："国家小而逼近大国，公族既大，宠用的人又多，我干不好的。"子皮说："只要我领了一般公族听你的吩咐，哪个还敢违拗你呢？只请你好好从政。国家强弱，不在大小，小国只要能够服侍大国，为大国所体恤，国家便不受逼迫了。"后来子产治理政事，有事情要伯石去办，赠送给他城邑，子大叔说："国是大家的国，为什么给他送东西呢？"子产说："要人们没有贪欲，实在是难的。只要人人都得他所要的，能靠他们做国家的事情，却可要求他成功了，不是我的成功，难道倒在他人么？为什么爱这块地方呢？地方会逃到哪里去？"子大叔说："恐怕被四邻见笑？"子产说："这样做不是为了互相违背，而是为了互相顺从！四邻对我们有什么可责备的呢？郑国的国史上说过：'要安定国家，必定要拣大族先和他要好。’现在姑且先安定了大族，看他们归向何处。”后来事情办成了，伯石却因为恐慌，来还那地方，子产终究给了他。伯有死以后，子产使太史吩咐伯石做卿，伯石推辞，及至太史退了下来，子产又请他发命令了，伯石再辞谢，像这般的共有三次，方才受策书，进去谢恩。子产因此厌恶他为人的虚饰，恐他作乱，让他的官位比自己低一级。子产使城市和乡村有所区别，上下尊卑各有职责，田地全有封疆沟洫，住的房子，分成井伍互相保护。对于卿大夫中忠俭的人，就帮助他们；对于骄傲奢侈的，就把他们杀掉。丰卷将要家祭了，请求打猎供给祭祀用品，子产不许，说：“只有君王的祭祀，要用新鲜的野兽，众臣只求完备便可以了。”丰卷便大怒，退朝下来，要招兵攻打子产，子产想逃晋国去，子皮留住他，却逐去丰卷，丰卷便逃到晋国去。子产请求不要没收丰卷的田地，过了三年，使他回国，把田地和收入的租钱一概都归还他。子产掌握政事一年，众人都怨谤他说：“计算我的家产而收财物税，丈量我的耕地而征收田税，哪个去杀掉子产，我和他同去。”等到过了三年，又有人颂扬他说：“我有了子弟，子产教诲他。我有了田亩，子产使之增产，万一子产死了，哪个可以代替他呢？”

襄公三十有一年（公元前五四二年）

经 三十有一年春王正月。

传 三十一年春王正月，穆叔至自会，见孟孝伯，语之曰：“赵孟将死矣！其语偷，不似民主。且年未盈五十[1]，而谆谆焉如八九十者，弗能久矣。若赵孟死，为政者其韩子[2]乎！吾子盍与季孙言之，可以树善，君子也。晋君将失政矣，若不树焉，使早备鲁，既而政在大夫，韩子懦弱，大夫多贪，求欲无厌，齐楚未足与也，鲁其惧哉！”孝伯曰：“人生几何，谁能无偷？朝不及夕，将安用树？”穆叔出而告人曰：“孟孙将死矣！吾语诸赵孟之偷也，而又甚焉。”又与季孙语晋故，季孙不从，及赵文子卒[3]，晋公室卑，政在侈家，韩宣子为政，不能图诸侯，鲁不堪晋求，谗慝弘多，是以有平丘之会[4]。

今注

1 且年未盈五十：杜预说：“成二年，战于鞍，赵朔已死，于是赵文子始生。至襄三十年会澶渊，盖年四十七八，故言未盈五十。”

2 韩子：即韩起。

3 赵文子卒：赵武死于昭公元年。

4 平丘之会：在昭公十三年，晋人执季孙意如。

今译

三十一年春王正月，叔孙豹从澶渊开会回来，见了仲孙羯，告诉他说：“赵武将要死了！他的话毫无远虑，不像是人民的主人。并且他现在还没满五十岁，就絮絮叨叨如八九十岁的人，他不能长久了。要是赵武死了以后，掌晋国政权的必定是韩起了。你何不同季孙谈一谈，可以跟韩起预先亲善。晋国君将失掉政权，若不跟他亲善，使韩起早点为鲁国做点准备，以后政权落在大夫们的手中，韩起软弱，大夫们多贪心，欲求没有止境，齐、楚两国不足以依靠，鲁国岂不陷入可怕的境地了吗？”仲孙羯说：“人能够活多少年，谁又能够不苟且？早晨活着顾不了晚上，何必预先亲善？”叔孙豹出去告诉旁人说：“仲孙羯将要死了！我告诉他赵武的得过且过，而他更厉害。”又将晋国的情形告诉季孙宿，季孙宿也不听从，等到赵武死了，晋国的公室卑下，政权落在奢侈的大夫们手里，韩起掌政权，不能为诸侯所拥护，鲁国也不堪于晋国的要求，各种谣言甚多，于是晋国才召集平丘的盟会。

传 齐子尾害闾丘婴，欲杀之，使帅师以伐阳州[1]，我问师故，夏五月，子尾杀闾丘婴以说于我师，工偻洒、渻灶、孔虺、贾寅出奔莒，出群公子。

今注

1 阳州：《续山东考古录》："东平县西北有大阳庄近是。"

今译

齐国子尾惧怕闾丘婴，想把他杀掉，派他率兵去打鲁国的阳州，鲁国问齐师来的缘故。夏五月，子尾就杀闾丘婴，来向鲁国解说。工偻洒、渻灶、孔虺、贾寅逃奔到莒国去，齐国逐出很多公子。

经 夏六月辛巳，公薨于楚宫。

经 秋九月癸巳，子野卒。

传 公作楚宫。穆叔曰："《大誓》云：'民之所欲，天必从之。'君欲楚也夫，故作其宫。若不复适楚，必死是宫也。"六月辛巳，公薨于楚宫。叔仲带窃其拱璧，以与御人，纳诸其怀而从取之，由是得罪。立胡女敬归之子子野[1]，次于季氏。秋九月癸巳，卒，毁也。

今注

1 立胡女敬归之子子野：胡是归姓的国，敬归是襄公的妾，子野是敬归所生。

今译

鲁襄公在楚国看见宫殿很喜欢，回来就建了一间楚宫。叔孙豹说："《大誓》说过：'百姓所想要的，上天必定随从他。'你很喜欢楚国，所以模仿建它的宫殿。若不再到楚国去，必定就死在这间宫殿里。”六月辛巳，鲁襄公就死在楚宫。叔仲带偷了襄公的大玉璧，交给驾车的人，藏到怀中，然后再从他要回，因此就得了罪。立了胡女敬归的儿子子野为鲁君，住在季孙氏家中。秋九月癸巳，子野死了，因为哀痛过度。

经 己亥，仲孙羯卒。

传 己亥，孟孝伯卒。立敬归之娣齐归之子公子裯。穆叔不欲曰：“大子死，有母弟则立之，无则立长，年钧择贤，义钧则卜，古之道也。非適嗣，何必娣之子？且是人也，居丧而不哀，在戚而有嘉容，是谓不度。不度之人，鲜不为患，若果立之，必为季氏忧。”武子不听，卒立之，比及葬，三易衰，衰衽如故衰，于是昭公十九年矣，犹有童心，君子是以知其不能终也。

今译

己亥，仲孙羯死了。鲁国拥立了敬归的妹妹齐归的儿子公子裯为国君。叔孙豹不赞成，说：“太子若死了，有同母的兄弟就立他，没有就立年长的，年纪相同就选一个贤惠的，要贤惠相等就占卜，这是从古以来的道理。子野不是嫡出的儿子，何必立他女弟的儿子？并且这个人居丧而不哀痛，在忧愁的时候而有喜欢的容貌，这是不合法度的，不合法度的人很少不为患难的，要果然立他，必定使季氏有所忧愁。”季孙宿不听，终究立他。等到下葬，三次换丧服，丧服大巾跟旧丧服一样，这时昭公已经十九岁了，犹有儿童的心理，君子所以知道他为君不能善终。

经 冬十月，滕子来会葬。

传 冬十月，滕成公来会葬，惰而多涕。子服惠伯曰：“滕君将死矣，怠于其位，而哀已甚，兆于死所矣，能无从乎？”

今译

冬十月，滕成公到鲁国，来参加鲁襄公的葬礼，不恭敬，并且多流泪。子服惠伯说：“滕君将要死了，在他的位子已经不恭敬，并且悲哀已经过甚，有死的征兆，能不相继死去吗？”

经 癸酉，葬我君襄公。

传 癸酉，葬襄公。公薨之月，子产相郑伯以如晋，晋侯以我丧故，未之见也。子产使尽坏其馆之垣，而纳车马焉。士文伯让之曰：“敝邑以政刑之不修，寇盗充斥，无若诸侯之属，辱在寡君者何？是以令吏人完客所馆，高其闬闳，厚其墙垣，以无忧客使。今吾子坏之，虽从者能戒，其若异客何？以敝邑之为盟主，缮完葺墙，以待宾客。若皆毁之，其何以共命？寡君使匄请命。”对曰：“以敝邑褊小，介于大国，诛求无时，是以不敢宁居，悉索敝赋以来会时事。逢执事之不间，而未得见，又不获闻命，未知见时，不敢输币，亦不敢暴露。其输之，则君之府实也，非荐陈之不敢输也。其暴露之，则恐燥湿之不时，而朽蠹以重敝邑之罪。侨闻文公之为盟主也，宫室卑庳，无观台榭以崇大诸侯之馆。馆如公寝，库厩缮修，司空以时平易道路，圬人以时塓馆公室[1]，诸侯宾至，甸设庭燎，仆人巡宫，车马有所，宾从有代，巾车脂辖，隶人牧圉各瞻其事，百官之属各展其物，公不留宾而亦无废事，忧乐同之，事则巡之，教其不知，而恤其不足，宾至如归，无宁灾患[2]，不畏寇盗而亦不患燥湿。今铜鞮之宫[3]数里，而诸侯舍于隶人，门不容车，而不可逾越，盗贼公行，而夭厉不戒，宾见无时，命不可知。若又勿坏，是无所藏币以重罪也，敢请执事将何以命之。虽君之有鲁丧，亦敝邑之忧也。若获荐币，修垣而行，君之惠也，敢惮勤劳。”文伯复命，赵文子曰：“信，我实不德，而以隶人之垣以羸诸侯，是吾罪也。”使士文伯谢不敏焉。晋侯见郑伯有加礼，厚其宴好而归之，乃筑诸侯之馆。叔向曰：“辞之不可以已也如是夫！子产有辞，诸侯赖之，若之何其释辞也？《诗》曰：‘辞之辑矣，民之协矣，辞之绎矣，民之莫矣[4]。’其知之矣。”

今注

1 圬人以时塓馆公室：涂泥的人按着时候来涂公室的墙壁。

2 无宁灾患：不会遇见灾患。

3 铜鞮之宫：晋国的离宫长有数里。

4 辞之辑矣，民之协矣，辞之绎矣，民之莫矣：这是《诗经·大雅》的一句诗，意思是说言辞要能辑睦，则人民会协和，言辞要能说绎，人民就能安定。

今译

癸酉这天，给襄公下葬。襄公死的这月里，子产陪同郑伯一同到晋国去，晋侯因为鲁襄公丧事的缘故，所以不见郑伯。子产便差人把馆舍的墙壁完全拆坏，放自己的车马进去。晋大夫士文伯便来责备他说：“敝邑因为政事和刑法不修明，盗贼很多，无奈诸侯卿大夫等，都要屈驾到晋国来，朝见寡君，无可如何，所以差吏人修缮诸侯所住的馆舍，将里门巷门造得格外高，墙壁造得很坚厚，不令客人有被盗的忧愁。如今你拆毁了它，虽则你跟随的人能够戒备，但别国的宾客到此，将怎么办呢？晋国做了诸侯的盟主，所以方才筑成馆舍，招待宾客的。如果来此的人，都把它拆毁了，那么叫我怎么供应呢？寡君差我见你，请问所毁坏的缘故。”子产回答说：“因为敝邑土地狭小，夹在大国的中间，责求贡献，没有常时，所以也不敢安居，完全把敝邑的赋税搜刮尽净，随时前来朝见。刚巧碰到你国君没有空闲，不能相见，又得不到吩咐，不知道到底什么时候才可相见，既不敢就把币帛贡献进来，也不敢把它晒露在野外。如果贡献了，那么这本是你君库中的东西，不经过在庭院里陈列的仪式，也不敢送进的。如果晒露在野外，那么又恐怕晴雨不常，烂坏蛀坏，加重敝邑的罪。我听说从前晋文公做盟主的时候，自己的住室很小，并没有宫观和台榭的，诸侯的馆舍，却格外宏大，和公的寝室一般，藏货币的库、养马的厩，都缮治修葺好，司空应时修治道路，泥水匠应时涂饰馆舍宫室，诸侯来朝贡的时候，夜中设起了庭燎照亮它们，仆人巡宫查夜，车马有安置的地方，宾客的随从有人替代服役，管车的官，用脂膏涂在车轴上，仆隶和养马的，各人都做自己分内的事，各部官吏各陈列他应有物件，招待着宾客。文公并不久留宾客，所以诸侯也并没有荒废的事；和宾客忧乐相同，有事加以安抚，又教他们不知道的，不周到的加以体谅，所以宾客到来，好像回到家中一般，他的待遇，这般周到，难道会有灾患么？虽则有寇盗，也不用害怕，虽则有晴雨，也不至于腐烂了。如今铜鞮的宫室绵延几里，而诸侯住到像奴隶住的屋子里，门口进不去马车，又有了墙垣，不可跨进去，盗贼公然强夺，水潦灾害，也没有戒备，见宾客又没有定时，召见的时期也不可测知，如果再不毁坏墙垣，便是没有藏货币的地方，反而要加重罪了。敢请问你们国君，叫我把这币帛藏在哪里呢？虽说你君有了鲁国的丧事，这也是敝邑的忧愁啊！如果得能献了币帛，情愿修好墙壁才回去，这也是你君的恩惠呢！岂敢怕修墙的辛劳呢？”文伯便回报晋君。赵文子说：“不错，我实在不好。把仆隶所住的房屋作为诸侯的馆舍，这是我国的不是啊。”便派士文伯去道歉。后来晋侯见郑伯的时候，礼节加倍恭敬，宴会也格外丰盛，然后方才送他回去，便另造诸侯的馆舍。叔向说：“辞令不能废弃竟像这般呢。子产说了这几句话，诸侯都靠他得到，这样说来怎么样可以把辞令废去呢？《诗经》上说：‘言语能够和睦，人民自然和气了；说话能够和乐，人民自然安定了。’作这诗的人，真知道这道理了！”

传 郑子皮使印段如楚，以适晋告，礼也。

今译

郑国子皮派印段到楚国去，告诉他先到晋国，这是很合于礼的。

经 十有一月，莒人弑其君密州。

传 莒犁比公生去疾及展舆，既立展舆[1]，又废之。犁比公虐，国人患之，十一月，展舆因国人以攻莒子，弑之乃立[2]。去疾奔齐，齐出也[3]，展舆吴出也。书曰莒人弑其君买朱钼，言罪之在也[4]。

今注

1 立展舆：立他为太子。

2 弑之乃立：展舆把犁比公杀掉，就自己立为君。

3 齐出也：他母亲是齐国女子。

4 言罪之在也：言罪过在买朱钼。

今译

莒国犁比公生了去疾同展舆两个儿子，已经立了展舆做太子，又把他废掉。犁比公很暴虐，贵族们全以为忧患。十一月，展舆利用贵族来进攻莒国君，把他杀掉，自己就立为君。去疾就逃到齐国去，因为他是齐国的外甥，展舆是吴国的外甥。《春秋》上记载莒国人把他的君买朱钼杀掉，意思是罪状在买朱钼自己。

传 吴子使屈狐庸[1]聘于晋，通路也[2]。赵文子问焉曰：“延州来季子其果立乎？巢陨诸樊[3]，阍戕戴吴[4]，天似启之，何如？”

对曰："不立，是二王之命也，非启季子也。若天所启，其在今嗣君乎？甚德而度，德不失民，度不失事，民亲而事有序，其天所启也。有吴国者，必此君之子孙实终之。季子守节者也，虽有国，不立。"

今注

1 狐庸：是巫臣的儿子。

2 通路也：通吴国同晋国的道路。

3 巢陨诸樊：在襄公二十五年。

4 阍戕戴吴：这件事在襄公二十九年，戴吴就是吴王余祭。

今译

吴王叫巫臣的儿子屈狐庸到晋国聘问，这是为的通吴国到晋国的道路。赵武就问他说："季札最终能够立为国君吗？以前巢国人害了诸樊，看门的又杀了余祭，上天似乎为季札打开了做国君的大门，你看怎么样？"回答说："不立，这是两个君的命运，不是天开启季札。若是天所开启的，必是现今这位国君。很有德行而且有度量，有德行就不会失掉人民，有度量就不会办错事情。人民亲爱他，而事情全有秩序，这是天所启发的。以后保有吴国的人必是这个君的子孙。季札是位守节的人，虽然应享有国家，而不肯做国君。"

传 十二月，北宫文子相卫襄公以如楚，宋之盟故也。过郑，印段迋劳于棐林[1]，如聘礼，而以劳辞。文子入聘[2]，子羽为行人，冯简子与子大叔逆客，事毕而出，言于卫侯曰："郑有礼，其数世之福也，其无大国之讨乎？《诗》云：'谁能执热，逝不以濯[3]？'礼之于政，如热之有濯也，濯以救热，何患之有？"子产之从政也，择能而使之。冯简子能断大事，子大叔美秀而文，公孙挥能知四国之为，而辨于其大夫之族姓班位贵贱能否，而又善为辞令。裨谌能谋，谋于野则获，谋于邑则否。郑国将有诸侯之事，子产乃问四国之为于子羽，且使多为辞令，与裨谌乘以适野，使谋可否，而告冯简子使断之，事成乃授子大叔使行之，以应对宾客，是以鲜有败事，北宫文子所谓有礼也。

今注

1　棐林：在今河南省新郑县东南二十五里。

2　文子入聘：文子是北宫佗，他是为的报印段的迎接。

3　谁能执热，逝不以濯：这是《诗经·大雅》的一句诗。意思是说谁能拿热的东西而不先以冷水浇手。

今译

十二月，北宫佗为卫襄公相礼到楚国去，这是宋国盟誓的缘故。经过郑国的时候，印段在棐林慰劳他们。依照聘问的礼仪，而加上郊劳的言辞。北宫佗到郑国都城聘问，子羽做行人官，冯简子跟游吉迎接北宫佗。行礼以后北宫佗出来，对卫襄公说："郑国很有礼貌，这是几辈子的福泽，恐怕不会有大国来讨伐它吧？《诗经·大雅》上有句诗说：'谁能够拿热东西，而先不拿冷水来浇手？'礼节对于政事，这是和拿热东西前而先拿冷水浇手一样，冷水来救热东西，还有什么可担心的呢？"子产掌政权的时候，挑选有能力的人来使用。冯简子能够决断大的事情，游吉美秀而有文才，公孙挥能够知道各国诸侯想做的事，能分辨各国的大夫们的族姓、班位、贵贱、能与不能，他又善于辞令。裨谌能够谋划，在田野静处谋划就能够成功，在城市烦嚣中则不成功。郑国要有外交上的事情，子产就问各诸侯国他们想做什么，等着子羽回答，并且让他预备好很多辞令，叫他与裨谌坐车到田野中商量可不可以，再告诉冯简子使他决断，计划完成了以后就交给游吉，让他来做，如此来应对宾客，很少有失败的事情。这就是北宫佗所说的有礼。

传 郑人游于乡校[1]，以论执政，然明谓子产曰："毁乡校，何如？"子产曰："何为？夫人朝夕退而游焉，以议执政之善否。其所善者，吾则行之，其所恶者，吾则改之。是吾师也，若之何毁之？我闻忠善以损怨，不闻作威以防怨，岂不遽止，然犹防川。大决所犯，伤人必多，吾不克救也。不如小决使道，不如吾闻而药之也。"然明曰："蔑也今而后知吾子之信可事也。小人实不才，若果行此，其郑国实赖之，岂唯二三臣？"仲尼闻是语也曰："以是观之，人谓子产不仁，吾不信也。"

今注

1　乡校：乡村的学校。

今译

郑国人游于乡校，议论执政大臣的得失。然明对子产说："毁掉乡校怎么样？"子产说："为什么要毁掉它呢？人早晚的工作完成以后，游在那里，议论执政的好歹。他们以为好的，我就推行它，他们以为歹的，我便更改它，这好比是我的先生呢！为什么要毁坏它呢？我听说热心做好事，便可以息灭怨谤，没有听过作了威福，能防怨的，作威他们哪能不畏惧、不停止，但是好像防河决口一样，大水来了，伤人定然很多，我也不能挽救。不如让它把水放掉一点，加以疏通，不如使我听得了这些话，好作药石呢。"然明说："蔑到现在，才知你真能干事呢！我实在没有才学，如果你真的执行了这政策，郑国实在全靠你了，难道只是二三大臣受用么？"仲尼听到这话说："从这般看来，有人说子产是个不仁的人，我却不相信呢！"

传　子皮欲使尹何为邑[1]，子产曰：“少，未知可否。”子皮曰：“愿，吾爱之，不吾叛也，使夫往而学焉，夫[2]亦愈知治矣。”子产曰：“不可，人之爱人，求利之也，今吾子爱人则以政，犹未能操刀而使割也，其伤实多。子之爱人，伤之而已，其谁敢求爱于子？子于郑国，栋也，栋折榱崩，侨将厌焉，敢不尽言？子有美锦，不使人学制焉，大官大邑，身之所庇也，而使学者制焉，其为美锦，不亦多乎？侨闻学而后入政，未闻以政学者也。若果行此，必有所害。譬如田猎射御，贯则能获禽，若未尝登车射御，则败绩厌覆是惧，何暇思获？”子皮曰：“善哉！虎不敏，吾闻君子务知大者远者，小人务知小者近者，我小人也，衣服附在吾身，我知而慎之，大官大邑所以庇身也，我远而慢之。微子之言，吾不知也。他日我曰：子为郑国，我为吾家，以庇焉，其可也。今而后知不足[3]。自今请虽吾家，听子而行。”子产曰：“人心之不同，如其面焉，吾岂敢谓子面如吾面乎？抑心所谓危，亦以告也。”子皮以为忠，故委政焉，子产是以能为郑国。

今注

1　使尹何为邑：叫尹何做邑大夫。

2　夫：指尹何。

3　今而后知不足：我自己明白以后就对我的家也没有方法保护。

今译

子皮要想差尹何做县大夫，治理县邑。子产说：“他年纪太轻，不知道能不能胜任。”子皮说：“他做人小心忠厚，我很爱他，一定不会违背我的。叫他去学习，使他越发懂得政治了。”子产说：“使不得的，人家的爱人，总是想法子有利于他，如今你的爱人却叫他去管理政事，这好像没有能力拿刀，偏使他割东西，他自己所受的伤害，实在很多呢！你的爱人，不过是害人罢了，以后还有哪个敢来求你的见爱呢？你在郑国譬如房屋的栋梁，栋梁断了，屋椽必定倒坍，连我侨也要压死在里面了。怎敢不尽心竭力地把话全说出来呢？譬如你有好的绸缎，就不肯使人拿它学着裁衣！现在这大官大邑，是庇护身子的，却使学习的人去裁制它！那么它这种美锦，不也太贵得多了么？侨听说学习好了，方才可进政界，没有听得用政事来叫他学习的啊！如果真的这么办，一定有害。譬如打猎，练习得惯了，方才能够猎得禽兽。如果从来没有登车射箭赶马过，那么连失败和翻车压死，还来不及怕，哪里还有工夫想到捉获禽兽？”子皮说：“好呀！我虎实在不聪明，我听说君子懂得大的、远的，小人懂得小的、近的，我是小人，衣服穿在我身上，我就懂得小心爱护它，大官大邑是保护我身子的，我却疏远而且轻视。不是你这一说，我竟不知道呢。从前我说：你治理郑国，我治理我家，庇护我自己，这就可以了。现在才知道这还不够呢！从今天起，哪怕我家里的事，也请依了你的意思干吧。”子产说：“人心的不同，像脸面一个样子，我难道敢说你的脸面就像我的脸面么？不过我心里以为危险的，一定要来告诉你。”子皮因为子产实在是忠心的，所以交卸政权给他，子产因此能够治理郑国。

传 卫侯在楚，北宫文子见令尹围之威仪，言于卫侯曰：“令尹似君矣，将有他志。虽获其志，不能终也。《诗》云：‘靡不有初，鲜克有终。’终之实难，令尹其将不免。”公曰：“子何以知之？”对曰：“《诗》云：‘敬慎威仪，唯民之则。’令尹无威仪，民无则焉。民所不则，以在民上，不可以终。”公曰：“善哉。何谓威仪？”对曰：“有威而可畏谓之威，有仪而可象谓之仪。君有君之威仪，其臣畏而爱之，则而象之，故能有其国家，令闻长世。

臣有臣之威仪，其下畏而爱之，故能守其官职，保族宜家。顺是以下皆如是，是以上下能相固也。卫诗曰：‘威仪棣棣，不可选也[1]。’言君臣上下父子兄弟内外大小皆有威仪也。周诗曰：‘朋友攸摄，摄以威仪[2]’，言朋友之道必相教训以威仪也。《周书》[3]数文王之德曰：‘大国畏其力，小国怀其德。’言畏而爱之也。《诗》云：‘不识不知，顺帝之则[4]。’言则而象之也。纣囚文王七年，诸侯皆从之囚，纣于是乎惧而归之，可谓爱之。文王伐崇，再驾而降为臣，蛮夷帅服，可谓畏之。文王之功，天下诵而歌舞之，可谓则之。文王之行，至今为法，可谓象之，有威仪也。故君子在位可畏，施舍可爱，进退可度，周旋可则，容止可观，作事可法，德行可象，声气可乐，动作有文，言语有章，以临其下，谓之有威仪也。”

今注

1 威仪棣棣，不可选也：这是《诗经·邶风》的一句诗。棣棣是表示富而娴习的意思。不可以选也是说多得不能数。

2 朋友攸摄，摄以威仪：朋友互相辅佐，靠的是威仪。

3 《周书》：是逸书。

4 不识不知，顺帝之则：《诗经·大雅》的一句诗。不甚知道，只是顺从着天帝的法则。

今译

卫侯在楚国，北宫佗看见楚国令尹公子围的威仪，就对卫襄公说：“令尹的举动同言词全都很像君王，他必定有别的想法。虽然能实现这个想法，但不能善终。《诗经》上有句话：‘什么都有开头，可是很少能有好的结果。’善终很难，令尹恐怕不免于祸难吧！”卫襄公说：“你怎么能够知道呢？”回答说：“《诗经》上说：‘恭敬而慎重地使用威仪，因为它是百姓的准则。’令尹假设没有威仪，人民就没有方法效法他。人民没法效法他，而他在人民的上面，所以不可以终了。”襄公说：“真好。但是什么叫威仪呢？”回答说：“有威望使人害怕叫威，有仪态而可以表现出来叫仪。君有君的威仪，他的臣子们又怕他而又爱他，效法他而表现出来，所以能够享有他的国家，有好名声传于子孙后代。臣有臣的威仪，他的部下，也怕而又敬爱他，所以他能够守住他的官职，保护他的族众，使他的家族和顺。再往下去全都如此，所以上下全能互相团结。卫国《邶风》那篇诗中有这话：‘既多而且娴习的威仪，没有方法能数得清楚。’这是说君臣上下父子兄弟内外大小全都有威仪。《大雅》那篇诗中又说：‘朋友互相辅佐，用威仪来互相辅佐。’这是说朋友的道理，必用威仪来互相教导。《周书》里面有一篇解释文王的德行也说：‘大国怕他的力量，小国怀念他的德行。’意思是说，有的怕他而又爱他。《诗经》上又说：‘全都不知道，只是顺着上天的法则。’这意思是说效法而表现它。商纣把文王囚了七年，诸侯们全都跟着去坐牢，商纣就害怕使他回国，可以说是敬爱文王。后来文王伐崇，两次起兵，崇就投降了，蛮夷也相继归降，可以说怕他。文王的功劳，天下全知道，对他的行为歌舞而赞颂，可以说是效法他。文王的行为到现在可以为法则，这是有威仪的缘故，所以君子们在位子上使人害怕，施舍可使人爱他，进退可为法度，应对得体，容止可使人观赏，他做的事情可以为人法度，德行可以为象征，声音气度可使人高兴，动作有修养，言语有条理，用这些来对待他的下属，这就叫作威仪。”